KB261893

한 권으로
끝내는
중단어

한권으로 끝내는 중단어

초판 1쇄 발행 2008년 1월 5일
초판 2쇄 발행 2009년 1월 5일

엮 은 이　송민중
발 행 인　배태수
발 행 처　신라출판사
주　　소　서울 동대문구 제기동 1157-3 영진빌딩
등록번호　제6-0216호
전　　화　02) 922-4735
팩　　스　02) 922-4736

ISBN 978-89-7244-067-3　13720

*잘못 만들어진 책은 바꿔 드립니다.

신라출판사

한 권으로 끝내는

중단어

송민중 엮음

신라출판사

이 책의 특징

대부분의 사전은 한정된 지면에 최대한의 정보를 수록하기 때문에 보기 편하고, 찾기 쉬운 점에서는 문제가 있습니다. 또한 상세한 어구 해설이나 문법 설명 등이 들어 있어도 초급자에게는 오히려 단어 그 자체의 의미를 알기 어려운 경우도 많습니다. 따라서 이 책은 한어수평고시(HSK) 준비뿐만 아니라, 중국어를 배우는 학습자를 위해 간편하게 공부할 수 있도록 다음과 같은 특징으로 엮었습니다.

❖ HSK 필수어휘 8822 단어 전체 수록

이 책은 〈한어수평어휘〉 및 〈한자등급대강〉에 근거하여 펴낸 HSK 어휘 가이드북으로, 기초(1~3급), 초중등(3~8급), 고등(9~11급) 시험을 한 권의 책으로 가볍게 대비할 수 있습니다.

❖ 갑을병정급 단어 급수별 분류

HSK 대비 필수어휘 8822 단어를 PART 1에서는 갑급 1033 단어, PART 2에서는 을급 2018 단어, PART 3에서는 병급 2202 단어, PART 4에서는 정급 3569 단어를 분리 수록하였습니다.

❖ 시험에 유용한 품사 표시

〈한어수평어휘〉 및 〈한자등급대강〉에서 제시한 품사를 기준으로 명사[명], 동사[동], 형용사[형], 부사[부], 조사[조], 저속사[접], 양사[양], 개사[개], 의성어[의성], 의태어[의태], 접미어[접미], 접두어[접두], 성어[성]로 품사 표시를 하여 HSK시험에서 유용하게 활용할 수 있도록 하였습니다.

❖ 병음 표기와 간결한 뜻풀이

사전을 찾지 않고도 단어를 읽을 수 있도록 모든 단어에 병음을 표기해 두었으며, 복잡한 뜻풀이는 가능한 피하고 쉽고 빨리 암기할 수 있도록 간략하게 우리말 뜻을 두었습니다.

❖ 중국 상용한자 2500자 대조표

중국문자개혁위원회에서 제정한 상용한자 중 1급 한자 2,500자를 찾아보기 쉽도록 병음 순서에 따라 배열하였으며, 또한 우리가 사용하는 한자(번체자)와 비교할 수 있도록 제시된 한자 바로 옆에 우리말 음훈을 두었습니다.

한어수평고시 HSK
汉语水平考试
The Chinese Proficiency Test

■HSK란?

공식 명칭은 중국교육부국가한어수평고시이다. 한어수평고시의 한어병음표기(Hanyu Shuiping Kaoshi) 머리글자를 따서 HSK 또는 영문 표기의 머리글자를 따서 CPT로 약칭한다.

■목적

제1언어가 중국어가 아닌 사람의 중국어 능력을 평가할 목적으로 중국한어수평고시위원회에서 주관하는 국가급 표준화 고시이다.

■대상

중국한어수평고시(약칭 HSK)는 현재 중국을 포함한 전 세계 30여개 나라에서 실시되고 있는 중국어능력 평가고시이며, 중국어를 모국어로 하지 않는 사람(외국인, 화교 및 중국 내 소수민족 포함)의 중국어 능력을 평가하기 위해 설립된 국가급 표준화고시이다. 중국 내 소수민족도 한족대학을 가려면 필수적으로 이 시험을 보아야 한다.

■실시와 증서

HSK는 중국교육부 국가한어수평고시위원회가 실시업무를 책임지고, 고시 합격자에게는 중국국가 한어수평고시위원회가 〈한어수평증서〉를 발급한다.

■등급

HSK는 기초(1~3급), 초중등(3~8급), 고등(9~11급) 으로 나뉘어져 있으며, 기초시험은 중국어를 6개월~1년 6개월 정도 공부한 수준이라면 충분히 응시할 수 있는 정도의 난이도이다.

▶초중등고시

영어의 토플(TOEFL)에 해당하는 초중등고시는 3~8급으로 나누어 시행한다. 400~2,000 시간의 현대 중국어 교육을 학습한 것과 같은 능력을 인정받는 시험으로, 2,000~5,000 개의 중국어 상용어휘와 이에 상응하는 어법 지식을 갖춘 사람을 대상으로 하며, 시험 내용은 듣기·문법·독해 및 빈칸 채우기 4항목이다. 중국 문과대학·상경대학 입학, 한국

대학 입학 및 졸업 평가, 교양중국어 학력 평가, 중국 정부 장학생 선발 등의 기준으로
이용된다.

고등고시는 3,000시간 이상의 현대 중국어 교육을 학습한 것과 같은 능력을 인정받는 시
험이다. 5,000개 이상의 중국어 상용어휘와 이에 상응하는 어법 지식을 갖춘 사람을 대
상으로 한다. 성적에 따라 9~11급으로 구분된다. 시험 내용은 듣기 · 독해 · 종합표현 · 작
문 · 구술 5항목으로, 중국 · 한국 대학원 입학 평가, 기업 및 기관의 채용 · 승진, 중국 정
부 장학생 선발 등의 기준으로 이용된다.

기초고시는 100~800시간의 현대 중국어를 학습하였거나 400~3,000개의 상용어휘 또는
이에 상응하는 어법 지식을 갖춘 사람을 대상으로 한다. 성적에 따라 1~3급으로 구분되
며, 시험 내용은 듣기 · 문법 · 독해이다. 중국 이공대 · 의과대학 입학, 교양중국어 학력
평가 등의 기준으로 이용되며, 성적 유효 기간은 모두 2년이다.

2005년 현재 세계 27개국에서 시행하고 있다. 한국에서는 중국한어수평고시위원회의 위
탁을 받은 한국 HSK 실시위원회에서 해마다 4회 정도 시행한다.

■구성

초중등 한어 수평고시

听力理解(듣기이해)	50 문제 35분
语法结构(문법)	30 문제 20분
阅读理解(독해력)	50 문제 60분
综合填空(종합 빈칸 채우기)	40 문제 30분

고등 한어 수평고시

听力(듣기)	40 문제 25분
阅读(독해)	40 문제 40분
综合表达(종합이해, 가로넣기)	40 문제 40분
作文(작문)	40 문제 30분
口语(읽기와 말하기)	준비 10분 + 녹음 10분 = 20분

중국에서는 초중등한어수평고시는 1년에 3차례 실시되며, 고등한어수평고시는 1년에 1회 실시된다. 한국에서는 1년에 3회 실시된다.

■HSK 한국사무국

주소 : (135-601) 서울시 강남구 강남우체국 사서함 115호

전화 : 82-2-3452-4788

팩스 : 86-2-3452-4787

E-mail : hsk@hsk.or.kr

Homepage : http://www.hsk.or.kr

〈한어수평고시 등급 점수와 한어수평증서 등급 일람표〉

최고점은 청취 495점, 독해 495점으로 총 990점으로, 시험실시 후 5점단위로 계산된 점수표가 30일 이내에 집으로 우송된다. (개인 점수별 등급 분류는 아래 표를 참조)

등 급	급 수	등급점수	등급점수범위
—	—	1	78~114
—	—	2	115~151
초등증서	C	3	152~188
초등증서	B	4	189~225
초등증서	A	5	226~262
중등증서	C	6	263~299
중등증서	B	7	300~336
중등증서	A	8	337~400
고등증서	C	9	280~339
고등증서	B	10	340~399
고등증서	A	11	400~500

1033
1033
1033
1033

1033

1033

甲級
1033

汉语水平考试

Ⓐ

啊	[ā]	갭 경이·찬탄을 나타냄
	[á]	갭 놀라거나 의외라고 여기는 경우에 그것을 확실히 하는 의문의 어기를 나타냄
	[ǎ]	갭 허어, 저런, 어머나, 이런(의아함)
	[à]	갭 (비교적 짧게 발음하여) 승낙의 뜻을 나타내거나 (길게 발음하여) 명백하게 알았다는 뜻을 나타내며 놀람이나 찬탄의 느낌을 나타냄
啊	[a]	조 문장의 끝에 쓰여 감탄·찬탄 따위의 어세를 돕거나 평서문·의문문·명령문의 끝에 쓰여 어기를 나타냄
癌	[ái]	명 암
矮	[ǎi]	형 작다, 낮다
爱	[ài]	동 사랑하다
爱人	[àiren]	명 배우자, 애인
安静	[ānjìng]	형 조용하다, 평온하다, 안정하다
安排	[ānpái]	명 준비, 배치 동 배정하다, 처리하다, 개조하다

Ⓑ

八	[bā]	주 8, 여덟
把	[bǎ]	양 자루, 웅큼(자루가 있는 기구를 셀 때, 한 주먹으로 쥘 만한 분량을 셀 때 쓰임) 개 …을, …으로서, …에 대해 (목적어를 동사 앞에 전치시킬 때 쓰임)

■ 爸爸	[bàba]	몡 아버지, 아저씨, 대부
■ 吧	[ba]	조 문미에 쓰여 상의·제의·청구·명령·독촉의 어기와 동의 또는 승낙의 어기를 나타냄
■ 白	[bái]	혱 ①하얗다 ②밝다, 솔직하다
■ 百	[bǎi]	주 100, 백
■ 摆	[bǎi]	동 ①놓다, 벌여놓다 ②드러내다, 내보이다
■ 班	[bān]	몡 ①반, 조, 단체, 그룹 ②근무시간 양 ①무리, 조 ②편, 번
■ 搬	[bān]	동 ①운반하다, 옮기다 ②이사하다
■ 半	[bàn]	주 2분의 1, 반, 절반
■ 半天	[bàntiān]	몡 ①한나절 ②공중, 중천
■ 办	[bàn]	동 (일 따위를) 하다, 처리하다
■ 办法	[bànfǎ]	몡 방법
■ 办公室	[bàngōngshì]	몡 사무실
■ 帮助	[bāngzhù]	동 돕다, 원조하다, 보좌하다
■ 饱	[bǎo]	혱 ①배부르다 ②속이 꽉 차다
■ 抱	[bào]	동 안다, 포옹하다, 마음에 품다
■ 报	[bào]	몡 ①간행물, 신문 ②응보 ③뉴스
■ 杯	[bēi]	몡 잔, 트로피 양 잔

杯子	〔bēizi〕	명 잔
北	〔běi〕	명 북쪽
北边	〔běibiān〕	명 북방, 북쪽
倍	〔bèi〕	양 배, 곱절, 갑절
被	〔bèi〕	개 …에 의해, …에게(피동문에서 동작을 행하는 동작의 주체를 나타냄)
本	〔běn〕	명 ①근본, 본전 ②책 양 권, 부(책을 세는 단위) 대 이, 이곳
本子	〔běnzi〕	명 노트, 장부, 판본
比	〔bǐ〕	동 비교하다, 같다, 비유하다 개 …에 비유하여
比较	〔bǐjiào〕	부 비교적 동 비교하다
比赛	〔bǐsài〕	명 시합 동 시합하다
笔	〔bǐ〕	명 붓, 필기구 양 (금액·거래 등의) 몫, 건(件)
必须	〔bìxū〕	조동 반드시 …해야 한다
边	〔biān〕	명 옆, 경계, 끝
变	〔biàn〕	동 달라지다, 변화하다, 바뀌다
变成	〔biànchéng〕	동 변하여 …이 되다, …로 변화하다
变化	〔biànhuà〕	명 변화 동 변하다, 변화하다

遍	[biàn]	몡 번, 회(동작이 시작되어 끝날 때까지의 전 과정을 말함)
表	[biǎo]	몡 ①표, 겉 ②시계
表示	[biǎoshì]	몡 표시, 표정 동 나타내다, 표시하다, 의미하다
表现	[biǎoxiàn]	몡 표현, 태도 동 표현하다, 과시하다
表演	[biǎoyǎn]	몡 연기, 행동거지 동 연기하다, 실연하다
表扬	[biǎoyáng]	동 표창하다, 칭송하다
别	[bié]	뮈 …하지 마라
别的	[biéde]	대 다른, 다른 것
别人	[biérén]	몡 다른 사람, 남
病	[bìng]	몡 병 동 병이 나다
不错	[búcuò]	형 훌륭하다, 그렇다, 알맞다
不但	[búdàn]	접 …뿐만 아니라
不要	[búyào]	…하기에 적당치 않다, …하지 마라, 원하지 않다
不用	[búyòng]	조동 …할 필요 없다
不	[bù]	뮈 아니다, …않다, 못하다
不久	[bùjiǔ]	뮈 머지않아, 곧
不如	[bùrú]	동 …보다 못하다, …하는 편이 낫다

■ 不同	[bùtóng]	혱 같지 않다, 다르다
■ 布	[bù]	몡 천, 베, 포
■ 部分	[bùfen]	몡 부분

Ⓒ

■ 擦	[cā]	동 닦다, 문지르다, 바르다
■ 才	[cái]	뮈 비로소, 방금
■ 菜	[cài]	몡 요리, 채소
■ 参观	[cānguān]	동 참관하다, 견학하다
■ 参加	[cānjiā]	동 참가하다, 제시하다
■ 操场	[cāochǎng]	몡 운동장, 연병장
■ 草	[cǎo]	몡 풀
■ 层	[céng]	양 층, 겹, 벌(중첩되거나 쌓여 있는 것에 사용함)
■ 茶	[chá]	몡 차, 차나무
■ 查	[chá]	동 검사하다, 조사하다, 찾아보다
■ 差	[chà]	동 ①모자라다 ②차이가 나다
■ 常	[cháng]	혱 자주, 언제나, 늘
■ 常常	[chángcháng]	뮈 자주, 늘
■ 长	[cháng]	혱 길다
■ 场	[chǎng]	몡 (활동의) 장, 무대

	〔cháng〕	양 회, 차례 (문예·오락·체육 활동의 횟수) 양 차례 (비·바람 등의 자연현상의 경과 회수)
■ 唱	〔chàng〕	동 부르다, 공연하다, 크게 부르다
■ 朝	〔cháo〕	동 참배하다, 향하다, 뵙다 개 …을 향해
■ 车	〔chē〕	명 차, 기계
■ 车站	〔chēzhàn〕	명 정거장
■ 城	〔chéng〕	명 성(벽), 도시
■ 城市	〔chéngshì〕	명 도시
■ 成	〔chéng〕	동 이루다, 완성하다, 성공하다
■ 成绩	〔chéngjì〕	명 성적, 기록
■ 成千上万	〔chéngqiānshàngwàn〕	성 수천수만, 대단히 많은 수의 형용
■ 吃	〔chī〕	동 ①먹다 ②전멸시키다, 흡수하다
■ 迟到	〔chídào〕	동 지각하다
■ 抽	〔chōu〕	동 꺼내다, 뽑다, 들이마시다
■ 出	〔chū〕	동 ①(안에서 밖으로) 나가다(나오다) ②출석하다, 참가하다
■ 出发	〔chūfā〕	동 출발하다
■ 出来	〔chūlái〕	동 나오다, 나타나다, 발생하다
■ 出去	〔chūqù〕	동 나가다
■ 出现	〔chūxiàn〕	동 나타나다, 출현하다

■ 出租汽车	〔chūzū qìchē〕	몡 택시	
■ 除了…以外	〔chúle…yǐwài〕	…을 제외하고는(도), …이외에는(도)	
■ 穿	〔chuān〕	동 입다, 뚫다, 통과하다	
■ 船	〔chuán〕	몡 배, 선박	
■ 窗	〔chuāng〕	몡 창	
■ 窗户	〔chuānghu〕	몡 창문	
■ 床	〔chuáng〕	몡 침대	
■ 吹	〔chuī〕	동 불다, 허풍떨다, 선전하다	
■ 春	〔chūn〕	몡 봄	
■ 春天	〔chūntiān〕	몡 봄	
■ 磁带	〔cídài〕	몡 자기 테이프	
■ 磁铁	〔cítiě〕	몡 자석	
■ 雌	〔cí〕	혱 암컷의	
■ 词	〔cí〕	몡 말, 말의 구절, 문구, 가사	
■ 词典	〔cídiǎn〕	몡 사전	
■ 次	〔cì〕	양 번, 회	
■ 从	〔cóng〕	개 …에서, …으로부터, …으로	
■ 从…到…	〔cóng…dào…〕	…에서 …까지	
■ 从…	〔cóng…〕	개 …에서, …로부터	
■ 从前	〔cóngqián〕	몡 옛날, 이전	

■ 错	〔cuò〕	명 잘못 형 틀리다, 나쁘다, 서투르다
■ 错误	〔cuòwù〕	명 착오, 버그

ⓓ

■ 打	〔dá〕	양 다스(dozen), 타(물품 12개를 한 묶음으로 하여 셀 때의 단위)
■ 打算	〔dǎsuan〕	명 (행동의 방향·방법 등에 관한) 생각, 타산, 계획, 기도 동 타산하다, 계획하다 조동 …하려고 하다, …할 작정이다
■ 大	〔dà〕	형 크다, 많다, 세다
■ 大概	〔dàgài〕	형 대강의, 대충의
■ 大家	〔dàjiā〕	대 여러분, 모두
■ 大声	〔dàshēng〕	동 소리를 크게 내다
■ 大学	〔dàxué〕	명 대학
■ 大夫	〔dàifu〕	명 의사, 대부
■ 戴	〔dài〕	동 착용하다, 존경하여 추대하다
■ 带	〔dài〕	동 휴대하다, 달다
■ 代表	〔dàibiǎo〕	명 대표 동 대표하다
■ 但是	〔dànshì〕	접 ①그러나, 그렇지만 ②단지…이라면, 무릇…이라면
■ 当	〔dāng〕	개 …에(사건 발생 시간이나 장소를 가리킴)

		통 담당하다, 책임지다, 서로 어울리다
■当然	〔dāngrán〕	형 당연하다
■刀	〔dāo〕	명 칼
■倒	〔dǎo〕	통 ①넘어지다, 자빠지다 ②도산하다
■到	〔dào〕	통 도착하다, 이르다
■道	〔dào〕	양 벽이나 길에 쓰는 양사
■道理	〔dàoli〕	명 도리, 이치, 규칙, 행위
■得	〔dé〕	통 얻다, 만족하다, 되다
■得到	〔dédào〕	통 얻다, 손에 넣다
■的	〔de〕	조 관형어 뒤에 붙는 구조조사
■地	〔de〕	조 부사어의 뒤에 붙는 구조조사, 단어나 구가 부사어로 쓰여, 동사·형용사를 수식할 경우에 쓰이며, 명사를 수식할 경우에는 的를 쓰고, 특히 부사어인 형용사 앞에 정도를 나타내는 부사가 있을 때는 일반적으로 꼭 地를 씀
■得	〔de〕	조 ①동사 뒤에 쓰여 가능을 나타냄 ②동사와 보어의 가운데 쓰여 가능을 나타냄 ③동사나 형용사의 뒤에 쓰여, 결과나 정도를 표시하는 보어를 연결시키는 역할을 함
■…得很	〔…dehěn〕	정도가 심한 것을 나타냄
■得	〔děi〕	조통 (마땅히) …해야 한다(겠다)
■灯	〔dēng〕	명 등, 전자관

■ 等	〔děng〕	통 기다리다 조 등, 따위(열거한 것 외에도 더 있다는 뜻임)
■ 低	〔dī〕	형 낮다, (키나 물건의 높이가) 낮다 통 (머리를) 숙이다, (소리를) 낮추다
■ 地	〔dì〕	명 지구, 대지, 땅
■ 地方	〔dìfāng〕	명 지방, 그 지방, 그곳
■ 第	〔dì〕	접두 제(수사 앞에 쓰여 차례의 몇 째를 가리킴) *第一 dìyī
■ 弟弟	〔dìdi〕	명 남동생
■ 点	〔diǎn〕	명 점, 시간, 포인트, 시, 가지 양 방울, 가지 통 찍다, 점검하다, 끄덕이다
■ 点心	〔diǎnxin〕	명 간식
■ 点钟	〔diǎnzhōng〕	명 시, 시간
■ 电	〔diàn〕	명 전보, 전기, 번개
■ 电车	〔diànchē〕	명 전차, 트롤리버스
■ 电灯	〔diàndēng〕	명 전등
■ 电话	〔diànhuà〕	명 전화
■ 电视	〔diànshì〕	명 텔레비전
■ 电影	〔diànyǐng〕	명 영화
■ 掉	〔diào〕	통 떨어지다, 빠지다, 잃다
■ 丢	〔diū〕	통 잃다, 떨어뜨리다, 방치하다

东	〔dōng〕	몡 동쪽
东边	〔dōngbiān〕	몡 동쪽
东西	〔dōngxī〕 〔dōngxi〕	몡 동서, 동쪽과 서쪽 몡 ①물건, 사물 ②놈, 녀석, 자식
冬	〔dōng〕	몡 겨울
冬天	〔dōngtiān〕	몡 겨울
懂	〔dǒng〕	동 알다
动	〔dòng〕	동 움직이다, 건드리다, 불러일으키다
动物	〔dòngwù〕	몡 동물
都	〔dōu〕	뷰 모두, 심지어
读	〔dú〕	동 ①낭독하다, 소리 내어 읽다 ②읽다 ③공부하다
短	〔duǎn〕	형 짧다
锻炼	〔duànliàn〕	동 단련하다
段	〔duàn〕	얭 사물이나 시간 따위의 한 구분을 나타냄
对	〔duì〕	개 …에 대하여 동 대답하다, 응답하다, 대하다 형 바르다, 맞다
对不起	〔duìbuqǐ〕	미안합니다
多	〔duō〕	형 많다 뷰 많이, 얼마나, 아무리 …여, …남짓

| 多么 | 〔duōme〕 | 뷔 얼마나, 어느 정도, 아무리 |
| 多少 | 〔duōshao〕 | 대 몇, 얼마 |

E

饿	〔è〕	형 배고프다 동 굶(기)다, 굶주리다
而且	〔érqiě〕	접 게다가
儿子	〔érzi〕	명 아들
二	〔èr〕	주 2, 둘, 둘째

F

发	〔fā〕	동 발생하다, 발전하다, 나타내다
发烧	〔fāshāo〕	명 발열 동 열이 나다, 붉어지다
发生	〔fāshēng〕	동 발생하다, 왕성하게 되다
发现	〔fāxiàn〕	동 발견하다
发展	〔fāzhǎn〕	명 발전 동 발전하다
法语(法文)	〔fǎyǔ(fǎwén)〕	명 프랑스어, 불어
翻	〔fān〕	동 뒤집다, 뒤집히다, 전복하다
翻译	〔fānyì〕	명 통역(자), 번역(자) 동 번역하다, 통역하다

■ 反对	〔fǎnduì〕	동 반대하다
■ 饭	〔fàn〕	명 밥, 식사
■ 饭店	〔fàndiàn〕	명 호텔, 식당
■ 方便	〔fāngbiàn〕	형 편리하다, 넉넉하다, 알맞다 동 ①편리하게 하다 ②(대소)변을 보다
■ 方法	〔fāngfǎ〕	명 방법
■ 方面	〔fāngmiàn〕	명 분야, 방면, 모난 얼굴
■ 方向	〔fāngxiàng〕	명 방향
■ 房间	〔fángjiān〕	명 방
■ 访问	〔fǎngwèn〕	동 방문하다, 물어서 찾다
■ 放	〔fàng〕	동 놓아주다, 놓다
■ 放假	〔fàngjià〕	명 휴가 동 휴가로 쉬다, 방학하다
■ 非常	〔fēicháng〕	부 대단히
■ 非法	〔fēifǎ〕	형 불법의
■ 飞	〔fēi〕	동 ①(새·곤충 따위가) 날다 ②(비행기 따위가) 비행하다, 날다 ③휘날리다, 나부끼다
■ 飞机	〔fēijī〕	명 비행기
■ 分	〔fēn〕	동 나누다, 분배하다, 분별하다 양 분(10분의 1), (시간의) 분
■ 分	〔fèn〕	명 성분, (직책과 권리의 한도) 본분, 소임, 직분

		양 한 벌, 세트(배합해서 한 벌이 되는 것)
…分之…	〔…fēnzhī…〕	…분의 …
分钟	〔fēnzhōng〕	명 분
丰富	〔fēngfù〕	형 풍부한 동 풍부하게 하다
封	〔fēng〕	양 통(편지 등을 셀 때)
风	〔fēng〕	명 바람
夫人	〔fūrén〕	명 부인, 아내, 본처
服务	〔fúwù〕	동 ①복무하다, 근무하다 ②봉사하다, 서비스하다
服务员	〔fúwùyuán〕	명 종업원
辅导	〔fǔdǎo〕	명 지도 동 지도하다
复习	〔fùxí〕	동 복습하다
复杂	〔fùzá〕	형 복잡하다
父亲	〔fùqīn〕	명 부친
负责	〔fùzé〕	형 책임감이 강하다 동 책임지다
附近	〔fùjìn〕	명 부근, 근처

G

该	[gāi]	조동 마땅히 …해야 한다, …일 것이다 동 차례가 되다, 빚지다
改	[gǎi]	동 바로잡다, 바꾸다, 개혁하다
改变	[gǎibiàn]	명 변화 동 바꾸다, 변하다
干净	[gānjìng]	형 깨끗하다, 하나도 남지 않다
感到	[gǎndào]	동 느끼다, 생각하다, 여기다
感冒	[gǎnmào]	명 감기 동 감기에 걸리다
感谢	[gǎnxiè]	동 감사하다
敢	[gǎn]	조동 용감하게 (감히) …하다
干	[gàn]	동 ①저촉되다, 관련되다 ②(일 등을) 하다, 담당하다
干部	[gànbù]	명 간부
刚	[gāng]	부 막 …하자, 꼭
刚才	[gāngcái]	명 지금 막, 방금, 이제 금방
钢笔	[gāngbǐ]	명 만년필, 펜
高	[gāo]	형 높다, 비싸다, 우수하다
高兴	[gāoxìng]	형 기쁘다, 즐겁다, 유쾌하다 동 기뻐하다, 즐거워하다
搞	[gǎo]	동 하다, 만들다, (일을) 꾸미다

告诉	【gàosu】	통 알리다, 고소하다, 말하다
哥哥	【gēge】	명 형, 오빠
歌	【gē】	명 노래
个	【ge】	양 개, 명, 사람 (주로 전용 양사가 없는 명사에 두루 쓰이며, 전용 양사가 있는 명사에도 쓰일 수 있음)
各	【gè】	대 여러, 각자, 각기, 각각
各种	【gèzhǒng】	대 각종
给	【gěi】	통 주다 개 …에게, …을 위하여, …에 의하여
根	【gēn】	명 뿌리, 밑부분, 근원 양 가닥
跟	【gēn】	개 동작을 함께 하는 대상이나, 동작과 관계되는 대상을 나타냄 접 …와(과) 통 따라가다, 좇아가다, 붙다
更	【gèng】	부 더욱, 한층 더
工厂	【gōngchǎng】	명 공장
工人	【gōngrén】	명 노동자
工业	【gōngyè】	명 공업
工作	【gōngzuò】	명 작업, 일 통 일하다
公共汽车	【gōnggòng qìchē】	명 버스
公斤	【gōngjīn】	양 킬로그램(kg)

公里	〔gōnglǐ〕	영 킬로미터(km)
公园	〔gōngyuán〕	명 공원
够	〔gòu〕	형 충분하다, 넉넉하다, 족하다 동 꺼내다, (손이) 닿다, 충분하다, 적극적으로 …하다
姑娘	〔gūniang〕	명 아가씨, 딸
故事	〔gùshi〕	명 이야기, 고사
刮	〔guā〕	동 (칼날로) 깎다, 밀다, (재물을) 착취하다, (물건의 표면에) 바르다, 칠하다, (바람이) 불다
挂	〔guà〕	동 걸다, 끊다, 덮다, 칠하다, 띠다, 기항하다, 내버려두다, 걱정하다
关	〔guān〕	동 닫다, 끄다, 가두다, 도산하다
关系	〔guānxi〕	명 관계 동 관계하다, 관련되다
关心	〔guānxīn〕	동 관심을 가지다
馆	〔guǎn〕	명 손님을 접대하고 묵게 하는 건물
广播	〔guǎngbō〕	명 방송 동 방송하다
贵	〔guì〕	형 ①(값이) 비싸다 ②귀(중)하다, 가치가 높다
贵姓	〔guìxìng〕	명 성씨
国	〔guó〕	명 국가, 나라
国家	〔guójiā〕	명 국가

■ 过	〔guò〕	통 지나다, 건너다, 옮기다, 초과하다, 지내다
	〔guo〕	조 동사 뒤에 동태조사로 쓰여 동작이 완료되었거나 경험이 있음을 나타냄
■ 过来	〔guòlái〕	통 오다
■ 过去	〔guòqù〕	명 과거 통 지나가다

H

■ 哈哈	〔hāhā〕	의성 하하, 웃는 소리
■ 还	〔hái〕	부 또, 아직, 여전히, 더욱, 그만하면
■ 还是	〔háishi〕	부 아직, 여전히, 역시 접 또는, 아니면
■ 孩子	〔háizi〕	명 아이, 아동
■ 海	〔hǎi〕	명 바다
■ 寒假	〔hánjià〕	명 겨울방학
■ 喊	〔hǎn〕	통 큰소리로 외치다, 부르다
■ 汉语	〔Hànyǔ〕	명 중국어
■ 汉字	〔Hànzì〕	명 한자
■ 好	〔hǎo〕	형 좋다, 훌륭하다, 선량하다, 잘 지내다, 친밀하다, …하기가 쉽다
■ 好	〔hǎo〕	부 아주
■ 好吃	〔hǎochī〕	형 맛있다

■ 好处	〔hǎochu〕	명 장점, 이익, 도움
■ 好看	〔hǎokàn〕	형 ①아름답다 ②당당하다 ③흥미진진하다
■ 好像	〔hǎoxiàng〕	형 마치 …과 같다
■ 号	〔hào〕	명 이름, 명칭, (사람의) 호 양 번
■ 号称	〔hàochēng〕	동 불리다
■ 喝	〔hē〕	동 마시다, 술을 마시다
■ 和	〔hé〕	형 ①평화롭다, 화평하다 ②부드럽다, 온화하다, 따스하다 …한 채로, …한 그대로 접 …와, 및(대등한 성분끼리 병렬할 때)
■ 合适	〔héshì〕	형 적당하다, 편안하다
■ 河	〔hé〕	명 강, 하천
■ 黑	〔hēi〕	형 ①검다, 까맣다, 검정색(의) ②어둡다 ③은밀한, 보이지 않는
■ 黑板	〔hēibǎn〕	명 칠판
■ 很	〔hěn〕	부 매우
■ 红	〔hóng〕	형 붉다, 빨갛다
■ 后	〔hòu〕	명 뒤, 후 동 뒤떨어지다, 낙후되다
■ 后边	〔hòubiān〕	명 뒤, 뒤쪽, 배후
■ 忽然	〔hūrán〕	부 갑자기

■ 湖	〔hú〕	몡 호수
■ 互相	〔hùxiāng〕	哮 서로, 상호
■ 花	〔huā〕	몡 꽃 톙 얼룩얼룩하다, 눈이 흐리다, 실속이 없다 동 소비하다
■ 画	〔huà〕	동 (그림을) 그리다
■ 画儿	〔huàr〕	몡 그림
■ 化学	〔huàxué〕	몡 화학
■ 话	〔huà〕	몡 말, 이야기
■ 坏	〔huài〕	톙 악하다, 상하다, 고장 나다
■ 欢迎	〔huānyíng〕	동 환영하다
■ 还	〔huán〕	동 ①돌아가다, 돌아오다 ②(원상태로) 되돌아가다 ③돌려주다, 갚다
■ 换	〔huàn〕	동 교환하다, 바꾸다
■ 黄	〔huáng〕	톙 ①노랗다 ②속되다, 선정적이다
■ 回	〔huí〕	동 돌아오다, 회답하다, 돌리다, 거절하다, 여쭈다, 돌다 얭 번, 회(일의 회수를 나타냄), 장(장편소설의 장)
■ 回答	〔huídá〕	몡 대답 동 대답하다
■ 回来	〔huílái〕	哮 나중에 동 돌아오다, 도지다 *동사 뒤에 보어로 쓰여, 본래 장소로 되돌아오거나

되돌린다는 뜻을 나타냄

■ 回去	[huíqù]	图 돌아가다 *동사 뒤에 보어로 쓰여 원래의 위치로 돌아감을 표시함
■ 会	[huì]	조동 …할 줄 알다, …할 것이다 图 모으다, 만나다, 이해하다
■ 会	[huì]	명 회, 회의
■ 会话	[huìhuà]	명 회화 图 회화를 하다
■ 活	[huó]	图 살다, 생활하다
■ 活儿	[huór]	명 일
■ 活动	[huódòng]	명 활동 图 활동하다, 움직이다, 활약하다, 흔들리다
■ 火车	[huǒchē]	명 기차
■ 或者	[huòzhě]	접 …(이)거나, …든지, 혹은, 또는, …이 아니면 …이다

J

■ 基本	[jīběn]	형 기본의, 기본적인, 근본적인
■ 基础	[jīchǔ]	명 토대, 기초, 기반
■ 机场	[jīchǎng]	명 공항, 비행장
■ 机会	[jīhuì]	명 기회
■ 机器	[jīqì]	명 기계, 기기
■ 鸡	[jī]	명 닭

■鸡蛋	〔jīdàn〕	몡 계란
■…极了	〔…jíle〕	曱 극히, 매우, 아주, 몹시(성질이나 상태를 나타내는 형용사나 동사의 뒤에 붙여 그 정도가 가장 심함을 나타냄)
■集合	〔jíhé〕	동 집합하다
■急	〔jí〕	혱 (성미가) 급하다, 성급하다
■挤	〔jǐ〕	혱 갑갑하다 동 밀치다, 조이다, 동시에 일이 겹치다, 짜다, 강요하다
■几	〔jǐ〕	대 몇
■技术	〔jìshù〕	몡 기술
■寄	〔jì〕	동 부치다, 전달하다
■计划	〔jìhuà〕	몡 계획 동 계획하다
■记	〔jì〕	동 ①기억하다, 암기하다 ②적다, 기록하다, 기재하다
■继续	〔jìxù〕	동 계속하다
■家	〔jiā〕	몡 가정, 집안, 집 양 가정, 기업, 가게 등을 세는 단위 접미 명사 뒤에 쓰여 동류의 사람을 나타냄 *文学家wénxuéjiā
■家庭	〔jiātíng〕	몡 가정
■加	〔jiā〕	동 더하다, 보태다
■坚持	〔jiānchí〕	동 견지하다, 고수하다

■ 间	〔jiān〕	몡 칸(방을 세는 양사)
■ 检查	〔jiǎnchá〕	동 점검하다, 조사하다
■ 简单	〔jiǎndān〕	혱 간단하다, 단순하다
■ 见	〔jiàn〕	동 보(이)다, 눈에 띄다
■ 见面	〔jiànmiàn〕	동 눈앞에서 보다, 직접 보다
■ 件	〔jiàn〕	양 일·사건의 사물을 세는 데 사용함
■ 健康	〔jiànkāng〕	명 건강 혱 건강하다
■ 建设	〔jiànshè〕	명 건설 동 건설하다
■ 将来	〔jiānglái〕	명 장래
■ 江	〔jiāng〕	명 강
■ 讲	〔jiǎng〕	동 ①이야기하다, 말하다 ②설명하다, 해석하다 ③상의하다, 의논하다
■ 交	〔jiāo〕	동 ①넘기다, 건네다, 내다 ②맡기다
■ 教	〔jiào〕	동 ①가르치다(단독으로 동사로 쓰일 때는 제1성으로 발음함) ②가르치다, 지도하다
■ 脚	〔jiǎo〕	명 발(발목의 아래 부분)
■ 角	〔jiǎo〕	양 중국화폐의 보조단위, 구어 毛(máo)에 해당
■ 饺子	〔jiǎozi〕	명 교자(밀가루를 반죽하여 얇게 민 다음 잘게 저민 고기나 야채 따위를 넣어 싼 것)

■ 教室	〔jiàoshì〕	몡 교실
■ 教育	〔jiàoyù〕	몡 교육 동 교육하다
■ 叫	〔jiào〕	동 ①외치다, 고함치다, 소리지르다 ②(동물이) 울다, 짖다, 지저귀다 ③(이름을) …라고 하다(부르다)
■ 叫	〔jiào〕	개 …에 의해서 (…하게 되다)
■ 接	〔jiē〕	동 ①가까이 가다, 접근하다, 접촉하다 ②잇다, 연결하다
■ 接着	〔jiēzhe〕	뮈 잇따라, 이어서
■ 街	〔jiē〕	몡 (도시나 마을 안의 비교적 넓고 큰) 길, 거리, 가로
■ 节	〔jié〕	몡 ①(식물의) 마디 ②(동물의) 관절 양 단락 지어진 것에 쓰는 양사
■ 节目	〔jiémù〕	몡 프로그램, 종목, 항목
■ 节日	〔jiérì〕	몡 경축일
■ 结果	〔jiéguǒ〕	뮈 결국, 마침내
■ 结束	〔jiéshù〕	동 끝나다, 마치다
■ 解决	〔jiějué〕	동 해결하다, 소멸시키다
■ 姐姐	〔jiějie〕	몡 누나, 언니
■ 借	〔jiè〕	동 빌리다, 꾸다, 빌려 주다
■ 介绍	〔jièshào〕	동 소개하다
■ 斤	〔jīn〕	양 근 (무게의 단위)

■ 今年	〔jīnnián〕	몡 올해, 금년
■ 今天	〔jīntiān〕	몡 오늘
■ 紧	〔jǐn〕	휑 단단하다, 팽팽하다, 꼭 끼다, 빡빡하다, 촉박하다
■ 紧张	〔jǐnzhāng〕	휑 긴장하다, 긴박하다, 힘에 부치다
■ 进	〔jìn〕	동 나아가다, 전진하다
■ 进来	〔jìnlái〕	동 들어오다 *동사 뒤에 보어로 쓰여 안으로 들어옴을 나타냄
■ 进去	〔jìnqù〕	동 들어가다 *동사 뒤에 보어로 쓰여 안으로 들어감을 나타냄
■ 进行	〔jìnxíng〕	몡 진행하다, (어떠한 활동을) 하다
■ 近	〔jìn〕	휑 가깝다
■ 精彩	〔jīngcǎi〕	휑 훌륭하다, 뛰어나다, 근사하다
■ 精神	〔jīngshen〕	몡 정신, 활력
■ 经常	〔jīngcháng〕	휑 보통이다, 일상적이다, 정상적이다
■ 经过	〔jīngguò〕	동 거치다, 경과하다, 경험하다 개 …를 통해, …를 거쳐
■ 经济	〔jīngjì〕	몡 경제
■ 经验	〔jīngyàn〕	몡 경험
■ 久	〔jiǔ〕	휑 오래다
■ 九	〔jiǔ〕	주 9, 아홉
■ 酒	〔jiǔ〕	몡 술

旧	[jiù]	형 ①옛날의, 과거의 ②헐다, 낡다, 오래다, 오래 되다 ③이전의, 구
就	[jiù]	부 즉시 접 설사 …이라도
橘子	[júzi]	명 귤, 오렌지
举	[jǔ]	동 들다, 일으키다
句	[jù]	양 마디, 편(말·글의 수를 세는 단위)
句子	[jùzi]	명 문장, 구
觉得	[juéde]	동 느끼다
决定	[juédìng]	명 결정 동 결정하다

Ⓚ

咖啡	[kāfēi]	명 커피
卡车	[kǎchē]	명 트럭
开	[kāi]	동 열다, 내다, 벌어지다, 운전하다
开始	[kāishǐ]	명 시작 동 시작하다
开玩笑	[kāi wánxiào]	농담을 하다
开学	[kāixué]	명 개학
看	[kàn]	동 ①보다, 구경하다 ②(눈으로만) 읽다 ③…라고 여기다
看病	[kànbìng]	명 진찰, 문병

		동 ①진찰하다, 진찰받다 ②문병하다
■ 看见	〔kànjiàn〕	동 보다, 만나다
■ 考试	〔kǎoshì〕	명 시험 동 시험보다
■ 棵	〔kē〕	양 그루, 포기 (식물을 세는 단위)
■ 科学	〔kēxué〕	명 과학 형 과학적이다
■ 咳嗽	〔késou〕	동 기침하다
■ 可能	〔kěnéng〕	명 가능성, 가능 조동 …할 수 있다
■ 可是	〔kěshì〕	접 그러나
■ 可以	〔kěyǐ〕	조동 …할 수 있다, …해도 좋다, …할 가치가 있다
■ 渴	〔kě〕	형 목 타다
■ 克	〔kè〕	양 그램
■ 刻	〔kè〕	양 15분 (옛날, 물시계로 시간을 잴 때 하루를 百刻으로 나누었음, 지금은 15분을 一刻이라 함)
■ 客气	〔kèqi〕	형 예의가 바르다, 정중하다 동 사양하다
■ 课	〔kè〕	명 수업, 강의, 수업과목
■ 课本	〔kèběn〕	명 교과서
■ 课文	〔kèwén〕	명 본문, 교과서 중의 본문

■ 空气	〔kōngqì〕	명 공기, 분위기
■ 口	〔kǒu〕	명 ①입 ②말, 말씨름, 입담 양 마리(가축), 식구, 입, 모금
■ 口语	〔kǒuyǔ〕	명 회화
■ 哭	〔kū〕	동 (소리 내어) 울다
■ 苦	〔kǔ〕	형 ①힘들다, 고달프다 ②쓰다
■ 块	〔kuài〕	명 덩어리, 조각 양 ①덩어리, 조각(덩어리 또는 조각 모양의 물건을 헤아리는 데 씀) ②(구어) 중국의 화폐 단위 ('元 yuán'에 해당)
■ 快	〔kuài〕	형 (속도가) 빠르다
■ 困难	〔kùnnan〕	명 어려움, 궁핍 형 곤란하다, 궁핍하다

Ⓛ

■ 拉	〔lā〕	동 ①끌다, 당기다, ②(악기를) 타다, ③끌어들이다, 연장하다
■ 啦	〔la〕	조 문장 끝에 붙는 어기조사로 동작이나 행위가 이미 완료되었을 때 바뀌지 않은 지속의 느낌을 나타냄
■ 来	〔lái〕	동 ①오다 ②(문제·사건 따위가) 발생하다, 닥치다
■ 蓝	〔lán〕	명 파란색 형 푸르다
■ 篮球	〔lánqiú〕	명 농구, 농구공

劳动	[láodòng]	宮 일하다, 노동하다
劳驾	[láojià]	①발걸음시키다 ②수고하셨습니다, 폐를 끼쳤습니다 ③죄송합니다, 미안합니다(부탁이나 양보를 청할 때 쓰는 겸손한 말) ④감사합니다, 수고하셨습니다(일을 부탁하고 나서 하는 감사의 말)
老	[lǎo]	혱①늙다 ②오래된, 구식의 ③굳다, ④정도가 지나치다 ⑤노련하다 접두 성 앞에 붙어 호칭으로 쓰임
老师	[lǎoshī]	명 선생님
了	[le]	조 동사 또는 형용사 뒤에 쓰여 동작 또는 변화가 이미 완료되었음을 나타냄
累	[lèi]	혱 지치다, 피로하다, 피곤하다
冷	[lěng]	혱①춥다 ②냉정하다, 썰렁하다 ③생소하다 ④인기가 없다
离	[lí]	宮 분리하다, 떠나다, 헤어지다 개 …에서, …로부터, …까지
离开	[líkāi]	宮 떠나다, 헤어지다
里 里	[lǐ] [lǐ]	명 (옷·이불·모자·신발 따위의) 속, 안 양 리 (길이 단위) 명 안, 속, 내부(명사 뒤에 붙어 공간·시간·범위를 나타냄)
里边	[lǐbiān]	명 (일정한 시간·공간·범위) 이내, 동안, 안(쪽), 내부, 속
礼物	[lǐwù]	명 선물, 예물
历史	[lìshǐ]	명 역사

■ 利用	〔lìyòng〕	图 이용하다
■ 例如	〔lìrú〕	예를 들면, 예컨대
■ 立刻	〔lìkè〕	图 즉시
■ 俩	〔liǎ〕	图 둘, 두 개
■ 联系	〔liánxì〕	图 연락, 연계 图 연락하다, 연계하다
■ 连…都(也)…	〔lián…dōu(yě)…〕	…조차도
■ 脸	〔liǎn〕	图 얼굴, 체면
■ 练习	〔liànxí〕	图 연습 图 연습하다
■ 凉快	〔liángkuai〕	图 서늘하다
■ 凉水	〔liángshuǐ〕	图 냉수, 찬물
■ 两	〔liǎng〕	图 냥 (1근의 10분의 1)
■ 辆	〔liàng〕	图 대 (차량을 셀 때 쓰임)
■ 亮	〔liàng〕	图 밝다, 환하다, 반들반들하다 图 ①빛을 내다, 밝히다 ②날이 밝다, 날이 새다
■ 了	〔liǎo〕	图 완결하다, 끝나다, 결말을 내다
■ 了解	〔liǎojiě〕	图 이해하다, 조사하다
■ 零(0)	〔líng〕	图 0, 영
■ 领导	〔lǐngdǎo〕	图 영도자, 지도자 图 영도하다, 지도하다

■ 留	〔liú〕	동 머무르다, 남기다
■ 留念	〔liúniàn〕	동 (이별할 때 선물을 주어) 기념으로 남겨두다(삼다)
■ 留学生	〔liúxuéshēng〕	명 유학생
■ 流	〔liú〕	명 강의 흐름, 흐름, 물결 동 ①흐르다 ②유동하다, 이동하다
■ 六	〔liù〕	주 6, 여섯
■ 楼	〔lóu〕	명 층집, 다층 건물, 층
■ 路	〔lù〕	명 길, 도로
■ 录音	〔lùyīn〕	동 녹음하다
■ 旅行	〔lǚxíng〕	명 여행
■ 绿	〔lù〕	형 푸르다
■ 乱	〔luàn〕	형 혼란하다, 어수선하다

M

■ 妈妈	〔māma〕	명 어머니, 엄마
■ 麻烦	〔máfan〕	형 귀찮다, 성가시다, 번거롭다 동 귀찮게 하다, 부담을 주다
■ 马	〔mǎ〕	명 말
■ 马上	〔mǎshàng〕	부 곧, 즉시
■ 嘛	〔ma〕	조 주어 다음이나 문장 끝에 쓰여 의미를 확실히 하는데 쓰임

■吗	〔ma〕	조 ①문미에 사용하여 의문을 표시함 ②반어법을 구성하여 긍정의 뜻을 표시 함
■买	〔mǎi〕	동 사다
■卖	〔mài〕	동 팔다, 힘을 다하다
■满	〔mǎn〕	형 그득하다, 가득하다, 가득 차 있다
■满意	〔mǎnyì〕	형 만족하다, 흡족하다
■慢	〔màn〕	형 느리다
■忙	〔máng〕	형 바쁘다
■毛	〔máo〕	양 10전(元의 10분의 1)
■帽子	〔màozi〕	명 모자, 딱지(레테르)
■没	〔méi〕	부 아직 …않다 동 없다
■没关系	〔méi guānxi〕	①관계가 없다 ②괜찮다, 문제없다, 염려 없다
■没意思	〔méi yìsi〕	재미가 없다
■没有	〔méiyǒu〕	없다(有의 부정형), …만 못하다
■每	〔měi〕	대 매, 각, …마다(모두)
■妹妹	〔mèimei〕	명 누이동생
■门	〔mén〕	명 문, 출입구 양 ①문(대포를 세는 단위) ②과목(학문 따위의 항목을 세는 단위)
■门口	〔ménkǒu〕	명 입구

们	〔men〕	접미 …들(사람을 지칭하는 명사나 대명사의 뒤에 쓰여 복수를 나타냄)
米	〔mǐ〕	양 미터(m)
面包	〔miànbāo〕	명 빵
面条儿	〔miàntiáor〕	명 국수
民族	〔mínzú〕	명 민족
明年	〔míngnián〕	명 내년
明天	〔míngtiān〕	명 내일
名字	〔míngzi〕	명 이름
母亲	〔mǔqīn〕	명 어머니, 모친
目前	〔mùqián〕	명 지금, 현재

Ⓝ

拿	〔ná〕	동 가지다, 쥐다, 들다
哪里(哪儿)	〔nǎli(nǎr)〕	대 어디
那	〔nà〕	대 그, 저, 그것, 저것 접 그러면
那个	〔nàge〕	대 그것, 저것, 그, 저
那里(那儿)	〔nàli(nàr)〕	대 거기, 그곳, 저곳
那么	〔nàme〕	대 그런, 저런, 그렇게, 저렇게 접 그러면
那些	〔nàxiē〕	대 그들, 그것들

■ 那样	〔nàyàng〕	대 그런, 그러한 것
■ 哪	〔na〕	조 어기조사 (보통 경성으로 발음하며 감탄을 표시함)
■ 呐	〔na〕 〔nà〕	조 어기조사 동 함성을 지르다, 외치다
■ 南	〔nán〕	명 남, 남쪽
■ 南边	〔nánbiān〕	명 남쪽
■ 男	〔nán〕	명 ①남자, 남성 ②아들
■ 难	〔nán〕	형 어렵다, 곤란하다, 힘들다
■ 呢	〔ne〕	조 ①명사나 명사구 뒤에 쓰여 어디에 있느냐는 의문문을 나타냄 ②서술문에 쓰여 약간의 과장과 확인, 강조를 나타냄
■ 内	〔nèi〕	명 ①안 ②처, 처가의 친척
■ 内容	〔nèiróng〕	명 내용
■ 能	〔néng〕	조동 …할 수 있다, …할 줄 알다, …할 능력이 있다
■ 能够	〔nénggòu〕	조동 …할 수 있다(어떤 능력을 구비하고 있거나, 어떤 효과를 얻을 수 있음을 표시, 조건상이나 도리상 허가함을 표시함)
■ 嗯	〔ńg〕	명 응? (의문을 나타냄)
■ 你	〔nǐ〕	대 너, 자네, 당신
■ 你们	〔nǐmen〕	대 너희들, 자네들, 당신들

■ 年	〔nián〕	명 해, 년
■ 年级	〔niánjí〕	명 학년
■ 年纪	〔niánjì〕	명 나이
■ 年轻	〔niánqīng〕	형 젊다
■ 念	〔niàn〕	동 ①생각하다 ②읽다
■ 您	〔nín〕	대 당신, 선생님, 귀하(你를 높여 부르는 말)
■ 牛	〔niú〕	명 소
■ 牛奶	〔niúnǎi〕	명 우유
■ 农村	〔nóngcūn〕	명 농촌
■ 农民	〔nóngmín〕	명 농민
■ 农业	〔nóngyè〕	명 농업
■ 努力	〔nǔlì〕	동 노력하다, 힘쓰다
■ 女	〔nǚ〕	명 여자, 여성
■ 女儿	〔nǚ'ér〕	명 딸
■ 暖和	〔nuǎnhuo〕	형 따뜻하다 동 따뜻하게 하다, 불을 쬐다

Ⓟ

■ 爬	〔pá〕	동 기어오르다, 기다
■ 怕	〔pà〕	동 두려워하다, 무서워하다

拍	[pāi]	동 손바닥으로 치다
排球	[páiqiú]	명 배구
派	[pài]	명 파벌, 스타일 동 파견하다
旁边	[pángbiān]	명 옆
跑	[pǎo]	동 달리다, 도망가다
跑步	[pǎobù]	명 구보 동 구보를 하다
朋友	[péngyou]	명 친구
碰	[pèng]	동 부딪치다, 마주치다, 건드리다
批评	[pīpíng]	명 비평 동 비평하다
啤酒	[píjiǔ]	명 맥주
篇	[piān]	양 편, 글
便宜	[piányi]	명 공짜, 이익 형 (값이) 싸다, 헐하다
片	[piàn]	명 (평평하고 얇은) 조각, 판, 편 양 평평하고 얇은 물건을 세는 단위
漂亮	[piàoliang]	형 예쁘다, 아름답다, 곱다
票	[piào]	명 표
苹果	[píngguǒ]	명 사과
瓶	[píng]	명 병 양 병 (병에 담긴 물건을 세는 단위)

■破	〔pò〕	형 낡다, 시시하다 동 쪼개다, 깨다, 쳐부수다, 찢어지다

Q

■七	〔qī〕	주 7, 칠, 일곱
■骑	〔qí〕	명 (동물이나 자전거 등에 다리를 벌리고) 올라타다, (걸터) 타다
■起	〔qǐ〕	동 ①일어나다 ②생기다
■起床	〔qǐchuáng〕	동 기상하다
■起来	〔qǐlái〕	동 일어서다, 일어나 앉다
■汽车	〔qìchē〕	명 자동차
■汽水	〔qìshuǐ〕	명 사이다(cider)
■铅笔	〔qiānbǐ〕	명 연필
■千	〔qiān〕	주 천
■钱	〔qián〕	명 돈, 값
■前	〔qián〕	명 앞
■前边	〔qiánbiān〕	명 앞
■浅	〔qiǎn〕	형 얕다, 낮다, 천박하다
■墙	〔qiáng〕	명 벽, 담
■桥	〔qiáo〕	명 다리, 교량
■青年	〔qīngnián〕	명 청년

■ 轻	〔qīng〕	혱 가볍다, 줄이다
■ 清楚	〔qīngchu〕	혱 뚜렷하다, 분명하다, 깔끔하다
■ 晴	〔qíng〕	·혱 (날씨가) 개다
■ 情况	〔qíngkuàng〕	몡 정황, 상황, 형편
■ 请	〔qǐng〕	툉 요청하다, 부탁하다, 부르다
■ 请假	〔qǐngjià〕	툉 휴가를 신청하다 (받다)
■ 请问	〔qǐngwèn〕	잠깐 여쭙겠습니다, 말 좀 물어봅시다
■ 秋	〔qiū〕	몡 가을
■ 秋天	〔qiūtiān〕	몡 가을
■ 球	〔qiú〕	몡 공, 볼
■ 取得	〔qǔdé〕	툉 취득하다
■ 去	〔qù〕	툉 가다
■ 去年	〔qùnián〕	몡 작년
■ 去世	〔qùshì〕	툉 서거하다, 세상을 떠나다
■ 全	〔quán〕	혱 완전하다, 완비하다
■ 全部	〔quánbù〕	뷴 전부
■ 全体	〔quántǐ〕	몡 전체
■ 确实	〔quèshí〕	혱 확실하다

®

■ 然后	〔ránhòu〕	〔접〕 그리고 나서
■ 让	〔ràng〕	〔동〕 ①양보하다 ②전하다 ③…시키다
■ 热	〔rè〕	〔형〕 ①덥다 ②열렬하다
■ 热情	〔rèqíng〕	〔형〕 열정적이다, 친절하다, 마음이 따뜻하다, 정이 두텁다
■ 人	〔rén〕	〔명〕 사람, 인간
■ 人们	〔rénmen〕	〔명〕 사람들
■ 人民	〔rénmín〕	〔명〕 인민, 시민, 국민
■ 任何	〔rènhé〕	〔대〕 어떠한
■ 认识	〔rènshi〕	〔명〕 인식 〔동〕 인식하다, 알다
■ 认为	〔rènwéi〕	〔동〕 여기다, 생각하다
■ 认真	〔rènzhēn〕	〔형〕 착실하다
■ 日	〔rì〕	〔명〕 일, 날
■ 日语(文)	〔Rìyǔ(wén)〕	〔명〕 일본어
■ 日子	〔rìzi〕	〔명〕 날, 날짜
■ 容易	〔róngyì〕	〔형〕 용이하다, 쉽다
■ 肉	〔ròu〕	〔명〕 고기

三	[sān]	㈜ 3, 삼, 셋
散步	[sànbù]	동 산책하다
山	[shān]	명 산
商店	[shāngdiàn]	명 상점
上	[shàng]	명 위, 위쪽
上	[shàng]	동 올라가다
上边	[shàngbiān]	명 위쪽
上课	[shàngkè]	동 수업을 하다
上来	[shànglái]	동 올라오다 *동사 뒤에서 보어로 쓰여 동작이 아래에서 위로 행해지는 것을 나타냄
上去	[shàngqù]	동 올라가다 *동사 뒤에서 보어로 쓰여 낮은 곳에서 높은 곳 또는 주체에서 대상 쪽으로 이동하는 것을 나타냄
上午	[shàngwǔ]	명 오전
上学	[shàngxué]	동 학교 가다
少	[shǎo]	형 ①적다 ②부족하다, 결핍하다 동 잃다, 없어지다, 분실하다
社会	[shèhuì]	명 사회
身体	[shēntǐ]	명 신체, 건강
深	[shēn]	형 깊다

■ 什么	〔shénme〕	대 무엇
■ 声	〔shēng〕	명 소리, 음조 양 (발언의 빈도) 마디, 번
■ 声调	〔shēngdiào〕	명 성조
■ 声音	〔shēngyīn〕	명 소리
■ 生产	〔shēngchǎn〕	동 생산하다
■ 生词	〔shēngcí〕	명 새 단어
■ 生活	〔shēnghuó〕	명 생활 동 생활하다
■ 生日	〔shēngrì〕	명 생일
■ 省	〔shěng〕	명 성 (지방행정단위)
■ 剩	〔shèng〕	동 남다
■ 胜利	〔shènglì〕	동 승리하다
■ 师傅	〔shīfu〕	명 (학문·기예 따위의) 스승, 사부
■ 十	〔shí〕	주 10, 십, 열
■ 十分	〔shífēn〕	부 매우, 대단히, 충분히
■ 时候	〔shíhou〕	명 때
■ 时间	〔shíjiān〕	명 시간
■ 食堂	〔shítáng〕	명 식당
■ 实践	〔shíjiàn〕	명 실천 동 실천하다

■ 实现	〔shíxiàn〕	통 실현하다
■ 使用	〔shǐyòng〕	통 사용하다
■ 世界	〔shìjiè〕	명 세계
■ 事	〔shì〕	명 일, 문제, 사건, 종사
■ 事情	〔shìqing〕	명 사정, 일, 볼일
■ 事先	〔shìxiān〕	명 사전
■ 是	〔shì〕	통 …이다 (동사의 강조할 때 쓰임)
■ 市	〔shì〕	명 시장, 도시
■ 试	〔shì〕	통 시험하다, 해보다
■ 收	〔shōu〕	통 거두어들이다, 거두다
■ 收拾	〔shōushi〕	통 치우다, 정돈하다, 수습하다
■ 手	〔shǒu〕	명 손
■ 手表	〔shǒubiǎo〕	명 손목시계
■ 首都	〔shǒudū〕	명 수도
■ 输	〔shū〕	통 수송하다, 나르다
■ 舒服	〔shūfu〕	형 (육체나 정신이) 편안하다, 상쾌하다
■ 书	〔shū〕	명 책
■ 熟	〔shú〕	형 익다, 여물다
■ 数	〔shǔ〕	통 세다, 헤아리다, 하나하나 계산하다
■ 树	〔shù〕	명 나무, 수목

数学	〔shùxué〕	몡	수학
双	〔shuāng〕	얭	쌍, 켤레
谁	〔shuí〕	댸	누구
水	〔shuǐ〕	몡	물
水果	〔shuǐguǒ〕	몡	과일
水平	〔shuǐpíng〕	몡	수준
睡	〔shuì〕	됭	잠자다
睡觉	〔shuìjiào〕	됭	잠을 자다
说	〔shuō〕	됭	말하다
说明	〔shuōmíng〕	몡 설명, 해설 됭 설명하다, 해설하다
思想	〔sīxiǎng〕	몡	사상, 생각, 견해
死	〔sǐ〕	됭	죽다
四	〔sì〕	쉬	4, 넷
送	〔sòng〕	됭	보내다
宿舍	〔sùshè〕	몡	기숙사
酸	〔suān〕	혱	시다, 시큼하다
算	〔suàn〕	됭	계산하다
虽然	〔suīrán〕	졉	비록 …일지라도
岁	〔suì〕	얭	…년, …세

■ 所以	〔suǒyǐ〕	접 그래서, 그런 까닭에
■ 所有	〔suǒyǒu〕	형 일체의, 모든

Ⓣ

■ 他	〔tā〕	대 그, 그대
■ 他们	〔tāmen〕	대 그들
■ 它	〔tā〕	대 그것, 저것
■ 它们	〔tāmen〕	대 그것들
■ 她	〔tā〕	대 그녀
■ 她们	〔tāmen〕	대 그녀들
■ 抬	〔tái〕	동 들다, 쳐들다, 들어올리다
■ 太	〔tài〕	부 너무, 매우
■ 太阳	〔tàiyáng〕	명 태양
■ 态度	〔tàidù〕	명 태도
■ 谈	〔tán〕	동 말하다, 이야기하다
■ 汤	〔tāng〕	명 뜨거운 물, 끓는 물, 국물
■ 糖	〔táng〕	명 설탕
■ 躺	〔tǎng〕	동 눕다, 기대다
■ 讨论	〔tǎolùn〕	명 토론 동 토론하다
■ 特别	〔tèbié〕	형 특별하다

■ 疼	〔téng〕	통 ①아프다 ②아끼다, 몹시 사랑하다
■ 踢	〔tī〕	통 (공을) 차다
■ 提	〔tí〕	통 ①올리다 ②휴대하다 ③제기하다
■ 提高	〔tígāo〕	통 제고하다, 향상시키다, 높이다
■ 体育	〔tǐyù〕	명 체육
■ 天	〔tiān〕	명 하늘
■ 天气	〔tiānqì〕	명 날씨
■ 条	〔tiáo〕	양 마리, 가지(가늘고 긴 것을 셀 때)
■ 条件	〔tiáojiàn〕	명 조건
■ 跳	〔tiào〕	통 뛰다, 건너뛰다
■ 跳舞	〔tiàowǔ〕	통 춤추다
■ 听	〔tīng〕	통 듣다
■ 听见	〔tīngjiàn〕	통 들리다, 듣다
■ 听说	〔tīngshuō〕	통 듣건대 …이라 한다
■ 听写	〔tīngxiě〕	명 받아쓰기 통 받아쓰다
■ 停	〔tíng〕	통 서다, 멈추다
■ 挺	〔tǐng〕	부 매우, 대단히
■ 通	〔tōng〕	통 (막힘없이) 통하다, 뚫리다
■ 通过	〔tōngguò〕	통 통과되다, 통과하다 개 …을 통하여

■通知	〔tōngzhī〕	몡 통지 동 통지하다
■同时	〔tóngshí〕	몡 동시 접 동시에, 또한
■同学	〔tóngxué〕	몡 동창, 학우
■同意	〔tóngyì〕	동 동의하다
■同志	〔tóngzhì〕	몡 동지
■痛快	〔tòngkuai〕	혱 통쾌하다
■头	〔tóu〕	몡 ①머리 ②(물체의) 꼭대기 혱 제일의, 첫째의 양 마리 (소, 돼지 등의 가축을 세는 단위)
■突然	〔tūrán〕	혱 갑작스럽다, 돌연하다, 의외이다
■图书馆	〔túshūguǎn〕	몡 도서관
■团结	〔tuánjié〕	몡 단결하다
■推	〔tuī〕	동 밀다
■腿	〔tuǐ〕	몡 다리
■退	〔tuì〕	동 물러나다, 철회하다
■脱	〔tuō〕	동 벗다

| ■袜子 | 〔wàzi〕 | 몡 양말, 버선 |
| ■外 | 〔wài〕 | 몡 밖, 외 |

■ 外边	〔wàibian〕	명	외지, 표면
■ 外国	〔wàiguó〕	명	외국
■ 外语(文)	〔wàiyǔ(wén)〕	명	외국어
■ 玩儿	〔wánr〕	동	①놀다, 여가를 즐기다 ②장난치다
■ 完	〔wán〕	동	①다하다, 없어지다 ②완성하다
■ 完成	〔wánchéng〕	동	완성하다, 끝내다
■ 完全	〔wánquán〕	형	완전하다, 충분하다
■ 完善	〔wánshàn〕	형	완전하다, 완벽하다
■ 碗	〔wǎn〕	명	주발, 공기, 사발, 그릇
■ 晚	〔wǎn〕	형	①늦은, 끝나가는 ②(규정된 또는 적당한 시간보다) 늦다
■ 晚饭	〔wǎnfàn〕	명	저녁밥
■ 晚会	〔wǎnhuì〕	명	야회, 이브닝 파티(evening party)
■ 晚上	〔wǎnshang〕	명	저녁, 밤
■ 万	〔wàn〕	수	만
■ 往	〔wǎng〕	개	①…로(동사 뒤에서 장소를 나타내는 말과 함께 쓰임) ②…쪽으로, …을 향해(동사 앞에서 방위, 장소를 나타내는 말과 함께 쓰임) 동 ①가다 ②(…로) 향하다
■ 忘	〔wàng〕	동	잊다, 망각하다
■ 危险	〔wēixiǎn〕	명 위험　형 위험하다

为	〔wéi〕	동 하다, 행하다, 만들다, …되다
伟大	〔wěidà〕	형 위대하다
喂	〔wèi〕	감 야, 어이, 여보세요
位	〔wèi〕	양 분, 명(사람을 셀 때)
为	〔wèi〕	동 돕다, 보위하다 개 ①…에게, …을 위하여(행위의 대상을 나타냄) ②…을(하기) 위하여(목적을 나타냄)
为了	〔wèile〕	개 …을 위하여(목적을 나타냄)
为什么	〔wèishénme〕	대 무엇 때문에, 왜
文化	〔wénhuà〕	명 문화
文学	〔wénxué〕	명 문학
文学家	〔wénxuéjiā〕	명 문학가
文艺	〔wényì〕	명 문예
文章	〔wénzhāng〕	명 문장
问	〔wèn〕	동 묻다, 질문하다
问好	〔wènhǎo〕	동 안부를 묻다, 문안드리다
问题	〔wèntí〕	명 문제
我	〔wǒ〕	대 나, 저
我们	〔wǒmen〕	대 우리(들)
握手	〔wòshǒu〕	명 악수 동 악수하다, 손을 잡다

■屋子	〔wūzi〕	명 방	
■五	〔wǔ〕	준 5, 오, 다섯	
■午饭	〔wǔfàn〕	명 점심밥	
■物理	〔wùlǐ〕	명 물리	

Ⓧ

■西	〔xī〕	명 서쪽	
■西边	〔xībiān〕	명 서쪽	
■希望	〔xīwàng〕	명 희망 동 희망하다, 바라다	
■习惯	〔xíguàn〕	명 습관 동 습관이 되다, 익숙해지다	
■喜欢	〔xǐhuan〕	동 좋아하다	
■洗	〔xǐ〕	동 ①씻다 ②제거하다	
■洗澡	〔xǐzǎo〕	명 샤워, 목욕 동 목욕하다	
■系	〔xì〕	명 학과, 계, 계열	
■细	〔xì〕	형 가늘다, (폭이) 좁다	
■细胞	〔xìbāo〕	명 세포	
■下	〔xià〕	동 ①내려가다, 내려오다 ②퇴장하다 명 아래 양 번, 회	
■下边	〔xiàbiān〕	명 아래	

■ 下课	[xiàkè]	동 수업이 끝나다
■ 下来	[xiàlái]	동 ①내려오다 *동사 뒤에 보어로 쓰여 높은 곳에서 낮은 곳으로 향함을 나타냄 ②(제품, 과일, 분비물 등이) 나오다
■ 下去	[xiàqù]	동 ①내려가다 *동사 뒤에 보어로 쓰여 높은 곳에서 낮은 곳으로 움직임을 나타내거나 동작이 아래에까지 계속 이어짐을 나타냄 ②계속하다
■ 下午	[xiàwǔ]	명 오후
■ 夏	[xià]	명 여름
■ 夏天	[xiàtiān]	명 여름
■ 先	[xiān]	명 앞, 앞장, 선두 동 앞서 가다, 앞에 두다, 선행하다 부 먼저, 우선, 미리
■ 先生	[xiānsheng]	명 선생, …씨, 미스터
■ 现代	[xiàndài]	명 현대
■ 现在	[xiànzài]	명 지금, 현재
■ 相信	[xiāngxìn]	동 믿다, 신임하다
■ 香	[xiāng]	형 ①향기롭다 ②(음식이) 맛있다
■ 香蕉	[xiāngjiāo]	명 바나나
■ 想	[xiǎng]	동 생각하다, 추측하다 조동 …하려고 하다, …하고 싶다
■ 响	[xiǎng]	동 소리를 내다, 소리가 나다, 울리다
■ 像	[xiàng]	명 본뜬 형상, 본떠 그린 모양

		동 닮다, 비슷하다
■ 向	[xiàng]	동 (앞을) 향하다 개 …에게, …로, …을 향하여
■ 消息	[xiāoxi]	명 소식, 정보, 뉴스
■ 小	[xiǎo]	형 작다, 작은 접두 소군(성명 따위 앞에 쓰여 호칭어로 쓰임)
■ 小孩儿	[xiǎoháir]	명 어린이
■ 小姐	[xiǎojiě]	명 아가씨, 미스
■ 小时	[xiǎoshí]	명 시간, 시
■ 笑	[xiào]	동 웃다
■ 些	[xiē]	양 조금, 약간, 몇(확정적이 아닌 적은 수량을 나타냄)
■ 鞋	[xié]	명 신발
■ 写	[xiě]	동 쓰다, 묘사하다
■ 谢谢	[xièxie]	동 감사하다, 사례하다
■ 辛苦	[xīnkǔ]	형 고생스럽다 동 고생하다, 고생시키다
■ 新	[xīn]	형 새롭다, 새로운
■ 新年	[xīnnián]	명 새해
■ 新闻	[xīnwén]	명 뉴스, 신기한 일
■ 心	[xīn]	명 ①심장 ②마음, 생각 ③감정

■信	〔xìn〕	몡 편지, 신용, 소식
■信封	〔xìnfēng〕	몡 편지봉투
■星期	〔xīngqī〕	몡 주, 요일, 주일
■星期日(天)	〔xīngqīrì(tiān)〕	몡 일요일
■行	〔xíng〕	동 걷다, 가다 형 좋다, 충분하다, 뛰어나다
■幸福	〔xìngfú〕	형 행복하다
■姓	〔xìng〕	몡 성(씨) 동 성이 …이다, …을 성으로 하다
■休息	〔xiūxi〕	동 쉬다, 휴식하다
■需要	〔xūyào〕	몡 수요 동 필요로 하다
■许多	〔xǔduō〕	형 매우 많다
■学	〔xué〕	동 배우다, 모방하다
■学生	〔xuésheng〕	몡 학생
■学习	〔xuéxí〕	몡 학습 동 공부하다
■学校	〔xuéxiào〕	몡 학교
■学院	〔xuéyuàn〕	몡 (단과) 대학
■雪	〔xuě〕	몡 눈

Y

■ 呀	[yā]	⑵ 아! 야! (놀람을 나타냄)
	[ya]	⑶ 앞에 있는 음절의 모음이 a, e, i, o로 끝난 경우에 그 영향을 받아 啊·a가 음이 변한 어조사
■ 研究	[yánjiū]	몡 연구 동 연구하다, 상의하다
■ 颜色	[yánsè]	몡 ①색채, 색 ②얼굴빛, 용모
■ 眼睛	[yǎnjing]	몡 ①눈의 통칭 ②안목, 보는 눈
■ 演出	[yǎnchū]	동 공연하다, 상연하다
■ 宴会	[yànhuì]	몡 ①리셉션 ②연회
■ 羊	[yáng]	몡 양
■ 样子	[yàngzi]	몡 ①모양 ②태도, 표정 ③견본
■ 要求	[yāoqiú]	몡 요구 동 요구하다
■ 药	[yào]	몡 약
■ 要	[yào]	동 ①원하다, 필요하다 ②요구하다 조동 …해야 한다, …할 것이다, …하려고 한다
■ 要是	[yàoshi]	젭 만일 …라면
■ 要素	[yàosù]	몡 요소
■ 也	[yě]	뿐 …도, 또한
■ 也许	[yěxǔ]	뿐 아마, 어쩌면

■ 页	〔yè〕	몡얭 페이지, 쪽
■ 夜	〔yè〕	몡 밤, 밤중
■ 一	〔yī〕	준 1, 일, 하나
■ 一…就…	〔yī…jiù…〕	①…하자 곧, …하자마자 ②…하게 되자 …하다, …하기만 하면 …하다
■ 一定	〔yídìng〕	혱 ①일정하다 ②필연적 ③어느 정도의, 상당한 뷔 반드시, 꼭
■ 一共	〔yígòng〕	뷔 모두, 합계, 전부
■ 一会儿	〔yíhuìr〕	잠시, 잠깐 동안, 짧은 시간 곧, 잠깐 사이에
■ 一块儿	〔yíkuàir〕	뷔 함께
■ 一切	〔yíqiè〕	몡 일체, 모든 것, 온갖 것 혱 일체의, 모든, 온갖
■ 一下儿	〔yíxiàr〕	얭 한번 몡 단번, 역시, 잠시, 잠깐
■ 一样	〔yíyàng〕	혱 같다, 동일하다, 똑같다
■ 一般	〔yìbān〕	혱 일반적이다, 보통이다
■ 一边… 一边…	〔yìbiān…yìbiān…〕	…하면서 동시에 …하다
■ 一点儿	〔yìdiǎnr〕	준 조금(문장 앞머리에 쓰이지 않을 때에는 一를 생략할 수 있음)
■ 一起	〔yìqǐ〕	뷔 함께, 모두
■ 一些	〔yìxiē〕	준 ①약간, 조금, ②여러 가지

一直	〔yìzhí〕	뮈 줄곧, 곧바로
医生	〔yīshēng〕	몡 의사, 의원 (의학 지식을 갖추고 의료에 종사하는 사람)
医院	〔yīyuàn〕	몡 병원
衣服	〔yīfu〕	몡 의복, 옷
椅子	〔yǐzi〕	몡 의자
已经	〔yǐjīng〕	뮈 이미
以后	〔yǐhòu〕	몡 이후
以前	〔yǐqián〕	몡 이전
以为	〔yǐwéi〕	됭 여기다, 생각하다
艺术	〔yìshù〕	몡 예술
亿	〔yì〕	쥐 억
意见	〔yìjian〕	몡 의견
意思	〔yìsi〕	몡 생각, 염원, 의견
意义	〔yìyì〕	몡 의의, 의미
因为	〔yīnwèi〕	젭 …때문에, …에 의하여, 왜냐하면
音乐	〔yīnyuè〕	몡 음악
阴	〔yīn〕	혱 흐리다
银行	〔yínháng〕	몡 은행
英语(文)	〔Yīngyǔ(wén)〕	몡 영어, 영문
应该	〔yīnggāi〕	조됭 마땅히 …해야 하다

赢	[yíng]	동 가득하다, 충만하다, 넉넉하다
影响	[yǐngxiǎng]	명 영향, 반응, 동정 동 영향을 주다
永远	[yǒngyuǎn]	부 영원히, 길이길이, 늘 형 영원하다
用	[yòng]	동 사용하다, 먹다
尤其	[yóuqí]	부 특히, 더욱
由	[yóu]	개 …으로, …으로부터, …에서
邮局	[yóujú]	명 우체국
邮票	[yóupiào]	명 우표
游泳	[yóuyǒng]	명 수영 동 수영하다
有	[yǒu]	동 있다, 가지고 있다
有的	[yǒude]	대 어떤, 어떤 사람, 어떤 것
有名	[yǒumíng]	형 유명하다
有时候	[yǒushíhou]	어떤 때
有些	[yǒuxiē]	대 어떤, 일부
有意思	[yǒu yìsi]	재미있다, 의미심장하다
友好	[yǒuhǎo]	형 우호적이다, 사이좋다
友谊	[yǒuyì]	명 우의, 우정
右	[yòu]	명 오른, 오른쪽

又	〔yòu〕	囲 ①또, 다시, 거듭 ②한편, 또한
鱼	〔yú〕	몡 물고기
愉快	〔yúkuài〕	혱 유쾌하다, 기쁘다
雨	〔yǔ〕	몡 비
语法	〔yǔfǎ〕	몡 문법, 문법연구
语言	〔yǔyán〕	몡 언어
遇到	〔yùdào〕	됭 만나다, 마주치다
预习	〔yùxí〕	됭 예습하다
元	〔yuán〕	양 위안, 원(중국의 화폐 단위)
原来	〔yuánlái〕	몡 원래, 본래 囲 원래, 알고 보니
原谅	〔yuánliàng〕	됭 용서하다
圆	〔yuán〕	몡 원 혱 둥글다
远	〔yuǎn〕	혱 멀다
愿意	〔yuànyi〕	됭 바라다, 희망하다 조동 …하기를 바라다
月	〔yuè〕	몡 달, 월
月亮	〔yuèliang〕	몡 달
云	〔yún〕	몡 구름
运动	〔yùndòng〕	몡 운동 됭 운동하다

| 再 | 〔zài〕 | 뿐 ①재차, 다시 ②그 위에, 더 |

再 〔zài〕 뿐 ①재차, 다시 ②그 위에, 더

再见 〔zàijiàn〕 또 뵙겠습니다, 안녕히 계십시오(가십시오)

在 〔zài〕 동 ①존재하다, 생존하다 ②…에 (놓여) 있다 ③…에 머물러 있다
개 …에 (시간), …에서 (장소), …에게는 (행위의 주체)
뿐 지금 …하고 있다

咱 〔zán〕 대 우리

咱们 〔zánmen〕 대 우리

脏 〔zāng〕 형 더럽다, 불결하다

早 〔zǎo〕 동 (시간상) 빠르다, 이르다

早晨(早上) 〔zǎochén(zǎoshang)〕 명 새벽

早饭 〔zǎofàn〕 명 아침밥

怎么 〔zěnme〕 대 어떻게, 어째서, 왜

怎么样 〔zěnmeyàng〕 대 어떠하냐

怎样 〔zěnyàng〕 대 어떻게

增加 〔zēngjiā〕 동 증가하다, 더하다

展览 〔zhǎnlǎn〕 명 전람, 전람회
동 전람하다

占 〔zhàn〕 동 차지하다, 점령(점거)하다

■ 站	【zhàng】	몡 ①역, 정거장 ②기관, 사무소 동 ①서다 ②…의 입장에 서다
■ 张	【zhāng】	양 장, 개(평면으로 된 것을 세는 단위)
■ 长	【zhǎng】	동 자라다, 성장하다
■ 掌握	【zhǎngwò】	동 장악하다, 파악하다
■ 着急	【zháojí】	혱 조급하다, 안달하다, 걱정하다
■ 找	【zhǎo】	동 ①찾다, 방문하다 ②자초하다
■ 照顾	【zhàogù】	동 돌보다, 고려하다, 주의하다
■ 照相	【zhàoxiàng】	몡 사진 동 사진을 찍다
■ 这	【zhè】	때 이것, 이
■ 这个	【zhège】	때 이, 이것
■ 这里(这儿)	【zhèlǐ(zhèr)】	때 여기
■ 这么	【zhème】	때 이런, 이렇게
■ 这些	【zhèxiē】	때 이런 것들, 이러한
■ 这样	【zhèyàng】	때 이렇다, 이와 같다, 이렇게
■ 着	【zhe】	조 …하고 있다, …하고 있는 중이다 (동작의 지속을 나타냄)
■ 真	【zhēn】	閈 정말, 확실히
■ 真正	【zhēnzhèng】	혱 진정한, 참된, 진짜의
■ 整齐	【zhěngqí】	혱 ①정연하다, 단정하다 ②가지런하 다, 고르다

正	〔zhèng〕	휜 마침, 꼭, 바로
正确	〔zhèngquè〕	휑 정확하다
正在	〔zhèngzài〕	휜 마침 …하고 있다
政府	〔zhèngfǔ〕	휑 정부
政治	〔zhèngzhì〕	휑 정치
只	〔zhī〕	휅 쪽, 짝(쌍을 이루는 물건의 하나를 세는 단위)
支	〔zhī〕	휅 ①대오, 무리 ②자루 ③곡
知道	〔zhīdao〕	휐 알다, 이해하다, 깨닫다
知识	〔zhīshi〕	휑 지식
…之间	〔zhījiān〕	…의 사이에
指	〔zhǐ〕	휐 가리키다, 지적하다
只	〔zhǐ〕	휜 단지, 오직, 한갓
只好	〔zhǐhǎo〕	휜 부득이
纸	〔zhǐ〕	휑 종이
中	〔zhōng〕	휑 ①한가운데, 복판 ②안, 속 휑 적당하다, 꼭 맞다
中间	〔zhōngjiān〕	휑 중간
中文	〔Zhōngwén〕	휑 중국어
中学	〔zhōngxué〕	휑 중고등학교
钟	〔zhōng〕	휑 ①종 ②시계

钟头	〔zhōngtóu〕	몡 (구어) 시간
种	〔zhǒng〕	몡 씨, 종, 품종 얭 가지, 종류
重	〔zhòng〕	혱 ①무겁다 ②정도가 심하다
重要	〔zhòngyào〕	혱 중요하다
周	〔zhōu〕	몡 둘레, 주위
周围	〔zhōuwéi〕	몡 주위
猪	〔zhū〕	몡 돼지
主要	〔zhǔyào〕	혱 주요하다 뷔 주로, 대부분
主意	〔zhǔyi〕	몡 취지, (일정한) 생각
住	〔zhù〕	됭 ①살다, 거주하다 ②숙박하다, 머무르다 ③멎다, 그치다
注意	〔zhùyì〕	됭 주의하다
祝	〔zhù〕	됭 ①빌다, 축원하다 ②축하하다
装	〔zhuāng〕	됭 성장하다, 치장하다, 화장하다
准备	〔zhǔnbèi〕	몡 준비 됭 준비하다
桌子	〔zhuōzi〕	몡 탁자
自己	〔zìjǐ〕	땡 자기, 자신
自行车	〔zìxíngchē〕	몡 자전거
字	〔zì〕	몡 글자, 문자

■ 总(是)	〔zǒng(shì)〕	🟦늘, 반드시, 결국
■ 走	〔zǒu〕	🟦가다, 걷다, 이동하다
■ 足球	〔zúqiú〕	🟦축구
■ 祖国	〔zǔguó〕	🟦조국
■ 组织	〔zǔzhī〕	🟦조직, 구성 🟦조직하다
■ 嘴	〔zuǐ〕	🟦입의 통칭, 부리, 주둥이
■ 最	〔zuì〕	🟦가장, 제일, 아주, 매우
■ 最初	〔zuìchū〕	🟦최초
■ 最后	〔zuìhòu〕	🟦최후
■ 最近	〔zuìjìn〕	🟦최근
■ 昨天	〔zuótiān〕	🟦어제
■ 左	〔zuǒ〕	🟦왼쪽
■ 做	〔zuò〕	🟦하다, 만들다
■ 作	〔zuò〕	🟦①일어나다, 분발하다 ②글을 쓰다
■ 作业	〔zuòyè〕	🟦①작업 ②숙제 ③훈련
■ 坐	〔zuò〕	🟦①앉다 ②(탈 것에) 타다
■ 座	〔zuò〕	🟦채, 동(산·건물·묘지 등을 셀 때)

2018
2018
2018
2018
2018

2018
2018
2018

乙級
2018

汉语水平考试

A

■ 阿　　[ā]　　[접두] ①항렬이나 아명, 혹은 성 앞에 쓰여 친밀한 뜻을 나타냄 ②친족 관계의 칭호 앞에 쓰임

■ 阿拉伯文(语)　　[Ālābówén(yǔ)]　　[명] 아랍어

■ 阿姨　　[āyí]　　[명] 아주머니, 이모, 보모

■ 挨　　[āi]　　[동] 순서를 따르다, 접근하다

■ 哎　　[āi]　　[감] 아이, 아이고(의외·의아·불만 따위의 기분을 나타냄), 야, 참, 이봐(듣는 사람에게 주의를 환기함)

■ 哎呀　　[āiyā]　　[감] 야! 아야! 아이쿠!(놀라움)

■ 爱好　　[àihào]　　[명] 취미
[동] 좋아하다

■ 爱护　　[àihù]　　[동] 보호하다

■ 爱情　　[àiqíng]　　[명] 애정

■ 安全　　[ānquán]　　[명] 안전
[형] 안전하다

■ 安慰　　[ānwèi]　　[명] 위로
[동] 위로하다, 안심하다

■ 安心　　[ānxīn]　　[명] 안심
[부] 진심으로, 일부러
[형] 마음 놓다, 안심하다
[동] 전념하다

■ 按　　[àn]　　[동] 누르다, 보류하다
[개] …에 따라

■ 按时	〔ànshí〕	제때에	
■ 按照	〔ànzhào〕	개 …에 따라, 근거하여	
■ 暗	〔àn〕	형 ①어둡다, 캄캄하다 ②은밀하다	
■ 岸	〔àn〕	명 언덕, (강)기슭	

Ⓑ

■ 拔	〔bá〕	동 뽑다, 빼다, (독기를) 빨아내다	
■ 白	〔bái〕	부 헛되이, 거저	
■ 白菜	〔báicài〕	명 배추, 김칫거리	
■ 白天	〔báitiān〕	명 낮	
■ 败	〔bài〕	동 ①지다 ②부패하다, 쇠퇴하다	
■ 班长	〔bānzhǎng〕	명 반장, 분대장	
■ 板	〔bǎn〕	명 ①판, 문짝 ②곡조, 박자	
■ 半导体	〔bàndǎotǐ〕	명 반도체	
■ 半径	〔bànjìng〕	명 반경	
■ 半拉	〔bànlǎ〕	명 반분, 절반, 반 개, 반 조각	
■ 半夜	〔bànyè〕	명 한밤중	
		동 일을 하다, 일을 처리하다	
■ 帮	〔bāng〕	동 돕다, 주다, 하다	
■ 帮忙	〔bāngmáng〕	명 도움, 원조, 조력 동 일(손)을 돕다, 원조하다	

榜样	[bǎngyàng]	명 모범, 본보기, 귀감
傍晚	[bàngwǎn]	명 저녁 무렵
包	[bāo]	명 ①가방, 만두, 부스럼, 포장 ②꾸러미, 포대 양 포, 봉지(싸여진 물건을 셀 때) 동 싸다, 포함하다, 보증하다
包括	[bāokuò]	동 포괄하다, 포함하다, 일괄하다
包子	[bāozi]	명 찐빵, 만두, 바오쯔
薄	[báo]	형 얇다, 형편없다, 나약하다
保	[bǎo]	동 보호하다, 보존하다, 보증하다
保持	[bǎochí]	동 보지하다, 지키다, 유지하다
保存	[bǎocún]	동 보존하다
保护	[bǎohù]	명 보호 동 보호하다
保留	[bǎoliú]	동 보존하다, 보류하다
保卫	[bǎowèi]	동 보위하다, 수호하다
保证	[bǎozhèng]	명 보증, 확보, 담보(물) 동 담보하다, 보증하다, 확보하다
宝贵	[bǎoguì]	형 귀중하다
抱歉	[bàoqiàn]	형 죄송하다, 미안해하다
报到	[bàodào]	명 도착 신고 동 보고하다, 도착 신고하다
报道(导)	[bàodào(dǎo)]	명 보도

		통 보도하다
■ 报告	〔bàogào〕	명 보고, 보고서 통 보고하다
■ 报名	〔bàomíng〕	명 신청 통 신청하다, 지원하다, 등록하다
■ 报纸	〔bàozhǐ〕	명 신문, 신문용지
■ 碑	〔bēi〕	명 비석, 비
■ 悲痛	〔bēitòng〕	형 비통하다
■ 背	〔bēi〕	통 ①업다, 짊어지다 ②(책임을) 지다
■ 北部	〔běibù〕	명 북부
■ 北方	〔běifāng〕	명 북방, 화북지방
■ 北面	〔běimiàn〕	명 북쪽
■ 背	〔bèi〕	명 등
■ 背后	〔bèihòu〕	명 뒤쪽, 배후
■ 被子	〔bèizi〕	명 이불
■ 本	〔běn〕	부 본래
■ 本来	〔běnlái〕	명 부 원래, 본래
■ 本领	〔běnlǐng〕	명 능력, 재능, 기량, 수완
■ 本事	〔běnshì〕	명 능력, 기량, 재능
■ 本质	〔běnzhì〕	명 본질, (사람의) 본성
■ 笨	〔bèn〕	형 둔하다, 서투르다, 육중하다

■ 逼	〔bī〕	图 접근하다, 핍박하다
■ 鼻子	〔bízi〕	图 코
■ 比例	〔bǐlì〕	图 비율, 비례
■ 比如	〔bǐrú〕	图 예컨대, 가령
■ 笔记	〔bǐjì〕	图 필기, 기록
■ 毕业	〔bìyè〕	图 졸업 图 졸업하다
■ 闭	〔bì〕	图 닫다, 끝내다, 막히다
■ 必然	〔bìrán〕	图 필연적이다
■ 必要	〔bìyào〕	图 필요 图 필요로 하다
■ 避	〔bì〕	图 피하다, 비키다, (피하여) 숨다
■ 避免	〔bìmiǎn〕	图 방지하다
■ 边…边…	〔biān…biān…〕	…하면서, …하다
■ 编	〔biān〕	图 ①엮다, 짜다, 땋다 ②편성하다 ③편집하다
■ 扁	〔biǎn〕	图 납작하다
■ 便	〔biàn〕	图 곧, 이미, 틀림없이 图 설령 …하더라도
■ 便条	〔biàntiáo〕	图 쪽지
■ 遍	〔biàn〕	图 온, 모든, 전면적인
■ 标点	〔biāodiǎn〕	图 구두점

标准	〔biāozhǔn〕	명 기준, 표준 형 표준적이다, 규범적이다
表达	〔biǎodá〕	동 (생각·감정을) 표현하다(나타내다)
表面	〔biǎomiàn〕	명 표면, 경계면
表明	〔biǎomíng〕	동 표명하다, 나타내다
宾馆	〔bīnguǎn〕	명 호텔, 여관
兵	〔bīng〕	명 병사, 무기, 군대
冰	〔bīng〕	명 얼음
饼干	〔bǐnggān〕	명 과자, 비스킷, 크래커
病房	〔bìngfáng〕	명 병실
病菌	〔bìngjūn〕	명 병균
病人	〔bìngrén〕	명 환자
并	〔bìng〕	부 같이 접 그리고, 또 동 (하나로) 합치다, 통합하다
并且	〔bìngqiě〕	연 ①또한, 그리고 ②더욱이, 그 위에
玻璃	〔bōlí〕	명 유리, 유리처럼 투명한 물건
伯父(伯伯)	〔bófù(bóbo)〕	명 큰아버지, 어른
伯母	〔bómǔ〕	명 큰어머니, 아주머니
脖子	〔bózi〕	명 목
捕	〔bǔ〕	동 붙잡다, 체포하다

补	[bǔ]	图 ①보수하다, 때우다 ②보충하다
补充	[bǔchōng]	图 보충하다, 보완하다, 보태다
补课	[bǔkè]	명 보충수업 图 보충수업하다
补习	[bǔxí]	图 보습하다
不必	[búbì]	閉 …할 필요가 없다
不大	[búdà]	閉 그다지 …않다
不断	[búduàn]	閉 끊임없이, 늘
不过	[búguò]	…에 지나지 않다, …에 불과하다
不论	[búlùn]	졉 …을 막론하고, …든지
不是吗	[búshìma]	…하지 않은가?, …이 아닌가?
不幸	[búxìng]	혱 불행하다 閉 불행히도
不要紧	[búyàojǐn]	혱 괜찮다, 문제없다, 대수롭지 않다
不住	[búzhù]	图 그치지 않다, 쉬지 않다
不得不	[bùdébù]	…하지 않으면 안 된다, 반드시 해야 한다
不得了	[bùdéliǎo]	혱 큰일 났다, 매우 심하다
不敢当	[bù gǎndāng]	(겸양) 감당하기 어렵다, (상대방의 초대나 칭찬 등에 대해서) 별말씀을 다 하십니다, 천만의 말씀입니다
不管	[bùguǎn]	졉 …에 관계없이, …막론하고

■ 不好意思	〔bùhǎoyìsi〕	①부끄럽다, 쑥스럽다, 창피스럽다 ② 계면쩍다, (체면 때문에) …하기가 곤란하다(난처하다, 부끄럽다)
■ 不仅	〔bùjǐn〕	접 …뿐만 아니라 …이다
■ 不平	〔bùpíng〕	명 불평, 불만, 불공평한 일 형 불평하다, 평등하지 않다
■ 不然	〔bùrán〕	접 그렇지 않으면
■ 不少	〔bùshǎo〕	형 적지 않다, 많다
■ 不行	〔bùxíng〕	형 ①(허락할 수 없다는 뜻으로) 안된다 ②쓸모없다, 적당하지 않다
■ 不许	〔bùxǔ〕	동 불허하다, …해서는 안 된다
■ 不一定	〔bùyídìng〕	①반드시 …하는 것은 아니다 ②확정적이지 않다 ③반드시 …할 필요는 없다
■ 布置	〔bùzhì〕	동 배치하다, 할당하다
■ 步	〔bù〕	명 걸음, 보폭
■ 部	〔bù〕	명 (조직의) 한 부분 양 서적이나 영화에 쓰이는 양사
■ 部队	〔bùduì〕	명 부대
■ 部门	〔bùmén〕	명 부문, 부, 분과
■ 部长	〔bùzhǎng〕	명 부장, 장관

C

■ 猜	〔cāi〕	동 추측하다
■ 材料	〔cáiliào〕	명 재료, 자료
■ 踩	〔cǎi〕	동 밟다, 극복하다, 추적하다
■ 采	〔cǎi〕	동 ①따다, 뜯다, 채취하다 ②캐내다
■ 采购	〔cǎigòu〕	동 구입하다, 사들이다
■ 采取	〔cǎiqǔ〕	동 (방침·수단·태도 따위를) 채용하다, 채택하다, 취하다
■ 采用	〔cǎiyòng〕	동 택하다, 채용하다
■ 彩色	〔cǎisè〕	명 천연색
■ 餐厅	〔cāntīng〕	명 식당
■ 藏	〔cáng〕	동 숨기다, 저장하다
■ 草地	〔cǎodì〕	명 잔디, 초원
■ 草原	〔cǎoyuán〕	명 초원
■ 厕所	〔cèsuǒ〕	명 화장실, 변소
■ 册	〔cè〕	양 책, 권(책을 세는 단위)
■ 测验	〔cèyàn〕	명 측정, 테스트 동 시험하다, 테스트하다
■ 曾	〔céng〕	부 일찍이, 이전에, 이미
■ 曾经	〔céngjīng〕	부 일찍이, 이전에, 이미, 벌써

插	【chā】	图 꽂다, 개입하다, 심다
叉子	【chāzi】	圄 포크, 쇠스랑, 머리핀
差	【chà】	혱 다르다, 차이가 나다, 모자라다
差不多	【chàbuduō】	혱 큰 차이가 없다, 거의 비슷하다
差点儿	【chàdiǎnr】	閏 하마터면, 자칫하면
拆	【chāi】	图 떼다, 뜯다, (사이를) 갈라놓다
产量	【chǎnliàng】	圄 생산량
产品	【chǎnpǐn】	圄 산물, 제품
产生	【chǎnshēng】	图 ①낳다, 태어나다 ②발생하다, 생기다, 출현하다
尝	【cháng】	图 맛보다, 체험하다
长期	【chángqī】	圄 장기, 오랜 기간
长途	【chángtú】	圄 장거리
超	【chāo】	图 초과하다
超过	【chāoguò】	图 초과하다
抄	【chāo】	图 베끼다, 베껴 쓰다
抄写	【chāoxiě】	图 베껴 쓰다
吵	【chǎo】	图 떠들다, 말다툼하다
车间	【chējiān】	圄 작업장
彻底	【chèdǐ】	혱 철저하다, 투철하다

■ 沉默	【chénmò】	휑 과묵하다, 입이 무겁다, 말이 적다
■ 趁	【chèn】	꺠 (기회) …를 이용해서
■ 衬衫	【chènshān】	명 셔츠, 블라우스
■ 衬衣	【chènyī】	명 셔츠, 속옷
■ 称	【chēng】	동 부르다, 일컫다, 칭하다
■ 称赞	【chēngzàn】	동 칭찬하다
■ 成分(成份)	【chéngfèn(chéngfèn)】	명 성분, 요소
■ 成功	【chénggōng】	동 성공하다 휑 성공적이다
■ 成果	【chéngguǒ】	명 성과
■ 成就	【chéngjiù】	명 성취
■ 成立	【chénglì】	명 설립 동 ①성립하다 ②설치하다, 창립하다
■ 成熟	【chéngshú】	동 숙련되다, 성숙되다 휑 성숙하다
■ 成为	【chéngwéi】	동 …가 되다
■ 成长	【chéngzhǎng】	동 성장하다, 자라다
■ 乘	【chéng】	동 ①타다 ②(기회 따위를) 이용하다
■ 程度	【chéngdù】	명 정도
■ 诚恳	【chéngkěn】	휑 성실하다, 성의가 있다
■ 诚实	【chèngshí】	휑 성실하다, 신임이 가다

■ 承认	〔chéngrèn〕	동 인정하다, 승인하다
■ 吃惊	〔chījīng〕	동 (깜짝) 놀라다
■ 尺	〔chǐ〕	명 (길이를 재는) 자 양 척, 길이의 단위
■ 翅膀	〔chìbǎng〕	명 (새나 곤충의) 날개
■ 充分	〔chōngfèn〕	형 충분하다
■ 充满	〔chōngmǎn〕	동 충만하다, 가득 차다, 가득 채우다
■ 充足	〔chōngzú〕	형 충분하다, 충족하다
■ 冲	〔chōng〕	동 충돌하다, 돌진하다
■ 虫子	〔chóngzi〕	명 벌레
■ 重	〔chóng〕	부 재차, 다시, 거듭
■ 重叠	〔chóngdié〕	동 중첩되다, 중복되다
■ 重复	〔chóngfù〕	동 중복하다
■ 重新	〔chóngxīn〕	부 ①다시, 거듭, 재차 ②새로이
■ 崇高	〔chónggāo〕	형 숭고하다
■ 抽象	〔chōuxiàng〕	형 추상적이다
■ 愁	〔chóu〕	동 걱정하다, 근심하다, 시름하다
■ 臭	〔chòu〕	형 악취가 나다, 추악하다, 심하다
■ 初	〔chū〕	형 처음(의), 최초(의) 접두 초… *初一 chūyī
■ 初步	〔chūbù〕	형 초보적이다

初级	〔chūjí〕	몡 초급
出版	〔chūbǎn〕	동 출판하다
出口	〔chūkǒu〕	몡 수출, 출구 동 수출하다, 말을 꺼내다
出生	〔chūshēng〕	동 출생하다
出席	〔chūxí〕	몡 출석 동 출석하다
出院	〔chūyuàn〕	몡 퇴원 동 퇴원하다
厨房	〔chúfáng〕	몡 주방
除	〔chú〕	동 없애다, 제거하다, 제외하다
处	〔chǔ〕	동 ①다른 사람과 함께 지내다, 생활하다 ②(어떤 상황에) 처하다
处分	〔chǔfèn〕	몡 처벌, 처분 동 처벌하다, 처분하다
处理	〔chǔlǐ〕	몡 처리, 처벌, 프로세스 동 처리하다, 처벌하다
处	〔chù〕	몡 곳, 장소
传	〔chuán〕	동 전하다, 널리 알리다
传播	〔chuánbō〕	동 퍼뜨리다, 전파하다
传统	〔chuántǒng〕	몡 전통
闯	〔chuǎng〕	동 뛰어들다, 돌아다니다, 부딪치다
创	〔chuàng〕	동 창조하다, 시작하다

■ 创造	〔chuàngzào〕	몡 창조 통 창조하다
■ 创作	〔chuàngzuò〕	몡 창작 통 창작하다
■ 春节	〔Chūnjié〕	몡 설날, 음력설
■ 此	〔cǐ〕	떼 이, 이것, 여기, 이때
■ 此外	〔cǐwài〕	이밖에
■ 刺	〔cì〕	통 (바늘·가시 따위로) 찌르다
■ 聪明	〔cōngming〕	휑 총명하다, (귀나 눈이) 밝다
■ 从不(没)	〔cóngbù(méi)〕	지금까지 …아니하다
■ 从…出发	〔cóng…chūfā〕	…을 출발점으로 하다
■ 从此	〔cóngcǐ〕	뷘 이제부터, 지금부터, 그로부터
■ 从而	〔cóng'ér〕	젭 따라서
■ 从来	〔cónglái〕	뷘 지금까지
■ 从事	〔cóngshì〕	통 종사하다, 처리하다
■ 粗	〔cū〕	휑 굵다, 조잡하다
■ 醋	〔cù〕	몡 ①식초 ②질투
■ 促进	〔cùjìn〕	통 촉진시키다, 촉진하다
■ 催	〔cuī〕	통 재촉하다, 촉진시키다
■ 存	〔cún〕	통 존재하다, 보관하다
■ 存在	〔cúnzài〕	통 존재하다

| 寸 | 〔cùn〕 | 양 촌, 치(길이를 재는 단위) |
| 措施 | 〔cuòshī〕 | 명 조치, 대책, 시책 |

D

搭	〔dā〕	동 ①설치하다 ②맞들다 ③타다
答应	〔dāying〕	동 응답하다, 승낙하다
答	〔dá〕	동 대답하다, 보답하다
答案	〔dá'àn〕	명 답안
答卷	〔dájuàn〕	명 답안
达到	〔dádào〕	동 도달하다
打扮	〔dǎban〕	동 단장하다, 분장하다, 치장하다
打倒	〔dǎdǎo〕	명 타도 동 타도하다
打扰	〔dǎrǎo〕	동 방해하다, 교란시키다
打听	〔dǎtīng〕	동 알아보다, 물어보다
打针	〔dǎzhēn〕	명 주사 동 주사를 놓다, 주사를 맞다
大胆	〔dàdǎn〕	형 대담하다
大多数	〔dàduōshù〕	명 대다수
大会	〔dàhuì〕	명 대회
大伙儿	〔dàhuǒr〕	대 모두들, 여러 사람

■ 大街	[dàjiē]	몡 큰길, 번화가
■ 大量	[dàliàng]	혱 ①대량이다 ②도량이 넓다 ③주량이 세다
■ 大陆	[dàlù]	몡 대륙
■ 大米	[dàmǐ]	몡 쌀
■ 大批	[dàpī]	혱 대량의, 대대적인
■ 大人	[dàrén]	몡 어른, 성인, 거인
■ 大使馆	[dàshǐguǎn]	몡 대사관
■ 大小	[dàxiǎo]	몡 크기, 대소, 어른과 아이
■ 大型	[dàxíng]	혱 대형의
■ 大衣	[dàyī]	몡 외투, 오버코트
■ 大约	[dàyuē]	뷔 대략, 아마
■ 呆	[dāi]	혱 무표정하다, 둔하다, 융통성이 없다 동 머무르다, 빈둥거리다
■ 代	[dài]	몡 세대
■ 代替	[dàitì]	동 대신하다, 대체하다
■ 袋	[dài]	몡 부대, 자루, 주머니 먕 ① 부대, 포대, 자루, 가마니 (부대에 넣은 물건을 세는 단위) ②대, 개비 (담배에 쓰이는 단위)
■ 待	[dài]	동 우대하다, (사람을) 대하다, 접대하다
■ 担任	[dānrèn]	동 맡다, 담당하다

担心	〔dānxīn〕	몡 염려, 걱정 동 염려하다, 걱정하다
单	〔dān〕	혱 ①홑의, 하나의 ②기수의, 홀수의 ③혼자의, 단독의
单	〔dān〕	閉 홀로, 단지
单词	〔dāncí〕	몡 단어, 단순어
单调	〔dāndiào〕	혱 단조롭다
单位	〔dānwèi〕	몡 단위
但	〔dàn〕	쥅 ①그러나, 그렇지만 ②다만…만 한다면
淡	〔dàn〕	혱 ①(액체나 기체 중에 포함된 어떤 성분이) 적다, 엷다 ②(맛이) 싱겁다 ③(색이) 엷다
蛋	〔dàn〕	몡 (동물의) 알
蛋糕	〔dàngāo〕	몡 케이크, 카스텔라
当…的时候	〔dāng…de shíhou〕	…할(했을) 때
当地	〔dāngdì〕	몡 ①현지 ②방바닥
当年	〔dāngnián〕	몡 그 해, 그 때, 한창 나이
当前	〔dāngqián〕	몡 눈앞
当时	〔dāngshí〕	몡 당시
挡	〔dǎng〕	동 가로막다, 가리다, 정리하다
党	〔dǎng〕	몡 당, 정당
党员	〔dǎngyuán〕	몡 당원

当	〔dàng〕	〔동〕 …에 상당하다, …에 해당하다
当做	〔dàngzuò〕	〔동〕 …라고 여기다
刀子	〔dāozi〕	〔명〕 작은 칼
岛	〔dǎo〕	〔명〕 섬
到处	〔dàochù〕	〔명〕 도처
到达	〔dàodá〕	〔동〕 도착하다, 도달하다
到底	〔dàodǐ〕	도대체 〔부〕 도대체, 끝까지, 마침내
倒	〔dào〕	〔동〕 (상하·전후의 위치나 순서가) 거꾸로 되다(하다), 반대로 되다, 뒤집(히)다
倒(是)	〔dào(shì)〕	〔부〕 오히려, 도리어, 의외로
道	〔dào〕	〔동〕 말하다 〔명〕 길, 도로
道德	〔dàodé〕	〔명〕 도덕
道路	〔dàolù〕	〔명〕 도로, 길, 진로
道歉	〔dàoqiàn〕	〔명〕 사과 〔동〕 사과하다
德语(文)	〔Déyǔ(wén)〕	〔명〕 독일어
…的话	〔…dehuà〕	〔조〕 …한다면, …이면
登	〔dēng〕	〔동〕 (사람이) 오르다, 올라가다
登记	〔dēngjì〕	〔동〕 등록하다, 등기하다, 체크인하다
等	〔děng〕	〔명〕 등급, 종류

等待	〔děngdài〕	통 기다리다
等于	〔děngyú〕	형 같다, 다름없다
滴	〔dī〕	양 방울(둥글게 맺힌 액체를 세는 단위)
敌人	〔dírén〕	명 적
的确	〔díquè〕	부 확실히, 정말
底下	〔dǐxia〕	명 ①아래, 밑 ②이후, 금후
地带	〔dìdài〕	명 지대
地点	〔dìdiǎn〕	명 장소, 지점
地方	〔dìfang〕	명 장소, 곳, 부위
地面	〔dìmiàn〕	명 ①지면, 바닥 ②당국
地球	〔dìqiú〕	명 지구
地区	〔dìqū〕	명 지구, 지역
地图	〔dìtú〕	명 지도
地位	〔dìwèi〕	명 지위, 위치
地下	〔dìxià〕	명 지하, 땅 밑, 땅
地址	〔dìzhǐ〕	명 소재지, 주소
递	〔dì〕	통 넘겨주다, 전해 주다, 건네다
电报	〔diànbào〕	명 전보
电冰箱	〔diànbīngxiāng〕	명 냉장고 *冰箱으로도 쓰임
电风扇	〔diànfēngshàn〕	명 선풍기 *电扇으로도 쓰임

电视台	〔diànshìtái〕	몡 TV방송국
电台	〔diàntái〕	몡 방송국
电梯	〔diàntī〕	몡 엘리베이터
电影院	〔diànyǐngyuàn〕	몡 영화관
店	〔diàn〕	몡 ①여관, 여인숙 ②상점, 가게
吊	〔diào〕	통 걸다, 매달다
钓	〔diào〕	통 낚다, 낚시질하다
调	〔diào〕	통 이동하다, 파견하다, 전근시키다
调查	〔diàochá〕	몡 조사 통 조사하다
跌	〔diē〕	통 하락하다, 넘어지다, 떨어지다
顶	〔dǐng〕	몡 (인체나 물체의) 꼭대기 통 머리에 이다, 버티다, 책임을 지다
定	〔dìng〕	통 정하다, 안정시키다, 결정하다
订	〔dìng〕	통 (조약·규칙 등을) 정하다, 맺다
东北	〔dōngběi〕	몡 동북
东部	〔dōngbù〕	몡 동부
东方	〔dōngfāng〕	몡 동방, 동양
东面	〔dōngmiàn〕	몡 동쪽
东南	〔dōngnán〕	몡 동남
懂得	〔dǒngde〕	통 (뜻·방법 따위를) 알다, 이해하다

■ 动人	〔dòngrén〕	휑 감동적이다
■ 动身	〔dòngshēn〕	통 출발하다, 여행을 떠나다
■ 动手	〔dòngshǒu〕	통 착수하다, 시작하다, 손보다
■ 动物园	〔dòngwùyuán〕	명 동물원
■ 动员	〔dòngyuán〕	통 동원하다
■ 动作	〔dòngzuò〕	통 움직이다, 행동하다, 동작하다
■ 冻	〔dòng〕	통 (물이) 얼다, (손발이) 얼다(곱다)
■ 洞	〔dòng〕	명 구멍, 동굴
■ 斗争	〔dòuzhēng〕	명 투쟁 통 투쟁하다, 비판하다
■ 豆腐	〔dòufu〕	명 두부
■ 逗	〔dòu〕	통 희롱하다, 집적거리다, 놀리다
■ 独立	〔dúlì〕	통 독립하다
■ 读书	〔dúshū〕	통 ①책을 읽다, 독서하다 ②공부하다
■ 读者	〔dúzhě〕	명 독자
■ 堵	〔dǔ〕	통 막다, 답답해지다
■ 肚子	〔dǔzi〕 〔dùzi〕	명 위 명 배, 복부
■ 度	〔dù〕	명 (도량형의) 도, 길이 (온도 따위의) 도 양 (온도·밀도·농도 따위의) 단위
■ 度过	〔dùguò〕	통 보내다, 지내다

■ 渡	〔dù〕	圄 (물을) 건너다
■ 端	〔duān〕	圄 받쳐들다, 들어올리다, 내놓다
■ 短期	〔duǎnqī〕	圐 단기
■ 断	〔duàn〕	圄 자르다, 끊다, 단절하다
■ 堆	〔duī〕	圄 쌓다, 쌓이다, 쟁이다
■ 队	〔duì〕	圐 ①팀, 대열 ②무리
■ 队伍	〔duìwu〕	圐 대열, 군대, 체계
■ 队长	〔duìzhǎng〕	圐 주장, 대장
■ 对	〔duì〕	圀 쌍, 켤레
■ 对比	〔duìbǐ〕	圐 대비, 대조, 비율 圄 대비하다, 대조하다
■ 对待	〔duìdài〕	圄 대하다, 대처하다
■ 对方	〔duìfāng〕	圐 상대방
■ 对付	〔duìfu〕	圄 대응하다, 그런 대로 참고 견디다
■ 对面	〔duìmiàn〕	圐 반대편, 맞은편
■ 对象	〔duìxiàng〕	圐 대상, 애인, 결혼상대
■ 对于	〔duìyú〕	圀 …에 대해
■ 吨	〔dūn〕	圀 톤(ton), 1,000킬로그램
■ 蹲	〔dūn〕	圄 쪼그리고 앉다, 웅크려 앉다
■ 多数	〔duōshù〕	圐 다수

夺	[duó]	통 빼앗다, 쟁취하다
躲	[duǒ]	통 숨다, 피하다
朵	[duǒ]	양 송이(꽃·구름 따위를 세는 말)

E

鹅	[é]	명 거위
而	[ér]	접 그러나, 그리고, 그래서
儿童	[értóng]	명 어린이
耳朵	[ěrduo]	명 귀

F

发表	[fābiǎo]	통 발표하다, 발산시키다
发出	[fāchū]	통 내다, 보내다, 발표하다
发达	[fādá]	통 발달하다, 번성하다, 출세하다
发动	[fādòng]	통 개시하다, 동원하다, 시동을 걸다
发抖	[fādǒu]	통 떨다
发挥	[fāhuī]	통 발휘하다
发明	[fāmíng]	명 발명 통 발명하다
发言	[fāyán]	통 발언하다

发扬	〔fāyáng〕	통 고취하다, 발휘하다
法郎	〔fǎláng〕	명 프랑(프랑스·스위스 등의 화폐 단위)
法律	〔fǎlǜ〕	명 법률
繁荣	〔fánróng〕	형 번영하다 통 번영시키다
凡	〔fán〕	부 무릇
反动	〔fǎndòng〕	형 반동적이다
反复	〔fǎnfù〕	부 반복적으로 통 반복하다, 재발하다
反抗	〔fǎnkàng〕	통 반항하다
反应	〔fǎnyìng〕	명 반응, 반향 통 반응하다, 응답하다
反映	〔fǎnyìng〕	명 반영 통 반영하다, 반영시키다
反正	〔fǎnzheng〕	부 어쨌든, 어차피, 결국
范围	〔fànwéi〕	명 범위
犯	〔fàn〕	통 침해하다, 위반하다, 탈이 나다
方	〔fāng〕	형 바르다, 정직하다
方案	〔fāng'àn〕	명 방안, 초안, 설계도
方式	〔fāngshì〕	명 방식
方针	〔fāngzhēn〕	명 방침
房子	〔fángzi〕	명 집, 건물

■ 防	〔fáng〕	동 막다, 지키다, 방비하다
■ 防止	〔fángzhǐ〕	동 방지하다
■ 仿佛	〔fǎngfú〕	형 유사하다, 비슷하다
■ 纺织	〔fǎngzhī〕	동 방직하다
■ 放大	〔fàngdà〕	동 확대하다
■ 放弃	〔fàngqì〕	동 포기하다
■ 放心	〔fàngxīn〕	동 안심하다
■ 非…不可	〔fēi…bùkě〕	…하지 않으면 안 된다
■ 肥	〔féi〕	형 살찌다, (커서) 헐렁하다, 비옥하다
■ 肺	〔fèi〕	명 폐
■ 费	〔fèi〕	명 비용, 수수료, 요금 동 쓰다, 소비하다, 들이다
■ 费用	〔fèiyòng〕	명 비용, 요금
■ 吩咐(分咐)	〔fēnfù(fēnfù)〕	동 분부하다
■ 分别	〔fēnbié〕	동 헤어지다, 구별하다 부 각각, 따로따로
■ 分配	〔fēnpèi〕	동 분배하다, 배급하다, 할당하다
■ 分析	〔fēnxī〕	명 분석 동 분석하다
■ 纷纷	〔fēnfēn〕	형 분분하다 부 잇달아, 연이어
■ 粉笔	〔fěnbǐ〕	명 분필

■ 奋斗	〔fèndòu〕	동 분투하다
■ 份	〔fèn〕	양 한 벌, 세트(배합해서 한 벌이 되는 것)
■ 愤怒	〔fènnù〕	동 분노하다
■ 封建	〔fēngjiàn〕	형 봉건적이다
■ 风景	〔fēngjǐng〕	명 풍경
■ 风力	〔fēnglì〕	명 풍력
■ 风俗	〔fēngsú〕	명 풍속
■ 逢	〔féng〕	동 만나다, 마주치다
■ 缝	〔féng〕	동 바느질하다, 꿰매다
■ 否定	〔fǒudìng〕	동 부정하다
■ 否则	〔fǒuzé〕	접 만약 그렇지 않으면
■ 扶	〔fú〕	동 ①(손으로) 떠받치다, 부축하다 ②돕다, 원조하다, 부조하다
■ 幅	〔fú〕	명 (옷감이나 종이 따위의) 폭, 너비
■ 符合	〔fúhé〕	동 부합하다
■ 服从	〔fúcóng〕	동 복종하다
■ 浮	〔fú〕	동 뜨다, 띄우다
■ 副	〔fù〕	양 벌, 쌍 형 부수적이다, 둘째의
■ 付	〔fù〕	동 ①교부하다, 넘겨주다, 부치다 ②지불하다, 지출하다

■ 富	〔fù〕	톙 부유하다, 풍부하다
■ 副食	〔fùshí〕	몡 부식
■ 复述	〔fùshù〕	동 다시 말하다(진술하다), 복창하다
■ 复印	〔fùyìn〕	동 복사하다
■ 妇女	〔fùnǚ〕	몡 여성, 부녀자

Ⓖ

■ 该	〔gāi〕	때 이, 그, 저
■ 改革	〔gǎigé〕	몡 개혁 동 개혁하다
■ 改进	〔gǎijìn〕	몡 개선, 개량, 개진 동 개선하다, 개량하다, 개진하다
■ 改善	〔gǎishàn〕	몡 개선 동 개선하다
■ 改造	〔gǎizào〕	몡 개조, 개혁 동 개조하다
■ 改正	〔gǎizhèng〕	동 개정하다, 시정하다
■ 概括	〔gàikuò〕	동 요약하다, 개괄하다
■ 概念	〔gàiniàn〕	몡 개념, 콘셉트
■ 盖	〔gài〕	몡 ①덮개, 뚜껑 ②동물의 등껍질
■ 干	〔gān〕	톙 마르다
■ 干杯	〔gānbēi〕	몡 건배 동 건배하다

干脆	〔gāncuì〕	형 명쾌하다, 간단명료하다
干燥	〔gānzào〕	형 건조하다, 재미없다
杆	〔gān〕	명 기둥, 막대, 장대
肝	〔gān〕	명 간, 간장
赶	〔gǎn〕	동 따라잡다, 다그치다, 몰다
赶紧	〔gǎnjǐn〕	부 서둘러, 급히, 재빨리
赶快	〔gǎnkuài〕	부 빨리, 얼른, 어서
感动	〔gǎndòng〕	동 감동시키다, 감동하다
感激	〔gǎnjī〕	동 감격하다
感觉	〔gǎnjué〕	명 느낌 동 느끼다
感情	〔gǎnqíng〕	명 감정, 애정
感想	〔gǎnxiǎng〕	명 감상
感兴趣	〔gǎn xìngqù〕	흥미가 있다
干活儿	〔gànhuór〕	동 일을 하다
干吗	〔gànmá〕	대 왜, 어째서
刚刚	〔gānggāng〕	부 지금, 막, 바로
钢	〔gāng〕	명 강철
港	〔gǎng〕	명 ①(지명) 홍콩 ②항구, 지류
高大	〔gāodà〕	형 높고 크다

高度	〔gāodù〕	몡 높이 톙 매우 높다
高原	〔gāoyuán〕	몡 고원
告	〔gào〕	됭 신고하다, 알리다
告别	〔gàobié〕	됭 헤어지다, 고별하다
搁	〔gē〕	됭 놓다, 두다, 내버려두다, 방치하다
胳膊	〔gēbo〕	몡 팔
割	〔gē〕	됭 자르다, 베다, 분할하다
革命	〔gémìng〕	몡 혁명 됭 혁명하다
隔	〔gé〕	됭 막다, 거리를 두다
隔壁	〔gébì〕	몡 이웃
个别	〔gèbié〕	톙 개별적인, 일부의
个人	〔gèrén〕	몡 개인, 나
个体	〔gètǐ〕	몡 개인, 개체
个子	〔gèzi〕	몡 키, 체격, 크기
根本	〔gēnběn〕	몡 근본, 기초 톙 기본적이다, 중요하다
根据	〔gēnjù〕	몡 근거 됭 근거하다
跟前	〔gēnqián〕	몡 근처, 옆
更加	〔gèngjiā〕	뷔 더욱, 더

工程	〔gōngchéng〕	명 공정, 프로그램
工程师	〔gōngchéngshī〕	명 엔지니어, 기사
工夫	〔gōngfu〕	명 시간, 틈, 노력
工会	〔gōnghuì〕	명 노동조합
工具	〔gōngjù〕	명 도구, 공구, 수단
工艺品	〔gōngyìpǐn〕	명 공예품
工资	〔gōngzī〕	명 노임, 임금
功夫	〔gōngfu〕	명 시간, 재주, 능력
供	〔gōng〕	동 공급하다, 제공하다
供给	〔gōngjǐ〕	동 공급하다
公费	〔gōngfèi〕	명 공비, 국비
公共	〔gōnggòng〕	형 공공의, 공용의
公开	〔gōngkāi〕	동 공개하다
公路	〔gōnglù〕	명 도로
公司	〔gōngsī〕	명 회사
公用电话	〔gōngyòng diànhuà〕	명 공중전화
公元	〔gōngyuán〕	명 서기
巩固	〔gǒnggù〕	형 견고하다 동 공고히 하다
贡献	〔gòngxiàn〕	명 공헌 동 공헌하다

■ 共	〔gòng〕	뷔 모두, 함께
■ 共产党	〔gòngchǎndǎng〕	몡 공산당
■ 共同	〔gòngtóng〕	혱 공동의
■ 狗	〔gǒu〕	몡 개, 앞잡이
■ 构成	〔gòuchéng〕	동 구성하다
■ 构造	〔gòuzào〕	몡 구조 동 짓다, 가설하다
■ 估计	〔gūjì〕	몡 예측, 예정, 평가 동 예측하다, 예정하다, 평가하다
■ 姑姑	〔gūgu〕	몡 고모
■ 骨头	〔gǔtou〕	몡 뼈
■ 鼓	〔gǔ〕	몡 북
■ 鼓励	〔gǔlì〕	몡 격려 동 격려하다
■ 鼓舞	〔gǔwǔ〕	몡 고무, 격려 동 고무하다
■ 鼓掌	〔gǔzhǎng〕	몡 박수 동 박수치다
■ 古	〔gǔ〕	혱 낡다, 오래되다
■ 古代	〔gǔdài〕	몡 고대
■ 古迹	〔gǔjì〕	몡 고적
■ 古老	〔gǔlǎo〕	혱 오래되다

■ 故乡	【gùxiāng】	몡 고향
■ 故意	【gùyì】	뷔 고의로, 일부러
■ 顾	【gù】	동 뒤돌아보다, 돌이켜보다
■ 顾客	【gùkè】	몡 고객
■ 挂号	【guàhào】	몡 접수, 등기 동 신청하다
■ 拐	【guǎi】	동 ①유괴하다 ②속여서 빼앗다 ③방향을 바꾸다 ④절룩거리다
■ 怪	【guài】	혱 이상하다, 괴상하다
■ 关键	【guānjiàn】	몡 관건, 키포인트
■ 关于	【guānyú】	걔 …에 관해
■ 关照	【guānzhào】	동 돌보다
■ 官	【guān】	몡 관리, 벼슬아치, 공무원
■ 观察	【guānchá】	동 관찰하다
■ 观点	【guāndiǎn】	몡 관점
■ 观众	【guānzhòng】	몡 관중
■ 管	【guǎn】	동 관리하다, 책임지다, 간섭하다, 참여하다, 단속하다, 지도하다
■ 管理	【guǎnlǐ】	동 관리하다
■ 冠军	【guànjūn】	몡 일등, 우승자, 우승팀
■ 罐头	【guàntou】	몡 통조림

贯彻	【guànchè】	통 관철하다	
光	【guāng】	명 빛 형 번들번들하다, 밝다, 전혀 없다 부 다만	
光辉	【guānghuī】	명 찬란한 빛 형 찬란하다, 훌륭하다	
光明	【guāngmíng】	형 밝다, 유망하다, 솔직하다	
光荣	【guāngróng】	형 영광스럽다	
光线	【guāngxiàn】	명 광선	
广场	【guǎngchǎng】	명 광장	
广大	【guǎngdà】	형 (면적, 공간이) 넓다, (범위, 규모가) 크다	
广泛	【guǎngfàn】	형 광범위하다, 폭넓다	
广告	【guǎnggào】	명 광고	
广阔	【guǎngkuò】	형 광활하다	
逛	【guàng】	통 놀러 다니다, 한가로이 거닐다	
规定	【guīdìng】	명 규정 통 규정하다	
规律	【guīlǜ】	명 법칙	
规模	【guīmó】	명 규모	
鬼	【guǐ】	명 귀신, 도깨비, 유령, 망령	
跪	【guì】	통 무릎을 꿇다	
滚	【gǔn】	통 구르다, 뒹굴다, 굴리다	

锅	【guō】	명 솥
国际	【guójì】	명 국제
国民党	【guómíndǎng】	명 국민당
国王	【guówáng】	명 국왕
果然	【guǒrán】	부 과연
过程	【guòchéng】	명 과정, 프로세스
过年	【guònián】	동 설을 쇠다, 새해를 맞다, 설이 지나다
	【guònian】	명 내년, 명년

H

海洋	【hǎiyáng】	명 해양
害	【hài】	명 해, 재해 동 해치다, 앓다, 죽이다, 방해하다
害处	【hàichù】	명 나쁜 점, 손해
害怕	【hàipà】	동 두려워하다, 근심하다
含	【hán】	동 포함하다, 물다, 함유하다, 머금다
寒冷	【hánlěng】	형 몹시 춥다
汗	【hàn】	명 땀
行	【háng】	양 줄, 열
航空	【hángkōng】	명 항공
毫无	【háowú】	조금도 …없다

■ 好好儿	[hǎohāor]	휑 좋다, 성하다 뷔 꽤, 충분히, 잘
■ 好久	[hǎojiǔ]	뷔 (꽤) 오랫동안
■ 好容易	[hǎoróngyì]	뷔 겨우, 간신히, 가까스로
■ 好听	[hǎotīng]	휑 듣기 좋다
■ 好玩儿	[hǎowánr]	휑 재미있다, 흥미있다
■ 好些	[hǎoxiē]	좀 좋다, 많은
■ 号码	[hàomǎ]	뎽 사이즈
■ 号召	[hàozhào]	뎽 호소 뙤 호소하다
■ 好	[hào]	뙤 좋아하다, 곧잘 …하다
■ 和平	[hépíng]	뎽 평화
■ 合	[hé]	뙤 ①감다, 다물다 ②합치다, 모으다
■ 合理	[hélǐ]	휑 합리적이다, 도리에 맞다
■ 合同	[hétong]	뎽 계약(서)
■ 合作	[hézuò]	뎽 제휴, 합작 뙤 협력하다, 합작하다
■ 盒	[hé]	뎽 통, 함, 합, 갑 떙 갑(작은 상자를 셀 때 쓰임)
■ 嘿	[hēi]	꺕 어이(남을 부르거나 주의를 환기시킬 때)
■ 黑暗	[hēi'àn]	휑 깜깜하다, 암담하다
■ 恨	[hèn]	뙤 미워하다, 후회하다

■ 哼	〔hēng〕	통 흥얼거리다, 신음하다, 대답하다
	〔hng〕	감 흥!(불만이나 불신을 나타냄)
■ 红茶	〔hóngchá〕	명 홍차
■ 红旗	〔hóngqí〕	명 홍기
■ 猴子	〔hóuzi〕	명 ①원숭이 ②작은 혹
■ 厚	〔hòu〕	형 ①두껍다 ②너그럽다, 성실하다
■ 后悔	〔hòuhuǐ〕	통 후회하다
■ 后来	〔hòulái〕	부 이후 명 계승자
■ 后面	〔hòumiàn〕	명 뒤쪽
■ 后年	〔hòunián〕	명 내후년
■ 后天	〔hòutiān〕	명 모레
■ 呼	〔hū〕	통 큰 소리로 외치다, 부르다, 숨을 내쉬다
■ 呼吸	〔hūxī〕	통 호흡하다
■ 壶	〔hú〕	명 주전자
■ 胡乱	〔húluàn〕	부 함부로
■ 胡子	〔húzi〕	명 수염
■ 糊涂	〔hútú〕	형 어리석다, 모호하다, 흐리멍덩하다
■ 护士	〔hùshi〕	명 간호사
■ 护照	〔hùzhào〕	명 여권

■ 户	〔hù〕	명 ①문 ②세대, 호, 가구
■ 花园	〔huāyuán〕	명 화원
■ 划	〔huá〕	동 (뾰족한 것으로) 자르다, 쪼개다, (배를) 젓다
■ 滑	〔huá〕	형 미끄럽다, 교활하다
■ 滑冰	〔huábīng〕	명 스케이팅 동 스케이트를 타다
■ 画报	〔huàbào〕	명 화보
■ 划	〔huà〕	동 ①(금을) 긋다, 가르다, 구분하다 ②계획하다
■ 化	〔huà〕	동 변하다, 변화하다, 변화시키다 접미 …화 *标准化 biāozhǔnhuà
■ 坏处	〔huàichu〕	명 나쁜 점, 단점
■ 欢送	〔huānsòng〕	동 환송하다
■ 环	〔huán〕	명 고리
■ 环境	〔huánjìng〕	명 환경
■ 慌	〔huāng〕	형 당황하다, 덤비다, 허둥대다 동 당황해 하다, 어쩔 바를 몰라 하다
■ 黄瓜	〔huángguā〕	명 오이
■ 黄油	〔huángyóu〕	명 버터
■ 皇帝	〔huángdì〕	명 황제
■ 灰	〔huī〕	형 의기소침하다, 생기가 없다

■ 挥	〔huī〕	동 휘두르다, 흔들다
■ 恢复	〔huīfù〕	동 회복하다
■ 回头	〔huítóu〕	무 잠시 후에
■ 回信	〔huíxìn〕	동 답장하다
■ 回忆	〔huíyì〕	동 돌이켜보다
■ 会场	〔huìchǎng〕	명 회의장
■ 会见	〔huìjiàn〕	명 회견 동 회견하다
■ 会客	〔huìkè〕	명 접대 동 손님을 만나다
■ 会谈	〔huìtán〕	명 회담 동 회담하다
■ 会议	〔huìyì〕	명 회의
■ 昏迷	〔hūnmí〕	형 혼미하다
■ 婚姻	〔hūnyīn〕	명 결혼
■ 混	〔hùn〕	동 섞다, 남을 속이다, 그럭저럭 살아 가다, 관계를 맺다, 탁해지다
■ 活泼	〔huópo〕	형 ①활발하다 ②반응도가 높다
■ 活跃	〔huóyuè〕	형 활발하다, 활동적이다 동 활성화시키다, 적극적으로 활동하다
■ 伙食	〔huǒshi〕	명 공동 식사
■ 火	〔huǒ〕	명 불

■ 火柴	〔huǒchái〕	몡 성냥
■ 获得	〔huòdé〕	동 얻다, 획득하다(주로 추상적인 것에 쓰임)
■ 或	〔huò〕	접 혹은, 또는, 그렇지 않으면
■ 货	〔huò〕	몡 ①돈, 화폐 ②물품, 상품, 화물

J

■ 几乎	〔jīhū〕	뷔 거의, 하마터면
■ 机床	〔jīchuáng〕	몡 선반, 절삭기계
■ 机关	〔jīguān〕	몡 기관
■ 机械	〔jīxiè〕	몡 기계
■ 积极	〔jījí〕	혱 적극적이다, 열성적이다
■ 积极性	〔jījíxìng〕	몡 적극성
■ 积累	〔jīlěi〕	동 축적하다, 쌓이다, 쌓다
■ 激动	〔jīdòng〕	혱 격동하다, 흥분되다 동 (감정을) 불러일으키다
■ 激烈	〔jīliè〕	혱 격렬하다
■ 极	〔jí〕	뷔 아주, 몹시
■ 极其	〔jíqí〕	뷔 매우
■ 集	〔jí〕	몡 ①(농촌이나 소도시에서 정기적으로 여는) 시장, 장 ②집, 시가·문장 등을 모은 서책 동 모이다, 모으다

▪ 集体	〔jítǐ〕	몡 집단
▪ 集中	〔jízhōng〕	툉 집중하다, 모으다
▪ 及	〔jí〕	젭 와, 과, 및
▪ 及格	〔jígé〕	툉 합격하다
▪ 及时	〔jíshí〕	혱 시기적절하다 뭔 제때에, 적시에, 즉시
▪ 急忙	〔jímáng〕	혱 급하다, 바쁘다, 분주하다
▪ 即	〔jí〕	툉 다그다, 접근하다, 가까이하다
▪ 级	〔jí〕	몡 등급, 급, 학년
▪ 技术员	〔jìshùyuán〕	몡 기술원
▪ 季节	〔jìjié〕	몡 계절
▪ 计算	〔jìsuàn〕	툉 계산하다, 고려하다, 계획하다
▪ 记得	〔jìde〕	툉 기억하고 있다
▪ 记录	〔jìlù〕	몡 기록 툉 기록하다
▪ 记忆	〔jìyì〕	몡 기억 툉 기억하다
▪ 记者	〔jìzhě〕	몡 기자
▪ 既	〔jì〕	젭 ①(이왕) …한 바에는, (기왕) …한 이상은 ②…할 뿐만 아니라, 뿐더러, …이며, …하고도
▪ 既…也…	〔jì…yě…〕	…할 뿐만 아니라 …도

既…又…	[jì…yòu…]	…하고 또 …
既然	[jìrán]	젭 기왕 그렇게 된 이상
纪律	[jìlǜ]	몡 규율
纪念	[jìniàn]	몡 기념
夹	[jiā]	동 끼우다, 집다, 뒤섞이다, 자르다
家具	[jiājù]	몡 가구
家乡	[jiāxiāng]	몡 고향
加工	[jiāgōng]	몡 가공 동 ①가공하다 ②종업원 수를 늘리다
加强	[jiāqiáng]	동 강화하다
加以	[jiāyǐ]	동 가하다 젭 게다가, 그 외에
假	[jiǎ]	형 거짓의, 가짜의, 위조의
价格	[jiàgé]	몡 가격
价值	[jiàzhí]	몡 가치
架	[jià]	양 대(받침대가 있는 물건이나 기계·악기 등을 세는 단위)
假条	[jiàtiáo]	몡 휴가 신청서, 결석계
坚定	[jiāndìng]	형 확고하다 동 굳히다
坚固	[jiāngù]	형 견고하다
坚决	[jiānjué]	형 단호하다

坚强	〔jiānqiáng〕	톙 굳세다
尖	〔jiān〕	톙 ①뾰족하다, 날카롭다 ②감각이 예민하다 ③인정이 없다
尖锐	〔jiānruì〕	톙 ①날카롭다, 예리하다, 첨예하다 ②(소리가) 날카롭고 귀에 거슬리다
肩	〔jiān〕	뎽 어깨
艰巨	〔jiānjù〕	톙 어렵고도 막중하다
艰苦	〔jiānkǔ〕	톙 어렵고 고달프다
拣	〔jiǎn〕	됭 ①고르다, 선택하다 ②줍다
捡	〔jiǎn〕	됭 ①줍다 ②거두다, 치우다
剪	〔jiǎn〕	됭 (가위로) 자르다, 베다, 오리다
减	〔jiǎn〕	됭 빼다, 덜다, 감하다, 줄이다
减轻	〔jiǎnqīng〕	됭 감소시키다, 경감하다
减少	〔jiǎnshǎo〕	됭 줄이다, 감소하다
箭	〔jiàn〕	뎽 화살
渐渐	〔jiànjiàn〕	뿐 점점, 점차
建	〔jiàn〕	됭 ①(건물 따위를) 짓다, 세우다, 건축하다 ②설립하다, 설치하다
建立	〔jiànlì〕	됭 세우다, 맺다
建议	〔jiànyì〕	뎽 건의 됭 건의하다
建筑	〔jiànzhù〕	뎽 건축(물)

		동 건축하다
将	[jiāng]	개 …으로(써), …을 부 곧, 바야흐로
将要	[jiāngyào]	부 막 …하려 하다
奖	[jiǎng]	명 당첨금 동 장려하다, 칭찬하다, 표창하다
奖学金	[jiǎngxuéjīn]	명 장학금
讲话	[jiǎnghuà]	명 연설, 강화 동 연설하다, 이야기하다
讲座	[jiǎngzuò]	명 강좌
酱油	[jiàngyóu]	명 간장
降	[jiàng]	동 ①떨어지다, 내리다 ②내리게 하다, 내리다
降低	[jiàngdī]	동 낮추다, 내리다, 인하하다
交换	[jiāohuàn]	동 교환하다
交际	[jiāojì]	명 교제 동 교제하다
交流	[jiāoliú]	명 교류 동 교류하다
交通	[jiāotōng]	명 교통
郊区	[jiāoqū]	명 교외 지역
骄傲	[jiāo'ào]	형 거만하다
角	[jiǎo]	명 (짐승의) 뿔

■ 教材	[jiàocái]	圆 교재
■ 教师	[jiàoshī]	圆 교사
■ 教授	[jiàoshòu]	圆 교수
■ 教学	[jiàoxué]	圆 교육, 학습, 가르침과 배움
■ 教训	[jiàoxun]	圆 교훈 동 훈계하다
■ 教员	[jiàoyuán]	圆 교원
■ 较	[jiào]	동 비교하다, 비하다, 비기다, 겨루다 뮈 비교적, 좀
■ 叫做	[jiàozuò]	동 …라고 부르다(불리다), …이다
■ 接触	[jiēchù]	동 접촉하다, 닿다, 교제하다
■ 接待	[jiēdài]	동 접대하다
■ 接到	[jiēdào]	동 받다, 입수하다
■ 接见	[jiējiàn]	동 접견하다
■ 接近	[jiējìn]	동 접근하다
■ 接受	[jiēshòu]	동 받다, 받아들이다
■ 街道	[jiēdào]	圆 큰길, 가로, 거리
■ 阶段	[jiēduàn]	圆 단계
■ 阶级	[jiējí]	圆 계급
■ 结实	[jiēshi] [jiēshí]	휑 ①굳다, 확고하다 ②충실하다 동 열매를 맺다

节省	[jiéshěng]	동 절약하다
节约	[jiéyuē]	동 절약하다
结构	[jiégòu]	명 구조, 구성
结合	[jiéhé]	동 결합하다, 부부가 되다
结婚	[jiéhūn]	명 결혼 동 결혼하다
结论	[jiélùn]	명 결론
解	[jiě]	동 풀다, 화해시키다
解答	[jiědá]	동 해답하다, 대답하다
解放	[jiěfàng]	명 해방 동 해방하다
解释	[jiěshì]	명 해석, 변명 동 해석하다, 해명하다
届	[jiè]	양 회(回), 기(期), 차(次)
金	[jīn]	명 금속 (금·은·동·철·주석 따위)
金属	[jīnshǔ]	명 금속
今后	[jīnhòu]	명 이후, 이제부터
仅	[jǐn]	부 겨우, 가까스로, 근근이
仅仅	[jǐnjǐn]	부 단지, 겨우
尽	[jìn]	동 ①다하다, 극한에 달하다, 전력을 다해 완성하다 ②다 쓰다
劲	[jìn]	명 힘, 기운

■ 尽管	〔jǐnguǎn〕	🅿 얼마든지 🈲 비록 …하더라도, …에도 불구하고
■ 尽量	〔jǐnliàng〕	🅿 되도록, 가능한 한
■ 进步	〔jìnbù〕	🅷 진보적이다 🈯 진보하다
■ 进攻	〔jìngōng〕	🈯 공격하다, 진격하다
■ 进化	〔jìnhuà〕	🈯 진화하다
■ 进口	〔jìnkǒu〕	🈯 ①입항하다 ②수입하다
■ 进入	〔jìnrù〕	🈯 (어떤 범위나 시기에) 들다(진입하다)
■ 进修	〔jìnxiū〕	🈯 연수하다
■ 进一步	〔jìn yī bù〕	진일보하다, 한 걸음 나아가다
■ 禁止	〔jìnzhǐ〕	🈯 금지하다
■ 近来	〔jìnlái〕	🈂 근래, 요즘
■ 京剧(戏)	〔jīngjù(xì)〕	🈂 경극 (중국 전통극)
■ 精力	〔jīnglì〕	🈂 정력
■ 经	〔jīng〕	🈯 베를 짜기 전에 날실을 (방직기에) 걸다(메우다)
■ 经理	〔jīnglǐ〕	🈂 기업의 책임자, 지배인, 매니저
■ 经历	〔jīnglì〕	🈂 경력, 경험, 내력, 경위 🈯 겪다, 경험하다, 체험하다
■ 井	〔jǐng〕	🈂 우물
■ 警察	〔jǐngchá〕	🈂 경찰

静	[jìng]	형 고요하다
敬爱	[jìng'ài]	동 경애하다
敬礼	[jìnglǐ]	동 경례하다
镜子	[jìngzi]	명 거울
竞赛	[jìngsài]	동 경쟁하다, 경기하다
究竟	[jiūjìng]	부 필경, 결국, 어쨌든, 요컨대
纠正	[jiūzhèng]	동 바로 잡다
救	[jiù]	동 ①구하다, 구제하다, 구조하다 ②돕다, 도와주다, 원조하다
就	[jiù]	개 …에 의하면
就是	[jiùshì]	부 …뿐이다, 바로 …이다 접 설사 …이라도 조 문장 끝에 쓰여 긍정을 표시함
局长	[júzhǎng]	명 국장
举行	[jǔxíng]	동 거행하다
拒绝	[jùjué]	동 거절하다
据说	[jùshuō]	말하는 바에 의하면, 듣건대
巨大	[jùdà]	형 거대하다
具备	[jùbèi]	동 구비하다
具体	[jùtǐ]	형 구체적이다, 실제적이다
具有	[jùyǒu]	동 구비하다, 가지다

■ 距离	[jùlí]	통 떨어지다, 사이를 두다 명 거리, 간격
■ 俱乐部	[jùlèbù]	명 클럽
■ 剧场	[jùchǎng]	명 극장
■ 卷	[juǎn]	통 말다, 감다, 말아 올리다
■ 觉悟	[juéwù]	명 깨달음, 각오 통 깨닫다, 자각하다, 인식하다
■ 决	[jué]	부 결코
■ 决心	[juéxīn]	명 결심 통 결심하다
■ 绝对	[juéduì]	형 절대의, 절대적인, 아무런 조건도 없는, 아무런 제한도 받지 않는
■ 军	[jūn]	명 군대
■ 军队	[jūnduì]	명 군대
■ 军事	[jūnshì]	명 군사

Ⓚ

■ 开放	[kāifàng]	통 개방하다
■ 开会	[kāihuì]	통 회의를 열다
■ 开课	[kāikè]	통 수업을 시작하다
■ 开明	[kāimíng]	통 개화되다, (사상이) 진보적이다
■ 开辟	[kāipì]	통 개척하다, 열다

开演	〔kāiyǎn〕	동 공연을 시작하다
开展	〔kāizhǎn〕	동 전개하다, 넓히다
砍	〔kǎn〕	동 찍다, 패다
看不起	〔kànbuqǐ〕	동 경시하다, 깔보다, 업신여기다
看法	〔kànfǎ〕	명 견해
看来	〔kànlái〕	부 보기에, 보아하니
看样子	〔kàn yàngzi〕	보아하니 …듯하다 꼴을 보다, 견본을 보다
扛	〔káng〕	동 어깨에 메다, (책임, 임무 등을) 떠맡다, 대들다
考	〔kǎo〕	동 ①시험을 치다 ②조사하다
考虑	〔kǎolǜ〕	동 고려하다
烤	〔kǎo〕	동 (불에) 굽다
靠	〔kào〕	동 ①의지하다, 기대다 ②접근하다 개 …에 의지하여
颗	〔kē〕	양 알, 방울(둥글고 작은 알맹이 모양과 같은 것을 세는 데 쓰임)
科	〔kē〕	명 ①과(연구 분야를 분류한 작은 구분) ②과(사무 조직의 한 작은 구분)
科学家	〔kēxuéjiā〕	명 과학자
科学院	〔kēxuéyuàn〕	명 과학원
科研	〔kēyán〕	명 과학연구(科学研究kēxué yánjiū 의 준말)

■ 科长	[kēzhǎng]	명	과장
■ 可	[kě]	부	아주, 대략
		조동	…할 수 있다
		부	그러나, 오히려
■ 可爱	[kě'ài]	형	사랑스럽다, 귀엽다
■ 可靠	[kěkào]	형	믿을 만하다, 신뢰할 수 있다
■ 可怜	[kělián]	형	가련하다, 볼품없다
		동	동정하다
■ 可怕	[kěpà]	형	두렵다
■ 可以	[kěyǐ]	형	①좋다 ②심하다, 지나치다
■ 克服	[kèfú]	동	극복하다
■ 刻	[kè]	동	새기다
■ 刻苦	[kèkǔ]	형	①소박하다 ②고생을 참아내다
■ 客人	[kèrén]	명	손님
■ 课程	[kèchéng]	명	교과과정
■ 肯	[kěn]	조동	기꺼이 …하다
■ 肯定	[kěndìng]	형	확실하다, 긍정적이다
		동	긍정하다, 인정하다
■ 空	[kōng]	형	①(속이) 텅 비다 ②공허하다
■ 空间	[kōngjiān]	명	공간
■ 空前	[kōngqián]	형	공전의, 전대미문의
■ 空中	[kōngzhōng]	명	공중

■ 恐怕	〔kǒngpà〕	凰 아마도
■ 孔	〔kǒng〕	명 구멍
■ 空儿	〔kòngr〕	명 시간, 짬, 겨를
■ 控制	〔kòngzhì〕	동 통제하다, 제어하다
■ 口袋	〔kǒudai〕 〔kǒudài〕	명 자루, 부대 명 호주머니
■ 口号	〔kǒuhào〕	명 구호
■ 扣	〔kòu〕	동 ①채우다, 끼우다 ②구류하다
■ 裤子	〔kùzi〕	명 바지
■ 跨	〔kuà〕	동 (가랑이를 벌리고) 뛰어넘다, 큰 걸음으로 걷다, 활보하다
■ 筷子	〔kuàizi〕	명 젓가락
■ 快乐	〔kuàilè〕	형 즐겁다, 유쾌하다
■ 宽 ■ 款	〔kuān〕 〔kuǎn〕	형 넓다, 여유롭다, 관대하다 명 ①항목, 조항 ②돈 ③서명
■ 矿	〔kuàng〕	명 광산, 광물
■ 捆	〔kǔn〕	동 (새끼 따위로) 묶다, 잡아매다
■ 困	〔kùn〕	형 곤란하다, 난처하다, 곤궁하다 동 ①고생하다, 시달리다 ②갇히다
■ 扩大	〔kuòdà〕	동 확대하다

Ｌ

■ 垃圾	〔lājī〕	몡 쓰레기, 오물
■ 来	〔lái〕	㊄ 약, 대강 ㋿ 이래(동사 뒤에 쓰여 동작의 주체가 화자에게 접근하는 추향을 나타내거나, 동사 뒤에 쓰여 동작의 결과를 나타냄)
■ 来不及	〔láibují〕	시간적으로 늦다, 손쓸 틈이 없다
■ 来得及	〔láidejí〕	늦지 않다
■ 来信	〔láixìn〕	몡 보내온 편지 동 편지가 오다, 편지를 보내다
■ 来自	〔láizì〕	동 …에서 오다
■ 拦	〔lán〕	동 ①(가로)막다 ②…을 마주 대하다
■ 懒	〔lǎn〕	형 게으르다, 나른하다
■ 烂	〔làn〕	형 뒤죽박죽이다, 낡다, 무르다 동 썩다
■ 狼	〔láng〕	몡 이리
■ 朗读	〔lǎngdú〕	동 낭독하다
■ 浪	〔làng〕	몡 물결, 파도
■ 浪费	〔làngfèi〕	동 낭비하다
■ 捞	〔lāo〕	동 건지다, 끌어올리다, 손에 넣다
■ 老百姓	〔lǎobǎixìng〕	몡 백성, 대중
■ 老板	〔lǎobǎn〕	몡 주인, 지배인

■ 老大妈(大妈)	〔lǎodàmā〕	몡	아주머니
■ 老大娘(大娘)	〔lǎodàniáng〕	몡	할머니, 아주머니
■ 老大爷(大爷)	〔lǎodàyé〕	몡	할아버지, 아저씨
■ 老虎	〔lǎohǔ〕	몡	호랑이
■ 老人	〔lǎorén〕	몡	노인
■ 老(是)	〔lǎo(shi)〕	뿐	늘, 언제나
■ 老实	〔lǎoshi〕	혱	①솔직하다, 온순하다 ②어리석다
■ 老太太	〔lǎotàitai〕	몡	할머님
■ 老头儿	〔lǎotóur〕	몡	늙은이
■ 乐观	〔lèguān〕	혱	낙관적이다
■ 雷	〔léi〕	몡	천둥, 우레
■ 类	〔lèi〕	몡 얭	종류, 같은 부류 가지
■ 厘米	〔límǐ〕	얭	센티미터(cm)
■ 梨	〔lí〕	몡	배
■ 离婚	〔líhūn〕	몡 동	이혼 이혼하다
■ 理发	〔lǐfà〕	몡 동	이발 이발하다
■ 理解	〔lǐjiě〕	몡 동	이해 이해하다
■ 理论	〔lǐlùn〕	몡	이론

▪ 理想	〔lǐxiǎng〕	몡	이상
▪ 理由	〔lǐyóu〕	몡	이유
▪ 里面	〔lǐmiàn〕	몡	안, 내부, 속
▪ 礼拜天(日)	〔lǐbàitiān(rì)〕	몡	일요일
▪ 礼貌	〔lǐmào〕	몡	예의
▪ 礼堂	〔lǐtáng〕	몡	강당
▪ 利害	〔lìhài〕	몡	이해, 이익과 손해
▪ 利益	〔lìyì〕	몡	이익
▪ 例	〔lì〕	몡	예, 보기
▪ 例子	〔lìzi〕	몡	(구어) 예, 보기, 본보기
▪ 立	〔lì〕	동	서다, (물건을) 세우다
▪ 立场	〔lìchǎng〕	몡	입장
▪ 立方	〔lìfāng〕	몡	입방, 삼승, 세제곱
▪ 立即	〔lìjí〕	뷔	즉시, 곧
▪ 粒	〔lì〕	양	알, 톨, 발
▪ 力	〔lì〕	몡	힘
▪ 力量	〔lìliang〕	몡	힘, 역량
▪ 力气	〔lìqi〕	몡	(육체적인) 힘, 완력, 체력
▪ 哩	〔li〕	조	…요, …랑, …와(과) (사물을 열거하는 데 쓰임)

■ 联合	[liánhé]	동	연합하다
■ 联欢	[liánhuān]	동	친목을 맺다, 함께 모여 즐기다
■ 连	[lián]	동	잇다
		부	연이어, 연거푸
■ 连忙	[liánmáng]	부	얼른, 급히, 바삐
■ 连续	[liánxù]	동	연속하다, 계속하다
■ 恋爱	[liàn'ài]	명	연애
		동	연애하다
■ 练	[liàn]	동	①생사(生絲)를 누이다 ②연습하다, 훈련하다, 단련하다
■ 粮食	[liángshi]	명	식량, 양식
■ 凉	[liáng]	형	서늘하다, 차다
■ 量	[liáng]	동	①(길이·크기·무게·넓이·분량 따위를) 재다, 달다, 되다 ②가늠하다, 짐작하다, 추측하다
■ 良好	[liánghǎo]	형	양호하다
■ 两	[liǎng]	명	둘 *일반적으로 양사 앞에서는 两을 쓰고, 숫자를 셀 때는 二을 씀
■ 聊	[liáo]	동	한담하다, 편안히 하다
■ 聊天儿	[liáotiānr]	동	한담하다, 잡담하다
■ 了不起	[liǎobuqǐ]	형	보통이 아니다, 뛰어나다
■ 列	[liè]	동	나열되다, 늘어놓다
		양	줄, 열 (행렬을 이룬 사물에 쓰임)

临	[lín]	图 ①(어떤 장소에) 임하다, 면하다, 향하다 ②이르다, 오다
临时	[línshí]	명 임시, 정식이 아닌
邻居	[línjū]	명 이웃
零钱	[língqián]	명 잔돈
铃	[líng]	명 방울, 종, 벨
灵活	[línghuó]	형 민첩하다, 융통성이 있다
岭	[lǐng]	명 재, 고개
领袖	[lǐngxiù]	명 영수, 지도자
另	[lìng]	형 다른
另外	[lìngwài]	형 별도의, 다른, 그 밖의
流利	[liúlì]	형 유창하다, 미끈하다
龙	[lóng]	명 용
楼梯	[lóutī]	명 계단
漏	[lòu]	图 누설하다, 새다
露	[lòu]	图 드러나다
路上	[lùshang]	명 노상, 도중
路线	[lùxiàn]	명 노선
录	[lù]	图 ①기록하다, 기재하다 ②쓰다, 베끼다 ③녹음(녹화)하다
录像	[lùxiàng]	图 녹화하다

录音机	〔lùyīnjī〕	몡 녹음기
陆续	〔lùxù〕	囝 끊임없이, 계속하여, 잇따라
旅馆	〔lǚguǎn〕	몡 여관
旅客	〔lǚkè〕	몡 여행객, 관광객
旅途	〔lǚtú〕	몡 여로, 여정
略	〔lüè〕	툉 생략하다
轮船	〔lúnchuán〕	몡 선박, 기선
论文	〔lùnwén〕	몡 논문
萝卜	〔luóbo〕	몡 무
落	〔luò〕	툉 (물체가) 떨어지다, (해가) 지다
落后	〔luòhòu〕	톙 낙후되다

码头	〔mǎtou〕	몡 부두, 선창
马虎	〔mǎhu〕	톙 소홀하다, 건성건성하다, 무책임하다
马克	〔mǎkè〕	몡 ①마르크(Mark) ; 독일의 본위 화폐 ②마르카(Markka) ; 핀란드의 화폐 단위
马路	〔mǎlù〕	몡 큰 길
骂	〔mà〕	툉 욕하다, 꾸짖다
埋	〔mái〕	툉 (흙·눈·낙엽 등으로) 묻다, 파묻다

买卖	〔mǎimai〕	몡 매매, 장사
迈	〔mài〕	동 큰 걸음으로 걷다, 성큼성큼 나아가다, 활보하다
馒头	〔mántou〕	몡 만두, 찐빵 (소가 없는 것을 말함)
满足	〔mǎnzú〕	동 만족시키다
猫	〔māo〕	몡 고양이
毛	〔máo〕	몡 (동식물의) 털, 깃
毛病	〔máobìng〕	몡 ①(개인의) 약점, 흠, 나쁜 버릇 ②결점, 결함
毛巾	〔máojīn〕	몡 타월
毛衣	〔máoyī〕	몡 스웨터
矛盾	〔máodùn〕	몡 창과 방패, 모순 동 모순되다
冒	〔mào〕	동 ①무릅쓰다 ②뿜어 나오다
贸易	〔màoyì〕	몡 무역
煤	〔méi〕	몡 석탄
煤气	〔méiqì〕	몡 (석탄) 가스, 일산화탄소
没错	〔méi cuòr〕	틀림없다, 분명하다, 옳다
没什么	〔méi shénme〕	①아무것도 아니다, 별 것 아니다 ②아무것도 없다
没事儿	〔méshìr〕	①용건이 없다 ②대수롭지 않다
没用	〔méiyòng〕	혱 소용이 없다, 쓸모가 없다

■ 每	〔měi〕	图 늘, 항상
■ 美	〔měi〕	휑 아름답다, 곱다, 예쁘다
■ 美好	〔měihǎo〕	휑 좋다, 훌륭하다, 행복하다, 아름답다
■ 美丽	〔měilì〕	휑 미려하다, 아름답다
■ 美术	〔měishù〕	명 미술
■ 美元	〔měiyuán〕	명 미국 달러(dollar)
■ 梦	〔mèng〕	명 꿈, 환상
■ 米	〔mǐ〕	명 쌀
■ 秘密	〔mìmì〕	명 비밀 휑 비밀스럽다
■ 蜜蜂	〔mìfēng〕	명 꿀벌
■ 密	〔mì〕	휑 ①(거리적·시간적으로) 가깝다, 빽빽하다 ②(관계가) 가깝다, 친하다 ③정밀하다, 면밀하다
■ 密切	〔mìqiè〕	휑 밀접하다, 긴밀하다 동 밀접하게 하다
■ 棉花	〔miánhua〕	명 목화, 면
■ 棉衣	〔miányī〕	명 면옷, 솜옷
■ 面	〔miàn〕	명 얼굴, 표면 양 면 (깃발 등 평평한 물건을 세는 단위)
■ 面积	〔miànjī〕	명 면적
■ 面貌	〔miànmào〕	명 면모

■ 面前	〔miànqián〕	몡 면전, 눈 앞
■ 描写	〔miáoxiě〕	동 묘사하다
■ 秒	〔miǎo〕	양 (시간·각도·경위도 따위의 단위로서의) 초
■ 庙	〔miào〕	몡 사당, 가묘, 묘당, 종묘
■ 妙	〔miào〕	형 ①아름답다, 좋다, 훌륭하다 ②교묘하다, 기발하다
■ 灭	〔miè〕	동 ①불이 꺼지다, 불을 끄다 ②소멸시키다, 멸망하다
■ 民主	〔mínzhǔ〕	몡 민주 형 민주적이다
■ 明亮	〔míngliàng〕	형 밝다, 빛나다, 명백하다
■ 明确	〔míngquè〕	형 명확하다 동 명확히 하다
■ 明显	〔míngxiǎn〕	형 명확하다, 명확히 드러나다
■ 名	〔míng〕	몡 이름, 명칭 양 명 (사람을 세는 단위)
■ 名胜	〔míngshèng〕	몡 명승지, 명소
■ 命令	〔mìnglìng〕	몡 명령 동 명령하다
■ 命运	〔mìngyùn〕	몡 운명
■ 摸	〔mō〕	동 만지다, 더듬다
■ 模仿	〔mófǎng〕	동 모방하다

■ 磨	〔mó〕	동 ①마찰하다, 비비다, 닳다 ②갈다, 문지르다 ③고통을 주다, 괴롭히다
■ 墨水儿	〔mòshuǐr〕	명 잉크
■ 某	〔mǒu〕	대 어느, 아무개
■ 模样	〔múyàng〕	명 모양, 용모
■ 亩	〔mǔ〕	양 묘(토지 면적의 단위)
■ 母	〔mǔ〕	명 어머니, 모친 형 (동물의) 암컷(의)
■ 木	〔mù〕	명 나무, 수목
■ 木头	〔mùtou〕	명 나뭇조각
■ 目标	〔mùbiāo〕	명 목표
■ 目的	〔mùdì〕	명 목적

Ⓝ

■ 哪	〔nǎ〕	대 어느, 어떤
■ 哪个	〔nǎge〕	대 어느, 어떤, 누구, 어느 것
■ 哪怕	〔nǎpà〕	접 설사 …하더라도
■ 哪些	〔nǎxiē〕	대 어떤, 어느 것
■ 那边	〔nàbiān〕	대 그곳, 저곳
■ 奶奶	〔nǎinai〕	명 할머니
■ 耐心	〔nàixīn〕	명 참을성, 인내심 형 인내심이 강하다, 참을성이 있다

■ 耐用	[nàiyòng]	휑 질기다, 오래가다, 오래 쓸 수 있다
■ 南部	[nánbù]	명 남부
■ 南方	[nánfāng]	명 남방
■ 南面	[nánmiàn]	명 남쪽
■ 男人	[nánrén]	명 남자
■ 难道	[nándào]	부 설마 …이겠는가?
■ 难过	[nánguò]	휑 ①지내기 어렵다 ②괴롭다, 슬프다
■ 难看	[nánkàn]	휑 보기 싫다, 꼴사납다
■ 难受	[nánshòu]	휑 (육체적·정신적으로) 괴롭다, 참을 수 없다, 견딜 수 없다
■ 脑袋	[nǎodai]	명 머리, 뇌
■ 脑子	[nǎozi]	명 머리
■ 闹	[nào]	동 떠들다, 아우성치다, 소란을 피우다
■ 内部	[nèibù]	명 ①내부 ②여자
■ 能干	[nénggàn]	휑 유능하다 명 수완가
■ 能力	[nénglì]	명 능력
■ 能源	[néngyuán]	명 에너지
■ 泥	[ní]	명 진흙
■ 年代	[niándài]	명 연대
■ 年龄	[niánlíng]	명 연령, 나이

■ 年青	〔niánqīng〕	혱 젊다
■ 鸟	〔niǎo〕	몡 새
■ 扭	〔niǔ〕	동 비틀다, 돌리다
■ 浓	〔nóng〕	혱 진하다, 짙다
■ 弄	〔nòng〕	동 ①가지고 놀다, 만지다 ②하다, 행하다, 만들다 ③(어떻게든) 손에 넣다, 장만하다
■ 女人	〔nǚrén〕	몡 여자, 여인
■ 女士	〔nǚshì〕	몡 여사, 미시즈
■ 暖	〔nuǎn〕	혱 따뜻하다 동 따뜻하게 하다, 데우다
■ 暖气	〔nuǎnqì〕	몡 스팀, 난방

Ⓟ

■ 怕	〔pà〕	믯 아마 (…일 것이다, …일지 모른다)
■ 排	〔pái〕	몡 (배열한) 줄, 열 양 줄, 열 동 차례로 놓다, 배열하다
■ 牌	〔pái〕	몡 간판, 상표
■ 盘	〔pán〕	몡 (큰) 접시 양 판, 개, 대(표면이 넓은 것, 평평한 것 등을 세는 단위)
■ 盘子	〔pánzi〕	몡 쟁반
■ 盼望	〔pànwàng〕	동 간절히 바라다

■ 判断	〔pànduàn〕	몡 판단 동 판단하다
■ 旁	〔páng〕	몡 옆
■ 胖	〔pàng〕	휑 뚱뚱하다
■ 炮	〔pào〕	몡 대포, 포
■ 赔	〔péi〕	동 배상하다, 물어주다
■ 陪	〔péi〕	동 모시다, 동반하다, 수행하다
■ 配合	〔pèihé〕	동 배합하다, 협력하다, 조화되다
■ 喷	〔pēn〕	동 내뿜다
■ 盆	〔pén〕	몡 대야
■ 捧	〔pěng〕	동 받들다, 움켜들다
■ 碰见	〔pèngjiàn〕	동 우연히 만나다, 뜻밖에 만나다
■ 批	〔pī〕	양 무리, 무더기
■ 批判	〔pīpàn〕	몡 비판 동 비판하다
■ 批准	〔pīzhǔn〕	동 허가하다, 비준하다
■ 披	〔pī〕	동 ①(겉옷을) 걸치다 ②(책을) 펴다, 펼치다
■ 脾气	〔píqi〕	몡 성격, 성깔
■ 疲劳	〔píláo〕	휑 피로하다, 지치다 몡 피로
■ 皮	〔pí〕	몡 가죽, 껍질, 피부

皮肤	〔pífū〕	몡	피부
匹	〔pǐ〕	앵	필, 마리(말, 노새 등을 세는 단위)
偏	〔piān〕	뭔	공교롭게, 뜻밖에
片面	〔piànmiàn〕	혱	일방적이다, 단편적이다
骗	〔piàn〕	동	속이다, 기만하다
飘	〔piāo〕	동	나부끼다, 흩날리다
拼命	〔pīnmìng〕	명	사투, 목숨을 거는 것
		동	목숨을 걸다
品种	〔pǐnzhǒng〕	명	품종
乒乓球	〔pīngpāngqiú〕	명	탁구
平	〔píng〕	혱	평평하다, 평온하다
平安	〔píng'ān〕	혱	평안하다
平常	〔píngcháng〕	명	평소, 평시
		혱	보통이다, 평범하다, 일반적이다
平等	〔píngděng〕	명	평등
		혱	평등하다
平方	〔píngfāng〕	명	제곱, 평방
平静	〔píngjìng〕	혱	평온하다, 평정하다
平均	〔píngjūn〕	혱	균등한, 평균적인
		동	고르게 하다, 균등히 하다
平时	〔píngshí〕	명	평시, 평소
平原	〔píngyuán〕	명	평원

瓶子	〔píngzi〕	몡 병
坡	〔pō〕	몡 언덕
破坏	〔pòhuài〕	동 파괴하다
迫切	〔pòqiè〕	형 절실하다, 절박하다
扑	〔pū〕	동 뛰어들다, 돌진하다, 달려들다
铺	〔pū〕	동 (물건을) 깔다, (자리를) 펴다
朴素	〔pǔsù〕	형 소박하다, 질박하다
普遍	〔pǔbiàn〕	형 보편적이다, 널리 퍼져 있다
普通	〔pǔtōng〕	형 보통이다, 일반적이다

Q

期	〔qī〕	몡 기일, 기간, 시기 양 기 (시기를 구분하는 것을 세는 단위)
期间	〔qījiān〕	몡 기간
欺骗	〔qīpiàn〕	동 기만하다, 속이다
妻子	〔qīzi〕	몡 아내
其次	〔qícì〕	몡 다음, 그 다음
其他	〔qítā〕	몡 기타, 그 외
其它	〔qítā〕	몡 기타, 그 외
其余	〔qíyú〕	몡 나머지, 남은 것
其中	〔qízhōng〕	몡 그 중, 그 속

奇怪	[qíguài]	휑 이상하다
齐	[qí]	휑 가지런하다, 질서정연하다, 단정하다
旗子	[qízi]	명 깃발
企图	[qǐtú]	명 의도, 기도 동 의도하다, 기도하다
企业	[qǐyè]	명 기업
启发	[qǐfā]	동 계발하다, 계몽하다
气	[qì]	동 ①성내다, 노하다 ②약을 올리다, 화나게 하다
气候	[qìhòu]	명 ①기후 ②결과, 성과
气温	[qìwēn]	명 기온
气象	[qìxiàng]	명 날씨, 일기, 기상
汽油	[qìyóu]	명 휘발유, 가솔린(gasoline)
牵	[qiān]	동 끌다, 연루되다
千万	[qiānwàn]	분 제발, 절대로
签订	[qiāndìng]	동 체결하다, 조인하다
前进	[qiánjìn]	동 전진하다
前面	[qiánmiàn]	명 전면, 앞
前年	[qiánnián]	명 재작년, 그러께
前天	[qiántiān]	명 그저께
前途	[qiántú]	명 전망, 앞길

■ 欠	【qiàn】	통 ①하품하다 ②빚지다
■ 枪	【qiāng】	명 총, 창
■ 强	【qiáng】	형 고집이 세다, 고집불통이다
■ 强大	【qiángdà】	형 강대하다
■ 强盗	【qiángdào】	명 강도
■ 强调	【qiángdiào】	통 강조하다
■ 强度	【qiángdù】	명 강도
■ 强烈	【qiángliè】	형 강렬하다
■ 抢	【qiǎng】	통 빼앗다, 벗겨내다
■ 敲	【qiāo】	통 두드리다, 치다, 때리다
■ 悄悄	【qiāoqiāo】	형 조용하다, 은밀하다
■ 桥梁	【qiáoliáng】	명 교량, 다리
■ 瞧	【qiáo】	통 ①보다, 구경하다 ②판단하다
■ 巧	【qiǎo】	형 공교롭다
■ 巧妙	【qiǎomiào】	형 교묘하다
■ 切	【qiē】	통 ①베다, 자르다 ②접하다
■ 且	【qiě】	부 잠깐, 오래 접 또한, 더욱이, 그 위에
■ 侵略	【qīnlüè】	통 침략하다
■ 亲爱	【qīn'ài】	형 친애하다

亲戚	〖qīnqī〗	몡 친척
亲切	〖qīnqiè〗	톙 친절하다
亲自	〖qīnzì〗	뷘 몸소
青	〖qīng〗	톙 푸르다
轻松	〖qīngsōng〗	톙 홀가분하다, 수월하다
清	〖qīng〗	톙 맑다, 깨끗하다 톪 청산하다
情景	〖qíngjǐng〗	몡 정경, 광경
情形	〖qíngxing〗	몡 일의 상황(형세), 정황
情绪	〖qíngxù〗	몡 정서, 기분
请客	〖qǐngkè〗	톪 손님을 대접하다(초대하다)
请求	〖qǐngqiú〗	몡 청구, 요구, 부탁 톪 청구하다, 바라다, 요청하다
庆祝	〖qìngzhù〗	톪 경축하다
穷	〖qióng〗	톙 가난하다, 궁하다
球场	〖qiúchǎng〗	몡 축구장
求	〖qiú〗	톪 구하다, 요청하다, 부탁하다
区	〖qū〗	몡 구, 구역
区别	〖qūbié〗	몡 구별, 차이 다름 톪 구별하다, 식별하다
渠	〖qú〗	몡 도랑, 수로

取	【qǔ】	동 가지다, 노리다, 취하다
取消	【qǔxiāo】	동 취소하다
圈	【quān】	명 원, 바퀴, 순환
全面	【quánmiàn】	형 전면적이다, 전면적이다
全民	【quánmín】	명 전 국민
劝	【quàn】	동 권하다, 충고하다
缺	【quē】	동 (사람, 물건이) 모자라다, 부족하다
缺点	【quēdiǎn】	명 결점
缺乏	【quēfá】	동 결핍되다, 모자라다
缺少	【quēshǎo】	동 모자라다, 결핍하다
却	【què】	부 반대로, 도리어
确定	【quèdìng】	동 확정하다
裙子	【qúnzi】	명 치마, 스커트
群	【qún】	양 무리, 떼
群众	【qúnzhòng】	명 군중, 대중

Ⓡ

然而	【rán'ér】	접 그래도, 그런데
燃烧	【ránshāo】	동 연소하다
染	【rǎn】	동 물들이다

嚷	〔rǎng〕	동 큰소리 지르다
绕	〔ráo〕	동 둘둘 감다, 휘감다, 두르다
惹	〔rě〕	동 야기하다, 성나게 하다, 일으키다
热爱	〔rè'ài〕	동 열애하다
热烈	〔rèliè〕	형 열렬하다
热闹	〔rènao〕	형 번화하다, 왁자지껄하다 동 즐겁게 하다, 흥청거리게 하다
热(暖)水瓶	〔rè(nuǎn)shuǐpíng〕	명 보온병
热心	〔rèxīn〕	형 ①열심이다, 열성적이다, 열의가 있다 ②친절하다, 온화하다
人工	〔réngōng〕	형 인공의, 인위적인
人家	〔rénjiā〕	명 인가, (사람이 사는) 집
人口	〔rénkǒu〕	명 인구
人类	〔rénlèi〕	명 인류
人民币	〔rénmínbì〕	명 인민폐
人物	〔rénwù〕	명 인물
人员	〔rényuán〕	명 인원
人造	〔rénzào〕	형 인조의, 인공의
忍	〔rěn〕	동 참다, 견디다, 잔인하다
任务	〔rènwù〕	명 임무
认	〔rèn〕	동 알아보다, 확인하다

■ 认得	〖rènde〗	동 (주로 사람·길·글자 따위를) 알다
■ 扔	〖rēng〗	동 내던지다
■ 仍	〖réng〗	부 여전히, 아직도
■ 仍然	〖réngrán〗	부 여전히
■ 日常	〖rìcháng〗	형 일상의, 일상적인
■ 日程	〖rìchéng〗	명 일정
■ 日记	〖rìjì〗	명 일기, 일지
■ 日期	〖rìqī〗	명 (특정한) 날짜, 기간
■ 日用品	〖rìyòngpǐn〗	명 일용품
■ 日元	〖rìyuán〗	명 엔(일본 화폐 단위)
■ 如	〖rú〗	동 ①…와 같다 ②…에 따르다(맞추다) 접 …에 따라서
■ 如果	〖rúguǒ〗	접 만약, 만일
■ 如何	〖rúhé〗	대 어떻게, 어떤, 어떻게 하면
■ 如今	〖rújīn〗	명 오늘날
■ 入	〖rù〗	동 들어가다, 참가하다
■ 软	〖ruǎn〗	형 부드럽다, 여리다
■ 弱	〖ruò〗	형 약하다

S

撒	〔sā〕	동	풀어주다, 속박을 벗어던지다
洒	〔sǎ〕	동	(물을) 뿌리다, 살포하다
赛	〔sài〕	동	시합하다, 겨루다
伞	〔sǎn〕	명	우산
嗓子	〔sǎngzi〕	명	①목(구멍) ②목소리, 목청
扫	〔sǎo〕	동	청소하다, 소제하다
嫂子	〔sǎozi〕	명	형수, 아주머니
色	〔sè〕	명	색
森林	〔sēnlín〕	명	삼림
杀	〔shā〕	동	죽이다, 잡다, 살해하다
沙发	〔shāfā〕	명	소파
沙漠	〔shāmò〕	명	사막
沙子	〔shāzi〕	명	모래
傻	〔shǎ〕	형	어리석다, 멍청하다
晒	〔shài〕	동	볕에 말리다, 내리비추다
山脉	〔shānmài〕	명	산맥
山区	〔shānqū〕	명	산간지대, 산악지구
闪	〔shǎn〕	동	재빨리 피하다, 재빨리 비키다

■善于	〔shànyú〕	휑 …에 능숙하다
■伤	〔shāng〕	명 상처 동 상하다, 다치다, 해롭다
■伤心	〔shāngxīn〕	동 상심하다, 슬퍼하다, 마음 아파하다
■商场	〔shāngchǎng〕	명 시장
■商量	〔shāngliang〕	동 상의하다, 의논하다
■商品	〔shāngpǐn〕	명 상품
■商业	〔shāngyè〕	명 상업
■上班	〔shàngbān〕	동 출근하다
■上当	〔shàngdàng〕	동 속다, 꾐에 빠지다, 속임수에 걸리다
■上级	〔shàngjí〕	명 상급
■上面	〔shàngmian〕	명 위쪽
■上衣	〔shàngyī〕	명 웃옷
■稍	〔shāo〕	부 조금, 약간
■稍微	〔shāowēi〕	부 조금, 약간, 다소
■烧	〔shāo〕	동 태우다, 굽다, 열나다
■勺子	〔sháozi〕	명 (좀 큰) 국자
■少数	〔shǎoshù〕	명 소수
■少年	〔shàonián〕	명 소년
■蛇	〔shé〕	명 뱀

舌头	〔shétou〕	몡 혀
射	〔shè〕	통 쏘다, 발사하다, 분사하다
设备	〔shèbèi〕	몡 설비
设计	〔shèjì〕	몡 설계 통 설계하다
伸	〔shēn〕	통 펴다, 내밀다
身	〔shēn〕	몡 몸, 신체, 몸뚱이 양 벌 (옷을 세는 단위)
身边	〔shēnbiān〕	몡 신변
深厚	〔shēnhòu〕	혱 (감정이) 깊고 두텁다
深刻	〔shēnkè〕	혱 심각하다
深入	〔shēnrù〕	통 침입하다
什么的	〔shénmede〕	등등, 따위
神	〔shén〕	몡 신, 정신
神经	〔shénjīng〕	몡 신경
生	〔shēng〕	통 ①낳다, 태어나다 ②생기다 혱 ①산, 살아 있는 ②(과일 등이) 설익다 ③생소하다, 낯설다
生动	〔shēngdòng〕	통 생동하다
生命	〔shēngmìng〕	몡 생명
生气	〔shēngqì〕	통 화를 내다 몡 생기, 생명력

■ 生物	〔shēngwù〕	명 생물
■ 生意	〔shēngyi〕	명 장사, 영업
■ 生长	〔shēngzhǎng〕	동 생장하다
■ 升	〔shēng〕	동 올라가다, 승진시키다
■ 绳子	〔shéngzi〕	명 끈, 밧줄
■ 省	〔shěng〕	동 아끼다, 생략하다, 줄이다
■ 胜	〔shèng〕	동 ①승리하다 ②…보다 낫다
■ 失败	〔shībài〕	명 실패 동 실패하다
■ 失去	〔shīqù〕	동 잃어버리다
■ 失望	〔shīwàng〕	동 실망하다
■ 失业	〔shīyè〕	명 실업
■ 狮子	〔shīzi〕	명 사자
■ 施工	〔shīgōng〕	동 공사에 착수하다, 시공하다
■ 湿	〔shī〕	형 젖다, 습하다
■ 诗	〔shī〕	명 시, 시가
■ 石头	〔shítou〕	명 돌
■ 石油	〔shíyóu〕	명 석유
■ 拾	〔shí〕	동 집다, 줍다, 모으다
■ 时代	〔shídài〕	명 시대

■ 时刻	〔shíkè〕	몡 시각
■ 时期	〔shíqī〕	몡 시기
■ 食品	〔shípǐn〕	몡 식품
■ 食物	〔shíwù〕	몡 음식물
■ 实际	〔shíjì〕	몡 실제 혱 실제의, 실제적이다, 현실적이다
■ 实事求是	〔shí shì qiú shì〕	셩 실사구시
■ 实行	〔shíxíng〕	동 실행하다
■ 实验	〔shíyàn〕	몡 실험 동 실험하다
■ 实用	〔shíyòng〕	혱 실용적인
■ 实在	〔shízài〕	혱 진실하다, 참되다, 실속 있다
■ 使	〔shǐ〕	동 ①사용하다 ②보내다 ③시키다
■ 始终	〔shǐzhōng〕	문 처음부터 끝까지 내내, 시종
■ 世纪	〔shìjì〕	몡 세기
■ 事件	〔shìjiàn〕	몡 사건
■ 事实	〔shìshí〕	몡 사실
■ 事物	〔shìwù〕	몡 사물
■ 事先	〔shìxiān〕	몡 사전
■ 事业	〔shìyè〕	몡 사업
■ 适当	〔shìdàng〕	혱 적당하다, 적절하다, 알맞다

■ 适合　〔shìhé〕　혱 적합하다

■ 适应　〔shìyìng〕　동 적응하다

■ 适用　〔shìyòng〕　혱 사용에 적합하다, 쓰기에 알맞다
동 적용하다

■ 市场　〔shìchǎng〕　명 시장

■ 室　〔shì〕　명 방

■ 试卷　〔shìjuàn〕　명 시험지

■ 试验　〔shìyàn〕　명 시험, 테스트
동 시험하다, 테스트하다

■ 收获　〔shōuhuò〕　명 수확
동 (농작물을) 거두어들이다, 수확하다

■ 收入　〔shōurù〕　명 수입
동 받다, 수록하다

■ 收音机　〔shōuyīnjī〕　명 라디오

■ 手段　〔shǒuduàn〕　명 수단

■ 手工　〔shǒugōng〕　명 수공

■ 手绢　〔shǒujuàn〕　명 손수건

■ 手术　〔shǒushù〕　명 수술

■ 手套　〔shǒutào〕　명 장갑

■ 手续　〔shǒuxù〕　명 수속

■ 手指　〔shǒuzhǐ〕　명 손가락

■ 首　〔shǒu〕　명 머리

		양 수(시·노래 따위를 세는 데 쓰임)
首先	〔shǒuxiān〕	명 맨 먼저
受	〔shòu〕	동 받다, 입다
瘦	〔shòu〕	동 ①여위다 ②품이 작다
蔬菜	〔shūcài〕	명 채소
叔叔	〔shūshu〕	명 삼촌
舒适	〔shūshì〕	형 편안하다
书包	〔shūbāo〕	명 책가방
书店	〔shūdiàn〕	명 서점
书记	〔shūjì〕	명 서기
书架	〔shūjià〕	명 서가
熟练	〔shúliàn〕	형 숙련되어 있다, 능숙하다
熟悉	〔shúxī〕	동 익숙하다
暑假	〔shǔjià〕	명 여름방학
属于	〔shǔyú〕	동 …(의 범위)에 속하다, …에 소속 되다
树林	〔shùlín〕	명 수풀, 숲
数	〔shù〕	명 숫자
数量	〔shùliàng〕	명 수량
数字	〔shùzì〕	명 숫자

刷	〔shuā〕	통 닦다, 솔질하다
摔	〔shuāi〕	통 넘어지다, 내던지다
甩	〔shuǎi〕	통 휘두르다, 팽개치다, 두고 가다
率领	〔shuàilǐng〕	통 인솔하다
双方	〔shuāngfāng〕	명 쌍방
水稻	〔shuǐdào〕	명 벼
水泥	〔shuǐní〕	명 시멘트
顺	〔shùn〕	개 …에 따라서
顺便	〔shùnbiàn〕	부 …하는 김에
顺利	〔shùnlì〕	형 순조롭다
撕	〔sī〕	통 찢다, 째다, 뜯다
私	〔sī〕	명 이기심 형 사유의, 비밀의
私人	〔sīrén〕	명 개인
司机	〔sījī〕	명 기관사, 운전사, 조종사
丝	〔sī〕	명 명주실, 극히 적은 양
似乎	〔sìhu〕	부 마치 (…인 듯하다)
松	〔sōng〕	명 소나무 형 헐겁다, 느슨하다
送行	〔sòngxíng〕	통 배웅하다
速度	〔sùdù〕	명 속도

■ 塑料	〔sùliào〕	몡 플라스틱
■ 算了	〔suànle〕	통 그만두다
■ 随	〔suí〕	통 따라가다, …하는 대로 맡기다
■ 随便	〔suíbiàn〕	혱 무책임하다, 함부로 하다
■ 随时	〔suíshí〕	뷔 수시로, 언제나
■ 碎	〔suì〕	혱 수다스럽다, 말 많다 통 부서지다, 깨지다
■ 损失	〔sǔnshī〕	몡 손실, 손해 통 손실하다, 손해보다
■ 缩	〔suō〕	통 줄어들다, 축소하다, 움츠리다
■ 所	〔suǒ〕	몡 장소, 곳 얭 동, 채(집, 학교, 병원 등을 셀 때)
■ 所谓	〔suǒwèi〕	소위, 이른바

T

■ 塔	〔tǎ〕	몡 탑
■ 台	〔tái〕	몡 받침대, 무대 얭 대(기계, 차량, 설비 등을 세는 단위)
■ 太太	〔tàitai〕	몡 부인, 마님
■ 谈话	〔tánhuà〕	통 (두 사람 이상이 함께) 담화하다, 이야기하다
■ 谈判	〔tánpàn〕	통 담판하다
■ 弹	〔tán〕	통 ①타다 ②가볍게 치다, 쏘다

■ 毯子	[tǎnzi]	명 담요
■ 探	[tàn]	동 찾다, 방문하다
■ 趟	[tàng]	양 차례, 번(사람, 차의 왕래 횟수)
■ 烫	[tàng]	형 매우 뜨겁다 동 데다, 데우다
■ 掏	[tāo]	동 꺼내다, 파내다
■ 逃	[táo]	동 달아나다, 도피하다
■ 讨厌	[tǎoyàn]	형 싫다, 귀찮다 동 싫어하다, 미워하다, 혐오하다
■ 套	[tào]	동 붙들어 매다, 모방하다 양 세트, 벌
■ 特此	[tècǐ]	이상 …을 알립니다 (편지·공문에 쓰이는 말)
■ 特点	[tèdiǎn]	명 특점, 특징
■ 特殊	[tèshū]	형 특수하다, 특별하다
■ 提倡	[tíchàng]	동 제창하다
■ 提供	[tígōng]	동 제공하다
■ 提前	[tíqián]	동 앞당기다
■ 题	[tí]	명 제목, 문제
■ 题目	[tímù]	명 제목
■ 体会	[tǐhuì]	명 체득, 이해 동 체험하여 터득하다

■ 体积	〔tǐjī〕	몡	체적, 부피
■ 体系	〔tǐxì〕	몡	체계
■ 体育场	〔tǐyùchǎng〕	몡	체육장
■ 体育馆	〔tǐyùguǎn〕	몡	체육관
■ 替	〔tì〕	동	대신하다
		개	…을 위하여
■ 天真	〔tiānzhēn〕	혱	천진하다, 순진하다, 꾸밈없다
■ 添	〔tiān〕	동	보태다, 첨가하다
■ 填	〔tián〕	동	써넣다, 메우다
■ 田	〔tián〕	몡	논, 밭
■ 田野	〔tiányě〕	몡	전야, 들판, 들
■ 甜	〔tián〕	혱	달다
■ 挑	〔tiǎo〕	동	들어 올리다, 돋우다
■ 条约	〔tiáoyuē〕	몡	조약
■ 调整	〔tiáozhěng〕	동	조정하다, 조절하다
■ 贴	〔tiē〕	동	붙이다, 붙다
■ 铁	〔tiě〕	몡	철
■ 铁路	〔tiělù〕	몡	철로
■ 听讲	〔tīngjiǎng〕	동	강의 듣다
■ 停止	〔tíngzhǐ〕	동	정지하다

通讯	【tōngxùn】	뗑 통신
同	【tóng】	혱 같다, 서로 같다 꽤 …와, …과 쩹 …함께
同情	【tóngqíng】	똥 동정하다
同屋	【tóngwū】	뗑 룸메이트
同样	【tóngyàng】	혱 같다, 다름없다, 마찬가지다 쩹 마찬가지로, 상술한 바와 같이
铜	【tóng】	뗑 동, 구리 (광물)
桶	【tǒng】	뗑 (물건을 담는 원형의) 통, 초롱
统一	【tǒngyī】	똥 통일하다
统治	【tǒngzhì】	뗑 통치 똥 통치하다, 지배하다
痛	【tòng】	똥 ①슬퍼하다, 가슴 아파하다 ②미워하다, 증오하다
痛苦	【tòngkǔ】	혱 고통스럽다
偷	【tōu】	똥 훔치다
偷偷	【tōutōu】	뿐 남몰래
投	【tóu】	똥 투입하다
投入	【tóurù】	뗑 투입 똥 투입하다, 던지다
头	【tóu】	혱 제일의, 순서가 앞선, 앞장선
头发	【tóufa】	뗑 머리털

透	〔tòu〕	〔형〕 철저하다, 완전하다, 명백하다 〔동〕 꿰뚫다, 침투하다
突出	〔tūchū〕	〔형〕 뚜렷하다, 두드러지다, 뛰어나다 〔동〕 ①돌출하다, 툭 튀어나오다 ②두드러지게 하다, 돋보이게 하다
突击	〔tūjī〕	〔동〕 돌격하다
图	〔tú〕	〔명〕 그림, 도표
涂	〔tú〕	〔동〕 칠하다, 지우다
土	〔tǔ〕	〔명〕 흙, 토양
土地	〔tǔdì〕	〔명〕 토지
土豆	〔tǔdòu〕	〔명〕 감자
吐	〔tǔ〕 〔tù〕	〔동〕 토하다, (내)뱉다 〔동〕 (자신의 의지와 관계없이) 구토하다, 게우다
兔子	〔tùzi〕	〔명〕 토끼
团	〔tuán〕	〔명〕 단체, 집단 〔양〕 뭉치, 덩어리
推动	〔tuīdòng〕	〔동〕 밀고 나아가다, 추진하다
推广	〔tuīguǎng〕	〔동〕 확충하다, 널리 보급하다
拖	〔tuō〕	〔동〕 잡아끌다, 지연하다
托	〔tuō〕	〔동〕 받치다, 부탁하다, 의존하다
脱离	〔tuōlí〕	〔동〕 이탈하다

■ 挖	〖wā〗	통 파다, 발굴하다
■ 哇	〖wa〗	조 啊·a가 u, ao, ou로 끝나는 음절 뒤에 쓰이면 wa로 변음함
■ 歪	〖wāi〗	형 기울다
■ 外地	〖wàidì〗	명 외지
■ 外交	〖wàijiāo〗	명 외교
■ 外面	〖wàimian〗	명 밖, 겉모양
■ 弯	〖wān〗	통 굽히다, 구부리다
■ 完整	〖wánzhěng〗	형 제대로 갖추어져 있다, 온전하다
■ 网球	〖wǎngqiú〗	명 테니스
■ 往往	〖wǎngwǎng〗	부 자주, 종종
■ 望	〖wàng〗	통 바라보다, 희망하다
■ 忘记	〖wàngjì〗	통 잊다
■ 微笑	〖wēixiào〗	통 미소 짓다
■ 危害	〖wēihài〗	명 위해 통 위해하다, 해를 끼치다
■ 危机	〖wēijī〗	명 위기
■ 违反	〖wéifǎn〗	통 위반하다
■ 围	〖wéi〗	통 둘러싸다, 에워싸다

围绕	【wéirào】	통 둘러싸다, 주위를 돌다
维护	【wéihù】	통 보호하다
委员	【wěiyuán】	명 위원
尾巴	【wěiba】	명 꼬리, 꽁무니
未	【wèi】	부 ①아직 …하지 않다 ②…이 아니다 (부정을 나타냄)
未来	【wèilái】	명 미래
味道	【wèidao】	명 ①맛 ②흥취, 흥미, 재미
胃	【wèi】	명 위
喂	【wèi】	통 ①(동물에게) 먹이를 주다 ②(집짐승을) 기르다
位于	【wèiyú】	통 …에 위치하다
位置	【wèizhì】	명 위치
卫生	【wèishēng】	명 위생 형 위생적이다, 깨끗하다
卫星	【wèixīng】	명 위성
温度	【wēndù】	명 온도
温暖	【wēnnuǎn】	형 온난하다, 따뜻하다, 따스하다 통 따뜻하게 하다
文件	【wénjiàn】	명 문서, 문건
文明	【wénmíng】	명 문명 형 ①현대적인, 신식의 ②교양이 있다

文物	【wénwù】	명 문물	
文字	【wénzì】	명 문자	
闻	【wén】	동 듣다	
稳	【wěn】	형 안정되다, 믿음직하다	
稳定	【wěndìng】	형 안정되다	
问候	【wènhòu】	동 안부를 묻다, 문안드리다	
握	【wò】	동 잡다, 쥐다, 장악하다	
污染	【wūrǎn】	동 오염시키다, 오염되다	
屋	【wū】	명 방, 집	
无	【wú】	동 없다 부 …이 아니다, …하지 않다	
无论	【wúlùn】	접 막론하고, …에 불구하고	
无数	【wúshù】	형 무수하다, 매우 많다	
无限	【wúxiàn】	형 무한하다	
武器	【wǔqì】	명 무기	
武术	【wǔshù】	명 무술	
雾	【wù】	명 안개	
物价	【wùjià】	명 물가	
物质	【wùzhì】	명 물질	
误会	【wùhuì】	명 오해 동 오해하다	

X

■ 西北	〔xīběi〕	명 서북, 서북 지역
■ 西部	〔xībù〕	명 서부
■ 西餐	〔xīcān〕	명 양식, 서양 요리
■ 西方	〔xīfāng〕	명 서방, 서쪽
■ 西瓜	〔xīguā〕	명 수박
■ 西红柿	〔xīhóngshì〕	명 토마토
■ 西南	〔xīnán〕	명 서남, 중국 서남
■ 西面	〔xīmiàn〕	명 서쪽
■ 吸	〔xī〕	동 들이마시다, 들이쉬다, 빨아들이다
■ 吸收	〔xīshōu〕	동 흡수하다, 받아들이다
■ 吸烟(抽烟)	〔xīyān(chōuyān)〕	동 담배를 피우다
■ 吸引	〔xīyǐn〕	동 끌어들이다, 흡인하다
■ 牺牲	〔xīshēng〕	동 희생하다, 희생시키다
■ 洗衣机	〔xǐyījī〕	명 세탁기
■ 系统	〔xìtǒng〕	명 시스템, 조직
■ 戏	〔xì〕	명 ①놀이, 장난, 유희 ②연극, 극
■ 细菌	〔xìjūn〕	명 세균
■ 细心	〔xìxīn〕	형 세심하다, 주의 깊다

下班	〔xiàbān〕	동 퇴근하다
下面	〔xiàmian〕	명 ①아래 ②다음, 하급
吓	〔xià〕	동 놀라다, 놀라게 하다, 무서워하다
掀	〔xiān〕	동 ①열다 ②번쩍 들다, 불러일으키다
先后	〔xiānhòu〕	명 앞과 뒤, 먼저와 나중 부 연이어, 전후하여
先进	〔xiānjìn〕	형 진보적이다, 선진적이다
鲜	〔xiān〕	형 ①신선하다, 싱싱하다 ②선명하다
鲜花	〔xiānhuā〕	명 생화
纤维	〔xiānwéi〕	명 섬유, 섬유질
闲	〔xián〕	형 한가하다, 할 일이 없다
显得	〔xiǎnde〕	동 보이다, 드러나다, 나타나다
显然	〔xiǎnrán〕	형 분명하다, 뚜렷하다
显著	〔xiǎnzhù〕	형 현저하다
现代化	〔xiàndàihuà〕	명 현대화 동 현대화하다
现实	〔xiànshí〕	명 현실
现象	〔xiànxiàng〕	명 현상
献	〔xiàn〕	동 ①바치다, 드리다 ②나타내다
县	〔xiàn〕	명 현 (지방 행정구획의 단위로 성(省) 밑에 속함)

■ 羨慕	〔xiànmù〕	동 부러워하다, 흠모하다, 선망하다
■ 限制	〔xiànzhì〕	명 제한, 제약 동 제한하다
■ 线	〔xiàn〕	명 실, 선, 줄
■ 相	〔xiāng〕	부 서로, 함께 명 외모, 겉모양, 사진
■ 相当	〔xiāngdāng〕	형 상당하다, 해당되다, 엇비슷하다
■ 相反	〔xiāngfǎn〕	형 반대되다, 상반되다
■ 相互	〔xiānghù〕	형 상호, 서로의
■ 相似	〔xiāngsì〕	형 닮다
■ 相同	〔xiāngtóng〕	형 서로 같다
■ 香肠	〔xiāngcháng〕	명 소시지, 중국식 순대
■ 香皂	〔xiāngzào〕	명 세숫비누
■ 箱子	〔xiāngzi〕	명 상자, 트렁크
■ 乡	〔xiāng〕	명 ①시골, 촌, 농촌 ②고향
■ 乡下	〔xiāngxia〕	명 시골
■ 详细	〔xiángxì〕	형 자세하다
■ 想法	〔xiǎngfa〕	명 생각, 의견
■ 想念	〔xiǎngniàn〕	동 그리워하다, 생각하다
■ 想象	〔xiǎngxiàng〕	동 상상하다
■ 响应	〔xiǎngyìng〕	동 호응하다, 응답하다

享受	〔xiǎngshòu〕	圐 향수, 향락, 즐김 통 향수하다, 누리다, 즐기다
项	〔xiàng〕	영 가지, 항, 조목, 조항, 단위
项目	〔xiàngmù〕	명 항목, 사항, 종목
象	〔xiàng〕	명 코끼리
消费	〔xiāofèi〕	통 소비하다
消化	〔xiāohuà〕	통 소화하다
消灭	〔xiāomiè〕	통 소멸하다
消失	〔xiāoshī〕	통 사라지다, 소실되다
晓得	〔xiǎode〕	통 알다
小伙子	〔xiǎohuǒzi〕	명 젊은이, 총각
小麦	〔xiǎomài〕	명 밀
小朋友	〔xiǎopéngyou〕	명 어린이, 꼬마 친구, 아이들 친구
小说	〔xiǎoshuō〕	명 소설
小心	〔xiǎoxīn〕	형 조심스럽다 통 조심하다, 주의하다
小学	〔xiǎoxué〕	명 초등학교
校长	〔xiàozhǎng〕	명 교장
笑话	〔xiàohuà〕	명 농담, 우스개 통 비웃다, 조롱하다
效果	〔xiàoguǒ〕	명 효과, 성과

■ 效率	〔xiàolǜ〕	몡 효율, 능률
■ 歇	〔xiē〕	됨 ①쉬다, 휴식하다 ②그만두다
■ 斜	〔xié〕	혱 기울다, 비스듬하다, 비뚤다
■ 血	〔xuè〕	몡 피
■ 新鲜	〔xīnxiān〕	혱 신선하다
■ 心得	〔xīndé〕	몡 소감, 체득
■ 心情	〔xīnqíng〕	몡 심정, 마음, 기분
■ 心脏	〔xīnzàng〕	몡 심장, 심장부
■ 信	〔xìn〕	됨 믿다
■ 信心	〔xìnxīn〕	몡 자신감, 믿는 마음
■ 星星	〔xīngxing〕	몡 별
■ 兴奋	〔xīngfèn〕	혱 흥분하다, 감격하다, 감동하다
■ 形成	〔xíngchéng〕	됨 형성하다
■ 形容	〔xíngróng〕	됨 형용하다, 묘사하다
■ 形式	〔xíngshì〕	몡 형식, 형태
■ 形势	〔xíngshì〕	몡 형세
■ 形象	〔xíngxiàng〕	몡 이미지, 형상 혱 구체적이다
■ 形状	〔xíngzhuàng〕	몡 형상
■ 行	〔xíng〕	몡 길

■ 行动	〔xíngdòng〕	명 행동, 행위 동 행동하다, 움직이다
■ 行李	〔xíngli〕	명 짐, 수화물
■ 醒	〔xǐng〕	동 깨다, 깨닫다
■ 兴趣	〔xìngqù〕	명 흥취, 흥미, 취미
■ 性	〔xìng〕	명 성격, 본성, 기질, 성질 접미 …성 *积极性 jījíxìng
■ 性格	〔xìnggé〕	명 성격
■ 性质	〔xìngzhì〕	명 성질, 성격
■ 姓名	〔xìngmíng〕	명 이름, 성명
■ 兄弟	〔xiōngdi〕	명 동생, 젊은이
■ 胸	〔xiōng〕	명 가슴
■ 雄	〔xióng〕	형 ①수컷의 ②웅대한, 당당한
■ 雄伟	〔xióngwěi〕	형 웅위하다, 우람하다
■ 熊猫	〔xióngmāo〕	명 판다
■ 修	〔xiū〕	동 ①수리하다 ②배우다
■ 修改	〔xiūgǎi〕	명 수정 동 수정하다
■ 修理	〔xiūlǐ〕	동 수리하다
■ 虚心	〔xūxīn〕	형 겸허하다
■ 许	〔xǔ〕	동 허가하다, 약속하다 부 혹시, 대단히

■ 宣布	〔xuānbù〕	통 선포하다
■ 宣传	〔xuānchuán〕	명 선전 통 선전하다
■ 选	〔xuǎn〕	통 선택하다, 뽑다
■ 选举	〔xuǎnjǔ〕	명 선거, 선출 통 선거하다, 선출하다
■ 选择	〔xuǎnzé〕	명 선택, 옵션 통 선택하다
■ 学	〔xué〕	명 학문, 학 접미 …학 *社会学 shèhuìxué
■ 学费	〔xuéfèi〕	명 학비
■ 学期	〔xuéqī〕	명 학기
■ 学术	〔xuéshù〕	명 학술
■ 学问	〔xuéwèn〕	명 학문, 학식
■ 血液	〔xuèyè〕	명 혈액
■ 寻找	〔xúnzhǎo〕	통 찾다, 탐색하다
■ 训练	〔xùnliàn〕	통 훈련하다
■ 迅速	〔xùnsù〕	형 신속하다

■ 压	〔yā〕	동 내리누르다, 가라앉히다, 억압하다
■ 压迫	〔yāpò〕	동 압박하다, 억압하다
■ 牙	〔yá〕	명 이, 치아
■ 牙刷	〔yáshuā〕	명 칫솔
■ 盐	〔yán〕	명 소금
■ 严格	〔yángé〕	형 엄격하다, 엄하다 동 엄하게 하다, 엄격히 하다
■ 严肃	〔yánsù〕	형 엄숙하다, 엄정하다 동 엄숙하게 하다, 허술하지 않게 하다
■ 严重	〔yánzhòng〕	형 심각하다, 엄중하다
■ 研究所	〔yánjiūsuǒ〕	명 연구소
■ 延长	〔yáncháng〕	동 연장하다
■ 沿	〔yán〕	개 …를 따라 (끼고)
■ 眼	〔yǎn〕	명 ①눈 ②시력, 관찰력, 안목
■ 眼镜	〔yǎnjìng〕	명 안경
■ 眼泪	〔yǎnlèi〕	명 눈물
■ 眼前	〔yǎnqián〕	명 눈앞, 현재, 당면
■ 演	〔yǎn〕	동 ①발전하다, 발달하다 ②서술하다
■ 演员	〔yǎnyuán〕	명 배우, 연기자

■ 咽	[yàn]	통 (목구멍으로) 넘기다, 삼키다
■ 阳光	[yángguāng]	명 햇빛, 양광
■ 仰	[yǎng]	통 ①머리를 쳐들다 ②우러러보다
■ 养	[yǎng]	통 기르다, 양육하다, 부양하다
■ 样	[yàng]	양 종류, 형태
■ 邀请	[yāoqǐng]	명 초청, 초대 통 초청하다, 초대하다
■ 腰	[yāoi]	명 허리
■ 摇	[yáo]	통 흔들다, 젓다
■ 咬	[yǎo]	통 ①물다, 맞물리다 ②중상모략하다
■ 要紧	[yàojǐn]	형 요긴하다
■ 爷爷	[yéye]	명 할아버지
■ 业务	[yèwù]	명 업무
■ 业余	[yèyú]	형 ①여가의, 근무시간 외의 ②아마추어의, 초심자의
■ 叶子	[yèzi]	명 (식물) 잎
■ 夜里	[yèli]	명 밤(중)
■ 夜晚	[yèwǎn]	명 밤, 야간
■ 一	[yī]	부 …하면, …하자마자
■ 一…也…	[yī…yě…]	하나도 …치 않다
■ 一半	[yíbàn]	명 반, 절반

■ 一道	〔yídào〕	부 같이
■ 一下子	〔yíxiàzi〕	부 단번에
■ 一致	〔yízhì〕	형 일치하다
■ 一边	〔yìbiān〕	명 한쪽, 옆
■ 一方面… 一方面…	〔yìfāngmiàn… yìfāngmiàn…〕	접 한편으로 …하면서 …하다
■ 一齐	〔yìqí〕	부 일제히
■ 一生	〔yìshēng〕	명 평생
■ 一时	〔yìshí〕	명 한때, 한 동안
■ 一同	〔yìtóng〕	부 함께
■ 医务室	〔yīwùshì〕	명 의무실
■ 医学	〔yīxué〕	명 의학
■ 依靠	〔yīkào〕	명 의지가 되는 사람이나 물건 동 의지하다, 기대다, 의뢰하다
■ 移	〔yí〕	동 ①옮기다 ②고치다
■ 移动	〔yídòng〕	동 이동하다
■ 仪器	〔yíqì〕	명 측정기구
■ 疑问	〔yíwèn〕	명 의문
■ 已	〔yǐ〕	부 이미, 벌써
■ 以	〔yǐ〕	개 ①…(으)로(써), …을 가지고 접 …을 위하여, …함으로써

■ 以及	〔yǐjí〕	접	및, 아울러
■ 以来	〔yǐlái〕	명	이래, 동안
■ 以内	〔yǐnèi〕	명	이내
■ 以上	〔yǐshàng〕	명	이상
■ 以外	〔yǐwài〕	명	이외
■ 以下	〔yǐxià〕	명	이하
■ 意外	〔yìwài〕	명 형	뜻밖의 사고, 의외 의외이다, 뜻밖이다
■ 意志	〔yìzhì〕	명	의지
■ 议论	〔yìlùn〕	동	의논하다
■ 异常	〔yìcháng〕	형	이상하다, 심상치 않다
■ 因此	〔yīncǐ〕	접	이 때문에, 따라서
■ 因而	〔yīn'ér〕	접	그런 까닭에, 그러므로, 그래서
■ 因素	〔yīnsù〕	명	요소, 원인
■ 银	〔yín〕	명	은, 은화, 은빛
■ 引起	〔yǐnqǐ〕	동	일으키다
■ 印	〔yìn〕	동	찍다, 인쇄하다, (사진을) 인화하다
■ 印刷	〔yìnshuā〕	동	인쇄하다
■ 印象	〔yìnxiàng〕	명	인상
■ 英雄	〔yīngxióng〕	명	영웅

■ 英勇	〔yīngyǒng〕	형	용감하다, 영특하고 용맹스럽다
■ 应	〔yīng〕	조동	마땅히 …해야 한다
■ 应当	〔yīngdāng〕	조동	반드시 …해야 한다
■ 营养	〔yíngyǎng〕	명	영양
■ 营业	〔yíngyè〕	동	영업하다
■ 迎接	〔yíngjiē〕	동	영접하다, 맞이하다
■ 影子	〔yǐngzi〕	명	그림자, 모습
■ 应用	〔yìngyòng〕	동	응용하다
■ 硬	〔yìng〕	형	단단하다
■ 拥抱	〔yōngbào〕	동	안다, 껴안다, 포옹하다
■ 拥护	〔yōnghù〕	동	지지하다, 옹호하다
■ 勇敢	〔yǒnggǎn〕	형	용감하다
■ 勇气	〔yǒngqì〕	명	용기
■ 用不着	〔yòngbuzháo〕		…할 필요가 없다, 쓸모가 없다
■ 用处	〔yòngchu〕	명	쓸모, 용처, 용도
■ 用功	〔yònggōng〕	동	열심히 공부하다
■ 用力	〔yònglì〕	동	힘을 들이다
■ 优点	〔yōudiǎn〕	명	장점
■ 优良	〔yōuliáng〕	형	훌륭하다
■ 优美	〔yōuměi〕	형	우아하고 아름답다

优秀	[yōuxiù]	혱 우수하다
悠久	[yōujiǔ]	혱 유구하다
由	[yóu]	갠 …으로, …으로부터, …에서
由于	[yóuyú]	젭 갠 …때문에, …으로 인하여
油	[yóu]	몡 (식물성·동물성·광물성의) 기름
游览	[yóulǎn]	동 유람하다
游泳池	[yóuyǒngchí]	몡 수영장
有的是	[yǒude shì]	얼마든지 있다, 많이 있다
有关	[yǒuguān]	동 관계가 있다
有利	[yǒulì]	혱 유리하다, 이로움이 있다
有力	[yǒulì]	혱 유력하다, 힘이 있다
有趣	[yǒuqù]	혱 재미있다
有时	[yǒushí]	어떤 때, 이따금
有效	[yǒuxiào]	혱 유효하다
有(一)点儿	[yǒu(yí)diǎnr]	囝 약간, 조금
有用	[yǒuyòng]	혱 유용하다
右边	[yòubiān]	몡 오른쪽
于	[yú]	갠 …에, …에서
于是	[yúshì]	젭 그래서, 그리하여
雨衣	[yǔyī]	몡 우비, 레인코트

■ 与	〔yǔ〕	〔개〕…에게 〔접〕…과
■ 语调	〔yǔdiào〕	〔명〕어조
■ 语气	〔yǔqì〕	〔명〕어투, 말투
■ 语音	〔yǔyīn〕	〔명〕음성, 구어음
■ 羽毛球	〔yǔmáoqiú〕	〔명〕배드민턴, 배드민턴공
■ 玉米	〔yùmǐ〕	〔명〕옥수수
■ 遇	〔yù〕	〔동〕①조우하다, 만나다 ②대우하다
■ 遇见	〔yùjiàn〕	〔동〕만나다, 조우하다
■ 预备	〔yùbèi〕	〔동〕준비하다, 예비하다
■ 员	〔yuán〕	〔명〕어떤 분야에 종사하고 있는 사람 〔접미〕…원 (단체의 구성원)
■ 原料	〔yuánliào〕	〔명〕원료
■ 原因	〔yuányīn〕	〔명〕원인
■ 原则	〔yuánzé〕	〔명〕원칙
■ 圆珠笔	〔yuánzhūbǐ〕	〔명〕볼펜
■ 愿望	〔yuànwàng〕	〔명〕소원, 바람
■ 院	〔yuàn〕	〔명〕①뜰 ②어떤 기관이나 공공장소
■ 院长	〔yuànzhǎng〕	〔명〕원장, 학장
■ 院子	〔yuànzi〕	〔명〕정원, 종, 머슴
■ 约	〔yuē〕	〔동〕①약속하다 ②초대하다, 초청하다

		閉 약, 대략
■ 约会	〔yuēhuì〕	圐 데이트, 약속
■ 越…越…	〔yuè…yuè…〕	…하면 …할수록 (정도가 조건에 따라 더욱 발전한 것을 나타냄)
■ 越来越…	〔yuèláiyuè〕	…점점, 더욱더 (정도의 증가를 나타냄)
■ 阅读	〔yuèdú〕	图 읽다, 열독하다
■ 阅览室	〔yuèlǎnshì〕	圐 열람실
■ 允许	〔yǔnxǔ〕	图 윤허하다, 허가하다, 응낙하다
■ 运	〔yùn〕	图 운행하다, 운반하다
■ 运动会	〔yùndònghuì〕	圐 운동회
■ 运动员	〔yùndòngyuán〕	圐 운동선수
■ 运输	〔yùnshū〕	圐 운송 图 운수하다, 수송하다
■ 运用	〔yùnyòng〕	图 운용하다

Ⓩ

■ 杂	〔zá〕	圀 잡다하다, 가지각색이다, 복잡하다 图 섞(이)다, 뒤섞(이)다
■ 杂技	〔zájì〕	圐 잡기
■ 灾	〔zāi〕	圐 재해, 재앙, 재난
■ 灾害	〔zāihài〕	圐 재해
■ 暂时	〔zànshí〕	圐 잠깐, 잠시, 일시적인

赞成	〔zànchéng〕	동 찬성하다
遭到	〔zāodào〕	동 (불행이나 불리한 일을) 만나다, 당하다, 입다, 부닥치다
遭受	〔zāoshòu〕	동 받다, 만나다, 당하다
糟糕	〔zāogāo〕	형 못쓰게 되다, 엉망이 되다, 망치다
造	〔zào〕	동 만들다, 제조하다
造句	〔zàojù〕	동 글을 짓다
责任	〔zérèn〕	명 책임
则	〔zé〕	접 ①~하면 ~하다 (인과관계나 조건을 나타냄) ②그러나, 오히려 (대비·역접을 나타냄)
增长	〔zēngzhǎng〕	동 성장하다, 증가하다, 늘어나다
扎	〔zhā〕	동 (침이나 가시 등으로) 찌르다
摘	〔zhāi〕	동 따다, 떼다, 벗다
窄	〔zhǎi〕	형 ①(폭이) 좁다 ②(마음이) 옹졸하다
粘	〔zhān〕	동 ①붙다, 달라붙다 ②(풀로) 붙이다
展出	〔zhǎnchū〕	동 전시하다, 진열하다
展开	〔zhǎnkāi〕	동 펴다, 펼치다, 전개하다
展览会	〔zhǎnlǎnhuì〕	명 전시회, 전람회
战斗	〔zhàndòu〕	명 전투 동 전투하다
战胜	〔zhànshèng〕	동 싸워 이기다, 승리를 거두다

战士	【zhànshì】	명 전사, 투사
战争	【zhànzhēng】	명 전쟁
章	【zhāng】	양 (가곡·시문·문장 따위의) 단락
涨	【zhǎng】	동 ①물이 붇다 ②(값이) 오르다
丈	【zhàng】	양 장, 길이의 단위, 3.33미터
丈夫	【zhàngfū】 【zhàngfu】	명 성년 남자, 사나이, 대장부 명 남편
帐	【zhàng】	명 막, 장막, 휘장
招待	【zhāodài】	동 초대하다, 환대하다
招待会	【zhāodàihuì】	명 초대회, 리셉션
招呼	【zhāohu】	동 ①부르다, 접대하다 ②인사하다
着	【zhào】	동 접촉하다, 닿다, 받다, 감수하다
照	【zhào】	동 ①비치다, 비추다 ②(거울 따위에) 비추다 ③(사진·영화를) 찍다 개 ①…을 향하여 ②…에 의하여
照常	【zhàocháng】	동 평소와 같다, 평소대로 하다
照片(相片)	【zhàopiàn(xiàngpiàn)】	명 사진
召开	【zhàokāi】	동 (회의 따위를) 열다 (소집하다)
折	【zhé】	동 꺾다, 끊다, 부러뜨리다
哲学	【zhéxué】	명 철학
这边	【zhèbiān】	대 여기, 이곳

■ 真理	【zhēnlǐ】	몡 진리
■ 真实	【zhēnshí】	혱 진실하다
■ 针	【zhēn】	몡 ①바늘, 봉침 ②주사
■ 针对	【zhēnduì】	동 겨누다, 견주다, 대하다
■ 阵	【zhèn】	몡 (군대의) 진, 진지, 진영 양 ①한때, 잠시 동안 ②차례, 바탕
■ 睁	【zhēng】	동 눈을 뜨다
■ 征求	【zhēngqiú】	동 널리 구하다
■ 争	【zhēng】	동 (무엇을 얻거나 이루려고) 다투다, 경쟁하다
■ 争论	【zhēnglùn】	동 쟁론하다
■ 争取	【zhēngqǔ】	동 쟁취하다, 획득하다
■ 整个	【zhěngge】	혱 전체의, 온통의, 전부의, 모두의
■ 整理	【zhěnglǐ】	동 정리하다
■ 正	【zhèng】	봄 마침, 꼭, 바로
■ 正常	【zhèngcháng】	혱 정상적이다
■ 正好	【zhènghǎo】	혱 (시간·위치·체적·수량·정도 따위가) 꼭 알맞다, 딱 좋다
■ 正式	【zhèngshì】	혱 정식의, 공식의
■ 政策	【zhèngcè】	몡 정책
■ 证明	【zhèngmíng】	몡 증명 동 증명하다

支持	〔zhīchí〕	图 지지하다, 지탱하다
支援	〔zhīyuán〕	图 지원 图 지원하다
…之后	〔zhīhòu〕	…후, …뒤, …다음
…之前	〔zhīqián〕	…하기 전
…之上	〔zhīshàng〕	…의 위에
…之下	〔zhīxià〕	…의 아래
…之一	〔zhīyī〕	…중의 하나
…之中	〔zhīzhōng〕	…의 가운데
织	〔zhī〕	图 방직하다, (직물을) 짜다, 엮다
职工	〔zhígōng〕	图 노동자
职业	〔zhíyè〕	图 직업
直	〔zhí〕	图 곧다 图 곧게 하다, 굳어지다, 뻣뻣해지다 图 ①완전히, 그야말로 ②끊임없이, 줄곧 ③바로, 곧장
直到	〔zhídào〕	图 곧바로 도착하다, …에 이르다
直接	〔zhíjiē〕	图 직접의, 직접적인
植物	〔zhíwù〕	图 식물
执行	〔zhíxíng〕	图 집행하다
值得	〔zhíde〕	图 할 만하다, …의 가치가 있다
指出	〔zhǐchū〕	图 지적하다, 가리키다

■ 指导	〔zhǐdǎo〕	명 지도 동 지도하다
■ 指挥	〔zhǐhuī〕	명 지휘, 지휘자 동 지휘하다
■ 指示	〔zhǐshì〕	명 지시 동 가리키다, 지시하다
■ 止	〔zhǐ〕	동 ①정지하다, 멈추다, 그만두다 ②저지하다, 멈추게 하다
■ 只是	〔zhǐshì〕	부 다만, 오직, 오로지 접 그러나, 그런데
■ 只要	〔zhǐyào〕	접 …하기만 하면, 오직 …라면
■ 只有	〔zhǐyǒu〕	부 오직, 오로지 접 오직 …해야만
■ 至	〔zhì〕	동 이르다, …까지 도달하다
■ 至今	〔zhìjīn〕	동 지금에 이르다 부 지금까지, 오늘까지
■ 至少	〔zhìshǎo〕	부 적어도
■ 制定	〔zhìdìng〕	동 제정하다
■ 制订	〔zhìdìng〕	동 창안 제정하다, 만들어 정하다
■ 制度	〔zhìdù〕	명 제도
■ 制造	〔zhìzào〕	동 제조하다, 만들다
■ 秩序	〔zhìxù〕	명 질서
■ 质量	〔zhìliàng〕	명 품질, 질량

治	〔zhì〕	통 다스리다, 관리하다, 처리하다
中餐	〔zhōngcān〕	명 ①중국 음식 ②점심
中午	〔zhōngwǔ〕	명 정오, 한낮
中心	〔zhōngxīn〕	명 중심, 한가운데
中央	〔zhōngyāng〕	명 중앙, 가운데
中药	〔zhōngyào〕	명 중국의약
终于	〔zhōngyú〕	부 마침내, 결국, 끝내
种子	〔zhǒngzi〕	명 씨앗, 종자
种	〔zhòng〕	통 (씨를) 뿌리다, (모를) 심다, 기르다
重大	〔zhòngdà〕	형 중대하다
重点	〔zhòngdiǎn〕	명 중점 부 중점적으로
重量	〔zhòngliàng〕	명 무게, 중량
重视	〔zhòngshì〕	통 중시하다
周到	〔zhōudao〕	형 세심하다, 주도면밀하다
株	〔zhū〕	명 그루 양 포기, 그루
逐步	〔zhúbù〕	부 한 걸음 한 걸음, 차츰차츰
逐渐	〔zhújiàn〕	부 점차, 차츰차츰, 점점
竹子	〔zhúzi〕	명 대나무
煮	〔zhǔ〕	통 삶다, 끓이다

■ 主动	〔zhǔdòng〕	혱 능동적이다, 자발적이다, 적극적이다
■ 主观	〔zhǔguān〕	명 주관 혱 주관적이다
■ 主人	〔zhǔrén〕	명 주인, 소유주, 임자
■ 主任	〔zhǔrèn〕	명 주임
■ 主席	〔zhǔxí〕	명 주석, 의장, 회장
■ 主张	〔zhǔzhāng〕	명 주장 동 주장하다
■ 著名	〔zhùmíng〕	혱 저명하다, 유명하다
■ 著作	〔zhùzuò〕	명 저작
■ 住院	〔zhùyuàn〕	동 입원하다
■ 祝贺	〔zhùhè〕	명 축하 동 축하하다
■ 抓	〔zhuā〕	동 잡다, 긁다
■ 抓紧	〔zhuājǐn〕	동 ①서두르다, 다그치다 ②꽉 쥐다, 힘을 들이다
■ 专家	〔zhuānjiā〕	명 전문가
■ 专门	〔zhuānmén〕	명 전문 부 전문적으로
■ 专心	〔zhuānxīn〕	동 몰두하다, 집중하다, 전념하다
■ 专业	〔zhuānyè〕	명 전문, 전공
■ 转	〔zhuǎn〕	동 ①(방향·위치·형세·정황 등이) 달라지다, 바뀌다 ②(자동차·몸 등의 방

향을) 돌리다

■ 转变	〔zhuǎnbiàn〕	통 전변하다, (점점) 바뀌다
■ 转告	〔zhuǎngào〕	통 전언하다, 전달하다
■ 转	〔zhuàn〕	통 ①돌다, 회전하다 ②맴돌다
■ 庄稼	〔zhuāngjia〕	명 농작물
■ 庄严	〔zhuāngyán〕	형 장엄하다, 장중하고 엄숙하다
■ 撞	〔zhuàng〕	통 ①부딪치다, 마주치다 ②우연히 만나다 ③부딪쳐 보다, 시험해 보다
■ 状况	〔zhuàngkuàng〕	명 상황, 처지, 형편
■ 状态	〔zhuàngtài〕	명 상태
■ 追	〔zhuī〕	통 ①따라잡다 ②추구하다
■ 准	〔zhǔn〕	형 정확하다, 틀림이 없다 통 허락하다, 허가하다, 허용하다
■ 准确	〔zhǔnquè〕	형 정확하다
■ 准时	〔zhǔnshí〕	형 시간을 정확히 지키다 명 정확한 시간
■ 捉	〔zhuō〕	통 (손에) 들다, 잡다, 쥐다
■ 资料	〔zīliào〕	명 자료
■ 资源	〔zīyuán〕	명 자원
■ 紫	〔zǐ〕	명 자주색
■ 仔细	〔zǐxì〕	형 자세하다, 세밀하다

■ 自	〔zì〕	〖개〗 …부터, …에서
■ 自从	〔zìcóng〕	〖개〗 …으로부터
■ 自动	〔zìdòng〕	〖형〗 자연적인, 자동적인
■ 自费	〔zìfèi〕	〖명〗 자비, 자기부담
■ 自觉	〔zìjué〕	〖형〗 자각적이다 〖동〗 자각하다, 스스로 느끼다
■ 自然	〔zìrán〕	〖명〗 자연 〖형〗 자연스럽다
■ 自我	〔zìwǒ〕	〖명〗 자아, 자기 자신
■ 自学	〔zìxué〕	〖동〗 독학하다
■ 自由	〔zìyóu〕	〖명〗 자유 〖형〗 자유롭다
■ 综合	〔zōnghé〕	〖동〗 종합하다
■ 总结	〔zǒngjié〕	〖명〗 총결산, 총괄 〖동〗 총괄하다, 총결산하다
■ 总理	〔zǒnglǐ〕	〖명〗 총리
■ 总统	〔zǒngtǒng〕	〖명〗 총통, 대통령
■ 走道	〔zǒudào〕	〖명〗 보도, 인도
■ 组	〔zǔ〕	〖명〗 조, 그룹 〖동〗 짜다, 조직하다
■ 钻	〔zuān〕	〖동〗 ①(구멍을) 뚫다 ②깊이 연구하다
■ 钻研	〔zuānyán〕	〖동〗 탐구하다, 깊이 연구하다

■ 醉	【zuì】	동 취하다
■ 最好	【zuìhǎo】	부 (가장) 바람직한 것은, (제일) 좋기는
■ 尊敬	【zūnjìng】	동 존경하다
■ 遵守	【zūnshǒu】	동 준수하다
■ 左边	【zuǒbiān】	명 왼쪽
■ 左右	【zuǒyòu】	명 ①좌우, 양측 ②옆, 곁 ③측근 ④가량, 쯤 동 좌우하다, 지배하다
■ 做法	【zuòfǎ】	명 방법, 식
■ 做客	【zuòkè】	동 손님이 되다
■ 做梦	【zuòmèng】	동 꿈을 꾸다, 환상하다
■ 作家	【zuòjiā】	명 작가
■ 作品	【zuòpǐn】	명 작품
■ 作为	【zuòwéi】	동 …으로 삼다 개 …으로서
■ 作文	【zuòwén】	동 작문하다, 글을 짓다
■ 作用	【zuòyòng】	명 작용 동 작용하다
■ 作者	【zuòzhě】	명 작자, 필자
■ 坐班	【zuòbān】	동 정시에 출퇴근하다
■ 座谈	【zuòtán】	동 좌담하다, 간담하다
■ 座位	【zuòwèi】	명 좌석

2202

丙級

2202

汉语水平考试

Ⓐ

■ 哎哟	〔āiyō〕	〔감〕 아야! 어머나! 어이구! 아이고!(놀람·고통·안타까움 따위를 나타냄)
■ 唉	〔āi〕	〔감〕 ①예 (대답하는 소리) ②아, 아이구 (탄식·연민을 나타내는 소리) ③어이, 이봐, 자(조용히 사람을 제지하는 소리)
■ 挨	〔āi〕	〔동〕 (상대방의 의향 따위를) 떠보다
■ 安	〔ān〕	〔동〕 배치하다, 설치하다 〔형〕 편안하다
■ 安定	〔āndìng〕	〔형〕 가라앉다, 안정되다 〔동〕 안정시키다
■ 安装	〔ānzhuāng〕	〔동〕 설치하다, 고정시키다, 장치하다
■ 按期	〔ànqī〕	기한대로, 제때에
■ 暗暗	〔àn'àn〕	〔부〕 암암리에, 슬며시
■ 熬	〔āo〕 〔áo〕	〔동〕 (야채 따위를) 오래 삶다, 끓이다 〔동〕 ①오랫동안 끓이다, (죽을) 쑤다 ②달이다, 조리다

Ⓑ

■ 扒	〔bā〕	〔동〕 (붙)잡다, (의지할 것을) 붙잡다
■ 把	〔bǎ〕	〔동〕 지키다, 잡다, 누이다
■ 把握	〔bǎwò〕	〔명〕 확신, 자신 〔동〕 장악하다, 파악하다

■ 坝	〔bà〕	명 제방, 댐, 산간의 평지
■ 罢	〔bà〕	①그만두다, 중지하다 ②파면하다
■ 罢工	〔bàgōng〕	명 파업, 스트라이크 동 파업하다, 스트라이크하다
■ 白白	〔báibái〕	부 공연히, 헛되이, 쓸데없이
■ 百货	〔bǎihuò〕	명 백화, 여러 가지 상품이나 재화
■ 柏树	〔bǎishù〕	명 측백나무
■ 摆脱	〔bǎituō〕	동 벗어나다, 빠져 나오다
■ 拜访	〔bàifǎng〕	동 (경어) 예방하다, 배방하다
■ 拜会	〔bàihuì〕	동 방문하다(지금은 대개 외교상의 정식 방문에 쓰임)
■ 般	〔bān〕	형 …같은, …와(과) 같은 모양의, …와 같은 정도의
■ 瓣	〔bàn〕	명 ①꽃잎, 꽃판 ②(부서진) 조각, 파편
■ 半岛	〔bàndǎo〕	명 반도
■ 办理	〔bànlǐ〕	동 하다, 취급하다, 처리하다
■ 帮	〔bāng〕	명 (물체의) 옆 부분, 가장자리
■ 绑	〔bǎng〕	동 묶다, 체포하다, 속박되다
■ 棒	〔bàng〕	명 ①막대기 ②옥수수 ③야구 형 (수준이) 높다, (성적이) 뛰어나다, 훌륭하다, 좋다, (체력이나 능력이) 강하다
■ 磅	〔bàng〕	양 파운드(pound)

■ 包袱	〔bāofu〕	명 부담, 보따리, 뇌물
■ 包含	〔bāohán〕	동 포함하다
■ 包围	〔bāowéi〕	동 둘러싸다, 강요하다
■ 剥	〔bāo〕	동 (가죽·껍질 따위를) 벗기다, 까다
■ 保管	〔bǎoguǎn〕	명 보관, 보관자 동 보관하다
■ 保密	〔bǎomì〕	동 비밀을 지키다
■ 保守	〔bǎoshǒu〕	동 지키다, 고수하다 형 보수적이다
■ 保险	〔bǎoxiǎn〕	명 보험, 안전 형 안전하다, 믿음직스럽다, 안정되다
■ 保障	〔bǎozhàng〕	명 보장 동 보장하다
■ 宝	〔bǎo〕	명 진귀한 것, 보물, 보배
■ 宝石	〔bǎoshí〕	명 보석
■ 报	〔bào〕	동 ①알리다 ②회답하다 ③보답하다
■ 报仇	〔bàochóu〕	명 복수 동 원수를 갚다
■ 报酬	〔bàochou〕	명 보수, 수당
■ 报复	〔bàofu〕	명 보복, 앙갚음 동 보복하다, 앙갚음하다
■ 报刊	〔bàokān〕	명 신문과 잡지
■ 报社	〔bàoshè〕	명 신문사

■ 暴露	〔bàolù〕	동 폭로하다, 드러내다
■ 暴雨	〔bàoyǔ〕	명 폭우, 호우
■ 爆发	〔bàofā〕	동 폭발하다, 발생하다
■ 爆炸	〔bàozhà〕	동 작열하다, 폭발하다, 폭증하다
■ 悲哀	〔bēi'āi〕	형 슬퍼하다, 비참해하다
■ 悲观	〔bēiguān〕	형 비관하다
■ 背包	〔bēibāo〕	명 배낭
■ 辈	〔bèi〕	명 세대, 평생, 생애 양 세대
■ 背	〔bèi〕	명 등
■ 背景	〔bèijǐng〕	명 배경
■ 背诵	〔bèisòng〕	동 외우다, 암송하다
■ 背心	〔bèixīn〕	명 조끼, 민소매
■ 被动	〔bèidòng〕	형 피동적이다, 수동적이다
■ 被迫	〔bèipò〕	동 강요당하다, 할 수 없이 …하다
■ 奔	〔bēn〕	동 ①내달리다 ②도주하다, 내빼다
■ 奔跑	〔bēnpǎo〕	동 빨리 뛰다, 분주히 싸다니다
■ 本人	〔běnrén〕	명 본인, 당사자
■ 本身	〔běnshēn〕	명 자신
■ 奔	〔bèn〕	동 (목적지를 향하여) 곧장 나아가다

甭	[béng]	男 …할 필요가 없다, …하지 마라
比方	[bǐfang]	명 비유, 예 男 예컨대, 가령
笔试	[bǐshì]	명 필기시험
彼此	[bǐcǐ]	명 피차, 상호, 쌍방, 서로
毕竟	[bìjìng]	男 결국, 필경
闭幕	[bìmù]	명 폐막, 폐쇄, 종료 동 폐막하다, 일이 끝나다
必	[bì]	男 반드시, 꼭, 틀림없이
必定	[bìdìng]	男 반드시, 꼭, 기필코
必修	[bìxiū]	형 필수의
必需	[bìxū]	동 꼭 필요로 하다
壁	[bì]	명 벽, 담
边疆	[biānjiāng]	명 국경
边界	[biānjiè]	명 국경선
边缘	[biānyuán]	명 끝, 더 이상의 여지가 없는 상태
编辑	[biānjí]	명 편집, 편집인 동 편집하다
编制	[biānzhì]	명 편성 동 편성하다, 엮다
便利	[biànlì]	형 편리하다 동 편리하게 하다

■ 便于	〔biànyú〕	(어떤 일을 하기에) 편리하다
■ 变动	〔biàndòng〕	명 변동, 이동 동 변동하다
■ 变革	〔biàngé〕	명 변혁 동 변혁하다
■ 辩论	〔biànlùn〕	명 변론, 토론 동 변론하다, 토론하다
■ 标语	〔biāoyǔ〕	명 표어
■ 标志	〔biāozhì〕	명 표지, 지표, 상징 동 상징하다, 명시하다
■ 表情	〔biǎoqíng〕	명 표정
■ 别	〔bié〕	동 이별하다, 헤어지다
■ 别处	〔biéchù〕	명 다른 곳
■ 别字	〔biézì〕	명 오자, 별호
■ 冰棍儿	〔bīnggùnr〕	명 아이스 바
■ 柄	〔bǐng〕	명 자루, 손잡이
■ 丙	〔bǐng〕	명 병, 십간의 셋째
■ 饼	〔bǐng〕	명 밀가루·옥수수 가루 따위에 소금·기름·향료 따위를 넣어 지지거나 구워 납작한 것
■ 病床	〔bìngchuáng〕	명 병상
■ 病情	〔bìngqíng〕	명 병세
■ 剥削	〔bōxuē〕	명 착취

		동 착취하다
■播	〔bō〕	동 전파하다, 파종하다
■播送	〔bōsòng〕	동 방송하다
■拨	〔bō〕	동 밀어 움직이다, (손가락으로) 튀기다
■波浪	〔bōlàng〕	명 파랑, 파도, 물결
■菠菜	〔bōcài〕	명 시금치
■博士	〔bóshì〕	명 박사, 명인
■博物馆	〔bówùguǎn〕	명 박물관
■薄弱	〔bóruò〕	형 박약하다, 무력하다
■不对	〔búduì〕	형 심상치 않다, 정확하지 않다
■不够	〔búgòu〕	형 부족하다, 모자라다
■不顾	〔búgù〕	동 돌보지 않다, 상관하지 않다
■不见	〔bújiàn〕	동 만나지 않다, 보지 않다
■不见得	〔bújiàn·dé〕	동 반드시 …라고는 할 수 없다, …라고는 생각되지 않다
■不利	〔búlì〕	형 불리하다
■不料	〔búliào〕	부 뜻밖에
■不是	〔búshi〕	명 잘못, 과실, 과오
■不是… 而是…	〔búshì…érshì…〕	…이 아니고 …이다
■不是…		

就是…	〔búshi…jiùshi…〕	…이 아니면 …이다, …이든가 …이든가 이다
■ 不像话	〔búxiànghuà〕	톙 (언어나 행동이) 말이 아니다, 꼴불견이다
■ 不在乎	〔búzàihu〕	튕 대수롭지 않게 여기다, 염두에 두지 않다, 문제 삼지 않다
■ 不安	〔bùān〕	톙 불안하다, 미안하다
■ 不比	〔bùbǐ〕	튕 …의 비교가 되지 않다, …에 필적할 수 없다, …과 다르다
■ 不禁	〔bùjīn〕	참지 못하다, 금치 못하다
■ 不觉	〔bùjué〕	閉 저도 모르게
■ 不可	〔bùkě〕	조튕 …할 수가 없다, …해서는 안 된다 톙 (…하지 않으면) 안 된다
■ 不满	〔bùmǎn〕	톙 불만스럽다
■ 不免	〔bùmiǎn〕	튕 아무래도 …이다, 좀 …하다 …을 피할 수 없다, 면할 수 없다
■ 不停	〔bùtíng〕	閉 끊임없이
■ 不由得	〔bùyóude〕	閉 저절로, 무의식중에
■ 不曾	〔bùcéng〕	閉 일찍이 …않다
■ 不止	〔bùzhǐ〕	그치지 않다, …를 넘다
■ 不只	〔bùzhǐ〕	쩝 …뿐만 아니라
■ 不足	〔bùzú〕	톙 부족하다

■ 布告	〔bùgào〕	명 포고, 게시
■ 步骤	〔bùzhòu〕	명 순서, 절차, 스텝
■ 部署	〔bùshǔ〕	명 배치, 안배 동 배치하다, (인력·임무 등을) 안배하다

C

■ 猜想	〔cāixiǎng〕	명 짐작 동 짐작하다
■ 裁缝	〔cáifeng〕	명 재봉, 재봉사
■ 裁判	〔cáipàn〕	명 심판, 재판 동 심판하다, 재판하다
■ 才	〔cái〕	명 재능, 재주
■ 才能	〔cáinéng〕	명 재능, 솜씨
■ 财产	〔cáichǎn〕	명 재산
■ 财富	〔cáifù〕	명 부, 재산, 자원
■ 财政	〔cáizhèn〕	명 재정
■ 餐车	〔cānchē〕	명 식당차
■ 参考	〔cānkǎo〕	명 참고 동 참고하다
■ 参谋	〔cānmóu〕	명 참모, 상담역 동 조언하다, 권고하다
■ 蚕	〔cán〕	명 누에
■ 残酷	〔cánkù〕	형 잔혹하다

■ 惭愧	【cánkuì】	혱 부끄럽다, 송구스럽다, 면구스럽다
■ 惨	【cǎn】	혱 비참하다, 심하다, 슬프다
■ 灿烂	【cànlàn】	혱 찬란하다, 선명하게 빛나다
■ 苍白	【cāngbái】	혱 창백하다
■ 苍蝇	【cāngying】	명 파리
■ 舱	【cāng】	명 (비행기의) 객실, (배의) 선실, 선창
■ 仓库	【cāngkù】	명 창고
■ 操心	【cāoxīn】	동 마음을 쓰다, 걱정하다
■ 操纵	【cāozòng】	명 컨트롤 동 조작하다, 조종하다
■ 操作	【cāozuò】	동 조작하다
■ 草案	【cǎo'àn】	명 초안
■ 侧	【cè】	명 옆, 곁, 측면 동 기울이다, 한쪽으로 치우치다
■ 测	【cè】	동 ①측량하다, 측정하다, 재다 ②추측하다, 예측하다, 미루어 짐작하다
■ 测量	【cèliáng】	동 측량하다
■ 测试	【cèshì】	명 테스트 동 실험하다, 테스트하다
■ 插秧	【chāyāng】	명 이앙 동 모내기를 하다
■ 差别	【chābié】	명 차이, 차별

■ 茶馆	〔cháguǎn〕	몡 찻집
■ 茶话会	〔cháhuàhuì〕	몡 다과회
■ 茶叶	〔cháyè〕	몡 찻잎
■ 铲	〔chǎn〕	몡 삽, 부삽, 주걱 동 (삽으로) 파다, 긁어내다, 퍼내다
■ 产物	〔chǎnwù〕	몡 산물, 제품
■ 产值	〔chǎnzhí〕	몡 ①생산액 ②생산고
■ 颤动	〔chàndòng〕	동 흔들리다
■ 颤抖	〔chàndǒu〕	동 부들부들 떨다
■ 常识	〔chángshí〕	몡 상식
■ 长度	〔chángdù〕	몡 길이
■ 长久	〔chángjiǔ〕	혱 오래되다, 장시간 지속되다
■ 长远	〔chángyuǎn〕	혱 장원하다, 장구하다, 항구적이다
■ 肠	〔cháng〕	몡 창자, 배알, 장
■ 厂长	〔chǎngzhǎng〕	몡 공장장
■ 场地	〔chǎngdì〕	몡 장소, 공지, 운동장
■ 场合	〔chǎnghé〕	몡 장소, 상황
■ 场面	〔chǎngmiàn〕	몡 장면, 신, 국면
■ 超额	〔chāo'é〕	동 정액을 초과하다
■ 钞票	〔chāopiào〕	몡 지폐

■ 潮	【cháo】	몡 조수, 조류, 조수의 간만
■ 潮湿	【cháoshī】	혱 축축하다, 눅눅하다
■ 吵架	【chǎojià】	몡 말다툼 동 말다툼하다
■ 炒	【chǎo】	동 ①(기름 따위로) 볶다 ②투기하다
■ 车辆	【chēliàng】	몡 차량
■ 车厢	【chēxiāng】	몡 객실, 트렁크, 적재함
■ 扯	【chě】	동 잡다, 당기다
■ 撤	【chè】	동 물러나다, 제거하다
■ 尘土	【chéntǔ】	몡 흙먼지, 먼지
■ 沉	【chén】	혱 무겁다, 정도가 심하다 동 몰입하다, (얼굴을) 찌푸리다, 가라앉다
■ 沉思	【chénsī】	동 숙고하다, 깊이 생각하다
■ 沉重	【chénzhòng】	혱 (무게·기분 따위가) 무겁다
■ 陈列	【chénliè】	동 진열하다
■ 撑	【chēng】	동 떠받치다, 지탱하다, 펴다
■ 称呼	【chēnghu】	몡 호칭 동 부르다
■ 成	【chéng】	양 10분의 1
■ 成本	【chéngběn】	몡 원가, 코스트
■ 成天	【chéngtiān】	몡 종일

■ 成语	【chéngyǔ】	몡	성어
■ 成员	【chéngyuán】	몡	구성원, 회원
■ 乘客	【chéngkè】	몡	승객
■ 盛	【chéng】	툉	①물건을 용기에 담다 ②넣다
■ 程序	【chéngxù】	몡	프로그램, 절차
■ 承包	【chéngbāo】	툉	도급하다, 청부맡다
■ 承担	【chéngdān】	툉	담당하다, 맡다
■ 吃苦	【chīkǔ】	몡 툉	고생 고생하다, 고생을 견디다
■ 吃亏	【chīkuī】	붕 툉	애석하게도 손해를 보다, 불리하다
■ 吃力	【chīlì】	혱	힘들다, 힘겹다
■ 持久	【chíjiǔ】	혱	오래 지속되다(유지하다)
■ 池	【chí】	몡	못, 늪
■ 迟	【chí】	혱	늦다, 느리다, 둔하다
■ 尺寸	【chǐcùn】	몡	치수, 사이즈
■ 尺子	【chǐzi】	몡	기준, 자
■ 赤道	【chìdào】	몡	적도
■ 充实	【chōngshí】	혱 툉	충실하다 보강하다
■ 冲击	【chōngjī】	몡 툉	충격 도전하다, 충격을 주다

■冲突	〔chōngtū〕	명 충돌 동 충돌하다, 돌파하다	
■冲	〔chòng〕	동 향하다 개 …향해서	
■仇	〔chóu〕	명 원수, 적	
■仇恨	〔chóuhèn〕	명 원한, 증오 동 증오하다	
■丑	〔chǒu〕	형 추하다, 못생기다, 밉다	
■初期	〔chūqī〕	명 초기	
■初中	〔chūzhōng〕	명 초급 중학교(중학교에 해당)	
■出路	〔chūlù〕	명 출구, 진로	
■出卖	〔chūmài〕	동 팔다, 팔아먹다	
■出门	〔chūmén〕	동 외출하다, 집을 떠나다	
■出难题	〔chūn ántí〕	곤경에 빠뜨리다	
■出身	〔chūshēn〕	명 출신, 최초의 직업	
■出事	〔chūshì〕	동 사고가 발생하다	
■出息	〔chūxi〕	명 장래성, 발전성, 전도	
■出洋相	〔chū yángxiàng〕	추태를 부리다, 웃음거리가 되다	
■出租	〔chūzū〕	동 대여하다, 세주다	
■除	〔chú〕	개 …을 제외하고	
■除非	〔chúfēi〕	접 반드시 …해야 한다, …을 제외하고	

处于	〔chǔyú〕	〔동〕 …에 처하다
处处	〔chùchù〕	〔부〕 도처에, 어디든지
传达	〔chuándá〕	〔동〕 전달하다
传染	〔chuánrǎn〕	〔동〕 전염하다, 감염하다, 옮다
传说	〔chuánshuō〕	〔명〕 전설, 소문 〔동〕 이리저리 말이 전해지다
喘	〔chuǎn〕	〔동〕 숨차다, 헐떡거리다
串	〔chuàn〕	〔동〕 꿰다, 공모하다, 어긋나다 〔양〕 꿰미
窗口	〔chuāngkǒu〕	〔명〕 창구, 창가, 윈도우즈
窗帘	〔chuānglián〕	〔명〕 커튼
窗台	〔chuāngtái〕	〔명〕 창턱
床单	〔chuángdān〕	〔명〕 침대시트
创立	〔chuànglì〕	〔동〕 창립하다
创新	〔chuàngxīn〕	〔동〕 새로운 것을 창조하다
垂	〔chuí〕	〔동〕 늘어뜨리다, 드리우다
垂直	〔chuízhí〕	〔형〕 수직의
春季	〔chūnjì〕	〔명〕 봄철
纯	〔chún〕	〔형〕 ①순수하다 ②숙련되다
纯洁	〔chúnjié〕	〔형〕 순결하다 〔동〕 순결(깨끗)하게 하다

■ 瓷	〔cí〕	몡 자기
■ 词汇	〔cíhuì〕	몡 어휘
■ 此刻	〔cǐkè〕	몡 이때, 지금, 이 시간
■ 刺激	〔cìjī〕	몡 자극 동 자극하다
■ 次	〔cì〕	혱 (품질이) 떨어지다, 좋지 않다
■ 次要	〔cìyào〕	혱 부차적인, 다음으로 중요한
■ 伺候	〔cìhou〕	동 시중을 들다, 돌보다
■ 匆忙	〔cōngmáng〕	혱 총망하다
■ 从容	〔cóngróng〕	혱 침착하다, 안정되다, 충분하다
■ 丛	〔cóng〕	몡 ①숲, 덤불 ②(사람이나 물건의) 무리, 떼
■ 凑	〔còu〕	동 (흩어진 것을 한곳에) 모으다, 모이다
■ 粗心	〔cūxīn〕	혱 (생각하는 것이) 세심하지 못하다
■ 粗心大意	〔cū xīn dà yì〕	쳥 세심하지 못하다, 꼼꼼하지 않다
■ 促使	〔cùshǐ〕	동 재촉하다
■ 窜	〔cuàn〕	몡 도망치다, (글자를) 고치다, (연기 등이) 분출하다
■ 摧毁	〔cuīhuǐ〕	동 (강한 힘으로) 때려 부수다, 타파하다
■ 村庄	〔cūnzhuāng〕	몡 촌락, 마을
■ 村子	〔cūnzi〕	몡 마을

■ 搓	[cuō]	통 비비다, 꼬다
■ 挫折	[cuòzhé]	명 좌절
■ 错字	[cuòzì]	명 오자

D

■ 答复	[dáfù]	명 회답 통 회답하다
■ 达	[dá]	통 ①통하다 ②도달하다 ③통달하다
■ 达成	[dáchéng]	명 달성 통 달성하다
■ 打	[dǎ]	통 때리다, 부수다, 싸우다
■ 打败	[dǎbài]	명 패배 통 물리치다, 패배하다
■ 打击	[dǎjī]	통 타격하다, 공격하다
■ 打架	[dǎjià]	명 싸움 통 싸움하다
■ 打交道	[dǎ jiāodao]	통 왕래하다, 사귀다
■ 打量	[dǎliang]	통 살펴보다, 가늠하다
■ 打破	[dǎpò]	명 타파 통 타파하다
■ 打扫	[dǎsǎo]	통 청소하다, 치우다
■ 打仗	[dǎzhàng]	통 싸우다, 경쟁을 하다
■ 打招呼	[dǎ zhāohu]	통 인사하다, 통지하다, 주의를 주다

大半	〔dàbàn〕	명 태반, 과반수, 절반 이상 부 대개, 대략, 대체로, 십중팔구
大便	〔dàbiàn〕	명 대변
大大	〔dàdà〕	부 크게, 대단히
大道	〔dàdào〕	명 대도, 큰 길
大地	〔dàdì〕	명 대지, 지구
大都	〔dàdōu〕	부 대개, 대부분, 대체로
大队	〔dàduì〕	명 대대, 큰 대열
大方	〔dàfang〕	형 대범하다, 시원스럽다
大哥	〔dàgē〕	명 맏형
大力	〔dàlì〕	부 강력하게, 힘껏
大脑	〔dànǎo〕	명 대뇌
大嫂	〔dàsǎo〕	명 아줌마, 아주머니, 큰형수
大使	〔dàshǐ〕	명 대사
大意	〔dàyì〕	명 대의, 큰 뜻
大致	〔dàzhì〕	부 대체로, 대강, 대략
大众	〔dàzhòng〕	명 대중
大自然	〔dàzìrán〕	명 대자연
带儿	〔dàir〕	명 끈, 밴드, 리본
带动	〔dàidòng〕	동 인도하다, 움직이게 하다

■ 带领	〔dàilǐng〕	동	안내하다, 인솔하다
■ 带头	〔dàitóu〕	동	앞장서다
■ 代	〔dài〕	동	대리하다, 대신하다
■ 代办	〔dàibàn〕	명 동	대리사무, 대리자 대신 처리하다, 대행하다
■ 代价	〔dàijià〕	명	대가
■ 代理	〔dàilǐ〕	동	대리하다
■ 待遇	〔dàiyù〕	명	대우
■ 逮捕	〔dàibǔ〕	동	체포하다
■ 耽误	〔dānwu〕	동	그르치다, 허비하다
■ 担	〔dān〕	동	①메다, 담당하다 ②걱정하다
■ 担负	〔dānfù〕	동	부담하다
■ 单纯	〔dānchún〕	형	단순하다
■ 单独	〔dāndú〕	부 형	단독으로 단독의
■ 胆	〔dǎn〕	명	담낭, 담력
■ 诞生	〔dànshēng〕	동	탄생하다
■ 蛋白质	〔dànbáizhì〕	명	단백질
■ 当	〔dāng〕	조동	당연히(반드시) …해야 한다
■ 当初	〔dāngchū〕	명	당초, 당시
■ 当代	〔dāngdài〕	명	당대

■ 当家	〔dāngjiā〕	몡 주인, 전문가 동 집안일을 맡아 처리하다
■ 当面	〔dāngmiàn〕	동 마주보다, 직접 맞대다
■ 当中	〔dāngzhōng〕	몡 중, 중간, 그 가운데
■ 党派	〔dǎngpài〕	몡 당파
■ 党委	〔dǎngwěi〕	몡 당위원회
■ 档案	〔dàng'àn〕	몡 분류하여 보관하는 공문서
■ 倒霉	〔dǎoméi〕	동 재수 없는 일을 당하다 혱 재수 없다, 운수 사납다
■ 倒腾	〔dǎoteng〕	동 주선하다, 변경하다, 옮기다
■ 岛屿	〔dǎoyǔ〕	몡 섬, 도서
■ 导弹	〔dǎodàn〕	몡 유도탄, 미사일
■ 导师	〔dǎoshī〕	몡 지도자, 지도교사, 도사
■ 导演	〔dǎoyǎn〕	몡 연출자, 감독, 안무 동 연출하다, 감독하다, 안무하다
■ 导致	〔dǎozhì〕	동 야기하다, (어떤 사태를) 초래하다
■ 到…为止	〔dào…wéizhǐ〕	…까지
■ 得病	〔débìng〕	동 병을 얻다
■ 得了	〔déle〕	동 마치다, 됐다(허락이나 금지를 나타냄)
■ 得意	〔déyì〕	동 뜻을 얻다(이루다), (일이) 마음먹은 대로 되어 가다, 의기양양하다
■ 灯火	〔dēnghuǒ〕	몡 등불

■ 灯笼	〔dēnglong〕	몡 초롱	
■ 蹬	〔dēng〕	图 ①(위로) 오르다 ②(다리를) 뻗다, 버티다, 디디다, 밟다	
■ 等到	〔děngdào〕	집 …에 이르러	
■ 等候	〔děnghòu〕	图 기다리다(주로 구체적인 대상에 쓰임)	
■ 瞪	〔dèng〕	图 노려보다, 크게 뜨다, 주시하다	
■ 凳子	〔dèngzi〕	몡 걸상, 등받이가 없는 의자	
■ 堤	〔dī〕	몡 제방	
■ 滴	〔dī〕	图 (빗방울 등이) 한 방울씩 떨어지다	
■ 抵	〔dǐ〕	图 ①고이다, 차단하다, 떠받치다 ②저항하다, 막다, 버티다, 견디다	
■ 抵抗	〔dǐkàng〕	图 저항하다	
■ 底	〔dǐ〕	몡 밑, 바닥	
■ 底片	〔dǐpiàn〕	몡 원판	
■ 地板	〔dìbǎn〕	몡 마루	
■ 地步	〔dìbù〕	몡 (좋지 않은) 형편, 지경, 처지	
■ 地道	〔dìdao〕	휑 ①본고장의 ②알차다, 순수하다	
■ 地理	〔dìlǐ〕	몡 지리	
■ 地势	〔dìshì〕	몡 지세, 지위	
■ 地毯	〔dìtǎn〕	몡 카펫	
■ 地形	〔dìxíng〕	몡 지형	

■ 地震	〔dìzhèn〕	몡 지진
■ 地质	〔dìzhì〕	몡 지질
■ 地主	〔dìzhǔ〕	몡 지주, 본토인
■ 弟兄	〔dìxiong〕	몡 ①형제 ②전우, 동료
■ 典礼	〔diǎnlǐ〕	몡 의식, 식
■ 典型	〔diǎnxíng〕	몡 전형 혱 전형적이다
■ 电池	〔diànchí〕	몡 건전지
■ 电力	〔diànlì〕	몡 전력
■ 电铃	〔diànlíng〕	몡 초인종
■ 电流	〔diànliú〕	몡 전류
■ 电炉	〔diànlú〕	몡 전기난로
■ 电脑	〔diànnǎo〕	몡 컴퓨터
■ 电器	〔diànqì〕	몡 전자제품, 전기기구
■ 电线	〔diànxiàn〕	몡 전선
■ 电压	〔diànyā〕	몡 전압, 전위차
■ 电子	〔diànzǐ〕	몡 전자
■ 惦记	〔diànjì〕	동 염려하다
■ 垫	〔diàn〕	동 받치다, 깔다, 괴다, 메우다
■ 奠定	〔diàndìng〕	동 다지다, 안정시키다

雕刻	〔diāokè〕	몡 조각 동 조각하다
调动	〔diàodòng〕	동 (위치·용도·인원을) 이동하다
爹	〔diē〕	명 아버지, 아빠
叠	〔dié〕	동 겹쳐 쌓다, 접다, 중복하다
丁	〔dīng〕	명 정, 장정, 일꾼
盯	〔dīng〕	동 시선을 한곳에 집중하다, 주시하다
钉	〔dīng〕	동 바짝 뒤쫓다, 마크하다, 지키다
钉子	〔dīngzi〕	명 못, 장애
顶	〔dǐng〕	뭐 아주 양 개 (모자 등 꼭대기가 있는 것을 새는 양사)
定期	〔dìngqī〕	명 정기
订婚(定婚)	〔dìnghūn(dìnghūn)〕	명 약혼 동 약혼하다
冬季	〔dōngjì〕	명 겨울철, 동계
懂事	〔dǒngshì〕	동 세상 물정을 알다, 사리를 분별하다
动机	〔dòngjī〕	명 동기
动静	〔dòngjìng〕	명 동정, 인기척
动力	〔dònglì〕	명 동력, 기력, 힘
动摇	〔dòngyáo〕	동 동요하다, 흔들리다
抖	〔dǒu〕	동 털다, 떨다, 진작시키다

陡	[dǒu]	형	가파르다, 깎아지르다
斗	[dòu]	동	싸우다, 투쟁하다
豆浆	[dòujiāng]	명	콩국
豆子	[dòuzi]	명	콩, 콩알
毒	[dú]	형	흉악하다, 지독하다 동 독살하다 명 독, 폐해, 마약
独特	[dútè]	형	독특하다
独自	[dúzì]	부	혼자, 단독으로
读物	[dúwù]	명	도서
端	[duān]	명	끝, 시초
端正	[duānzhèng]	형	똑바르다, 바르다 동 바르게 하다
堆	[duī]	명	쌓아 놓은 물건, 무더기, 더미 양 더미
堆积	[duījī]	동	쌓아 두다
兑换	[duìhuàn]	동	환전하다
队员	[duìyuán]	명	팀원, 대원
对…来说	[duì…láishuō]		…에(게)는
对得起	[duìdeqǐ]		면목이 서다, 볼 낯이 있다
对了	[duìle]		맞다, 그러하다
对立	[duìlì]	동	대립하다

■ 对门	〔duìmén〕	몡 건너편, 건넛집
■ 顿时	〔dùnshí〕	뮈 갑자기, 바로, 문득, 일시에
■ 哆嗦	〔duōsuo〕	동 몸을 떨다
■ 多半	〔duōbàn〕	뮈 대개
■ 多亏	〔duōkuī〕	뮈 다행히 동 덕택이다, 은혜를 입다
■ 多劳多得	〔duō láo duō dé〕	셩 많이 일하면 많이 얻는다
■ 多余	〔duōyú〕	혱 여분의, 나머지의, 쓸데없는
■ 夺取	〔duóqǔ〕	동 빼앗다, 쟁취하다

■ 俄语(文)	〔Éyǔ(wén)〕	몡 러시아어
■ 恶心	〔ěxin〕	몡 ①구역질 ②나쁜 마음, 악심 동 구역질이 나다
■ 恶	〔è〕	혱 흉악하다, 추하다, 변변치 못하다
■ 恶化	〔èhuà〕	동 악화되다
■ 恶劣	〔èliè〕	혱 열악하다, 악질이다
■ 儿女	〔érnǚ〕	몡 자녀

发电	〔fādiàn〕	몡 발전, 전력 동 전보를 치다, 발전하다
发觉	〔fājué〕	동 발견하다, 깨닫다
发射	〔fāshè〕	동 발사하다, 방출하다
发行	〔fāxíng〕	동 발행하다, 배급하다, 매출하다
发育	〔fāyù〕	동 발육하다
罚	〔fá〕	동 처벌하다, 벌하다
法令	〔fǎlìng〕	몡 법령
法院	〔fǎyuàn〕	몡 법원
法制	〔fǎzhì〕	몡 법제
法子	〔fǎzi〕	몡 방법
番	〔fān〕	양 번, 차례
翻身	〔fānshēn〕	동 몸을 돌리다, 해방되다, 개변시키다
繁殖	〔fánzhí〕	동 번식하다
凡是	〔fánshì〕	뮈 대체로, 무릇
烦	〔fán〕	혱 답답하다, 산란하다, 괴롭다 동 걱정하다(시키다)
反	〔fǎn〕	혱 반대의 동 바꾸다, 돌아가다, 반대하다
反	〔fǎn〕	뮈 반대로, 도리어

■ 反而	〔fǎn'ér〕	男	오히려, 역으로
■ 反击	〔fǎnjī〕	명	반격
		동	반격하다
■ 反问	〔fǎnwèn〕	동	반문하다
■ 返	〔fǎn〕	동	돌아가다, 돌아오다
■ 犯人	〔fànrén〕	명	범인
■ 犯罪	〔fànzuì〕	명	범죄
		동	죄를 범하다
■ 饭馆	〔fànguǎn〕	명	식당
■ 泛滥	〔fànlàn〕	동	범람하다
■ 方	〔fāng〕	명	측, 방향, 사변형
		양	개, 장 (모난 물건을 세는 데 쓰임)
■ 房屋	〔fángwū〕	명	주택
■ 防守	〔fángshǒu〕	동	막아 지키다
■ 防御	〔fángyù〕	동	방어하다
■ 防治	〔fángzhì〕	동	예방치료하다
■ 妨碍	〔fáng'ài〕	동	지장을 주다, 방해하다, 저해하다
■ 纺	〔fǎng〕	동	(고치·목화에서) 실을 뽑다, 잣다
■ 放手	〔fàngshǒu〕	동	손을 놓다, 내버려 두다
■ 放松	〔fàngsōng〕	동	늦추다, 관대하게 하다, 풀어주다
■ 放学	〔fàngxué〕	명	하교, 방학
		동	하교하다, 방학하다

■ 放映	〔fàngyìng〕	통 상영하다
■ 非	〔fēi〕	부 꼭, 필히 통 아니다
■ 飞快	〔fēikuài〕	형 재빠르다, 매우 예리하다
■ 飞行	〔fēixíng〕	통 비행하다
■ 飞跃	〔fēiyuè〕	명 비약 통 비약하다
■ 肥料	〔féiliào〕	명 비료
■ 肥皂	〔féizào〕	명 세탁비누
■ 废	〔fèi〕	형 ①쓸모없다, 쓸데없다 ②불구이다 통 폐기하다, 폐지하다, 포기하다, 그만두다
■ 废除	〔fèichú〕	통 취소하다
■ 废话	〔fèihuà〕	명 쓸데없는 말
■ 废墟	〔fèixū〕	명 폐허
■ 沸腾	〔fèiténg〕	통 들끓다, 끓어오르다, 비등하다
■ 费力	〔fèilì〕	형 일이 까다롭다 통 애쓰다, 힘을 쓰다
■ 分布	〔fēnbù〕	통 분포하다
■ 分割	〔fēngē〕	통 분할하다
■ 分工	〔fēngōng〕	통 분업하다
■ 分解	〔fēnjiě〕	통 분해하다, 화해시키다

分离	[fēnlí]	통 분리하다, 헤어지다
分裂	[fēnliè]	통 분열하다, 분열시키다
分泌	[fēnmì]	통 분비하다
分明	[fēnmíng]	형 뚜렷하다
分散	[fēnsàn]	통 분산하다, 분산시키다 형 흩어진
分数	[fēnshù]	명 점수, 분수
分子	[fēnzǐ]	명 분자, 분자식
坟	[fén]	명 무덤
粉	[fěn]	명 분말, 분홍색
粉碎	[fěnsuì]	통 분쇄하다
分量	[fènliang]	명 분량, 무게, 뜻
分子	[fènzǐ]	명 (국가나 단체 등을 구성하는) 사람, 나쁜 무리
粪	[fèn]	명 똥, 대변
丰产	[fēngchǎn]	통 풍작하다
丰收	[fēngshōu]	명 풍작
封	[fēng]	통 봉하다
封锁	[fēngsuǒ]	통 봉쇄하다
风格	[fēnggé]	명 풍격, 사상적 예술의 특징
风气	[fēngqì]	명 풍격, 훌륭한 태도, 중풍

疯	〔fēng〕	톙 미치다, 실성하다
疯狂	〔fēngkuáng〕	톙 미치다, 광분하다
疯子	〔fēngzi〕	똉 미치광이
缝	〔féng〕	똥 바느질하다, 꿰매다
讽刺	〔fěngcì〕	똥 풍자하다
佛教	〔fójiào〕	똉 불교
夫妻	〔fūqī〕	똉 부처, 부부
服	〔fú〕	똥 옷을 입다
俯	〔fǔ〕	똥 숙이다, 굽히다
腐蚀	〔fǔshí〕	똥 부식하다
腐朽	〔fǔxiǔ〕	톙 ①썩다 ②진부하다, 케케묵다
复活节	〔Fùhuójié〕	똉 부활절
复制	〔fùzhì〕	똥 복제하다
负	〔fù〕	똥 (짐 따위를) 지다, 메다
负担	〔fùdān〕	똉 부담 똥 부담하다
富有	〔fùyǒu〕	톙 부유하다, 유복하다 똥 풍부하다, 강하다, 다분하다
富裕	〔fùyù〕	톙 부유하다
妇人	〔fùrén〕	똉 부인

G

■ 改编	〔gǎibiān〕	图 개편하다
■ 改良	〔gǎiliáng〕	图 개량 图 개량하다
■ 盖子	〔gàizi〕	图 뚜껑, 등껍질
■ 干旱	〔gānhàn〕	图 가물다
■ 干扰	〔gānrǎo〕	图 방해 图 교란시키다
■ 干涉	〔gānshè〕	图 간섭하다
■ 甘	〔gān〕	图 만족스럽다, (맛이) 달다, 달콤하다
■ 赶忙	〔gǎnmáng〕	图 서둘러, 급히, 재빨리, 얼른
■ 赶上	〔gǎnshàng〕	图 따라잡다, 시간에 대다
■ 感受	〔gǎnshòu〕	图 느낌, 인상 图 느끼다, 받다, 감수하다
■ 敢于	〔gǎnyú〕	图 대담하게 하다
■ 干劲	〔gànjìn〕	图 일을 하려고 하는 의욕, 열성
■ 缸	〔gāng〕	图 항아리, 독, 단지
■ 纲领	〔gānglǐng〕	图 강령, 지도 원칙
■ 岗位	〔gǎngwèi〕	图 직책, 자리, 초소
■ 港币	〔gǎngbì〕	图 홍콩달러
■ 港口	〔gǎngkǒu〕	图 항구, 항만

高潮	〔gāocháo〕	명 고조, 고조기
高等	〔gāoděng〕	형 고등의
高峰	〔gāofēng〕	명 고봉, 정상, 절정
高级	〔gāojí〕	형 고급의, 상급의
高粱	〔gāoliang〕	명 수수
高尚	〔gāoshàng〕	형 고상한
高速	〔gāosù〕	명 고속
高压	〔gāoyā〕	명 고압, 높은 압력
高中	〔gāozhōng〕	명 고등학교
稿	〔gǎo〕	명 ①짚 ②초고, 원고, 원본, 대본
告辞	〔gàocí〕	동 작별을 고하다, 헤어지다
歌唱	〔gēchàng〕	동 노래하다
歌剧	〔gējù〕	명 오페라, 가극
歌曲	〔gēqǔ〕	명 노래, 선율
歌颂	〔gēsòng〕	동 찬양하다
鸽子	〔gēzi〕	명 비둘기
革命	〔gémìng〕	명 혁명 동 혁명하다
格外	〔géwài〕	부 각별히, 특별히, 그 외에
隔阂	〔géhé〕	명 간격, 장벽 형 서먹서먹하다

个儿	【gèr】	몡 키, 크기, 개수
个体户	【gètǐhù】	몡 자영업자, 개체공상업호
个性	【gèxìng】	몡 개성, 개별성
各式各样	【gèshìgèyàng】	각양각색, 각색, 여러 가지
各自	【gèzì】	때 각자
给以	【gěiyǐ】	동 주다
根源	【gēnyuán】	몡 근원
耕地	【gēngdì】	동 밭을 갈다
工地	【gōngdì】	몡 현장
工龄	【gōnglíng】	몡 근무 연한, 취업 연령
工钱	【gōngqián】	몡 품삯
工序	【gōngxù】	몡 제조공정
攻	【gōng】	동 공격하다, 책망하다
攻击	【gōngjī】	몡 공격 동 공격하다
攻克	【gōngkè】	동 함락시키다
功课	【gōngkè】	몡 ①학과목 ②강의, 학습, 수업
功劳	【gōngláo】	몡 공로
功能	【gōngnéng】	몡 기능
供应	【gōngyìng】	동 제공하다, 공급하다

■ 公	【gōng】	몡 사무 톙 국유의, 공유의, 공동의
■ 公安	【gōng'ān】	몡 공안, 사회의 치안
■ 公布	【gōngbù】	동 발표하다, 공포하다
■ 公民	【gōngmín】	몡 공민
■ 公顷	【gōngqǐng】	양 헥타르(hectare)
■ 公式	【gōngshì】	몡 일반 법칙, 공식
■ 公用	【gōngyòng】	동 공용하다
■ 宫	【gōng】	몡 궁전, 사원
■ 宫殿	【gōngdiàn】	몡 궁전
■ 弓	【gōng】	몡 활 동 굽히다, 구부리다
■ 共和国	【gònghéguó】	몡 공화국
■ 共青团	【gòngqīngtuán】	몡 공청단, 공산주의청년단
■ 钩	【gōu】	동 갈고리로 걸다, 꾀다, 감치다
■ 钩子	【gōuzi】	몡 갈고리, 집게발
■ 句结	【gōujié】	동 결탁하다
■ 沟	【gōu】	몡 도랑, 하수도, 개천
■ 购	【gòu】	몡 사다, 사들이다, 구입하다
■ 购买	【gòumǎi】	동 구입하다, 구매하다
■ 辜负	【gūfù】	동 저버리다

孤立	〔gūlì〕	〔형〕 고립되다 〔동〕 고립시키다
鼓动	〔gǔdòng〕	〔동〕 선동하다
古典	〔gǔdiǎn〕	〔명〕 고전
骨干	〔gǔgàn〕	〔명〕 핵심, 골간
谷子	〔gǔzi〕	〔명〕 조, 좁쌀, 벼의 낟알
股	〔gǔ〕	〔양〕 가닥, 줄기 등 긴 물건을 세는 단위
雇	〔gù〕	〔동〕 고용하다
顾问	〔gùwèn〕	〔명〕 고문
固定	〔gùdìng〕	〔형〕 고정된 〔동〕 고정시키다
固然	〔gùrán〕	〔부〕 물론 …지만
固体	〔gùtǐ〕	〔명〕 고체
瓜	〔guā〕	〔명〕 박과 식물(의 과실)
瓜子	〔guāzi〕	〔명〕 해바라기 씨
寡妇	〔guǎfù〕	〔명〕 과부
乖	〔guāi〕	〔형〕 착하다, 약삭빠르다
拐弯	〔guǎiwān〕	〔명〕 귀퉁이 〔동〕 굽이돌다, (생각 등의) 방향을 바꾸다
怪	〔guài〕	〔부〕 아주
怪不得	〔guàibude〕	〔부〕 어쩐지

关	【guān】	몡 관문, 중요한 전환점
关怀	【guānhuái】	동 배려하다
关头	【guāntóu】	몡 고비, 전환점
官僚主义	【guānliáozhǔyì】	몡 관료주의
观测	【guāncè】	동 관측하다
观看	【guānkàn】	동 관찰하다, 관람하다, 보다
观念	【guānniàn】	몡 관념
管子	【guǎnzi】	몡 관, 파이프
管道	【guǎndào】	몡 방법, 파이프
罐	【guàn】	몡 항아리, 도자기, 깡통
惯	【guàn】	혱 일상적이다 동 습관이 되다, 익숙해지다
灌	【guàn】	동 물을 대다, 관개하다
灌溉	【guàngài】	동 관개하다
光	【guāng】	동 드러내다, 벌거벗다
光彩	【guāngcǎi】	몡 광채, 영예 혱 영광스럽다
光滑	【guānghuá】	혱 매끄럽다, 빤질빤질하다
光临	【guānglín】	동 왕림하다
广	【guǎng】	혱 넓다, 많다
规划	【guīhuà】	몡 기획

		통 기획하다
▪ 规矩	〔guīju〕	명 규칙 형 성실하다, 단정하다
▪ 规则	〔guīzé〕	명 규칙 형 규칙적이다, 정연하다
▪ 归	〔guī〕	통 돌아가다(오다), 돌려(갚아)주다
▪ 轨道	〔guǐdào〕	명 궤도
▪ 柜台	〔guìtái〕	명 계산대
▪ 柜子	〔guìzi〕	명 궤, 장
▪ 贵宾	〔guìbīn〕	명 귀빈
▪ 棍子	〔gùnzi〕	명 몽둥이
▪ 锅炉	〔guōlú〕	명 보일러
▪ 国防	〔guófáng〕	명 국방
▪ 国籍	〔guójí〕	명 국적
▪ 国旗	〔guóqí〕	명 국기
▪ 国庆节	〔Guóqìngjié〕	명 국경일
▪ 国务院	〔guówùyuàn〕	명 국무원
▪ 国营	〔guóyíng〕	명 국영 통 국가가 운영하다
▪ 果实	〔guǒshí〕	명 과실, 성과
▪ 果树	〔guǒshù〕	명 과수

■ 裹	〔guǒ〕	〔동〕싸매다, 데리고 가다, (좋지 않은 목적을 위해 사람이나 물건을) 다른 사람이나 물건에 섞어 넣다
■ 过	〔guò〕	지나치게
■ 过渡	〔guòdù〕	〔동〕넘다, 건너다, 이행하다
■ 过分	〔guòfèn〕	〔동〕지나치다

Ⓗ

■ 咳	〔hāi〕	〔감〕①아이참, 하, 허, 아이구(상심·후회·놀람을 나타냄) ②어, 자(남을 부르거나 주의를 환기시킬 때 내는 소리)
■ 海拔	〔hǎibá〕	〔명〕해발
■ 海军	〔hǎijūn〕	〔명〕해군
■ 海面	〔hǎimiàn〕	〔명〕해면
■ 海峡	〔hǎixiá〕	〔명〕해협
■ 害虫	〔hàichóng〕	〔명〕해충
■ 含糊	〔hánhu〕	〔형〕애매하다, 소홀히 하다
■ 含量	〔hánliàng〕	〔명〕함량
■ 喊叫	〔hǎnjiào〕	〔동〕외치다, 아우성치다, 고함치다
■ 旱	〔hàn〕	〔형〕가물다
■ 焊	〔hàn〕	〔동〕땜질하다, 납땜하다, 용접하다
■ 行	〔háng〕	〔명〕줄, 열

■ 行列	〔hángliè〕	몡 행렬
■ 行业	〔hángyè〕	몡 업종
■ 航行	〔hángxíng〕	동 항해하다
■ 毫米	〔háomǐ〕	양 밀리미터(mm)
■ 好	〔hǎo〕	…할 수 있도록
■ 好比	〔hǎobǐ〕	동 마치 …와 같다
■ 耗	〔hào〕	동 소비하다, 없어지다, 끌다
■ 好奇	〔hàoqí〕	형 호기심이 많다
■ 呵	〔hē〕	깜 아, 허(놀람을 나타냄)
■ 核	〔hé〕	몡 핵, 씨
■ 何必	〔hébì〕	하필 …할 필요가 있는가, …할 필요가 없다
■ 何况	〔hékuàng〕	접 하물며, 더군다나
■ 合唱	〔héchàng〕	몡 합창 동 합창하다
■ 合成	〔héchéng〕	동 합성하다
■ 合法	〔héfǎ〕	형 합법적이다
■ 合格	〔hégé〕	동 규격에 맞다, 합격하다
■ 合金	〔héjīn〕	몡 합금
■ 合算	〔hésuàn〕	동 ①합계하다, 합산하다 ②종합적으로 생각하다 ③수지가(채산이) 맞다

河流	[héliú]	명	하류
黑夜	[hēiyè]	명	(캄캄한) 밤
痕迹	[hénjì]	명	흔적
狠	[hěn]	부	매우, 아주
恨不得	[hènbude]		…못하는 것이 한스럽다(안타깝다), 간절히 …하고 싶다
横	[héng]	동	가로놓다, 너저분하다
		형	①가로의, 횡의, 한자의 가로획 ②방자하다, 난잡하다, 불합리하다
宏伟	[hóngwěi]	형	장엄하다
洪水	[hóngshuǐ]	명	홍수, 큰물
喉咙	[hóulóng]	명	목구멍
吼	[hǒu]	동	울부짖다, 고함치다, 크게 울리다
后代	[hòudài]	명	후손
后方	[hòufāng]	명	후방
后果	[hòuguǒ]	명	결과
后头	[hòutou]	명	뒤쪽
后退	[hòutuì]	동	후퇴하다
呼呼	[hūhū]	의성	윙윙, 쏴쏴(바람소리), 쿨쿨(코 고는 소리)
忽视	[hūshì]	동	경시하다, 소홀히 하다
胡说	[húshuō]	동	터무니없는 말을 하다

胡同	[hútòng]	명	골목
蝴蝶	[húdié]	명	나비
护	[hù]	동	보호하다
互助	[hùzhù]	동	서로 돕다
花朵	[huāduǒ]	명	꽃송이
花生	[huāshēng]	명	땅콩
哗哗	[huāhuā]	의성	콸콸, 쏵쏵, 뚝뚝(물 흐르는 소리)
华侨	[huáqiáo]	명	화교
华人	[huárén]	명	중국인, 화교
滑雪	[huáxuě]	명	스키 동 스키를 타다
画家	[huàjiā]	명	화가
画蛇添足	[huà shé tiān zú]	성	뱀을 그리는 데 다리를 그려 넣다; 쓸데없는 짓을 하다, 사족을 가하다
化工	[huàgōng]	명	화학공업
化合	[huàhé]	동	화합하다
化石	[huàshí]	명	화석
化验	[huàyàn]	동	화학실험하다
话剧	[huàjù]	명	연극
怀	[huái]	명	그리움, 품 동 품다, 그리워하다

■ 怀念	〔huáiniàn〕	동 그리워하다
■ 怀疑	〔huáiyí〕	동 의심하다
■ 坏蛋	〔huàidàn〕	명 나쁜 놈
■ 欢呼	〔huānhū〕	동 환호하다
■ 欢乐	〔huānlè〕	형 즐겁다
■ 欢喜	〔huānxǐ〕	형 기쁘다
■ 缓和	〔huǎnhé〕	동 완화하다, 늦추다 형 부드럽다
■ 缓缓	〔huǎnhuǎn〕	부 천천히
■ 缓慢	〔huǎnmàn〕	형 느리다, 완만하다, 더디다
■ 患	〔huàn〕	동 ①걱정하다, 근심하다, 염려하다 ②(병에) 걸리다, 앓다
■ 幻灯	〔huàndēng〕	명 슬라이드
■ 幻想	〔huànxiǎng〕	명 환상
■ 唤	〔huàn〕	동 부르다, 외치다
■ 荒	〔huāng〕	형 거칠다, 터무니없다, 왕성하다
■ 慌忙	〔huāngmáng〕	형 황망하다
■ 黄昏	〔huánghūn〕	명 황혼
■ 黄色	〔huángsè〕	명 노란색
■ 晃	〔huàng〕	동 흔들다, 흔들리다, 요동하다
■ 灰	〔huī〕	명 재, 석회, 먼지, 회색

灰尘	[huīchén]	몡 먼지
灰心	[huīxīn]	동 낙심하다, 상심하다
辉煌	[huīhuáng]	혱 휘황찬란하다
回想	[huíxiǎng]	동 회상하다
毁	[huǐ]	동 부수다, 파괴하다, 훼손하다
汇	[huì]	동 ①물이 한 곳으로 모이다 ②한데 모으다, 집결하다
汇报	[huìbào]	몡 종합보고 동 종합보고하다
汇款	[huìkuǎn]	몡 송금 동 송금하다
昏	[hūn]	혱 어둡다, 멍하다 동 나가다, 어지럽다
浑身	[húnshēn]	몡 온몸
混合	[hùnhé]	동 혼합하다
混乱	[hùnluàn]	몡 혼란하다
混凝土	[hùnníngtǔ]	몡 콘크리트
混淆	[hùnxiáo]	동 뒤섞이다, 뒤섞다
活	[huó]	혱 살아있다, 활기차다, 생생하다, 유동적이다
活该	[huógāi]	동 (…한 것은) 당연하다, 그래도 싸다, 자업자득이다
伙	[huǒ]	양 무리, 패

■ 伙伴	[huǒbàn]	몡 동반자, 동료
■ 火箭	[huǒjiàn]	몡 로켓
■ 火力	[huǒlì]	몡 화력
■ 火焰	[huǒyàn]	몡 화염
■ 火药	[huǒyào]	몡 화약
■ 获	[huò]	동 얻다, 획득하다, 잡다, 붙잡다
■ 或多或少	[huò duō huò shǎo]	다소
■ 货币	[huòbì]	몡 화폐
■ 货物	[huòwù]	몡 화물

J

■ 基层	[jīcéng]	몡 ①기층 ②(조직의) 말단
■ 基地	[jīdì]	몡 기지
■ 机	[jī]	몡 기계, 기구, 비행기
■ 机动	[jīdòng]	혱 기동적이다, 융통성이 있다
■ 机构	[jīgòu]	몡 기구
■ 肌肉	[jīròu]	몡 근육
■ 饥饿	[jī'è]	혱 배가 고프다
■ 激素	[jīsù]	몡 호르몬
■ 极端	[jíduān]	몡 극단 혱 극단적이다

集团	[jítuán]	몡 그룹, 집단, 한 패거리, 기업
急躁	[jízào]	혱 초조해하다, 성미가 급하다, 조급하게 서두르다
疾病	[jíbìng]	몡 질병
即将	[jíjiāng]	뮈 곧, 머지않아
即使	[jíshǐ]	젭 설사 …하더라도
级别	[jíbié]	몡 등급
给予	[jǐyǔ]	동 주다
技能	[jìnéng]	몡 기능
技巧	[jìqiǎo]	몡 기교
季	[jì]	몡 ①계, 1년의 4분의 1, 3개월 ②철, 계절, 절기, 시기
寂寞	[jìmò]	혱 적막하다, 적적하다
计	[jì]	몡 계획, 계략, 계책, 책략 동 세다, 계산하다, 셈하다, 헤아리다
计算机	[jìsuànjī]	몡 컴퓨터
记载	[jìzǎi]	몡 기재
继承	[jìchéng]	동 계승하다
夹子	[jiāzi]	몡 집게
佳	[jiā]	혱 좋다, 훌륭하다, 아름답다
家伙	[jiāhuo]	몡 ①가구 ②타악기·병기·도구 따위 ③녀석, 자식, 놈

■ 家属	[jiāshǔ]	몡 가족, 가솔, 가속
■ 加入	[jiārù]	동 가입하다, 더하다
■ 加速	[jiāsù]	동 가속하다
■ 加油	[jiāyóu]	몡 ①주유 ②파이팅 동 ①기름을 넣다 ②힘을 내다
■ 甲	[jiǎ]	몡 갑, 껍데기, 각질
■ 假如	[jiǎrú]	접 만약
■ 假若	[jiǎruò]	접 만일
■ 假使	[jiǎshǐ]	접 만일
■ 价	[jià]	몡 가격, 값, 원잣값, 가치
■ 价钱	[jiàqian]	몡 가격, 값
■ 架	[jià]	동 가설하다, 받치다, 지탱하다
■ 架子	[jiàzi]	몡 틀, 선반, 골격
■ 驾驶	[jiàshǐ]	동 운전하다
■ 假	[jià]	몡 휴가, 휴일
■ 假期	[jiàqī]	몡 휴가 기간, 휴일
■ 嫁	[jià]	동 시집가다, 출가하다, 시집보내다
■ 歼灭	[jiānmiè]	동 섬멸하다, 몰살하다
■ 监督	[jiāndū]	동 감독하다
■ 监视	[jiānshì]	동 감시하다

■ 监狱	[jiānyù]	몡 감옥
■ 坚硬	[jiānyìng]	톙 굳다, 단단하다
■ 尖子	[jiānzi]	몡 뛰어난 사람, 뛰어난 물건
■ 煎	[jiān]	통 ①(기름에) 지지다, (전을) 부치다 ②(약·차 등을) 달이다, 졸이다
■ 兼	[jiān]	통 겸하다, 동시에 하다
■ 艰难	[jiānnán]	톙 어렵다
■ 检讨	[jiǎntǎo]	몡 검토 통 검토하다, 깊이 반성하다
■ 检验	[jiǎnyàn]	통 검증하다
■ 碱	[jiǎn]	몡 소다, 알칼리
■ 简便	[jiǎnbiàn]	톙 간편하다
■ 简直	[jiǎnzhí]	뷘 그야말로, 곧바로
■ 鉴定	[jiàndìng]	몡 감정 통 감정하다
■ 贱	[jiàn]	톙 ①(값이) 싸다 ②(지위·신분 따위가) 낮다, 천하다
■ 见解	[jiànjiě]	몡 견해
■ 健全	[jiànquán]	톙 건전하다, 결점이 없다 통 건전하게 하다, 완비하다
■ 渐	[jiàn]	뷘 점차, 차츰차츰, 점점
■ 溅	[jiàn]	통 (물방울·흙탕물 따위가) 튀다

建造	〔jiànzào〕	图 짓다, 건조하다
僵	〔jiāng〕	웹 뻣뻣하다, 마르다
将军	〔jiāngjūn〕	몡 장군
奖金	〔jiǎngjīn〕	몡 보너스, 장려금, 상여금
奖励	〔jiǎnglì〕	몡 장려 图 장려하다
讲究	〔jiǎngjiu〕	웹 정교하다, 꼼꼼하다 图 연구하다, 중히 여기다, 특별한 습관을 가지다, 비평하다
讲课	〔jiǎngkè〕	图 강의하다
讲义	〔jiǎngyì〕	몡 강의, 강의안
酱	〔jiàng〕	몡 장, 된장, 짙은 갈색
焦急	〔jiāojí〕	웹 초조하다
胶卷	〔jiāojuǎn〕	몡 두루마리 필름
交代	〔jiāodài〕	图 교대하다, 분부하다, 설명하다, 자백하다, 대답하다, 교제하다
交谈	〔jiāotán〕	图 이야기하다, 이야기를 나누다
交易	〔jiāoyì〕	몡 거래
浇	〔jiāo〕	图 (물·액체를) 뿌리다, 끼얹다
搅	〔jiǎo〕	图 혼란시키다, 뒤섞다
脚步	〔jiǎobù〕	몡 걸음, 보폭, 걸음걸이
狡猾	〔jiǎohuá〕	웹 간사하다

■ 角度	〔jiǎodù〕	몡 각도
■ 角落	〔jiǎoluò〕	몡 구석, 모퉁이
■ 教导	〔jiàodǎo〕	몡 지도 동 가르치다
■ 教练	〔jiàoliàn〕	몡 코치, 교관
■ 教堂	〔jiàotáng〕	몡 교회, 교회당
■ 教研室	〔jiàoyánshì〕	몡 연구실
■ 觉	〔jiào〕	몡 잠, 수면
■ 揭	〔jiē〕	동 폭로하다, 벗기다
■ 揭露	〔jiēlù〕	동 폭로하다, 까발리다
■ 接连	〔jiēlián〕	뷔 연속하여, 연거푸
■ 阶层	〔jiēcéng〕	몡 계층
■ 结	〔jié〕	동 ①(열매가) 열리다, 맺다 ②매다, 묶다, 응결하다, (관계를) 맺다
■ 截	〔jié〕	동 (긴 것을 일정한 길이로) 자르다, 끊다
■ 节	〔jié〕	동 절약하다
■ 竭力	〔jiélì〕	동 진력하다
■ 洁白	〔jiébái〕	혱 새하얗다, 순결하다
■ 结	〔jié〕	몡 매듭 동 매다, 묶다, 엮다, 짜다
■ 结果	〔jiéguǒ〕	몡 결과

■ 解放军	[jiěfàngjūn]	명	해방군
■ 解剖	[jiěpōu]	동	해부하다
■ 界线	[jièxiàn]	명	경계선
■ 借口	[jièkǒu]	명	구실, 핑계 동 구실로 삼다
■ 金鱼	[jīnyú]	명	금붕어
■ 今日	[jīnrì]	명	오늘, 금일
■ 紧急	[jǐnjí]	형	긴급하다
■ 紧密	[jǐnmì]	형	긴밀하다, 잦다
■ 紧俏	[jǐnqiào]	형	(상품이 잘 팔려) 공급이 달리다
■ 谨慎	[jǐnshèn]	형	신중하다
■ 进军	[jìnjūn]	동	진군하다
■ 近代	[jìndài]	명	근대
■ 浸	[jìn]	동	(물에) 담그다, 잠그다
■ 尽力	[jìnlì]	동	힘을 다하다
■ 惊	[jīng]	동	놀라게 하다, 흘러나오다
■ 惊动	[jīngdòng]	동	놀라게 하다, 귀찮게 하다
■ 惊奇	[jīngqí]	동	이상히 여기다, 놀랍고도 이상하다
■ 惊人	[jīngrén]	동	사람을 놀라게 하다
■ 惊讶	[jīngyà]	동	경아하다, 의아해하다

■惊异	〔jīngyì〕	图 놀라며 이상히 여기다
■精	〔jīng〕	형 ①정제한, 정련한, 정선한, 순수한 ②훌륭하다, 우수하다, 뛰어나다
■精神	〔jīngshen〕	형 활기차다, 생기발랄하다
■精细	〔jīngxì〕	형 매우 가늘다, 정교하다, 세심하다
■精致	〔jīngzhì〕	명 정밀함 형 ①세밀하다, 상등이다 ②우수하다
■鲸鱼	〔jīngyú〕	명 고래
■经费	〔jīngfèi〕	명 경비
■经营	〔jīngyíng〕	图 경영하다
■警告	〔jǐnggào〕	명 경고 图 경고하다
■警惕	〔jǐngtì〕	图 경계하다, 경계심을 잃다
■景色	〔jǐngsè〕	명 경치
■景物	〔jǐngwù〕	명 풍경
■景象	〔jǐngxiàng〕	명 모습, 광경
■境	〔jìng〕	명 ①경계 ②곳, 장소, 구역
■敬酒	〔jìngjiǔ〕	图 술을 권하다
■竟	〔jìng〕	閈 뜻밖에
■竟然	〔jìngrán〕	閈 ①뜻밖에도, 의외로 ②결국, 마침내
■竞争	〔jìngzhēng〕	명 경쟁 图 경쟁하다

净	[jìng]	휑 깨끗하다, 청결하다 분 오로지, 온통
揪	[jiū]	동 잡아당기다, 움켜쥐다
酒店	[jiǔdiàn]	명 호텔, 술집
舅舅	[jiùjiu]	명 외숙, 외삼촌
舅母	[jiùmu]	명 외숙모, 외삼촌댁
就	[jiù]	동 ①다그다, 다가붙다, 다가가다 ②종사하다, 취임하다
就是…也…	[jiùshì…yě…]	…하더라도 …하지 않다
就是说	[jiùshì shuō]	요컨대, 다시 말하면, 바꿔 말하면
居民	[jūmín]	명 주민
居然	[jūrán]	분 의외로, 뜻밖에
居住	[jūzhù]	동 거주하다
局	[jú]	명 국, 부분
局部	[júbù]	명 일부, 국부
局面	[júmiàn]	명 국면
举办	[jǔbàn]	동 개최하다, 거행하다
聚	[jù]	동 ①모이다, 집합하다 ②모으다, 쌓다
聚集	[jùjí]	동 모으다, 모이다
聚精会神	[jù jīng huì shén]	성 정신을 집중하다, 열중하다

据	[jù]	图 ①점거하다 ②의지하다 깸 …에 따르면, …에 의거하여
距	[jù]	깸 …에서, …부터
剧	[jù]	뗑 연극, 극
剧烈	[jùliè]	뗑 격렬하다, 심하다
剧院	[jùyuàn]	뗑 극장
卷	[juǎn]	양 통, 보통의(두루마리 단위)
觉	[jué]	图 (잠에서) 깨어나다(깨다)
决口	[juékǒu]	图 (제방이) 터지다
决议	[juéyì]	뗑 결의
绝	[jué]	뗑 막히다, 막다르다
均	[jūn]	뗑 균일하다, 균등하다, 고르다
均匀	[jūnyún]	뗑 균등하다
军备	[jūnbèi]	뗑 군비
军官	[jūnguān]	뗑 장교, 사관
军舰	[jūnjiàn]	뗑 군함
军人	[jūnrén]	뗑 군인

Ⓚ

| 开办 | [kāibàn] | 图 창립하다 |
| 开除 | [kāichú] | 图 제거하다, 추방하다, 제명하다 |

▪ 开动	〔kāidòng〕	图 작동시키다, 이동하다
▪ 开发	〔kāifā〕	图 개발하다
▪ 开饭	〔kāifàn〕	图 식사를 하다, 배식을 시작하다
▪ 开口	〔kāikǒu〕	图 입을 열다
▪ 开幕	〔kāimù〕	图 개막하다
▪ 开设	〔kāishè〕	图 개설하다, 설립하다, 차리다
▪ 开水	〔kāishuǐ〕	圐 끓는 물, 끓은 물
▪ 开夜车	〔kāi yèchē〕	야간열차를 운전하다, 밤을 새워 일하다(공부하다)
▪ 刊物	〔kānwù〕	圐 간행물
▪ 看	〔kān〕	图 ①지키다, 돌보다 ②맡아보다
▪ 抗议	〔kàngyì〕	圐 항의 图 항의하다
▪ 考察	〔kǎochá〕	圐 사찰, 고찰 图 사찰하다, 고찰하다
▪ 考验	〔kǎoyàn〕	圐 시험 图 시험하다
▪ 靠近	〔kàojìn〕	图 ①가까이 다가서다 ②근접하다
▪ 科技	〔kējì〕	圐 과학기술
▪ 科普	〔kēpǔ〕	圐 과학보급
▪ 壳	〔ké〕	圐 단단한 껍질(껍데기)
▪ 可不是	〔kěbushì〕	그렇다, 그렇고 말고(요)

■ 可见	〔kějiàn〕	알 수 있다
■ 可巧	〔kěqiǎo〕	쀤 공교롭게, 때마침
■ 可惜	〔kěxī〕	혱 애석하다, 아깝다
■ 可笑	〔kěxiào〕	혱 가소롭다
■ 可行	〔kěxíng〕	혱 실행할 만하다, 할 수 있다
■ 渴望	〔kěwàng〕	동 갈망하다
■ 客	〔kè〕	명 ①손님 ②여객
■ 客观	〔kèguān〕	명 객관 혱 객관적이다
■ 客厅	〔kètīng〕	명 객실, 응접실
■ 课堂	〔kètáng〕	명 교실
■ 坑	〔kēng〕	명 구덩이 동 곤경에 빠뜨리다
■ 空军	〔kōngjūn〕	명 공군
■ 恐怖	〔kǒngbù〕	혱 두려워하다, 무서워하다
■ 空	〔kòng〕	혱 (집·토지 따위가) 비다, 비어 있다 동 비우다, 공백으로 하다
■ 空白	〔kòngbái〕	명 공백, 여백
■ 口气	〔kǒuqì〕	명 말투, 입 냄새
■ 口试	〔kǒushì〕	명 구두시험
■ 口头	〔kǒutóu〕	명 구두

枯	〔kū〕	휑 시들다, 마르다
窟窿	〔kūlong〕	몡 구멍, 굴
夸	〔kuā〕	동 사치하다, 호사하다
垮	〔kuǎ〕	동 망가지다, 붕괴하다
快餐	〔kuàicān〕	몡 패스트푸드, 즉석 음식
快活	〔kuàihuo〕	휑 쾌활하다, 즐겁다, 유쾌하다
宽阔	〔kuānkuò〕	휑 (옷이) 헐렁헐렁하다, 아량이 넓다
款待	〔kuǎndài〕	동 환대하다, 정성껏 대접하다
筐	〔kuāng〕	몡 광주리
狂	〔kuáng〕	휑 격렬하다, 맹렬하다, 심하다
狂风	〔kuángfēng〕	몡 광풍
矿石	〔kuàngshí〕	몡 광석
况且	〔kuàngqiě〕	젭 게다가, 하물며
昆虫	〔kūnchóng〕	몡 곤충
阔	〔kuò〕	휑 ①부유하다, 사치스럽다 ②넓다

Ⓛ

喇叭	〔lǎba〕	몡 나팔
蜡烛	〔làzhú〕	몡 초, 양초
辣	〔là〕	휑 ①맵다 ②흉악하다

辣椒	〔làjiāo〕	뗑 고추
来宾	〔láibīn〕	뗑 내빈
来回	〔láihuí〕	뗑 왕복, 내외 뙘 왕복하다
来客	〔láikè〕	뗑 손님
来往	〔láiwǎng〕	뗑 거래, 교재 뙘 왕래하다, 거래하다
来源	〔láiyuán〕	뗑 출처, 근원, 수원
篮子	〔lánzi〕	뗑 바구니, 광주리
朗诵	〔lǎngsòng〕	뙘 낭송하다
牢	〔láo〕	뼹 튼튼하다
牢固	〔láogù〕	뼹 견고하다
牢骚	〔láosāo〕	뗑 불평, 불만
老年	〔lǎonián〕	뗑 노인, 늙은이
老婆	〔lǎopo〕	뗑 마누라, 할멈
老人家	〔lǎorenjia〕	뗑 자기(타인의) 아버지, 어르신
老乡	〔lǎoxiāng〕	뗑 한 고향 사람, 동향인
姥姥	〔lǎolao〕	뗑 외할머니, 산파
乐	〔lè〕	뙘 즐기다, 좋아하다
类似	〔lèisì〕	뙘 유사하다, 비슷하다
类型	〔lèixíng〕	뗑 유형

冷静	〔lěngjìng〕	형 ①고요하다 ②냉정하다, 침착하다 동 침착(냉정)하게 하다
冷饮	〔lěngyǐn〕	명 청량음료
愣	〔lèng〕	형 경솔하다, 무모하다 동 멍하니 있다
黎明	〔límíng〕	명 여명
理	〔lǐ〕	명 이치, 도리 동 정리하다, 상관하다, 다루다
里头	〔lǐtou〕	명 안, 내부, 속, 가운데
礼	〔lǐ〕	명 ①의식, 예식 ②예, 경례
礼拜	〔lǐbài〕	명 예배, 요일, 주
历年	〔lìnián〕	명 예년, 과거 몇 년
利	〔lì〕	명 이익, 이윤
利润	〔lìrùn〕	명 이윤
力求	〔lìqiú〕	동 힘써 노력하다, 되도록 힘쓰다
力争	〔lìzhēng〕	동 쟁취하다
联络	〔liánluò〕	동 연락하다, 관계를 가지다
联盟	〔liánméng〕	명 동맹
连接	〔liánjiē〕	동 연결하다
脸色	〔liǎnsè〕	명 안색, 낯빛
炼	〔liàn〕	동 ①정제하다, 정련하다 ②(불로) 달구다, (열로) 불리다

■ 凉水	〔liángshuǐ〕	명	냉수, 찬물
■ 两旁	〔liǎngpáng〕	명	양쪽
■ 量	〔liàng〕	명	양, 분량, 수량
■ 谅解	〔liàngjiě〕	동	양해하다, 이해하여 주다
■ 料	〔liào〕	명	원료, 재료 동 예측하다, 짐작하다, 추측하다
■ 裂	〔liè〕	동	갈라지다, 찢어지다, 쪼개지다, 금 가다, 트다
■ 烈士	〔lièshì〕	명	열사
■ 猎人	〔lièrén〕	명	사냥꾼
■ 淋	〔lín〕	동	(비를) 맞다, (비에) 젖다
■ 零件	〔língjiàn〕	명	부품, 부속품
■ 灵魂	〔línghún〕	명	영혼, 정신
■ 领会	〔lǐnghuì〕	동	깨닫다, 이해하다, 파악하다
■ 领土	〔lǐngtǔ〕	명	영토
■ 领域	〔lǐngyù〕	명	분야, 영역
■ 令	〔lìng〕	동	명령하다
■ 溜	〔liū〕	동	미끄러지다, 활강하다
■ 留学	〔liúxué〕	명	유학
■ 流传	〔liúchuán〕	동	(사적·작품 따위가) 유전하다, 세상에 널리 퍼지다

流动	〔liúdòng〕	图 ①(액체나 기체가) 흐르다 ②옮겨다니다, 유동하다
流氓	〔liúmáng〕	图 건달, 부랑자
流水	〔liúshuǐ〕	图 흐르는 물, 유수
流行	〔liúxíng〕	图 유행하다, 성행하다
流域	〔liúyù〕	图 유역
柳树	〔liǔshù〕	图 버드나무
笼子	〔lóngzi〕	图 새장, 바구니
拢	〔lǒng〕	图 (입을) 다물다, 모으다
垄断	〔lǒngduàn〕	图 농단하다, 독점하다, 마음대로 다루다, 독차지하다
笼罩	〔lǒngzhào〕	图 ①덮어씌우다, 뒤덮다 ②(연기·안개 등이) 자욱하다, 자욱이 끼다
楼道	〔lóudào〕	图 복도
楼房	〔lóufáng〕	图 다층집
搂	〔lōu〕	图 ①긁어모으다, 끌어 모으다 ②(옷을) 걷어 올리다, 끌어올리다
露面	〔lòumiàn〕	图 얼굴을 드러내다
喽	〔lou〕	图 주의를 환기시키거나, 동작의 가정이나 예상에 쓰임
炉子	〔lúzi〕	图 화로
路过	〔lùguò〕	图 거치다, 통과하다

■ 路口	〔lùkǒu〕	몡 갈림길, 길목
■ 露	〔lù〕	동 드러나다
■ 陆地	〔lùdì〕	몡 육지
■ 陆军	〔lùjūn〕	몡 육군
■ 驴	〔lǘ〕	몡 나귀
■ 铝	〔lǚ〕	몡 알루미늄
■ 旅游	〔lǚyóu〕	동 여행하다, 관광하다
■ 卵	〔luǎn〕	몡 알
■ 掠夺	〔lüèduó〕	동 약탈하다
■ 轮廓	〔lúnkuò〕	몡 윤곽
■ 轮流	〔lúnliú〕	동 교대로 하다, 순번대로 하다, 돌아가면서 하다
■ 轮子	〔lúnzi〕	몡 바퀴
■ 论	〔lùn〕	몡 이론 동 토론하다, 평가하다
■ 逻辑	〔luójí〕	몡 논리, 로직(logic)
■ 锣	〔luó〕	몡 징
■ 骆驼	〔luòtuo〕	몡 낙타

马克思主义	〖Mǎkèsī zhǔyì〗	몡 마르크스주의
瞒	〖mán〗	동 속이다
满腔	〖mǎnqiāng〗	혱 만강하다, 가슴속에 가득 차다
漫长	〖màncháng〗	혱 (시간·길 따위가) 멀다, 길다
盲目	〖mángmù〗	혱 맹목적인
毛笔	〖máobǐ〗	몡 붓
毛线	〖máoxiàn〗	몡 털실
毛泽东思想	〖Máo zédōng sīxiǎng〗	몡 모택동 사상
茅台酒	〖máotáijiǔ〗	몡 마오타이주 (중국 귀주성 모대진에서 나는 유명한 술)
梅花	〖méihuā〗	몡 매화
没说的	〖méi shuōde〗	①나무랄 것이(데) 없다 ②별것 아니다, 문제가 안 된다
眉毛	〖méimao〗	몡 눈썹
眉头	〖méitóu〗	몡 미간
美观	〖měiguān〗	혱 보기 좋다
闷	〖mēn〗	혱 (공기가 통하지 않아) 갑갑하다, 답답하다 동 ①꼭 닫다, 공기를 통하지 않게 하다 ②틀어박히다
门诊	〖ménzhěn〗	몡 진료, 진찰, 외래 진찰

闷	【mèn】	혱 마음이 편치 않다, 답답하다, 울적하다, 우울하다
蒙	【méng】	동 가리다, 덮어씌우다, 입다
猛	【měng】	혱 ①맹렬하다, 극렬하다 ②용감하다, 용맹하다 ③(힘이) 세다, 강하다
猛烈	【měngliè】	혱 맹렬하다, 세차다
猛然	【měngrán】	뷔 뜻밖에, 갑자기, 돌연히
梦想	【mèngxiǎng】	명 꿈, 몽상 동 몽상하다
眯	【mī】	동 (눈을) 가늘게 뜨다
迷	【mí】	동 ①헷갈리다, 갈피를 잡지 못하다 ②빠지다, 심취하다, 매혹되다
迷糊	【míhu】	혱 모호하다, 정신이 없다
迷信	【míxìn】	명 미신 동 맹신하다
谜语	【míyǔ】	명 수수께끼
秘书	【mìshū】	명 비서
蜜	【mì】	명 벌꿀
免得	【miǎnde】	접 …하지 않도록
勉强	【miǎnqiǎng】	혱 마지못하다, 내키지 않다 동 강요하다
面对	【miànduì】	동 직면하다, 직시하다
面粉	【miànfěn】	명 밀가루

■ 面孔	〔miànkǒng〕	몡 얼굴, 표정
■ 面临	〔miànlín〕	동 (문제·상황에) 직면하다, 당면하다
■ 苗	〔miáo〕	몡 모, 새싹, 새끼
■ 灭亡	〔mièwáng〕	동 멸망하다
■ 民兵	〔mínbīng〕	몡 민병
■ 民间	〔mínjiān〕	몡 민간
■ 民用	〔mínyòng〕	혱 민용의, 민간의
■ 敏捷	〔mǐnjié〕	혱 민첩하다
■ 明白	〔míngbai〕	혱 분명하다, 총명하다 동 이해하다
■ 明明	〔míngmíng〕	뮈 분명히, 틀림없이
■ 明信片	〔míngxìnpiàn〕	몡 엽서
■ 鸣	〔míng〕	동 (금수·벌레 등이) 울다
■ 命	〔mìng〕	몡 생명 동 명령하다
■ 模范	〔mófàn〕	몡 모범
■ 模糊	〔móhu〕	혱 모호하다
■ 模型	〔móxíng〕	몡 모형
■ 摩托车	〔mótuōchē〕	몡 오토바이
■ 抹	〔mǒ〕	동 바르다, 지우다, 닦다
■ 末	〔mò〕	몡 물건의 끝(부분), 끝머리

■ 墨	[mò]	몡 먹
■ 陌生	[mòshēng]	혱 낯설다, 생소하다
■ 某些	[mǒuxiē]	때 몇몇(의), 일부(의)
■ 墓	[mù]	몡 묘
■ 幕	[mù]	몡 막, 위를 덮는 것, 스크린
■ 木材	[mùcái]	몡 목재
■ 目光	[mùguāng]	몡 ①식견, 시야 ②눈빛, 눈길, 눈초리
■ 牧场	[mùchǎng]	몡 목장
■ 牧民	[mùmín]	몡 목축민

N

■ 拿…来说	[ná…láishuō]	…을 예로 들면
■ 奶	[nǎi]	몡 젖, 유방
■ 耐	[nài]	됭 견디다, 참다
■ 耐烦	[nàifán]	됭 번거로움을 견디다
■ 男子	[nánzǐ]	몡 남자
■ 难得	[nándé]	혱 얻기 어렵다, 구하기 힘들다
■ 难怪	[nánguài]	뮈 과연, 어쩐지, 그러기에 혱 당연하다, 이상할 것 없다, 나무랄 수 없다
■ 难题	[nántí]	몡 난제

难以	〔nányǐ〕	휑 …하기 어렵다 (곤란하다)
脑筋	〔nǎojīn〕	몡 머리
脑力	〔nǎolì〕	몡 지능
闹笑话	〔nào xiàohuà〕	웃음을 자아내다, 웃음거리가 되다
闹着玩儿	〔nàozhewánr〕	통 장난하다, 농담하다
内科	〔nèikē〕	몡 내과
嫩	〔nèn〕	휑 여리다, 부드럽다
能	〔néng〕	휑 유능하다, 능력이 있다 몡 재능, 재간, 능력
能歌善舞	〔néng gē shàn wǔ〕	셍 노래도 잘하고 춤도 잘 춘다
能量	〔néngliàng〕	몡 에너지, 수용력
泥土	〔nítǔ〕	몡 진흙, 흙
念书	〔niànshū〕	몡 공부 통 공부하다
娘	〔niáng〕	몡 ①어머니 ②나이 많은 부인 ③처녀, 젊은 여자, 딸
捏	〔niē〕	통 ①손가락으로 집(어 내)다 ②(손으로) 빚다 ③날조하다, 꾸며내다
拧	〔nǐng〕	통 짜다, 비틀다, 꼬집다
宁可	〔nìngkě〕	젭 차라리 (…하는 것이 낫다), 오히려 (…할지언정)
扭转	〔niǔzhuǎn〕	통 (몸 따위를) 돌리다, 돌려세우다

农场	[nóngchǎng]	명 농장
农具	[nóngjù]	명 농기구
农贸市场	[nóngmào shìchǎng]	명 농산물 자유시장, 농산품 교역시장
农田	[nóngtián]	명 농경지
农药	[nóngyào]	명 농약
农作物	[nóngzuòwù]	명 농작물
奴隶	[núlì]	명 노예
怒	[nù]	형 기세가 강성하다, 위세가 왕성하다
女子	[nǚzǐ]	명 여자

O

噢	[ō]	감 아, 어, 오 (이해, 납득)
哦	[ó]	감 어! 아! 어머! (놀라움, 감탄)
偶尔	[ǒu'ěr]	부 간혹, 이따금, 때때로
偶然	[ǒurán]	형 우연하다, 우연스럽다 부 우연히, 뜻밖에

P

趴	[pā]	동 엎드리다, 기대다
拍摄	[pāishè]	동 촬영하다, 사진을 찍다
拍子	[pāizi]	명 ①박자 ②채, 라켓

排斥	〔páichì〕	통 배척하다
排列	〔páiliè〕	통 배열하다
牌子	〔páizi〕	명 상표, 간판
攀	〔pān〕	통 기어오르다
攀登	〔pāndēng〕	통 등반하다
盘	〔pán〕	통 빙빙 돌다, 감다
盼	〔pàn〕	통 바라다, 고대하다
畔	〔pàn〕	명 ①(강·호수·도로 등의) 가, 가장자리, 주위 ②밭이나 논의 두렁
抛	〔pāo〕	통 던지다, 버리다, 방치하다
炮弹	〔pàodàn〕	명 포탄
泡	〔pào〕	명 거품, 포말 통 (비교적 오래) 물(액체)에 담그다
培养	〔péiyǎng〕	통 기르다, 양성하다
培育	〔péiyù〕	통 ①기르다, 재배하다 ②(사람이나 우의 따위를) 기르다
赔偿	〔péicháng〕	통 배상하다, 변상하다
陪同	〔péitóng〕	명 수행 통 수행하다, 모시다
配	〔pèi〕	통 곁들이다, 배합하다, 짝 짓다
佩服	〔pèifú〕	통 탄복하다, 감탄하다
盆地	〔péndì〕	명 분지

蓬勃	〔péngbó〕	웹 왕성하다, 활기 있디
棚	〔péng〕	명 (천)막
膨胀	〔péngzhàng〕	동 팽창하다
碰钉子	〔pèng dīngzi〕	난관에 부딪치다, 거절당하다
批	〔pī〕	동 비평하다, 결재하다
疲倦	〔píjuàn〕	형 지치다, 나른해지다
屁股	〔pìgu〕	명 엉덩이
譬如	〔pìrú〕	동 예를 들다 접 가령, 만일
偏	〔piān〕	형 치우치다, 쏠리다, 기울다
偏偏	〔piānpiān〕	부 기어코, 공교롭게, 뜻밖에
飘扬	〔piāoyáng〕	동 (바람에) 휘날리다, 나부끼다
拼	〔pīn〕	동 맞서다, 짜 맞추다
贫苦	〔pínkǔ〕	형 빈곤하다
贫穷	〔pínqióng〕	형 빈곤하다, 빈궁하다
品德	〔pǐndé〕	명 인품
品质	〔pǐnzhì〕	명 품질
平凡	〔píngfán〕	형 평범하다
平衡	〔pínghéng〕	형 균형이 맞다 동 평형 되게 하다, 균형 있게 하다
平行	〔píngxíng〕	형 대등한, 동급의

凭	〔píng〕	통 (몸을 …에) 기대다, 의지하다 개 …에 의거하여, …에 근거하여
评	〔píng〕	통 논평하다, 비평하다, 평론하다
评价	〔píngjià〕	명 평가 통 평가하다
评论	〔pínglùn〕	명 논평, 평론 통 논평하다, 평론하다
泼	〔pō〕	통 (힘을 들여) 물을 뿌리다
破产	〔pòchǎn〕	명 파산 통 파산하다
破烂	〔pòlàn〕	형 낡아 빠지다
迫害	〔pòhài〕	통 박해하다
葡萄	〔pútáo〕	명 포도
普及	〔pǔjí〕	통 보급하다, 대중화하다, 보급되다
普通话	〔pǔtōnghuà〕	명 표준중국어

Q

欺负	〔qīfu〕	통 모욕하다, 괴롭히다
漆	〔qī〕	명 옻칠
其	〔qí〕	대 그, 그것
其实	〔qíshí〕	부 (그러나) 사실은, 실제는
棋	〔qí〕	명 장기, 바둑

奇迹	〔qíjì〕	몡 기적
旗袍	〔qípáo〕	몡 중국 여자가 입는 원피스 모양의 옷
旗帜	〔qízhì〕	몡 ①깃발 ②모범, 기치
起初	〔qǐchū〕	閉 최초에, 처음
起飞	〔qǐfēi〕	동 이륙하다
起义	〔qǐyì〕	몡 봉기, 의거 동 봉기하다, 의거를 일으키다
起源	〔qǐyuán〕	몡 기원 동 기원하다
器材	〔qìcái〕	몡 기재, 기구, 기자재
器官	〔qìguān〕	몡 기관
气	〔qì〕	몡 ①기체, 가스 ②공기, 바람
气氛	〔qìfēn〕	몡 분위기
气愤	〔qìfèn〕	형 분노하다
气概	〔qìgài〕	몡 기개
气体	〔qìtǐ〕	몡 기체, 가스
气味	〔qìwèi〕	몡 ①냄새 ②성격, 성미, 기질
气压	〔qìyā〕	몡 기압
汽船	〔qìchuán〕	몡 기선, 발동선, 모터보트
恰当	〔qiàdàng〕	형 적합하다, 알맞다
恰好	〔qiàhǎo〕	閉 때마침

■ 恰恰	〔qiàqià〕	團 때마침, 바로
■ 铅	〔qiān〕	團 납(Pb), 연
■ 千方百计	〔qiān fāng bǎi jì〕	셍 온갖 방법·계략 (을 다하다)
■ 千克	〔qiānkè〕	얭 킬로그램 (kg)
■ 谦虚	〔qiānxū〕	혱 겸허하다
■ 前方	〔qiánfāng〕	團 앞, 전방
■ 前后	〔qiánhòu〕	團 전후, 앞뒤
■ 前头	〔qiántou〕	團 앞, 전면
■ 歉意	〔qiànyì〕	團 유감의 뜻, 유감스러운 마음
■ 墙壁	〔qiángbì〕	團 벽, 담
■ 强迫	〔qiǎngpò〕	통 강요하다, 핍박하다
■ 翘	〔qiáo〕	통 (머리를) 들다, 발돋움하다
■ 切实	〔qièshí〕	혱 확실하다, 적절하다, 착실하다
■ 侵犯	〔qīnfàn〕	통 침범하다
■ 侵入	〔qīnrù〕	통 침입하다
■ 亲	〔qīn〕	혱 친(근)하다, 사이가 좋다
■ 亲热	〔qīnrè〕	혱 친밀하다, 다정하다, 친하게 지내다
■ 亲人	〔qīnrén〕	團 가까운 친척, 육친
■ 亲眼	〔qīnyǎn〕	團 제 눈으로, 직접
■ 琴	〔qín〕	團 금, 거문고

■勤劳	〔qínláo〕	형 부지런히 일하다, 근로하다
■青菜	〔qīngcài〕	명 야채
■青春	〔qīngchūn〕	명 청춘
■青蛙	〔qīngwā〕	명 청개구리
■轻视	〔qīngshì〕	형 경시하다
■轻易	〔qīngyì〕	형 수월하다, 간단하다
■倾向	〔qīngxiàng〕	명 경향 동 마음이 쏠리다, 편들다
■清晨	〔qīngchén〕	명 이른 아침
■清除	〔qīngchú〕	동 ①철저히 제거하다, 완전히 없애다 ②쓸다, 청소하다, 정리하다
■清洁	〔qīngjié〕	형 청결하다
■清晰	〔qīngxī〕	형 뚜렷하다, 분명하다
■清醒	〔qīngxǐng〕	형 (머릿속이) 맑고 깨끗하다, 뚜렷하다 동 의식을 회복하다, 정신을 차리다
■晴天	〔qíngtiān〕	명 갠 날, 맑은 날
■情	〔qíng〕	명 감정
■情报	〔qíngbào〕	명 정보, 소식
■请教	〔qǐngjiào〕	동 지도를 바라다, 가르침을 청하다, 가르침을 받다, 물어보다
■请示	〔qǐngshì〕	동 지시를 바라다, 물어보다
■穷人	〔qióngrén〕	명 가난한 사람

■秋季	〔qiūjì〕	몡 가을철
■丘陵	〔qiūlíng〕	몡 구릉
■区域	〔qūyù〕	몡 구역
■曲折	〔qūzhé〕	혱 구불구불하다, 삐뚤어지다
■渠道	〔qúdào〕	몡 관개, 수로, 경로
■娶	〔qǔ〕	동 아내를 얻다
■趣味	〔qùwèi〕	몡 취미
■圈子	〔quānzi〕	몡 원, 테두리
■权利	〔quánlì〕	몡 권리
■权力	〔quánlì〕	몡 권력
■全局	〔quánjú〕	몡 전체의 국면, 전반형세
■拳头	〔quántou〕	몡 주먹, 권투
■劝告	〔quàngào〕	몡 권고 동 권고하다, 충고하다
■群岛	〔qúndǎo〕	몡 군도

Ⓡ

■燃料	〔ránliào〕	몡 연료
■染料	〔rǎnliào〕	몡 염료
■饶	〔ráo〕	동 용서하다
■热带	〔rèdài〕	몡 열대

热量	〔rèliàng〕	몡 열량
人家	〔rénjia〕	때 남, 다른 사람
人间	〔rénjiān〕	몡 인간
人力	〔rénlì〕	몡 인력
人群	〔rénqún〕	몡 뭇사람, 무리
人士	〔rénshì〕	몡 인사
人体	〔réntǐ〕	몡 인체
人心	〔rénxīn〕	몡 인심
忍不住	〔rěnbuzhù〕	…하지 않을 수 없다
忍耐	〔rěnnài〕	됭 인내하다, 억제하다
忍受	〔rěnshòu〕	됭 참아내다
任	〔rèn〕	젭 …할지라도, …을 막론하고 됭 임명하다, 허락하다
任性	〔rènxing〕	됭 제멋대로 하다, 제 마음대로 하다
任意	〔rènyì〕	뮈 제멋대로, 임의대로
仍旧	〔réngjiù〕	뮈 여전히, 아직도, 변함없다
日报	〔rìbào〕	몡 일보
日夜	〔rìyè〕	몡 밤낮, 주야
日益	〔rìyì〕	뮈 점점, 더욱더, 날로
日用	〔rìyòng〕	몡 일용

■ 荣幸	〔róngxìng〕	혱 영광스럽다
■ 溶液	〔róngyè〕	뗑 용액
■ 容	〔róng〕	뚱 수용하다, 허락하다
■ 容器	〔róngqì〕	뗑 용기
■ 容许	〔róngxǔ〕	뚱 허가하다, 허락하다
■ 揉	〔róu〕	뚱 비비다, 문지르다
■ 柔软	〔róuruǎn〕	혱 부드럽다, 유연하다
■ 如此	〔rúcǐ〕	이와 같다, 이러하다
■ 如同	〔rútong〕	뚱 마치 …같다
■ 如下	〔rúxià〕	혱 아래와 같다
■ 软弱	〔ruǎnruò〕	혱 연약하다
■ 若	〔ruo〕	쩝 만약 …이라면, 만약
■ 若干	〔ruògān〕	뗑 약간, 어느 정도, 조금

Ⓢ

■ 塞	〔sāi〕	뚱 채워 넣다, 밀어 넣다
■ 散	〔sǎn〕	혱 기분 내키는 대로 하는 모양, 멋대로 하는 모양 뚱 느슨해지다, 흩어지다, 분산하다 (조직이 없어져 따로따로 흩어지는 것을 의미함)
■ 散文	〔sǎnwén〕	뗑 산문

散	〔sàn〕	동 흩어지다, 분산하다, 떨어지다 (조직 내의 분산 또는 조직으로부터의 분리를 의미)
散布	〔sànbù〕	동 살포하다, 퍼뜨리다, 흩어지다
丧失	〔sàngshī〕	동 상실하다, 잃다
色彩	〔sècǎi〕	명 채색
纱	〔shā〕	명 실, 뜨개실,
删	〔shān〕	동 삭제하다, 줄이다, 빼버리다
山地	〔shāndì〕	명 산지, 산간지대
山峰	〔shānfēng〕	명 산봉우리
山谷	〔shāngǔ〕	명 산골짜기
闪电	〔shǎndiàn〕	명 번개
闪烁	〔shǎnshuò〕	동 깜빡이다, 가물거리다
扇子	〔shànzi〕	명 부채
伤害	〔shānghài〕	동 상해하다, 해치다
伤口	〔shāngkǒu〕	명 상처
伤脑筋	〔shāng nǎojīn〕	골머리 앓다, 골치가 아프다
商人	〔shāngrén〕	명 상인
上帝	〔shàngdì〕	명 상제, 하느님
上升	〔shàngshēng〕	동 상승하다
上述	〔shàngshù〕	동 위에서 말하다, 상술하다

■ 上头	〔shàngtou〕	똉 상급, 상사
■ 上下	〔shàngxià〕	똉 상하
■ 上旬	〔shàngxún〕	똉 상순
■ 上游	〔shàngyóu〕	똉 상류, 높은 지위
■ 少女	〔shàonǚ〕	똉 소녀
■ 少先(年)队	〔shào(nián)xiānduì〕	똉 소년선봉대
■ 哨兵	〔shàobīng〕	똉 초병
■ 舍不得	〔shěbude〕	아까워하다, 아쉽다
■ 舍得	〔shědé〕	동 기꺼이 주다, 아까워하지 않다
■ 摄氏	〔shèshì〕	똉 섭씨
■ 摄影	〔shèyǐng〕	동 사진을 찍다, 영화를 촬영하다
■ 射击	〔shèjī〕	동 사격하다
■ 社会主义	〔shèhuì zhǔyì〕	똉 사회주의
■ 社论	〔shèlùn〕	똉 사론, 사설
■ 设	〔shè〕	동 ①배치하다, 세우다 ②계획하다
■ 设法	〔shèfǎ〕	동 방법을 강구하다
■ 设想	〔shèxiǎng〕	똉 상상, 가상, 구상 동 ①상상하다, 가상하다 ②고려하다
■ 申请	〔shēnqǐng〕	동 신청하다
■ 身材	〔shēncái〕	똉 몸집, 체격

■ 身分(身份)	〔shēnfen〕	명 신분
■ 身子	〔shēnzi〕	명 몸, 신체
■ 深度	〔shēndù〕	명 심도
■ 深夜	〔shēnyè〕	명 심야, 밤중
■ 神话	〔shénhuà〕	명 신화
■ 神秘	〔shénmì〕	형 신비하다, 불가사이하다
■ 神气	〔shénqì〕	명 표정, 안색, 태도 형 기운차다, 뽐내다
■ 神情	〔shéqíng〕	명 안색, 표정, 기색
■ 神圣	〔shénshèng〕	형 신성하다, 성스럽다
■ 审查	〔shěnchá〕	동 심사하다, 조사하다
■ 婶子	〔shěnzi〕	명 숙모, 아주머니
■ 甚至	〔shènzhì〕	부 심지어, 조차 개 …조차도, …마저
■ 甚至于	〔shènzhìyú〕	부 …까지도, 심지어 …마저
■ 慎重	〔shènzhòng〕	형 신중하다, 분별 있다
■ 声明	〔shēngmíng〕	명 성명 동 성명하다
■ 生	〔shēng〕	명 생명, 살림, 학생,
■ 生病	〔shēngbìng〕	동 병이 나다, 발병하다
■ 生存	〔shēngcún〕	동 생존하다

■ 生理	〔shēnglǐ〕	몡 생리
■ 省得	〔shěngde〕	젭 …하지 않기 위해서, …하지 않도록
■ 省长	〔Shěngzhǎngì〕	몡 성장, 省政府의 우두머리
■ 圣诞节	〔shèngdànjié〕	몡 성탄절
■ 剩余	〔shèngyú〕	몡 나머지, 잉여
■ 师范	〔shīfàn〕	몡 사범, 모범, 본보기
■ 失掉	〔shīdiào〕	동 잃다, 놓치다
■ 失眠	〔shīmián〕	동 잠을 이루지 못하다
■ 湿润	〔shīrùn〕	혱 습윤하다, 축축하다
■ 诗人	〔shīrén〕	몡 시인
■ 时常	〔shícháng〕	뮈 자주, 늘, 항상
■ 时机	〔shíjī〕	몡 기회, 좋은 순간
■ 时节	〔shíjié〕	몡 계절, 철
■ 时时	〔shíshí〕	뮈 항상, 늘, 시각마다
■ 实话	〔shíhuà〕	몡 바른말, 실화
■ 实况	〔shíkuàng〕	몡 실황, 실제상황
■ 实施	〔shíshī〕	동 실행하다, 실시하다
■ 实习	〔shíxí〕	동 실습하다
■ 实质	〔shízhì〕	몡 실질
■ 使得	〔shǐde〕	동 …하게 하다, …한 결과를 낳다

使劲	[shǐjìn]	통 힘을 다하다
驶	[shǐ]	통 운전하다, 달리다
示威	[shìwēi]	통 시위하다, 과시하다
士兵	[shìbīng]	명 사병
…似的	[shìde]	조 비슷하다, (마치) …와 같다
事故	[shìgù]	명 사고
事迹	[shìjì]	명 사적
事务	[shìwù]	명 사무
逝世	[shìshì]	통 서거하다, 세상을 뜨다
势力	[shìlì]	명 세력
是的	[shìde]	맞다, 옳다
是非	[shìfēi]	명 시비, 옳고 그름, 언쟁
是否	[shìfǒu]	…인지 아닌지
适宜	[shìyí]	형 적당하다, 적절하다
市长	[shìzhǎng]	명 시장
收割	[shōugē]	통 수확하다, 가을걷이하다
收集	[shōují]	통 수집하다
收缩	[shōusuō]	통 수축하다, 축소하다
手枪	[shǒuqiāng]	명 권총
手势	[shǒushì]	명 손짓, 손시늉

■ 守	[shǒu]	동 지키다, 돌보다, 준수하다
■ 寿命	[shòumìng]	명 수명
■ 售	[shòu]	동 ①팔다 ②행하다
■ 售货	[shòuhuò]	동 판매하다
■ 梳	[shū]	동 빗다
■ 梳子	[shūzi]	명 빗
■ 舒畅	[shūchàng]	형 상쾌하다, 쾌적하다
■ 书本	[shūběn]	명 책
■ 书籍	[shūjí]	명 서적
■ 树立	[shùlì]	동 수립하다
■ 树木	[shùmù]	명 수목
■ 束	[sù]	양 묶음, 다발, 송이, 단
■ 束缚	[shùfù]	동 속박하다, 얽어매다
■ 数据	[shùjù]	명 통계수치, 데이터
■ 数目	[shùmù]	명 수, 수량
■ 刷子	[shuāzi]	명 솔
■ 耍	[shuǎ]	동 장난치다, 잔꾀를 부리다
■ 衰弱	[shuāiruò]	형 쇠약하다
■ 拴	[shuān]	동 붙들어 매다, 동여매다
■ 霜	[shuāng]	명 서리

■ 双	[shuāng]	톙 ①두, 쌍의, 양쪽의, 쌍방의 ②짝수의 ③갑절의
■ 水分	[shuǐfèn]	몡 수분
■ 水库	[shuǐkù]	몡 저수지
■ 水利	[shuǐlì]	몡 수리, 관계사업
■ 水力	[shuǐlì]	몡 수력
■ 睡眠	[shuìmián]	몡 수면, 잠
■ 税	[shuì]	몡 세금
■ 顺	[shùn]	동 ①복종하다, 순종하다 ②가지런히 하다, 거스르지 않다
■ 顺手	[shùnshǒu]	톙 순조롭다, 순통하다 뮈 겸사겸사, …하는 김에
■ 说不定	[shuōbuding]	아마도, 어쩌면(…일지도 모른다)
■ 说法	[shuōfa]	몡 표현(법), 견해, 의견
■ 说服	[shuōfú]	동 설복하다, 설득하다
■ 思考	[sīkǎo]	동 사고하다
■ 思念	[sīniàn]	동 그리워하다, 애타게 바라다
■ 思索	[sīsuǒ]	동 사색하다, 숙고하다
■ 思维	[sīwéi]	몡 사유
■ 私有	[sīyǒu]	몡 사유 동 사유하다, 개인이 소유하다
■ 司令	[sīlìng]	몡 사령

丝毫	〔sīháo〕	몡추호, 극히 적은 수량(부정문에 쓰임)
死	〔sǐ〕	혱①죽은 ②막히다 ③융통성이 없다
死亡	〔sǐwáng〕	동 사망하다
四处	〔sìchù〕	몡 사방, 도처, 여러 곳
四面八方	〔sì miàn bā fāng〕	솅 사방팔방, 방방곡곡
四周	〔sìzhōu〕	몡 사방
饲养	〔sìyǎng〕	동 사육하다, 기르다
松树	〔sōngshù〕	몡 소나무
送礼	〔sònglǐ〕	동 예물을 보내다
搜集	〔sōují〕	동 수집하다, 모으다
艘	〔sōu〕	양 척
俗话	〔súhuà〕	몡 속담, 속어
速成	〔sùchéng〕	몡 속성
算是	〔suànshi〕	동 …인 셈이다, …라 할 수 있다
算数	〔shuànshù〕	동①수를 세다 ②말한 대로 하다
虽	〔suī〕	젭 비록 …일지라도, …할지라도
虽说	〔suīshūo〕	젭 …이지만…, 비록 …일지라도
随后	〔suíhòu〕	믄 뒤이어, 곧, 이어
随即	〔suíjí〕	믄 즉시, 곧
随手	〔suíshǒu〕	동 하는 김에 같이 하다(주로 부사적

표현으로 쓰임)

■ 岁数	〔suìshu〕	명	나이
■ 孙女	〔sūnnǚ〕	명	손녀
■ 孙子	〔sūnzi〕	명	손자
■ 损害	〔sǔnhài〕	동	손해보다
■ 损坏	〔sǔnhuài〕	동	손해를 입히다, 파손시키다
■ 缩短	〔suōduǎn〕	동	단축하다
■ 缩小	〔suōxiǎo〕	동	축소하다
■ 锁	〔suǒ〕	명 / 동	자물쇠 / 잠그다, 감치다
■ 所在	〔suǒzài〕	명	소재지

Ⓣ

■ 塌	〔tā〕	동	붕괴하다, 꺼지다, 가라앉히다
■ 踏实	〔tāshi〕	형	성실하다, 편안하다
■ 踏	〔tà〕	동	밟다, 답사하다
■ 摊	〔tān〕	동	(넓게 한 면으로) 늘어놓다, 펴다
■ 摊	〔tān〕	명 / 양	노점, 가두판매점 / 웅덩이, 무더기(진흙·똥 따위가 질 편하게 깔린 것을 세는데 쓰임)
■ 滩	〔tān〕	명	여울, 모래톱
■ 谈话	〔tánhuà〕	명	①(정치성을 띤) 담화 ②대화

■ 谈论	〔tánlùn〕	툉 담론하다	
■ 坦克	〔tǎnkè〕	몡 탱크	
■ 探索	〔tànsuǒ〕	툉 탐색하다, 찾다	
■ 叹气	〔tànqì〕	툉 탄식하다, 한숨 쉬다	
■ 倘若	〔tǎngruò〕	젭 만약 …이면	
■ 桃	〔táo〕	몡 복숭아	
■ 逃避	〔táobì〕	툉 도피하다	
■ 特	〔tè〕	혱 특수하다, 특이하다, 특별하다	
■ 特务	〔tèwu〕	몡 스파이	
■ 特征	〔tèzhēng〕	몡 특징	
■ 提包	〔tíbāo〕	몡 손가방, 핸드백	
■ 提纲	〔tígāng〕	몡 제강, 대강	
■ 提问	〔tíwèn〕	툉 질문하다	
■ 提醒	〔tíxǐng〕	툉 일깨우다, 조심시키다	
■ 提议	〔tíyì〕	몡 제의 툉 제의하다	
■ 蹄	〔tí〕	몡 발굽	
■ 体操	〔tǐcāo〕	몡 체조	
■ 体力	〔tǐlì〕	몡 체력	
■ 体面	〔tǐmian〕	몡 체면 혱 체면이 서다, 떳떳하다	

■ 体温	〔tǐwēn〕	명 체온
■ 体现	〔tǐxiàn〕	동 구현하다, 구체적으로 드러내다
■ 天才	〔tiāncái〕	명 천재
■ 天空	〔tiānkōng〕	명 하늘
■ 天然	〔tiānrán〕	명 ①자연의, 천연의, 자연적인 ②나면서부터, 천성적인 ③무리가 없다
■ 天然气	〔Tiānránqì〕	명 천연가스
■ 天上	〔tiānshàng〕	명 하늘
■ 天文	〔tiānwén〕	명 천문
■ 天下	〔tiānxià〕	명 천하
■ 天主教	〔tiānzhǔjiào〕	명 천주교
■ 田地	〔tiándì〕	명 논밭, 경작지
■ 挑选	〔tiāoxuǎn〕	동 골라내다, 고르다
■ 条例	〔tiáolì〕	명 조례
■ 调节	〔tiáojié〕	동 조절하다
■ 调皮	〔tiáopí〕	형 말을 잘 듣지 않다, 다루기 어렵다 동 장난치다, 까불다
■ 跳动	〔tiàodòng〕	동 뛰다, 고동치다
■ 厅	〔tīng〕	명 청, 큰방, 홀
■ 停留	〔tíngliú〕	동 머물다, 멈추다
■ 亭子	〔tíngzi〕	명 정자

■ 挺	〔tǐng〕	동 곧게 펴다, 견디다
■ 通常	〔tōngcháng〕	명 통상, 일반, 보통
■ 通顺	〔tōngshùn〕	형 순탄하다
■ 通信	〔tōngxìn〕	동 통신하다, 편지를 내다
■ 同伴	〔tóngbàn〕	명 길동무, 동료, 짝
■ 同胞	〔tóngbāo〕	명 동포
■ 同盟	〔tóngméng〕	명 동맹
■ 筒	〔tǒng〕	명 통, 원통
■ 统计	〔tǒngjì〕	명 통계 동 통계를 내다
■ 统统	〔tǒngtǒng〕	부 모두, 몽땅
■ 投机	〔tóujī〕	동 ① 배짱이 맞다, 의기투합하다 ② 투기하다
■ 投降	〔tóuxiáng〕	동 투항하다
■ 头脑	〔tóunǎo〕	명 두뇌, 뇌
■ 透明	〔tòumíng〕	형 투명하다
■ 突破	〔tūpò〕	명 돌파 동 돌파하다
■ 图画	〔túhuà〕	명 도화
■ 徒弟	〔túdì〕	명 견습생, 제자
■ 途径	〔tújìng〕	명 경로, 절차, 순서, 수단

▪ 土	〔tǔ〕	휑 토속적이다, 촌스럽다
▪ 土壤	〔tǔrǎng〕	몡 토양, 흙
▪ 团体	〔tuántǐ〕	몡 단체
▪ 团员	〔tuányuán〕	몡 단원
▪ 团长	〔tuánzhǎng〕	몡 단장
▪ 推迟	〔tuīchí〕	동 미루다, 연기하다
▪ 推辞	〔tuīcí〕	동 거절하다, 사절하다
▪ 推翻	〔tuīfān〕	동 거꾸러뜨리다, 전복시키다, 뒤집다
▪ 推荐	〔tuījiàn〕	동 추천하다, 천거하다
▪ 推进	〔tuījìn〕	동 추진하다
▪ 退步	〔tuìbù〕	몡 퇴보 동 퇴보하다
▪ 退休	〔tuìxiū〕	동 퇴직하다
▪ 吞	〔tūn〕	동 삼키다, 점유하다
▪ 拖拉机	〔tuōlājī〕	몡 트랙터
▪ 托儿所	〔tuō'érsuǒ〕	몡 탁아소
▪ 驮	〔tuó〕	동 등에 지다, 싣다
▪ 妥当	〔tuǒdang〕	휑 타당하다, 알맞다

娃娃	【wáwa】	명 ①(갓난) 아기, 어린애 ②인형
瓦	【wǎ】	명 ①기와 ②와트
歪曲	【wāiqū】	동 왜곡하다
外部	【wàibù】	명 외부
外界	【wàijiè】	명 외계, 외부, 국외
外科	【wàikē】	명 외과
外头	【wàitou】	명 밖, 바깥쪽
外衣	【wàiyī】	명 겉옷, 코트, 외피
外祖父	【wàizǔfù】	명 외조부
外祖母	【wàizǔmǔ】	명 외조모
弯曲	【wānqū】	형 꼬불꼬불하다, 구불구불하다
玩笑	【wánxiào】	명 농담, 농지거리
玩意儿	【wányìr】	명 ①장난감 ②오락 ③물건(하찮다는 어감)
顽固	【wángù】	형 완고하다, 고집스럽다
顽强	【wánqiáng】	형 완강하다, 억세다
丸	【wán】	양 환, 알(환약을 세는 단위)
完备	【wánbèi】	형 완비되어 있다
完善	【wánshàn】	형 완선하다, 완전하다, 완벽하다 동 완전해지게(완벽해지게) 하다

挽	〔wǎn〕	屠 잡아당기다, 끌다, 잡다
挽救	〔wǎnjiù〕	屠 (위험에서) 구해내다
晚报	〔wǎnbào〕	명 석간신문
万分	〔wànfēn〕	男 ①절대로, 도저히 ②매우
万古长青	〔wàn gǔ cháng qīng〕	셍 영원히 봄날의 초목처럼 푸르고 싱싱하다 ; (정신이나 우의가) 영원토록 변하지 않다
万岁	〔wànsuì〕	명 영구한 세월, 만세
万万	〔wànwàn〕	男 결코, 절대로, 도저히
万一	〔wànyī〕	명 만일, 뜻밖의 일, 만일의 일 젭 만일, 만약, 만에 하나라도
网	〔wǎng〕	명 망, 그물, 포위망
往来	〔wǎnglái〕	屠 왕래하다, 교제하다
威胁	〔wēixié〕	屠 위협하다
微小	〔wēixiǎo〕	형 미소하다, 극소하다
违背	〔wéibèi〕	屠 위배하다, 어기다
围巾	〔wéijīn〕	명 목도리, 스카프
为难	〔wéinán〕	屠 난처하게 하다
为首	〔wéishǒu〕	屠 …을 우두머리로 삼다
为止	〔wéizhǐ〕	屠 (주로 시간·진도 따위에 쓰여) …을 끝으로 하다, …까지 하다
维持	〔wéichí〕	屠 유지하다

■ 维生素	【wéishēngsù】	圐 비타민
■ 委屈	【wěiqu】	图 원망하다, 억울하다
■ 委托	【wěituō】	图 위탁하다
■ 未必	【wèibì】	円 꼭 그렇다고는 할 수 없다, 반드시 …한 것은 아니다
■ 味	【wèi】	圐 ①맛 ②냄새
■ 慰问	【wèiwèn】	图 위문하다
■ 温	【wēn】	圄 따뜻하다, 따스하다 图 데우다, 따뜻하게 하다
■ 温带	【wēndài】	圐 온대
■ 温和	【wēnhé】	圄 온화하다
■ 蚊子	【wénzi】	圐 모기
■ 闻名	【wénmíng】	图 이름(명성)을 듣다
■ 吻	【wěn】	圐 입술, 부리 图 키스하다, 입맞춤하다
■ 翁	【wēng】	圐 노인, 늙은이, 영감
■ 卧	【wò】	图 눕다, 웅크리다
■ 污	【wū】	圄 더럽다, 부정하다
■ 诬蔑	【wūmiè】	圐 중상, 비방, 모욕, 모독 图 모욕하다, 중상하다
■ 无比	【wúbǐ】	圄 비할 바 없다, 아주 뛰어나다
■ 无产阶级	【wúchǎn jiējí】	圐 무산계급, 프롤레타리아트

■ 无法	〔wúfǎ〕	통 …할 방법이 없다
■ 无可奈何	〔wú kě nài hé〕	성 어찌 할 도리가 없다, 방법이 없다
■ 无论如何	〔wúlùn rúhé〕	어떻게 되었든 관계없이
■ 无情	〔wúqíng〕	형 무정하다
■ 无所谓	〔wúsuǒwèi〕	①말할 수 없다, 아무렇지도 않다 ②관계없다
■ 无线电	〔wúxiàndiàn〕	명 무선전신
■ 无疑	〔wúyí〕	형 의심할 바 없다, 두말 할 것 없다
■ 武装	〔wǔzhuāng〕	명 무장 통 무장하다, 무장시키다
■ 舞蹈	〔wǔdǎo〕	명 무도, 춤, 무용
■ 舞会	〔wǔhuì〕	명 무도회
■ 舞台	〔wǔtái〕	명 무대
■ 侮辱	〔wūrǔ〕	명 모욕 통 모욕하다, 창피주다
■ 物品	〔wùpǐn〕	명 물품
■ 物体	〔wùtǐ〕	명 물체
■ 物资	〔wùzī〕	명 물자
■ 误	〔wù〕	명 실수, 틀림, 잘못 통 잘못하다, 실수하다, 놓치다

■ 西服	[xīfú]	몡 양복
■ 西医	[xīyī]	몡 서양의학, 양의사
■ 吸取	[xīqǔ]	동 받아들이다, 수용하다, 흡수하다
■ 稀	[xī]	혱 드물다, 적다, 희소하다
■ 锡	[xī]	몡 주석(Sn)
■ 袭击	[xíjī]	동 습격하다, 기습하다
■ 媳妇	[xífù]	몡 며느리
■ 喜爱	[xǐ'ài]	동 좋아하다, 애호하다
■ 喜悦	[xǐyuè]	혱 즐겁다, 즐겁다, 유쾌하다
■ 戏剧	[xìjù]	몡 연극
■ 细胞	[xìbāo]	몡 세포
■ 细致	[xìzhì]	혱 섬세하다, 치밀하다
■ 瞎	[xiā]	동 (눈이) 멀다 뷔 함부로, 무턱대고
■ 虾	[xiā]	몡 새우
■ 峡谷	[xiágǔ]	몡 협곡
■ 下降	[xiàjiàng]	동 떨어지다, 하강하다
■ 下列	[xiàliè]	동 아래에 열거하다, 하기하다
■ 下旬	[xiàxún]	몡 하순

下游	〔xiàyóu〕	몡 ①하류, 뒤쪽 ②시세의 하락
夏季	〔xiàjì〕	몡 여름, 하계
鲜明	〔xiānmíng〕	혱 선명하다
鲜血	〔xiānxuè〕	몡 선혈
鲜艳	〔xiānyàn〕	혱 (색이) 산뜻하다, 아름답다
咸	〔xián〕	혱 (맛이) 짜다, 소금기가 있다
闲话	〔xiánhuà〕	몡 한담, 불평, 험담
嫌	〔xián〕	통 싫어하다, 역겨워하다, 꺼리다
显示	〔xiǎnshì〕	통 나타내다, 표시하다
险	〔xiǎn〕	혱 (지세가) 험하다
现	〔xiàn〕	통 나타나다 뷔 당장, 그 자리에서
现成	〔xiànchéng〕	혱 마침 그 자리에 있는, 기성의
县城	〔xiànchéng〕	몡 현 정부 소재지
宪法	〔xiànfǎ〕	몡 헌법
陷	〔xiàn〕	통 ①(진흙·함정 따위에) 빠지다 ②움푹 패이다 (들어가다)
线路	〔xiànlù〕	몡 노선, 회로, 오솔길
相对	〔xiāngduì〕	혱 상대적이다 통 상대하다, 서로 대립하다
香烟	〔xiāngyān〕	몡 ①담배 ②향불 연기

箱	〔xiāng〕	몡 상자를 세는 단위
乡村	〔xiāngcūn〕	몡 시골
响亮	〔xiǎngliàng〕	혱 ①(소리가) 우렁차다 ②(성격이) 시원시원하다
巷	〔xiàng〕	몡 골목
相声	〔xiàngsheng〕	몡 ①재담, 만담 ②성대모사
向导	〔xiàngdǎo〕	몡 안내
向来	〔xiànglái〕	몡 본래부터
象征	〔xiàngzhēng〕	몡 상징 동 상징하다
削	〔xiāo〕	동 깎다, 벗기다, 잘라내다
消除	〔xiāochú〕	동 제거하다, 해소하다
消毒	〔xiāodú〕	동 소독하다, 해독을 없애다
消耗	〔xiāohào〕	몡 소모, 소비 동 소모하다
消极	〔xiāojí〕	혱 소극적이다, 부정적인
小便	〔xiǎobiàn〕	몡 소변, 자지
小组	〔xiǎozǔ〕	몡 조, 소그룹, 서클, 세포
笑容	〔xiàoróng〕	몡 웃는 얼굴(표정)
协定	〔xiédìng〕	몡 협정
协会	〔xiéhuì〕	몡 협회

协助	〔xiézhù〕	동 협조하다
协作	〔xiézuò〕	명 제휴, 협력 동 제휴하다, 협력하다
写作	〔xiězuò〕	동 창작하다
卸	〔xiè〕	동 내리다, 풀다, 부리다, 벗다
欣赏	〔xīnshǎng〕	동 감상하다
辛勤	〔xīnqín〕	형 부지런하다, 근면하다
新生	〔xīnshēng〕	형 갓 태어난, 막 나타난, 새로 생긴
新式	〔xīnshì〕	형 신식의, 신형의
新型	〔xīnxíng〕	형 신형
心爱	〔xīn'ài〕	동 진심으로 사랑하다, 애지중지하다
心理	〔xīnlǐ〕	명 심리
心事	〔xīnshì〕	명 ①심사 ②걱정거리, 시름
心思	〔xīnsi〕	명 생각, 마음, 머리
心意	〔xīnyì〕	명 의향, 성의
信号	〔xìnhào〕	명 신호
信念	〔xìnniàn〕	명 신념
信任	〔xìnrèn〕	명 신임 동 신임하다
信息	〔xìnxī〕	명 정보, 소식, 커뮤니케이션
形态	〔xíngtài〕	명 형태

■ 行人	〖xíngrén〗	몡	행인, 여행자
■ 行驶	〖xíngshǐ〗	동	(차·배 따위가) 다니다, 통행하다, 운항하다
■ 行为	〖xíngwéi〗	몡	행위
■ 行星	〖xíngxīng〗	몡	행성
■ 行政	〖xíngzhèng〗	몡	행정
■ 兴高采烈	〖xìng gāo cǎi liè〗	셩	매우 흥겹다, 신바람 나다, 기뻐 어찌 할 바를 모르다
■ 幸亏	〖xìngkuī〗	閉	다행히, 운 좋게, 요행으로
■ 性别	〖xìngbié〗	몡	성별
■ 性能	〖xìngnéng〗	몡	성능
■ 凶	〖xiōng〗	형	①불길하다, 불행하다 ②사납다
■ 凶恶	〖xiōng'è〗	형	흉악하다
■ 修建	〖xiūjiàn〗	동	건설하다
■ 修正	〖xiūzhèng〗	동	수정하다
■ 修筑	〖xiūzhù〗	동	세우다, 건설하다, 건축하다
■ 锈	〖xiù〗	몡 동	녹 / 녹슬다
■ 绣	〖xiù〗	동	수놓다, 자수하다
■ 需	〖xū〗	동	필요로 하다, 요구하다, 구하다
■ 须	〖xū〗	조동	반드시 …해야 한다, 마땅히 …해야 한다

叙述	〔xùshù〕	동 서술하다
宣告	〔xuāngào〕	동 선고하다
宣言	〔xuānyán〕	명 선언
悬	〔xuán〕	동 걸다, 게시하다, 들다
悬崖	〔xuányá〕	명 낭떠러지
旋转	〔xuánzhuǎn〕	동 빙빙 돌다, 선회하다
选修	〔xuǎnxiū〕	동 선택과목으로 이수하다
学会	〔xuéhuì〕	명 학회
学科	〔xuékē〕	명 학과, 학문 분야
学年	〔xuénián〕	명 학년
学时	〔xuéshí〕	명 수업시간, 교시
学说	〔xuéshuō〕	명 학설
学位	〔xuéwèi〕	명 학위
学员	〔xuéyuán〕	명 학생, 수강생
学者	〔xuézhě〕	명 학자, 공부하는 사람
学制	〔xuézhì〕	명 학제
雪花	〔xuěhuā〕	명 눈송이
血管	〔xuèguǎn〕	명 혈관
血汗	〔xuèhàn〕	명 피땀
循环	〔xúnhuán〕	명 순환

		동 순환하다
■ 询问	〔xúnwèn〕	동 문의하다
■ 寻	〔xún〕	동 찾다

Ⓨ

压力	〔yālì〕	명 압력, 스트레스
■ 压缩	〔yāsuō〕	동 압축하다, 줄이다
■ 压制	〔yāzhì〕	동 억제하다, 눌러서 만들다
■ 押	〔yā〕	동 ①저당 잡히다 ②구류하다
■ 鸭子	〔yāzi〕	명 오리
■ 芽	〔yá〕	명 (나무나 풀의) 눈, 싹
■ 牙齿	〔yáchǐ〕	명 치아
■ 牙膏	〔yágāo〕	명 치약
■ 亚军	〔yàjūn〕	명 준우승, 2위
■ 烟	〔yān〕	명 연기, 담배
■ 烟囱	〔yāncōng〕	명 굴뚝
■ 淹	〔yān〕	동 (물에) 잠기다, 빠지다, 침수하다
■ 严	〔yán〕	형 ①빈틈없다, 치밀하다 ②엄하다
■ 严禁	〔yánjìn〕	동 금지하다, 엄금하다
■ 严厉	〔yánlì〕	형 호되다

■ 严密	【yánmì】	휑 빈틈없다, 치밀하다, 주도면밀하다 동 치밀하게 하다, 엄격하게 하다
■ 研究生	【yánjiūshēng】	명 대학원생
■ 研制	【yánzhì】	명 연구제작 동 연구제작하다
■ 岩石	【yánshí】	명 암석
■ 沿儿	【yánr】	명 가장자리, 물가
■ 沿海	【yánhǎi】	명 연해
■ 掩盖	【yǎngài】	동 덮어씌우다, 숨기다
■ 掩护	【yǎnhù】	동 엄호하다
■ 眼光	【yǎnguāng】	명 ①눈길 ②식견
■ 眼看	【yǎnkàn】	동 눈으로 보다 부 곧, 눈 뜬 채로, 그대로, 순식간에
■ 演说	【yǎnshuō】	명 연설, 강연 동 부연하여 설명하다, 강연하다
■ 燕子	【yànzi】	명 제비
■ 厌恶	【yànwù】	동 싫어하다, 혐오하다
■ 扬	【yáng】	동 ①높이 들다, ②펄럭이다
■ 洋	【yáng】	형 성대하다, 방대하다, 풍부하다
■ 氧化	【yǎnghuà】	동 산화하다, 산화되다
■ 氧气	【yǎngqì】	명 산소
■ 养成	【yǎngchéng】	동 양성하다

养料	〔yǎngliào〕	몡 사료
摇摆	〔yáobǎi〕	동 흔들거리다, 동요하다
摇晃	〔yáohuang〕	동 흔들다, 흔들거리다, 나부끼다
遥远	〔yáoyuǎn〕	형 아득히 멀다, 요원하다
窑	〔yáo〕	몡 (기와나 도기를 굽는) 가마
谣言	〔yáoyán〕	몡 (헛)소문
药方	〔yàofāng〕	몡 처방전
药品	〔yàopǐn〕	몡 약품
药水	〔yàoshuǐ〕	몡 물약
药物	〔yàowù〕	몡 약물
要	〔yào〕	젭 ①만약 …한다면 ②…하든가 아니면 …하다
要不	〔yàobù〕	젭 그렇지 않으면
要不然	〔yàoburán〕	젭 그렇지 않으면
要不是	〔yàobúshì〕	젭 만일 …하지 않으면
要点	〔yàodiǎn〕	몡 요점
要好	〔yàohǎo〕	형 친밀하다, 사이가 좋다
钥匙	〔yàoshi〕	몡 열쇠
野兽	〔yěshòu〕	몡 야수, 짐승
冶金	〔yějīn〕	몡 야금, 돈 버는 방법

夜间	〔yèjiān〕	명 야간
液体	〔yètǐ〕	명 액체
一一	〔yīyī〕	부 하나하나, 일일이, 차례대로
一带	〔yídài〕	명 일대
一路平安	〔yí lù píng ān〕	성 가시는 길에 평안하시길 빕니다
一路顺风	〔yí lù shùn fēng〕	성 일로 순풍이다; 가시는 길이 순조롭길 빕니다
一面… 一面…	〔yímiàn…yímiàn…〕	…하면서 …하다
一系列	〔yíxìliè〕	형 일련의
一下儿	〔yíxiàr〕	부 한번, 잠시
一向	〔yíxiàng〕	부 종래, 원래
一再	〔yízài〕	부 거듭
一阵	〔yízhèn〕	주 한바탕, 한무리, 일군
一口气	〔yìkǒuqì〕	부 단숨에
一连	〔yìlián〕	부 연이어
一旁	〔yìpáng〕	명 옆, 부근
一心	〔yìxīn〕	동 마음을 같이하다, 마음이 일치하다
一行	〔yìxíng〕	명 일행
医疗	〔yīliáo〕	명 의료
依旧	〔yījiù〕	형 여전하다, 변함없다

■ 依据	〔yījù〕	몡 근거, 바탕, 증거 동 의거하다
■ 依然	〔yīrán〕	뫼 여전히, 의연히
■ 依照	〔yīzhào〕	동 따르다 깨 …에 따라, …에 비추어
■ 伊斯兰教	〔Yīsīlánjiào〕	몡 (음역어) 이슬람교
■ 衣裳	〔yīshang〕	몡 옷, 의상
■ 遗产	〔yíchǎn〕	몡 유산
■ 遗憾	〔yíhàn〕	혱 유감스럽다
■ 遗留	〔yíliú〕	동 남겨놓다, 남기다, 남아 있다
■ 仪表	〔yíbiǎo〕	몡 ①풍채 ②계량기
■ 仪式	〔yíshì〕	몡 의식
■ 疑问	〔yíwèn〕	몡 의문
■ 疑心	〔yíxīn〕	몡 의심 동 의심하다
■ 姨	〔yí〕	몡 ①이모 ②처의 자매
■ 倚	〔yǐ〕	동 (몸을) 기대다
■ 乙	〔yǐ〕	몡 을, 십간(十干)의 둘째
■ 以便	〔yǐbiàn〕	젭 …하기 위하여, …하도록
■ 以至	〔yǐzhì〕	젭 …에 이르기까지
■ 以致	〔yǐzhì〕	젭 …이(으로) 되다, …을(를) 가져오다 (초래하다) *주로 나쁜 결과에 쓰임

抑制	[yìzhì]	통 억제하다
易	[yì]	형 쉽다, 용이하다
意识	[yìshí]	명 의식 통 의식하다
意味着	[yìwèizhe]	의미하다
毅力	[yìlì]	명 기력, 기백, 굳센 의지, 끈기
义务	[yìwù]	명 의무
议会	[yìhuì]	명 의회
音	[yīn]	명 음, 소리
阴谋	[yīnmóu]	명 음모
阴天	[yīntiān]	명 흐린 하늘, 흐린 날씨
银幕	[yínmù]	명 은막
饮料	[yǐnliào]	명 음료
引	[yǐn]	통 끌다, 잡아당기다
引导	[yǐndǎo]	통 안내하다, 유도하다
引进	[yǐnjìn]	통 도입하다
隐约	[yǐnyuē]	형 희미하다
印染	[yìnrǎn]	통 날염하다
英镑	[yīngbàng]	명 파운드 (영국의 화폐 단위)
英明	[yīngmíng]	형 영명하다

婴儿	[yīng'ér]	몡 아기, 영아
迎	[yíng]	통 영접하다, 맞이하다
影片	[yǐngpiàn]	몡 영화
应	[yìng]	통 ①대답하다, 응답하다 ②응하다, 허락하다, 받아들이다
应酬	[yìngchóu]	통 응대하다, 교제하다, 접대하다
应付	[yìngfu]	통 ①대응하다, 대처하다 ②얼버무리다
应邀	[yìngyāo]	통 초대에 응하다
硬	[yìng]	뷔 억지로
哟	[yo]	조 문장 끝에 쓰여 권유의 어기와 문장 중에 쓰여 열거를 나타냄
拥挤	[yōngjǐ]	통 한데 모이다, 한 곳으로 몰리다
踊跃	[yǒngyuè]	혱 활발하다, 활기차다
涌	[yǒng]	통 솟아나다, 나오다
用品	[yòngpǐn]	몡 용품
用途	[yòngtú]	몡 용도
用心	[yòngxīn]	몡 속셈, 저의 혱 심혈을 기울이다
优胜	[yōushèng]	혱 우월하다, 우수하다, 우량하다
优势	[yōushì]	몡 우세
优越	[yōuyuè]	혱 우월하다

■ 邮包	〔yóubāo〕	뎽 소포
■ 犹豫	〔yóuyù〕	동 주저하다, 망설이다, 머뭇거리다
■ 油田	〔yóutián〕	뎽 유전
■ 游	〔yóu〕	동 ①헤엄치다 ②이리저리 다니다, 떠돌다. 유람하다
■ 游戏	〔yóuxì〕	뎽 게임, 오락, 레크리에이션
■ 游行	〔yóuxíng〕	뎽 시위 동 시위하다
■ 有机	〔yǒujī〕	혱 유기의, 유기적인
■ 有两下子	〔yǒu liǎngxiàzi〕	꽤 솜씨가(재간이) 있다, 실력이 보통이 아니다, 수완이 있다
■ 有限	〔yǒuxiàn〕	혱 한계가 있다, 유한하다
■ 有(一)些	〔yǒu(yī)xiē〕	붐 조금
■ 有意	〔yǒuyì〕	동 (…할) 생각이 있다, …하고 싶다
■ 有益	〔yǒuyì〕	혱 유익하다, 도움이 되다
■ 友爱	〔yǒu'ài〕	뎽 우애 동 우애하다
■ 幼儿园	〔yòu'éryuán〕	뎽 유치원, 유아원
■ 幼稚	〔yòuzhì〕	혱 유치하다
■ 愚蠢	〔yúchǔn〕	혱 어리석다
■ 余	〔yú〕	동 남기다, 남다 뎽 ①여분, 나머지 ②여가

渔民	〔yúmín〕	몡 어민
与其	〔yǔqí〕	젭 …보다는, …하느니 차라리…하다
宇宙	〔yǔzhòu〕	몡 우주
语文	〔yǔwén〕	몡 어문, 말과 글, 언어와 문자
浴室	〔yùshì〕	몡 욕실
愈…愈…	〔yù…yù…〕	…하면 할수록 …하다
寓言	〔yùyán〕	몡 우화
预报	〔yùbào〕	몡 예보 동 예보하다
预防	〔yùfáng〕	동 예방하다
预告	〔yùgào〕	몡 예고 동 예고하다
预先	〔yùxiān〕	몯 미리, 사전에
预祝	〔yùzhù〕	동 미리 축하하다
冤枉	〔yuānwang〕	혱 억울하다 동 억울한 누명을 씌우다
元旦	〔Yuándàn〕	몡 원단, 설날 (양력 설날만을 가리킴)
元素	〔yuánsù〕	몡 원소
元宵	〔Yuánxiāo〕	몡 원소 (정월 대보름날 먹는 소가 들어 있는 새알심 모양의 음식)
原理	〔yuánlǐ〕	몡 원리
原始	〔yuánshǐ〕	혱 원시의

原先	〔yuánxiān〕	명 본래, 원래
原子	〔yuánzǐ〕	명 원자
原子弹	〔yuánzǐdàn〕	명 원자탄
援助	〔yuánzhù〕	동 원조하다
园林	〔yuánlín〕	명 조경 풍치림
圆满	〔yuánmǎn〕	형 원만하다
猿人	〔yuánrén〕	명 원인
缘故	〔yuángù〕	명 연고
愿	〔yuàn〕	명 소원, 희망 동 바라다, 원하다
怨	〔yuàn〕	명 원한, 원수 동 책망하다, 탓하다, 원망하다
越	〔yuè〕	동 건너다, 벗어나다
跃进	〔yuèjìn〕	동 약진하다, 비약적으로 발전하다
月光	〔yuèguāng〕	명 달빛
乐器	〔yuèqì〕	명 악기
运气	〔yùnqi〕	명 운세
运转	〔yùnzhuǎn〕	동 회전하다, 돌아가다, 운전하다
晕	〔yùn〕	동 현기증이 나다, 멀미하다

砸	〔zá〕	통 박다, 찧다, 부수다
杂文	〔záwén〕	명 잡문
杂志	〔zázhì〕	명 잡지
杂质	〔zázhì〕	명 불순물, 이물
栽	〔zāi〕	통 재배하다, 심다
灾难	〔zāinàn〕	명 재난
载	〔zài〕	통 싣다
载重	〔zàizhòng〕	통 짐을 싣다 (적재하다)
再三	〔zàisān〕	부 재삼
再说	〔zàishuō〕	다시 한번 말하다, 한 뒤에 하기로 하다 접 게다가, 덧붙여 말할 것은
在于	〔zàiyú〕	통 …에 있다
在座	〔zàizuò〕	통 그 자리에 있다, 재석하다
赞美	〔zànměi〕	통 찬미하다
赞扬	〔zànyáng〕	통 찬양하다
遭	〔zāo〕	통 당하다, 만나다
遭遇	〔zāoyù〕	통 만나다, 조우하다
糟	〔zāo〕	통 썩다, 상하다, 잘못되다
凿	〔záo〕	통 파다, 자세히 파헤치다

早期	[zǎoqī]	몡 조기
早晚	[zǎowǎn]	몡 아침과 저녁, 시간 뷔 조만간
早已	[zǎoyǐ]	뷔 이미, 일찍이, 이전에, 훨씬 전에
责备	[zébèi]	동 책망하다, 비난하다
增产	[zēngchǎn]	동 증산하다
增进	[zēngjìn]	동 증진하다
增强	[zēngqiáng]	동 강화하다, 증강하다
赠送	[zèngsòng]	동 증정하다, 선사하다
扎实	[zhāshi]	혱 ①튼튼하다 ②(학문·일 따위의 기초가) 견고하다, 견실하다
渣	[zhā]	몡 ①찌꺼기, 침전물 ②부스러기
炸	[zhá] [zhà]	동 기름에 튀기다 동 터지다, 파열하다, 폭발하다
债	[zhài]	몡 빚
沾	[zhān]	동 젖다, 적시다, 묻다, 배다
盏	[zhǎn]	얭 등, 개 (등 따위를 세는 단위)
崭新	[zhǎnxīn]	혱 참신하다
占领	[zhànlǐng]	동 점령하다
占有	[zhànyǒu]	동 차지하다, 점유하다
战场	[zhànchǎng]	몡 전장, 싸움터

■ 战术	〔zhànshù〕	몡	전술
■ 战线	〔zhànxiàn〕	몡	전선
■ 战友	〔zhànyǒu〕	몡	전우
■ 张	〔zhāng〕	동	열다, 펴다, 뻗다
■ 张望	〔zhāngwàng〕	동	들여다 보다, 엿보다
■ 长	〔zhǎng〕	젭미	우두머리, …장 *秘书长 mìshū zhǎng
■ 掌声	〔zhǎngshēng〕	몡	박수소리
■ 帐	〔zhàng〕	몡	막, 장막, 휘장
■ 胀	〔zhàng〕	동	팽창하다, 늘어나다, 부풀다
■ 障碍	〔zhàng'ài〕	몡 동	장애, 방해 장애하다, 방해하다
■ 招	〔zhāo〕	동	①손짓하다, (손을) 흔들다 ②모집하다, 모으다
■ 招手	〔zhāoshǒu〕	동	손짓하며 부르다
■ 着凉	〔zháoliáng〕	동	감기에 걸리다
■ 照例	〔zhàolì〕	동	관례에 따르다
■ 照相机	〔zhàoxiàngjī〕	몡	카메라, 사진기
■ 照样	〔zhàoyàng〕	동	예전대로 …하다, 그대로 따르다
■ 照耀	〔zhàoyào〕	동	눈부시게 비치다, 밝게 비추다
■ 罩	〔zhào〕	몡 동	덮개, 씌우개, 가리개, 갓, 커버 덮다, 씌우다, 가리다

■ 召集	【zhàojí】	동	소집하다
■ 遮	【zhē】	동	가리다, 막다, 감추다
■ 折合	【zhéhé】	동	환산하다, 맞먹다, 상당하다
■ 折磨	【zhémo】	명	고통, 시달림
		동	못살게 굴다, 학대하다
■ 者	【zhě】	명	자, 것
		접미	자, 것 *爱好者àihàozhě
■ 这会儿	【zhèhuìr】	명	지금, 근래
■ 这样一来	【zhèyàng yīlái】		이렇게 되어(하여)
■ 珍贵	【zhēnguì】	형	진귀하다, 귀중하다
■ 珍惜	【zhēnxī】	동	진귀하게 여겨 아끼다
■ 珍珠	【zhēnzhū】	명	진주
■ 真是	【zhēnshi】	부	정말, 확실히, 사실상
■ 针灸	【zhēnjiǔ】	명	침구, 침질과 뜸질
■ 枕头	【zhěntou】	명	베개
■ 震	【zhèn】	동	진동하다, 흔들리다
■ 震动	【zhèndòng】	동	흔들리다, 진동하다
■ 振动	【zhèndòng】	동	진동하다
■ 镇	【zhèn】	명	(군사) 요충지, 주둔지
■ 镇静	【zhènjìng】	형	침착하다, 냉정하다, 차분하다
■ 镇压	【zhènyā】	동	진압하다, 억누르다

阵地	〔zhèndì〕	몡 ①진지 ②일하는 곳, 활동의 장
蒸发	〔zhēngfā〕	통 증발하다
蒸汽	〔zhēngqì〕	몡 증기, 스팀
挣扎	〔zhēngzhá〕	통 힘써 버티다, 발버둥치다, 발악하다
征	〔zhēng〕	통 ①(주로 군대가) 먼 길을 가다 ②정벌하다, 토벌하다
征服	〔zhēngfú〕	통 정복하다
争夺	〔zhēngduó〕	통 쟁탈하다
整	〔zhěng〕	휑 완전하다, 단정하다 통 수리하다, 정리하다
整顿	〔zhěngdùn〕	몡 정돈 통 정돈하다
整风	〔zhěngfēng〕	통 정풍하다, 기풍을 바로잡다
整体	〔zhěngtǐ〕	몡 (집단이나 사물의) 전체, 총체
正当	〔zhèngdāng〕	통 막 …하려 할 때, …에 처해져 있다
正经	〔zhèngjing〕	휑 ①(품행이나 태도가) 올바르다, 단정하다 ②정당한, 진지한 ③정식의
正面	〔zhèngmiàn〕	몡 정면, 표면
正义	〔zhèngyì〕	몡 정의 휑 정의로운, 공정한
政党	〔zhèngdǎng〕	몡 정당
政权	〔zhèngquán〕	몡 정권

症状	【zhèngzhuàng】	몡 증세, 증상
挣	【zhèng】	몡 필사적으로 애쓰다
证件	【zhèngjiàn】	몡 증명서
证据	【zhèngjù】	몡 증거
证实	【zhèngshí】	통 확인하다, 실증하다
证书	【zhèngshū】	몡 증서
枝	【zhī】	몡 (초목의) 가지 먕 ①가지 ②자루, 대, 정
支	【zhī】	통 (막대기 따위로) 괴다, 받치다, 지탱하다
支配	【zhīpèi】	통 배치하다, 지배하다
知	【zhī】	통 ①알다, 이해하다, 깨닫다 ②알리다, 알게 하다
知识分子	【zhīshi fèn zǐ】	몡 지식인, 인텔리, 지식분자
之	【zhī】	조 …의 (수식·종속관계를 나타냄) 떼 그, 이, 그 사람, 그것 (사람이나 사물을 대신하여 목적어로 쓰임)
…之类	【zhīlèi】	…따위, …등
…之内	【zhīnèi】	…이내에
…之外	【zhīwài】	…이외로
职员	【zhíyuán】	몡 직원
直达	【zhídá】	통 직통하다, 직행하다

■ 直径	〔zhíjìng〕	몡 직경
■ 殖民地	〔zhímíndì〕	몡 식민지
■ 指头	〔zhǐtou〕	몡 손가락
■ 值	〔zhí〕	통 (물건이) …한 가치(값)에 상당하다, 가격이 …이다
■ 指标	〔zhǐbiāo〕	몡 지표, 그래프의 눈금
■ 指点	〔zhǐdiǎn〕	통 지적하다, 지시하다
■ 指南针	〔zhǐnánzhēn〕	몡 나침반
■ 指引	〔zhǐyǐn〕	통 인도하다
■ 只得	〔zhǐdé〕	円 부득이, 부득불, 할 수 없이
■ 志愿	〔zhìyuàn〕	몡 지원, 희망
■ 至于	〔zhìyú〕	통 …의 정도에 이르다, …할 지경이다 캐 …에 대해서 말하자면
■ 致	〔zhì〕	통 주다, 보내다, (상대방에게 예절·감정 따위를) 표시하다
■ 制	〔zhì〕	몡 제도, 체제 통 ①제조하다, 만들다 ②제지하다
■ 制止	〔zhìzhǐ〕	통 제지하다
■ 制作	〔zhìzuò〕	통 제작하다
■ 智慧	〔zhìhuì〕	몡 지혜
■ 质	〔zhì〕	몡 성질, 본질
■ 治疗	〔zhìliáo〕	통 치료하다

■ 中部	[zhōngbù]	명 중부
■ 中断	[zhōngduàn]	동 중단하다
■ 中年	[zhōngnián]	명 중년
■ 中旬	[zhōngxún]	명 중순
■ 中医	[zhōngyī]	명 중의, 한의사
■ 忠诚	[zhōngchéng]	형 충성스럽다, 충실하다, 성실하다 동 충성하다
■ 忠实	[zhōngshí]	형 충실하다
■ 衷心	[zhōngxīn]	명 충심, 진심
■ 终身	[zhōngshēn]	명 평생, 종신
■ 种类	[zhǒnglèi]	명 종류
■ 肿	[zhǒng]	동 붓다, 부어오르다
■ 中	[zhòng]	동 맞히다, 명중하다, 들어맞다
■ 种植	[zhòngzhí]	동 재배하다
■ 周末	[zhōumò]	명 주말
■ 周年	[zhōunián]	명 주년
■ 粥	[zhōu]	명 죽
■ 皱	[zhòu]	동 찌그리다, 찡그리다, 찌푸리다
■ 皱纹	[zhòuwén]	명 주름
■ 嘱咐	[zhǔfù]	동 분부하다, 알아듣게 말하다

主持	〔zhǔchí〕	图 주관하다, 책임지고 집행하다
主力	〔zhǔlì〕	图 주력
主权	〔zhǔquán〕	图 주권
柱子	〔zhùzi〕	图 기둥
助	〔zhù〕	图 돕다, 협조하다
助手	〔zhùshǒu〕	图 조수
铸	〔zhù〕	图 주조하다, 지어붓다
住宅	〔zhùzhái〕	图 주택
注射	〔zhùshè〕	图 주사하다
注视	〔zhùshì〕	图 주시하다, 주목하다
祝愿	〔zhùyuàn〕	图 축원하다
驻	〔zhù〕	图 ①멈추다 ②머무르다, 주둔하다
专	〔zhuān〕	图 ①전문적이다 ②독점적이다 图 특별히, 전문적으로
专政	〔zhuānzhèng〕	图 독재 정치 图 독재를 하다
砖	〔zhuān〕	图 벽돌
转播	〔zhuǎnbō〕	图 중계방송하다
转达	〔zhuǎndá〕	图 전달하다
转动	〔zhuǎndòng〕	图 (몸을) 움직이다, 방향을 바꾸다
转化	〔zhuǎnhuà〕	图 ①(철학) 전화하다 ②변하다

转入	〔zhuǎnrù〕	동 전입하다, 이월하다, 넘어가다
转弯	〔zhuǎnwān〕	동 모퉁이를 돌다, 말머리를 돌리다
转移	〔zhuǎnyí〕	동 ①옮기다, 이동하다 ②변화하다
赚	〔zhuàn〕	동 (이익을 남겨) 벌다, 이윤을 얻다
转动	〔zhuàndòng〕	동 (어떤 축을 중심으로) 돌다, 회전하다, 돌리다, 회전시키다
桩	〔zhuāng〕	명 말뚝 양 건(件) (사건 등이나 일을 세는 데 쓰임)
装备	〔zhuāngbèi〕	명 장비 동 장비하다, 잘 갖추다
装饰	〔zhuāngshì〕	명 장식 동 장식하다
装置	〔zhuāngzhì〕	명 메커니즘, 장치 동 장치하다
幢	〔zhuàng〕	양 채, 동(건물 따위를 세는 단위)
壮	〔zhuàng〕	형 ①튼튼하다, 혈기가 왕성하다 ②웅장하다, 떳떳하다 동 용기를 돋우다, 힘을 내다
壮大	〔zhuàngdà〕	형 강대하다, 장대하다 동 ①강대해지다 ②강화하다
壮丽	〔zhuànglì〕	형 장려하다, 웅장하고 아름답다
追求	〔zhuīqiú〕	동 ①추구하다 ②구애하다
着手	〔zhuóshǒu〕	동 착수하다
着重	〔zhuózhòng〕	동 힘을 주다, 강조하다, 치중하다

■ 资本	〔zīběn〕	몡 자본, 자본금
■ 资本家	〔zīběnjiā〕	몡 자본가
■ 资本主义	〔zīběn zhǔyì〕	몡 자본주의
■ 资产阶级	〔zīchǎn jiējí〕	몡 자산계급
■ 资格	〔zīgé〕	몡 자격
■ 资金	〔zījīn〕	몡 자금
■ 姿势	〔zīshì〕	몡 자세
■ 姿态	〔zītài〕	몡 모습, 태도
■ 子	〔zǐ〕	몡 아들, 사내아이
■ 子弹	〔zǐdàn〕	몡 탄알
■ 自豪	〔zìháo〕	동 스스로 긍지를 느끼다, 자랑으로 여기다
■ 自来水	〔zìláishuǐ〕	몡 수돗물, 상수도
■ 自满	〔zìmǎn〕	동 자만하다, 자기만족하다
■ 自身	〔zìshēn〕	몡 자신
■ 自始至终	〔zì shǐ zhì zhōng〕	셩 처음부터 끝까지, 시종일관
■ 自私	〔zìsī〕	형 이기적이다
■ 自相矛盾	〔zì xiāng máo dùn〕	셩 자가당착(이다), 자체 모순이다
■ 自信	〔zìxìn〕	형 자신에 차다 동 자신하다, 스스로 믿다
■ 自言自语	〔zì yán zì yǔ〕	셩 혼잣말을 하다, 중얼거리다

■自愿	〔zìyuàn〕	동 자원하다
■自治	〔zìzhì〕	동 자치하다
■自治区	〔zìzhìqū〕	명 자치구
■自主	〔zìzhǔ〕	동 자주하다, 자기 마음대로 하다
■字典	〔zìdiǎn〕	명 자전
■字母	〔zìmǔ〕	명 자모
■宗教	〔zōngjiào〕	명 종교
■宗派	〔zōngpài〕	명 종파
■总	〔zǒng〕	형 전부의, 전면적인, 전체의 동 총괄하다, 종합하다, 모으다
■总得	〔zǒngděi〕	조동 (이치로 보아) 반드시(어쨌든) … 해야 하다
■总而言之	〔zǒng ér yán zhī〕	성 요컨대
■总共	〔zǒnggòng〕	부 모두, 전부, 합쳐서, 도합
■总算	〔zǒngsuàn〕	부 마침내, 다행히
■总之	〔zǒngzhī〕	접 결론적으로, 한마디로 말해
■走后门儿	〔zǒu hòuménr〕	뒷거래를 하다, 개인적인 친분이나 정당치 못한 방법으로 일을 처리하다
■走廊	〔zǒuláng〕	명 복도, 회랑
■走弯路	〔zǒu wānlù〕	동 길을 돌아가다, 시간을 낭비하다
■租	〔zū〕	명 세, 임대로 동 임대하다, 임차하다

■ 足	〔zú〕	몡 발, 다리 혱 충분하다, 넉넉하다
■ 祖父	〔zǔfù〕	몡 조부
■ 祖母	〔zǔmǔ〕	몡 조모
■ 祖先	〔zǔxiān〕	몡 선조
■ 阻碍	〔zǔ'ài〕	몡 방해 동 방해하다
■ 阻力	〔zǔlì〕	몡 저항, 저항력
■ 阻止	〔zǔzhǐ〕	동 저지하다
■ 组成	〔zǔchéng〕	동 구성하다, 조직하다, 결성하다
■ 组长	〔zǔzhǎng〕	몡 조장
■ 嘴唇	〔zuǐchún〕	몡 입술
■ 罪	〔zuì〕	몡 ①죄, 범죄 ②과실, 잘못
■ 罪恶	〔zuì'è〕	몡 죄악
■ 罪行	〔zuìxíng〕	몡 범죄행위
■ 尊重	〔zūnzhòng〕	동 존중하다
■ 作风	〔zuòfēng〕	몡 ①태도, 풍조 ②(예술가의) 작풍
■ 作物	〔zuòwù〕	몡 농작물
■ 作战	〔zuòzhàn〕	몡 전투, 작전 동 전투하다, 작전하다
■ 座儿	〔zuòr〕	몡 ①자리, 좌석 ②손님

3569
3569
3569
3569
3569

汉语水平考试

Ⓐ

■ 哀悼	〔āidào〕	图 애도하다
■ 哀求	〔āiqiú〕	图 애원하다, 즐겁게 하다
■ 艾滋病	〔àizībìng〕	명 에이즈
■ 爱戴	〔àidài〕	图 존경하다
■ 爱面子	〔àimiànzi〕	체면을 중시하다, 체면 차리다
■ 爱惜	〔àixī〕	图 소중하게 여기다
■ 碍事	〔àishì〕	图 방해가 되다
■ 安宁	〔ānníng〕	형 평온하다, 안정되다
■ 安稳	〔ānwěn〕	형 평온하다, 안전하다
■ 安详	〔ānxiáng〕	형 점잖다, 침착하다
■ 安置	〔ānzhì〕	图 안치하다, 부여하다, 고정하다
■ 按劳分配	〔ànláofēnpèi〕	노동에 따라 분배하다
■ 暗淡	〔àndàn〕	형 어둡다, 암담하다
■ 暗杀	〔ànshā〕	图 암살하다
■ 暗示	〔ànshì〕	图 암시하다
■ 暗中	〔ànzhōng〕	명 어둠 속, 암중 图 암암리에
■ 案	〔àn〕	명 장방형의 탁자
■ 案件	〔ànjiàn〕	명 ①소송이나 위법에 관계되는 사건

②사항, 사건

■案情	〔ànqíng〕	몡 사건의 내용이나 경위, 죄상
■昂贵	〔ángguì〕	혱 값비싸다, 값이 오르다
■昂扬	〔ángyáng〕	혱 (정신·기개 등이) 드높다, 앙양되다
■凹	〔āo〕	혱 오목하다
■袄	〔ǎo〕	몡 안을 댄 중국식 저고리

Ⓑ

■芭蕾舞	〔bālěiwǔ〕	몡 발레
■捌	〔bā〕	㊀ 八의 갖은자(증서 따위에 금액을 기재하는 데 쓰임)
■疤	〔bā〕	몡 흉터, 헌데, (그릇 따위의) 흠
■巴结	〔bājie〕	동 아첨하다, 아부하다
■扒	〔bā〕	동 (후벼)파다, 캐다, 벗기다
■把柄	〔bǎbǐng〕	몡 ①손잡이 ②약점, 논거
■把关	〔bǎguān〕	동 검사하다, 책임을 지다
■把手	〔bǎshǒu〕	몡 핸들, 손잡이
■把戏	〔bǎxì〕	몡 곡예, 속임수
■霸道	〔bàdào〕	혱 횡포하다, 포악하다
■霸权	〔bàquán〕	몡 패권
■霸占	〔bàzhàn〕	동 점령하다, 강제로 점령하다

掰	〔bāi〕	통 까다, 벌리다, 따돌리다
白酒	〔báijiǔ〕	명 백주
百倍	〔bǎibèi〕	형 대단히 많다, 백배하다
百分比	〔bǎifēnbǐ〕	명 백분율, 퍼센티지
百花齐放	〔bǎi huā qí fàng〕	성 백화제방, 갖가지 학문·예술이 함께 성하다
百家争鸣	〔bǎi jiā zhēng míng〕	성 백가쟁명, 춘추 전국 시대 때, 유(儒)·법(法)·도(道)·묵(墨) 등 각종 사상의 유파가 자신의 학설을 주장하며 서로 논전을 벌였던 일
摆动	〔bǎidòng〕	통 흔들다
败坏	〔bàihuài〕	통 파괴하다, 모함하다, 퇴폐하다
拜	〔bài〕	통 절하다, 숭배하다
拜年	〔bàinián〕	명 새해인사 통 새해인사를 드리다
斑	〔bān〕	명 얼룩, 반점
班机	〔bānjī〕	명 정기 항공편(여객기)
班子	〔bānzi〕	명 ①극단의 구칭 ②부(部), 그룹
搬运	〔bānyùn〕	통 운송하다, 수송하다, 운반하다
扳	〔bān〕	통 ①잡아당기다, 당겨 넘어뜨리다 ②(잃었던 것을) 되찾다, 만회하다
颁布	〔bānbù〕	통 반포하다
颁发	〔bānfā〕	통 수여하다, 하달하다

■ 版	〔bǎn〕	명 ①판, 인쇄판 ②인쇄 출판 횟수
■ 扮	〔bàn〕	동 분장하다, 출연하다, 짓다
■ 扮演	〔bànyǎn〕	동 (…의 역을) 맡다, 출연하다
■ 拌	〔bàn〕	동 뒤섞다, 이기다, 버무리다
■ 伴	〔bàn〕	명 동료, 동반자, 반려, 벗, 짝 동 동반하다, 짝하다
■ 伴侣	〔bànlǚ〕	명 배우자
■ 伴随	〔bànsuí〕	동 수반하다, 따르다
■ 伴奏	〔bànzòu〕	동 반주하다
■ 半边天	〔bànbiāntiān〕	명 ①세상의 반쪽 ②신여성
■ 半截	〔bànjié〕	명 절반, 중도, 반분
■ 半路	〔bànlù〕	명 중도, 도중
■ 半数	〔bànshù〕	명 절반
■ 半途而废	〔bàn tú ér fèi〕	성 (끝장을 내지 않고) 중도에서 그만두다
■ 半真半假	〔bàn zhēn bàn jiǎ〕	성 정말인지 거짓인지 알 수 없다
■ 办学	〔bànxué〕	동 학교를 설립하다, 학교를 운영하다
■ 绑架	〔bǎngjià〕	동 ①납치하다 ②받침대를 세우다
■ 棒球	〔bàngqiú〕	명 야구, 야구공
■ 包办	〔bāobàn〕	동 도맡아 하다, 독점하다
■ 包干儿	〔bāogānr〕	동 일을 책임지고 맡다

■ 包裹	〔bāoguǒ〕	몡 소포
■ 包装	〔bāozhuāng〕	몡 포장, 팩 동 포장하다
■ 雹子	〔báozi〕	몡 우박
■ 保健	〔bǎojiàn〕	동 보건하다
■ 保姆	〔bǎomǔ〕	몡 가정부
■ 保温	〔bǎowēn〕	동 보온하다
■ 保养	〔bǎoyǎng〕	동 보양하다, 정비하다
■ 保重	〔bǎozhòng〕	동 건강에 주의하다, 몸조심하다
■ 堡垒	〔bǎolěi〕	몡 요새
■ 饱和	〔bǎohé〕	동 포화되다, 잔뜩 함유하다
■ 饱满	〔bǎomǎn〕	형 충만하다, 포만하다
■ 宝贝	〔bǎobèi〕	몡 ①보배 ②귀여운 아이, 귀염둥이
■ 宝剑	〔bǎojiàn〕	몡 보검, 보배로운 칼
■ 宝库	〔bǎokù〕	몡 보고
■ 抱负	〔bàofù〕	몡 포부
■ 抱怨	〔bàoyuàn〕	동 원망하다, 원망을 품다
■ 报答	〔bàodá〕	동 보답하다
■ 报考	〔bàokǎo〕	동 응시원서를 내다, 시험에 응시하다
■ 报销	〔bàoxiāo〕	동 ①결산하다 ②폐기처분하다

■ 暴动	〔bàodòng〕	명 폭동 동 폭동이 일어나다
■ 暴风骤雨	〔bào fēng zhòu yǔ〕	성 사나운 바람과 모진 비, 대동란
■ 暴力	〔bàolì〕	명 폭력
■ 爆	〔bào〕	동 폭발하다, 터지다
■ 爆破	〔bàopò〕	동 폭파하다
■ 爆竹	〔bàozhú〕	명 폭죽
■ 悲惨	〔bēicǎn〕	형 비참하다
■ 悲愤	〔bēifèn〕	형 비분하다, 슬프고 분하다
■ 悲剧	〔bēijù〕	명 비극
■ 悲伤	〔bēishāng〕	형 슬퍼서 마음이 상하다, 몹시 슬퍼하다
■ 卑鄙	〔bēibǐ〕	형 비열하다, 졸렬하다
■ 背面	〔bèimiàn〕	명 이면, 등
■ 背叛	〔bèipàn〕	동 배반하다
■ 贝壳	〔bèiké〕	명 조개, 조가비
■ 倍数	〔bèishù〕	명 배수
■ 备用	〔bèiyòng〕	동 비축하다, 예비하다
■ 被告	〔bèigào〕	명 피고
■ 奔驰	〔bēnchí〕	동 분주히 뛰어다니다, 열심히 일하다
■ 奔腾	〔bēnténg〕	동 ①용솟음치다 ②뛰다, 급등하다

本能	〔běnnéng〕	몡 본능
本钱	〔běnqián〕	몡 본전, 원가, 자본
本性	〔běnxìng〕	몡 본성
本着	〔běnzhe〕	…에 입각하여 (근거하여)
笨蛋	〔bèndàn〕	몡 바보
笨重	〔bènzhòng〕	혱 육중하다, 행동이 느리다, 힘들다
笨拙	〔bènzhuō〕	혱 미련하다
崩溃	〔bēngkuì〕	됭 ①붕괴하다 ②파산하다
绷	〔bēng〕	됭 묶어 매다, 팽팽하게 잡아당기다, 튀어 오르다
绷带	〔bēngdài〕	몡 붕대
蹦	〔bèng〕	됭 뛰다, 뛰어오르다, 껑충 뛰다
逼近	〔bījìn〕	됭 임박하다, 바싹 접근하다
逼迫	〔bīpò〕	됭 핍박하다
鼻涕	〔bítì〕	몡 콧물
比分	〔bǐfēn〕	몡 스코어, 득점
比价	〔bǐjià〕	몡 환율, 비교가격, 가격차
比喻	〔bǐyù〕	몡 비유 됭 비유하다
比重	〔bǐzhòng〕	몡 비중
笔迹	〔bǐjì〕	몡 필적

■ 笔直	[bǐzhí]	倒 똑바르다, 매우 곧다
■ 彼	[bǐ]	때 ①그, 저, 저쪽 ②상대방, 그들
■ 碧绿	[bìlǜ]	倒 짙은 녹색의, 청록색의
■ 币	[bì]	명 화폐
■ 闭幕式	[bìmùshì]	명 폐막식
■ 闭塞	[bìsè]	통 (교통, 공기, 소식 따위가) 불편하다, 막히다
■ 弊病	[bìbìng]	명 폐해, 폐단, 악폐
■ 弊端	[bìduān]	명 폐단
■ 必将	[bìjiāng]	분 꼭 …할 것이다
■ 臂	[bì]	명 팔, 동물의 앞발
■ 鞭策	[biāncè]	통 채찍질하다, 격려하다
■ 鞭炮	[biānpào]	명 폭죽, 줄에 꿰어 놓은 폭죽
■ 鞭子	[biānzi]	명 채찍, 회초리
■ 边防	[biānfáng]	명 국경 수비
■ 边境	[biānjìng]	명 국경
■ 编号	[biānhào]	명 번호 통 번호를 매기다
■ 编者按	[biānzhě'àn]	편자의 말(문장 앞에 평론 등으로 게재함)
■ 贬低	[biǎndī]	통 헐뜯다, 얕잡아보다
■ 贬义	[biǎnyì]	명 폄의(헐뜯거나 비방하는 의미)

■ 贬值	[biǎnzhí]	명 평가절하 동 평가절하하다
■ 便道	[biàndào]	명 인도, 지름길, 지나는 길
■ 变换	[biànhuàn]	동 바꾸다, 변환하다
■ 变迁	[biànqiān]	명 변천 동 변천하다
■ 变形	[biànxíng]	동 모양이 변하다, 변형하다
■ 变质	[biànzhì]	명 변질 동 변질되다
■ 辨认	[biànrèn]	동 분별하다, 분간하다, 식별하다
■ 辫子	[biànzi]	명 땋은 머리, 가늘고 길게 엮은 물건, 약점
■ 辨别	[biànbié]	동 분별하다
■ 辩护	[biànhù]	동 변호하다
■ 辩解	[biànjiě]	동 변명하다
■ 辩证	[biànzhèng]	동 변증하다, 논증하다 형 변증법적이다
■ 辩证法	[biànzhèngfǎ]	명 변증법
■ 遍地	[biàndì]	명 도처, 곳곳
■ 标	[biāo]	동 표시하다
■ 标本	[biāoběn]	명 ①표본, 지엽적인 것과 근본적인 것 ②샘플
■ 标题	[biāotí]	명 표제, 제목

表彰	[biǎozhāng]	동 표창하다
憋	[biē]	동 참다, 가두다, 억지로 하다
别扭	[bièniu]	형 변덕스럽다, 의견이 맞지 않다, 유창하지 않다
冰淇淋	[bīngqílín]	명 아이스크림
秉性	[bǐngxìng]	명 천성
病虫害	[bìngchónghài]	명 병충해
病毒	[bìngdú]	명 바이러스, 병균
病号	[bìnghào]	명 (병원 등에 수용되어 번호를 소지한) 환자, (군대·학교·기관 등의) 환자
并存	[bìngcún]	동 병존하다
并非	[bìngfēi]	부 결코 …하지 않다, 결코 …이 아니다
并列	[bìngliè]	동 병렬하다
并排	[bìngpái]	동 나란히 하다, 나란히 열을 짓다
播放	[bōfàng]	동 방송하다, 방영하다
播音	[bōyīn]	명 방송 동 방송하다
播种	[bōzhǒng]	동 ①파종하다, 씨를 뿌리다 ②새로운 사상, 감정 등을 심다
拨款	[bōkuǎn]	명 (정부·상급 조직의) 지출금
波动	[bōdòng]	동 동요하다, 술렁거리다
波涛	[bōtāo]	명 파도

博览会	[bólǎnhuì]	몡 박람회
薄膜	[bómó]	몡 박막, 격막
搏斗	[bódòu]	동 격투하다, 악전고투하다
驳斥	[bóchì]	동 논박하다, 반박하여 물리치다
捕捞	[bǔlāo]	동 물고기를 잡다, 해초를 건지다
捕捉	[bǔzhuō]	동 체포하다, 붙잡다
补偿	[bǔcháng]	동 보상하다
补救	[bǔjiù]	동 구제하다, 보완하다
补贴	[bǔtiē]	몡 보조금, 수당 동 (주로 재정상으로) 보조하다
补助	[bǔzhù]	몡 보조 동 보조하다
卜	[bǔ]	동 점치다
不当	[búdàng]	혱 부당하다
不定	[búdìng]	확실하지 않다, …할지 모르다
不愧	[búkuì]	동 …에 부끄럽지 않다, …답다
不正之风	[búzhèngzhīfēng]	(사상·생활에서) 나쁜 기풍(작태)
不至于	[búzhìyú]	…에 이르지 않다, …에 미치지 않다
不卑不亢	[bù bēi bù kàng]	셍 비굴하지도 않고 거만하지도 않다, 언행이 자연스럽고 의젓하다
不辞而别	[bù cí ér bié]	말없이 이별하다, 작별 인사도 없이 떠나다

不得	〔bùdé〕	(…해서는) 안 된다, 할 수가 없다
不得已	〔bùdéyǐ〕	부득이하다
不等	〔bùděng〕	혱 같지 않다, 고르지 않다
不法	〔bùfǎ〕	혱 불법적인
不妨	〔bùfáng〕	무방하다, 괜찮다
不公	〔bùgōng〕	혱 공평하지 않다
不解	〔bùjiě〕	동 이해하지 못하다, 알지 못하다, 떼어 놓을 수 없다
不堪	〔bùkān〕	혱 심하다 동 견딜 수 없다, 참을 수 없다
不良	〔bùliáng〕	혱 불량하다, 좋지 않다
不容	〔bùróng〕	동 허용하지 않다, 받아들이지 않다
不时	〔bùshí〕	뷔 때때로, 갑자기
不惜	〔bùxī〕	동 아끼지 않다
不相上下	〔bù xiāng shàng xià〕	성 막상막하 ; 우열을 가릴 수 없다
不朽	〔bùxiǔ〕	혱 영구하다, 불후하다
不言而喻	〔bù yán ér yù〕	성 말하지 않아도 안다, 말할 필요도 없다
不宜	〔bùyí〕	조동 …하기에 적당치 않다
不怎么样	〔bù zěnmeyàng〕	①보통이다, 별로 좋지 않다 ②아무렇지도 않다
不知不觉	〔bù zhī bù jué〕	성 자기도 모르는 사이에

■ 布局	〖bùjú〗	몡	배치, 시문의 구성
■ 步兵	〖bùbīng〗	몡	보병
■ 步伐	〖bùfá〗	몡	발걸음, 보조, 걸음걸이
■ 步行	〖bùxíng〗	동	걸어서 가다, 도보로 가다
■ 步子	〖bùzi〗	몡	걸음걸이
■ 埠	〖bù〗	몡	부두
■ 部件	〖bùjiàn〗	몡	(기계) 조립부품
■ 部位	〖bùwèi〗	몡	(주로 인체의) 부위, 위치

C

■ 猜测	〖cāicè〗	동	추측하다, 추량하다
■ 裁	〖cái〗	동	자르다, 제거하다, 판단하다
■ 裁决	〖cáijué〗	몡 동	판결, 결재 / 판결하다, 결재하다
■ 裁军	〖cáijūn〗	몡 동	군축 / 군축하다
■ 才干	〖cáigàn〗	몡	재간, 수완
■ 才智	〖cáizhì〗	몡	재능과 지혜
■ 财	〖cái〗	몡	재물, 돈이나 부동산 그 밖의 값나가는 물건의 총칭
■ 财经	〖cáijīng〗	몡	금융, 재정과 경제, 재경

■ 财会	〔cáikuài〕	몡 재무 회계
■ 财力	〔cáilì〕	몡 재력, 재원
■ 财务	〔cáiwù〕	몡 재무, 재정
■ 采访	〔cǎifǎng〕	몡 인터뷰 동 취재하다
■ 采集	〔cǎijí〕	동 채집하다
■ 采纳	〔cǎinà〕	동 채납하다, (의견·건의·요구 따위를) 받아들이다
■ 菜单	〔càidān〕	몡 메뉴
■ 餐	〔cān〕	몡 ①식사 ②끼 동 먹다
■ 参军	〔cānjūn〕	몡 참군 동 입대하다
■ 参议院	〔cānyìyuàn〕	몡 상원, 참의원
■ 参与	〔cānyù〕	동 참여하다, 개입하다
■ 参阅	〔cānyuè〕	동 참조하다, 참고로 보다
■ 参照	〔cānzhào〕	동 참조하다, 참고하다
■ 残	〔cán〕	혱 ①불완전하다, 흠이 있다 ②남은, 잔여(의), 나머지(의)
■ 残暴	〔cánbào〕	혱 잔학하다, 잔인하고 포악하다
■ 残疾	〔cánjí〕	몡 장애, 후유증, 지병
■ 残忍	〔cánrěn〕	혱 잔인하다

残余	〔cányú〕	圀 나머지, 잔여, 잔존
仓促	〔cāngcù〕	휑 황망하다, 급작스럽다
操	〔cāo〕	圀 ①체조 ②품행 동 ①사용하다, 손에 쥐다 ②체조하다
操劳	〔cāoláo〕	동 열심히 일하다, 노고하다
操练	〔cāoliàn〕	동 훈련하다, 연습하다, 조련하다
槽	〔cáo〕	圀 탱크, 홈, 구유
草率	〔cǎoshuài〕	휑 경솔하다, 아무렇게나 하다
策划	〔cèhuà〕	동 기획하다, 획책하다
策略	〔cèlüè〕	圀 책략
侧面	〔cèmiàn〕	圀 측면
测定	〔cèdìng〕	동 측정하다
测算	〔cèsuàn〕	동 조사하다, 추산하다
层出不穷	〔céng chū bù qióng〕	셍 차례차례로 나타나서 끝이 없다, 계속 일어나다
层次	〔céngcì〕	圀 단계, 관련 기구, 등급
蹭	〔cèng〕	동 문지르다, 발을 질질 끌고 걷다
插嘴	〔chāzuǐ〕	동 말참견하다
叉	〔chā〕	동 손으로 틀어잡아(졸라) 밀쳐내다
差错	〔chācuò〕	圀 착오, 의외
差距	〔chājù〕	圀 격차, 오차

■差异	〔chāyì〕	몡 차이
■查处	〔cháchǔ〕	동 조사 처리하다
■查获	〔cháhuò〕	동 조사 압수하다, 수사 체포하다, 조사하여 밝혀내다
■查明	〔chámíng〕	동 조사하다, 밝혀내다
■查阅	〔cháyuè〕	동 열람하다
■刹那	〔chànà〕	몡 찰나
■诧异	〔chàyì〕	동 의아하게 여기다, 이상하게 생각하다
■岔	〔chà〕	몡 (길이나 산의) 갈림길, 분기점 동 갈라지다
■柴油	〔cháiyóu〕	몡 디젤유
■掺	〔chān〕	동 섞다, 잡다, 쥐다, 부축하다
■搀	〔chān〕	동 부축하다, 붙잡다, 도와주다
■蝉	〔chán〕	몡 매미
■馋	〔chán〕	혱 게걸스럽다, 걸신들리다
■谗言	〔chányán〕	몡 참언, 중상 모략하는 말, 헐뜯는 말
■缠	〔chán〕	동 ①둘둘 감다, 휘감다 ②얽히다, 얽매다, 달라붙다
■产	〔chǎn〕	동 ①낳다, 출산하다, 산란하다 ②생산하다 ③산출하다
■产地	〔chǎndì〕	몡 산지, 생산지
■产区	〔chǎnqū〕	몡 생산 지역

产业	〔chǎnyè〕	몡 산업
阐明	〔chǎnmíng〕	동 천명하다, 분명히 나타내다
阐述	〔chǎnshù〕	동 명백히 밝히다, 명백히 논술하다
颤	〔chàn〕	동 진동하다, 흔들리다
昌盛	〔chāngshèng〕	혱 번창하다, 번성하다, 왕성하다
猖狂	〔chāngkuáng〕	혱 난폭하다, 광폭하다, 광기를 부리다
尝试	〔chángshì〕	몡 시험 동 시험해 보다
常规	〔chángguī〕	몡 관례, 일반 검사
常见	〔chángjiàn〕	동 흔히 있다, 빈출하다
常年	〔chángnián〕	몡 일 년 내내, 평년
常务	〔chángwù〕	몡 상무, 상임
常用	〔chángyòng〕	동 늘 쓰다, 일상적으로 사용하다
长处	〔chángchu〕	몡 장점
长短	〔chángduǎn〕	몡 길이, 치수
长寿	〔chángshòu〕	동 장수하다, 오래 살다
长征	〔chángzhēng〕	몡 장정, 장기적 투쟁
偿	〔cháng〕	동 ①갚다, 배상하다, 보상하다, 물어주다 ②이루다, 만족시키다
偿还	〔chánghuán〕	몡 상환, 변제 동 상환하다, 갚다, 돌려주다

厂房	【chǎngfáng】	몡 공장 건물, 일터, 작업장
厂家	【chǎngjiā】	몡 제조업자
厂商	【chǎngshāng】	몡 제조업자, 공장과 상점
场所	【chǎngsuǒ】	몡 장소
敞开	【chǎngkāi】	동 활짝 열다, 공개하다, 없애다
畅谈	【chàngtán】	동 속 시원히 이야기하다
畅通	【chàngtōng】	동 막힘없이 잘 통하다
畅销	【chàngxiāo】	동 잘 팔리다, 인기 있다
倡议	【chàngyì】	몡 제안, 제의, 발의 동 (계획 따위를) 제안하다, 제의하다
超产	【chāochǎn】	몡 초과 생산 동 초과 생산하다
超出	【chāochū】	동 (수량·정도·한도를) 넘다, 초과하다
超级	【chāojí】	혱 슈퍼, 초, (보통 등급에서) 뛰어난
超越	【chāoyuè】	동 초월하다
朝代	【cháodài】	몡 왕조 연대
嘲笑	【cháoxiào】	동 비웃다, 조소하다
潮流	【cháoliú】	몡 조류, 추세
吵闹	【chǎonào】	동 말다툼하다, 시끄럽게 언쟁하다
吵嘴	【chǎozuǐ】	몡 언쟁 동 말다툼하다, 언쟁하다

■ 车床	〔chēchuáng〕	명 선반
■ 撤退	〔chètuì〕	동 철퇴하다, 철수하다
■ 撤销	〔chèxiāo〕	동 (법령 따위를) 폐지하다, 파기하다
■ 沉淀	〔chéndiàn〕	명 침전 동 침전하다, 누적되다
■ 沉静	〔chénjìng〕	형 고요하다, 평온하다, 차분하다
■ 沉闷	〔chénmèn〕	형 침울하다, 무겁다
■ 沉痛	〔chéntòng〕	형 침통하다, 심각하다
■ 沉着	〔chénzhuó〕	형 침착하다
■ 陈旧	〔chénjiù〕	형 낡다
■ 陈述	〔chénshù〕	동 진술하다
■ 称心	〔chènxīn〕	동 마음에 들다, 만족하다
■ 称号	〔chēnghào〕	명 칭호
■ 城镇	〔chéngzhèn〕	명 도시와 읍
■ 成交	〔chéngjiāo〕	명 거래, 거래 약정 동 거래가 이루어지다
■ 成品	〔chéngpǐn〕	명 완제품
■ 成人	〔chéngrén〕	명 성인
■ 成套	〔chéngtào〕	명 한 벌, 한 세트 동 한 벌이 되다
■ 成效	〔chéngxiào〕	명 효과, 성과

成心	〔chéngxīn〕	휑 고의 (주로 부사어로 쓰임)
呈	〔chéng〕	동 ①(어떤 형태를) 갖추다, (빛깔을) 띠다 ②드리다, 올리다, 바치다
呈现	〔chéngxiàn〕	동 나타내다
乘机	〔chéngjī〕	동 기회를 틈타다 (주로 부사어로 쓰임)
乘务员	〔chéngwùyuán〕	명 승무원
惩	〔chéng〕	동 징벌하다, 처벌하다
惩办	〔chéngbàn〕	동 처벌하다, 징벌하다
惩罚	〔chéngfá〕	동 징벌하다
澄清	〔chéngqīng〕	동 평정하다, 해명하다
诚心诚意	〔chéngxīnchéngyì〕	진심, 성심성의
诚意	〔chéngyì〕	명 성의
诚挚	〔chéngzhì〕	휑 성실하고 진지하다
承办	〔chéngbàn〕	동 청부(도급) 맡아 처리하다
承受	〔chéngshòu〕	동 이겨내다, 이어받다, 인수하다
秤	〔chèng〕	명 저울
持续	〔chíxù〕	동 지속하다, 계속 유지하다
池塘	〔chítáng〕	명 못, 제방
迟缓	〔chíhuǎn〕	휑 느리다
迟疑	〔chíyí〕	동 망설이다

■ 齿轮	〔chǐlún〕	몡 톱니바퀴, 기어
■ 赤字	〔chìzì〕	몡 적자
■ 充当	〔chōngdāng〕	동 충당하다, 맡다
■ 充沛	〔chōngpèi〕	혱 넘쳐흐르다, 왕성하다
■ 冲锋	〔chōngfēng〕	동 적진으로 돌격하여 들어가다
■ 冲破	〔chōngpò〕	동 돌파하다
■ 重	〔chóng〕	양 겹, 층(겹치는 것을 세는 단위)
■ 重申	〔chóngshēn〕	동 거듭 천명하다
■ 崇拜	〔chóngbài〕	동 숭배하다
■ 崇敬	〔chóngjìng〕	동 숭배하고 존경하다
■ 抽空	〔chōukòng〕	동 시간을 내다
■ 抽屉	〔chōuti〕	몡 서랍
■ 踌躇	〔chóuchú〕	동 망설이다, 주저하다
■ 稠密	〔chóumì〕	혱 빽빽하다, 조밀하다
■ 筹备	〔chóubèi〕	동 기획하다, 사전에 준비하다
■ 筹建	〔chóujiàn〕	동 설립을 계획하다
■ 绸子	〔chóuzi〕	몡 (얇고 부드러운) 견직물
■ 丑恶	〔chǒu'è〕	혱 추악하다
■ 出差	〔chūchāi〕	몡 출장 동 출장가다

出产	〔chūchǎn〕	동 생산하다
出动	〔chūdòng〕	동 출동하다, 파견하다
出发点	〔chūfādiǎn〕	명 출발점
出访	〔chūfǎng〕	동 외국에 방문하러 가다
出境	〔chūjìng〕	명 출국 동 출국하다
出面	〔chūmiàn〕	동 표면에 나서다, 명의를 내놓다
出名	〔chūmíng〕	동 유명해지다
出品	〔chūpǐn〕	명 출품, 상품
出入	〔chūrù〕	명 드나듦, 출입 동 드나들다, 출입하다
出色	〔chūsè〕	형 출중하다, 특별히 훌륭하다
出神	〔chūshén〕	동 넋을 잃다
出世	〔chūshì〕	동 태어나다, 세상에 나오다, 출가하다
出售	〔chūshòu〕	동 팔다, 매각하다
厨师	〔chúshī〕	명 요리사
锄	〔chú〕	명 호미 동 김매다, 제거하다
除此之外	〔chúcǐ yǐwài〕	이것 이외에, 이밖에
除外	〔chúwài〕	동 제외하다
除夕	〔chúxī〕	명 섣달 그믐밤

■ 储备	〔chǔbèi〕	图 비축하다
■ 储藏	〔chǔcáng〕	图 저장하다
■ 储存	〔chǔcún〕	图 저장하여 두다, 저축하여 두다
■ 储蓄	〔chǔxù〕	图 저축하다
■ 处罚	〔chǔfá〕	명 처벌 图 처벌하다
■ 处方	〔chǔfāng〕	명 처방(전)
■ 处境	〔chǔjìng〕	명 처지
■ 处决	〔chǔjué〕	图 처형하다, 처단하다
■ 处置	〔chǔzhì〕	명 처리 图 처리하다
■ 触	〔chù〕	图 접촉하다, 느끼다
■ 触犯	〔chùfàn〕	图 저촉되다, 거슬리다
■ 川流不息	〔chuān liú bù xī〕	성 (사람과 차들이) 냇물처럼 끊임없이 오가다
■ 传单	〔chuándān〕	명 전단, 삐라
■ 传递	〔chuándì〕	图 (차례차례) 전달하다, 패스하다
■ 传授	〔chuánshòu〕	图 전수하다
■ 传送	〔chuánsòng〕	图 전송하다
■ 传真	〔chuánzhēn〕	명 팩스, 전송, 팩시밀리
■ 船舶	〔chuánbó〕	명 선박

船只	〖chuánzhī〗	몡 선박
疮	〖chuāng〗	몡 부스럼, 헌데, 종기
床铺	〖chuángpù〗	몡 침대
床位	〖chuángwèi〗	몡 (호텔·기차·기선·병원의) 침대
创办	〖chuàngbàn〗	동 창립하다, 창설하다
创建	〖chuàngjiàn〗	동 창건하다, 창립하다
创业	〖chuàngyè〗	동 창업하다
炊事员	〖chuīshìyuán〗	몡 취사원
吹牛	〖chuīniú〗	몡 허풍 동 허풍 떨다
吹捧	〖chuīpěng〗	동 치켜세우다
捶	〖chuí〗	동 (방망이로) 두드리다, 채찍질하다
锤	〖chuí〗	몡 망치 동 (쇠망치로) 치다
春耕	〖chūngēng〗	몡 봄갈이 동 봄에 밭갈이하다
纯粹	〖chúncuì〗	혱 순수하다
蠢	〖chǔn〗	혱 우둔하다
磁铁	〖cítiě〗	몡 자석
雌	〖cí〗	혱 암컷의
辞	〖cí〗	몡 말, 언사 동 거절하다

辞职	〔cízhí〕	몡 사직, 사임 동 사직하다
慈爱	〔cí'ài〕	형 자애롭다
慈祥	〔cíxiáng〕	형 자상하다
词句	〔cíjù〕	몡 낱말과 글, 시구
此后	〔cǐhòu〕	몡 이후, 이다음, 금후
此时	〔cǐshí〕	몡 이때
刺	〔cì〕	몡 가시
次品	〔cìpǐn〕	몡 하등품
次数	〔cìshù〕	몡 횟수, 도수
次序	〔cìxù〕	몡 차례
葱	〔cōng〕	몡 파
匆匆	〔cōngcōng〕	형 분주하다, 총망하다
从容不迫	〔cóng róng bú pò〕	성 태연자약하다, 침착하다
从…看来	〔cóng…kànlai〕	…로 미루어 보아
从头	〔cóngtóu〕	뷔 처음부터, 새로
从未	〔cóngwèi〕	뷔 지금까지 …하지 않았다, 여태껏… 하지 않다
从小	〔cóngxiǎo〕	뷔 어릴 때부터
从中	〔cóngzhōng〕	뷔 중간에서
凑合	〔còuhe〕	동 모으다, 임시변통하다

■ 凑巧	〔còuqiǎo〕	男 때마침, 알맞게도, 공교롭게
■ 粗暴	〔cūbào〕	형 난폭하다, 거칠다
■ 粗粮	〔cūliáng〕	명 잡곡
■ 粗鲁	〔cūlǔ〕	형 거칠다, 우악스럽다
■ 粗细	〔cūxì〕	명 굵기, 신중한 정도
■ 促	〔cù〕	동 재촉하다, 다그치다
■ 摧残	〔cuīcán〕	동 파괴하다, 박해하다
■ 翠绿	〔cuìlǜ〕	형 짙푸르다, 청록색의
■ 脆	〔cuì〕	형 부서지기 쉽다, 씹기 좋다
■ 脆弱	〔cuìruò〕	형 취약하다, 여리다
■ 存放	〔cúnfàng〕	동 맡기다, 저장하다
■ 存款	〔cúnkuǎn〕	명 예금, 공탁금 동 저금하다
■ 磋商	〔cuōshāng〕	동 협의하다, 협상하다

Ⓓ

■ 搭配	〔dāpèi〕	동 매치하다, 결합하다, 배합하다
■ 答辩	〔dábiàn〕	동 답변하다
■ 打猎	〔dǎliè〕	명 사냥 동 사냥하다
■ 大包大揽	〔dà bāo dà lǎn〕	성 모든 일을 도맡아 하다, 모든 책임을 떠맡다

大臣	〔dàchén〕	몡 대신
大多	〔dàduō〕	男 대부분, 거의 다
大公无私	〔dà gōng wú sī〕	쩡 공평무사하다, 오로지 국민 대중을 위해 생각할 따름으로 전혀 사심이 없는 마음
大锅饭	〔dàguōfàn〕	몡 한솥밥, 평균주의적 분배 공동취사
大局	〔dàjú〕	몡 대국, 대세, 전반적인 정세
大理石	〔dàlǐshí〕	몡 대리석
大拇指	〔dàmuzhǐ〕	몡 엄지손가락
大炮	〔dàpào〕	몡 대포
大气压	〔dàqìyā〕	몡 대기압
大厦	〔dàshà〕	몡 빌딩
大肆	〔dàsì〕	男 제멋대로
大体	〔dàtǐ〕	몡 대체, 중요한 이치 男 대체로
大同小异	〔dà tóng xiǎo yì〕	쩡 대동소이하다
大无畏	〔dàwúwèi〕	혱 조금도 두려워하지 않는
大雁	〔dàyàn〕	몡 기러기
大有可为	〔dà yǒu kě wéi〕	쩡 전도가 매우 유망하다, 가능성이 매우 많다, 발전의 여지가 있다
大于	〔dàyú〕	…보다 크다 (많다)

■ 歹徒	〔dǎitú〕	몡 악인, 악당
■ 带劲	〔dàijìn〕	혱 신이 나다, 힘이 있다, 격렬하다
■ 代号	〔dàihào〕	몡 부호 동 부호로 하다
■ 代数	〔dàishù〕	몡 대수, 세대
■ 贷	〔dài〕	동 ①대부하다, 빌려 주다, 대출하다 ②(돈을) 꾸다(빌다), 차입하다
■ 贷款	〔dàikuǎn〕	몡 대출, 차관, 상품대금 동 대출하다
■ 待业	〔dàiyè〕	몡 구직 동 취업을 기다리다
■ 怠工	〔dàigōng〕	몡 태업 동 태업하다
■ 怠慢	〔dàimàn〕	동 등한시하다, 냉대하다
■ 担保	〔dānbǎo〕	동 보증하다, 담보하다
■ 担忧	〔dānyōu〕	동 걱정하다, 근심하다
■ 丹	〔dān〕	몡 붉은 색, 적색
■ 单元	〔dānyuán〕	몡 (교재 등의) 단원
■ 胆量	〔dǎnliàng〕	몡 용기, 담력
■ 胆怯	〔dǎnqiè〕	혱 겁이 많다
■ 胆子	〔dǎnzi〕	몡 담력
■ 氮	〔dàn〕	몡 질소

担	〔dàn〕	양 짐(멜대로 매는 짐을 세는 데 쓰임)
担子	〔dànzi〕	명 짐
淡季	〔dànjì〕	명 불경기 계절, 산출이 적은 계절
淡水	〔dànshuǐ〕	명 담수
诞辰	〔dànchén〕	명 탄생, 생일
弹	〔dàn〕	명 작은 덩어리, 둥근 알, 탄환
弹药	〔dànyào〕	명 탄약
当场	〔dāngchǎng〕	명 현장, 즉석에서(주로 부사어로 쓰임)
当局	〔dāngjú〕	명 당국
当事人	〔dāngshìrén〕	명 당사자
当心	〔dāngxīn〕	동 조심하다
当选	〔dāngxuǎn〕	동 당선되다
党性	〔dǎngxìng〕	명 당성, 당에 대한 충실성
党章	〔dǎngzhāng〕	명 정당의 정관
党中央	〔dǎngzhōngyāng〕	명 당 중앙위원회
当天	〔dàngtiān〕	명 그 날
档次	〔dàngcì〕	명 (품질 등의) 등차, 등급
荡	〔dàng〕	동 흔들(리)다, 움직이다
刀刃	〔dāorèn〕	명 칼날
叨唠	〔dāolao〕	동 이러쿵저러쿵 계속 지껄이다

捣	[dǎo]	图 찧다, 쿡 찌르다, 교란하다
捣蛋	[dǎodàn]	图 트집을 잡다
捣乱	[dǎoluàn]	图 소란을 피우다
倒闭	[dǎobì]	图 (상점·회사·기업체가) 도산하다
倒爷	[dǎoyé]	图 되거리꾼, 불법투기 상인
导航	[dǎoháng]	图 항공을 유도하다, 항해를 유도하다
导体	[dǎotǐ]	图 도체
导游	[dǎoyóu]	图 관광 안내원 图 (관광객을) 안내하다
到来	[dàolái]	图 도래하다, 닥쳐오다
到期	[dàoqī]	图 기간만료, 기한 图 기한이 되다
倒退	[dàotuì]	图 후퇴하다, 뒷걸음치다
稻子	[dàozi]	图 벼
悼念	[dàoniàn]	图 추모하다
盗	[dào]	图 훔치다
盗窃	[dàoqiè]	图 훔치다, 절도하다
得不偿失	[dé bù cháng shī]	图 얻은 것이 잃은 것을 보상하지 못하다, 얻는 것보다 잃는 것이 많다
得力	[délì]	图 효과가 있다, 유능하다
得以	[déyǐ]	图 …할 수 있다

■ 得罪	〔dézuì〕	통 노여움을 사다, 죄를 짓다
■ 灯泡	〔dēngpào〕	명 전구, 전공관
■ 登陆	〔dēnglù〕	통 상륙하다
■ 等级	〔děngjí〕	명 등급, 계급
■ 低级	〔dījí〕	형 ①초보적인 ②저급의, 저속한
■ 低劣	〔dīliè〕	형 비열하다
■ 低温	〔dīwēn〕	명 저온, 저체온
■ 低下	〔dīxià〕	형 ①(생산 수준이나 경제적 지위 등이 일반적 기준보다) 낮다, 떨어지다 ②(품질, 격조 등이) 저속하다
■ 敌	〔dí〕	통 대항하다, 적대하다, 대적하다 명 적, 상대, 적수
■ 敌对	〔díduì〕	통 적대하다, 대치하다
■ 敌视	〔díshì〕	통 적대시하다
■ 笛子	〔dízi〕	명 피리
■ 的确良	〔déquèliáng〕	명 테릴렌, 데이크론(양털과 비슷한 폴리에스테르 계 합성 섬유의 하나)
■ 抵达	〔dǐdá〕	통 도착하다, 도달하다
■ 抵制	〔dǐzhì〕	통 제압하다, 배척하다, 막아 내다
■ 地铁	〔dìtiě〕	명 지하철
■ 帝国	〔dìguó〕	명 제국
■ 帝国主义	〔dìguó zhǔyì〕	명 제국주의

■ 递	〔dì〕	동 넘겨주다, 전해 주다, 건네다
■ 递交	〔dìjiāo〕	동 직접 내주다, 건네다
■ 递增	〔dìzēng〕	동 점차 늘다
■ 缔结	〔dìjié〕	동 체결하다
■ 颠簸	〔diānbǒ〕	동 흔들리다
■ 颠倒	〔diāndǎo〕	동 뒤바뀌다, 착란이 일어나다
■ 颠覆	〔diānfù〕	동 전복하다
■ 掂	〔diān〕	동 손대중으로 가늠하다
■ 点火	〔diǎnhuǒ〕	명 점화, 선동 동 점화하다, 선동하다
■ 点名	〔diǎnmíng〕	명 출석, 지명 동 지명하다, 출석을 부르다
■ 点燃	〔diǎnrán〕	동 불을 붙이다
■ 点缀	〔diǎnzhui〕	동 장식하다, 숫자를 채우다
■ 点子	〔diǎnzi〕	명 점, 요점, 생각
■ 电动机	〔diàndòngjī〕	명 전동기
■ 电路	〔diànlù〕	명 회로, 전로
■ 电钮	〔diànniǔ〕	명 전기 스위치
■ 电气	〔diànqì〕	명 전기
■ 电源	〔diànyuán〕	명 전원
■ 店员	〔diànyuán〕	명 점원

淀粉	[diànfěn]	몡 전분
殿	[diàn]	몡 높고 큰 건물(특히 어전·신전 등을 가리킴)
刁	[diāo]	혱 교활하다
叼	[diāo]	통 입에 물다
雕塑	[diāosù]	몡 조각과 소조
调度	[diàodù]	몡 배치, 지시 통 관리하고 배치하다, 획책하다
调换	[diàohuàn]	통 교환하다
碟子	[diézi]	몡 접시
叮嘱	[dīngzhǔ]	통 재삼 부탁하다, 신신당부하다
顶点	[dǐngdiǎn]	몡 정상, 정점
顶端	[dǐngduān]	몡 꼭대기, 끝
定点	[dìngdiǎn]	몡 정점 통 정점을 정하다
定额	[dìng'é]	몡 정액, 기준량
定价	[dìngjià]	몡 정가
定居	[dìngjū]	통 정착하다
定理	[dìnglǐ]	몡 불변의 진리
定量	[dìngliàng]	몡 정량, 일정량
定律	[dìnglǜ]	몡 법칙

定向	〔dìngxiàng〕	몡 일정한 방향 동 방향을 정하다
定性	〔dìngxìng〕	몡 성분 및 성질을 측정하다
定义	〔dìngyì〕	몡 정의
订购(定购)	〔dìnggòu〕	동 주문 구입하다
订货(定货)	〔dìnghuò〕	몡 발주, 오더, 주문 동 물품을 주문하다, 발주하다
订阅(定阅)	〔dìngyuè〕	동 (신문·잡지 따위를) 예약 구독하다
钉	〔dìng〕	동 못을 박다
丢人	〔diūrén〕	동 체면이 서지 않다, 창피당하다
丢失	〔diūshī〕	몡 분실 동 잃어버리다
东奔西走	〔dōng bēn xī zǒu〕	솅 동분서주하다, 이리저리 뛰어다니다
东道主	〔dōngdàozhǔ〕	몡 주인, (객에 대한) 주인역
冬瓜	〔dōngguā〕	몡 동과, 동아
董事	〔dǒngshì〕	몡 이사, 중역
动荡	〔dòngdàng〕	동 불안정하다, 흔들리다, 동요하다
动工	〔dònggōng〕	몡 착공, 공사 동 착공하다, 공사하다
动乱	〔dòngluàn〕	몡 동란
动脉	〔dòngmài〕	몡 동맥
动态	〔dòngtài〕	몡 동향, 동태, 정세

■ 动用	〔dòngyòng〕	동 유용하다
■ 冻结	〔dòngjié〕	동 동결하다, 얼다
■ 栋	〔dòng〕	양 동, 채(집채를 세는 말)
■ 兜	〔dōu〕	동 (자루 형태로 물건을) 싸다, 품다
■ 兜儿	〔dōur〕	명 호주머니, 주머니, 자루
■ 斗志	〔dòuzhì〕	명 투지
■ 都市	〔dūshì〕	명 도시
■ 督促	〔dūcù〕	동 독촉하다
■ 毒害	〔dúhài〕	동 해를 끼치다, 독살하다
■ 毒品	〔dúpǐn〕	명 (모르핀·코카인·마약 따위의) 독물
■ 毒性	〔dúxìng〕	명 독성
■ 独	〔dú〕	부 홀로, 혼자
■ 独裁	〔dúcái〕	동 독재하다
■ 独立自主	〔dúlì zìzhǔ〕	독립된 주권을 행사하다
■ 堵塞	〔dǔsè〕	동 막히다, 메우다
■ 赌	〔dǔ〕	동 도박을 하다, 노름을 하다
■ 赌博	〔dǔbó〕	동 도박하다
■ 杜绝	〔dùjué〕	동 두절하다, 근절하다
■ 镀	〔dù〕	동 도금하다
■ 渡船	〔dùchuán〕	명 도선, 나룻배

■ 渡口	〔dùkǒu〕	명 나루터
■ 短处	〔duǎnchu〕	명 결점, 약점
■ 短促	〔duǎncù〕	형 촉박하다
■ 短暂	〔duǎnzàn〕	형 (시간이) 짧다
■ 锻子	〔duànzi〕	명 단자
■ 断断续续	〔duànduànxùxù〕	끊어졌다 이어졌다 하며(하는), 단속적으로, 단속적인
■ 断绝	〔duànjué〕	동 단절하다, 끊다, 차단하다
■ 兑现	〔duìxiàn〕	동 ①현금으로 바꾸다 ②실행하다
■ 对岸	〔duì'àn〕	명 대안, 맞은 편 기슭
■ 对策	〔duìcè〕	명 대책, 치국에 관한 책략
■ 对称	〔duìchèn〕	명 대칭
■ 对话	〔duìhuà〕	명 대화 동 대화하다
■ 对抗	〔duìkàng〕	동 대항하다
■ 对联	〔duìlián〕	명 대련
■ 对手	〔duìshǒu〕	명 상대, 호적수
■ 对头	〔duìtóu〕 〔duìtou〕	형 정확하다, 어울리다, 정상이다 명 원수, 적수, 상대
■ 对应	〔duìyìng〕	동 대응하다
■ 对照	〔duìzhào〕	동 대조하다

夺得	【duódé】	동 획득하다, 이룩하다, 쟁취하다
躲避	【duǒbì】	동 피하다, 비키다, 물러서다
躲藏	【duǒcáng】	동 도망쳐 숨다, 피하다
跺	【duò】	동 발을 (동동) 구르다
舵	【duò】	명 (배나 비행기 따위의) 방향타, 키
堕落	【duòluò】	동 추락하다, 부패하다, 영락하다

Ｅ

蛾子	【ézi】	명 나방
额	【é】	명 ①이마 ②액자, 틀
额外	【éwài】	형 초과의, 과도한
讹	【é】	명 잘못 동 속이다, 거짓말하다, 사취하다
恶毒	【èdú】	형 악독하다
恶性	【èxìng】	명 악성
恩	【ēn】	명 은혜
恩爱	【ēn'ài】	형 (부부간에) 사랑이 깊다
恩情	【ēnqíng】	명 은정
恩人	【ēnrén】	명 은인
而后	【érhòu】	접 이후에
而已	【éryǐ】	조 …만, …뿐

| 二氧化碳 | 【èryǎnghuàtàn】 | 몡 이산화탄소 |
| 贰 | 【èr】 | 죠 二의 갖은자
됭 변절하다, 배반하다 |

F

发病	【fābìng】	몡 발병 됭 병이 나다
发布	【fābù】	됭 선포하다
发财	【fācái】	됭 돈을 벌다, 부자가 되다
发愁	【fāchóu】	됭 근심하다, (방법이 없어)머리가 아프다
发奋图强	【fā fèn tú qiáng】	졩 분발하여 국가의 부강을 꾀하다
发火	【fāhuǒ】	몡 발화 됭 ①불이 나다 ②화를 내다
发脾气	【fā píqi】	화를 내다
发票	【fāpiào】	몡 영수증, 송장, 인보이스
发起	【fāqǐ】	됭 제기하다, 발기하다, 개시하다
发热	【fārè】	몡 발열 됭 발끈하다, 열이 나다
发誓	【fāshì】	됭 맹세하다
发炎	【fāyán】	됭 염증을 일으키다
发扬光大	【fā yáng guǎng dà】	졩 (사업·전통 등을) 원래의 기초 위에서 더욱 확대 발전시키다
伐	【fá】	됭 베다, 공격하다

■ 罚款	〔fákuǎn〕	몡 벌금 동 벌금을 내다
■ 法	〔fǎ〕	몡 법, 방법, 교리
■ 法定	〔fǎdìng〕	혱 법정의
■ 法官	〔fǎguān〕	몡 법관, 직위가 있는 도사
■ 法规	〔fǎguī〕	몡 법규
■ 法人	〔fǎrén〕	몡 법인
■ 法庭	〔fǎtíng〕	몡 법정
■ 法西斯	〔fǎxīsī〕	몡 파쇼, 파쇼적 경향·체제 따위
■ 法则	〔fǎzé〕	몡 규율
■ 帆	〔fān〕	몡 돛
■ 帆船	〔fānchuán〕	몡 돛단배
■ 番茄	〔fānqié〕	몡 토마토
■ 繁	〔fán〕	혱 번잡하다, 복잡하다
■ 繁多	〔fánduō〕	혱 대단히 많다
■ 繁华	〔fánhuá〕	혱 ①번화하다 ②(색깔이) 선명하다
■ 繁忙	〔fánmáng〕	혱 번거롭고 바쁘다
■ 繁体字	〔fántǐzì〕	몡 번체자(간화되기 이전의 필획이 복잡한 한자)
■ 繁重	〔fánzhòng〕	혱 많고 무겁다
■ 烦闷	〔fánmèn〕	동 번민하다, 고민하다

■ 烦恼	〔fánnǎo〕	명 번뇌 동 번뇌하다, 걱정하다
■ 烦躁	〔fánzào〕	동 초조하다
■ 反驳	〔fǎnbó〕	동 반박하다
■ 反常	〔fǎncháng〕	형 비정상적이다
■ 反倒	〔fǎndào〕	부 오히려
■ 反感	〔fǎngǎn〕	명 반감 동 반감을 가지다
■ 反革命	〔fǎngémìng〕	명 반혁명
■ 反攻	〔fǎngōng〕	동 역습하다, 반격하다
■ 反馈	〔fǎnkuì〕	동 되돌려 보내다, 피드백되다
■ 反面	〔fǎnmiàn〕	명 이면, 부정적인 면, 반면
■ 反射	〔fǎnshè〕	동 반사하다
■ 反思	〔fǎnsī〕	동 반성하다, 사고하다
■ 反之	〔fǎnzhī〕	접 반대로 말하면, 바꾸어서 말하면
■ 返回	〔fǎnhuí〕	동 돌아가다, 귀환하다
■ 贩卖	〔fànmài〕	동 팔다, 판매하다
■ 范畴	〔fànchóu〕	명 범주, 범위
■ 犯法	〔fànfǎ〕	명 범법 동 법을 어기다
■ 犯浑	〔fànhún〕	동 언행이 상식을 벗어나다

■ 饭碗	[fànwǎn]	몡 ①밥공기 ②직업
■ 泛	[fàn]	동 (물 위에) 뜨다, 띄우다
■ 方程	[fāngchéng]	몡 방정식
■ 房东	[fángdōng]	몡 집주인
■ 房租	[fángzū]	몡 집세, 숙박료
■ 防护	[fánghù]	동 방어하여 보호하다
■ 防线	[fángxiàn]	몡 방위선
■ 防汛	[fángxùn]	몡 홍수예방 동 홍수를 예방하다
■ 防疫	[fángyì]	몡 방역 동 방역하다
■ 放射	[fàngshè]	동 방사하다
■ 非…才	[fēi…cái]	…이 아니면 …할 수 없다
■ 飞船	[fēichuán]	몡 우주비행선
■ 飞舞	[fēiwǔ]	동 춤추듯이 흩날리다, 생기가 넘치고 활발하다
■ 飞翔	[fēixiáng]	동 비상하다
■ 肥沃	[féiwò]	혱 비옥하다
■ 匪徒	[fěitú]	몡 악당, 강도, 무뢰한
■ 诽谤	[fěibàng]	동 비방하다
■ 废品	[fèipǐn]	몡 폐품, 불합격품

废气	【fèiqì】	똉 폐기
废物	【fèiwù】	똉 폐물
分辩	【fēnbiàn】	동 변명하다, 해명하다
分辨	【fēnbiàn】	동 분별하다, 구분하다
分寸	【fēncun】	똉 (일이나 말의) 적당한 정도나 범위, 한도, 분수
分队	【fēnduì】	똉 분대
分红	【fēnhóng】	동 이익을 분배하다
分化	【fēnhuà】	동 분열시키다, 분화하다
分类	【fēnlèi】	똉 분류 동 분류하다
分母	【fēnmǔ】	똉 (분수의) 분모
分批	【fēnpī】	동 여러 조로 나누다
分期	【fēnqī】	동 시기를(기간을) 나누다
分歧	【fēnqí】	똉 불일치, 상이
分清	【fēnqīng】	동 분명하게 가리다(밝히다)
芬芳	【fēnfāng】	혱 향기롭다
坟墓	【fénmù】	똉 무덤
粉末	【fěnmò】	똉 분말, 가루
分外	【fènwài】	똉 본분 밖의 일 뷔 유달리

奋勇	〔fènyǒng〕	图 용기를 내다
奋战	〔fènzhàn〕	图 분전하다, 분투하다
愤恨	〔fènhèn〕	图 분노하고 원망하다
丰满	〔fēngmǎn〕	阌 풍부하다, 풍만하다
封闭	〔fēngbì〕	图 밀봉하다, 폐쇄하다
蜂	〔fēng〕	閔 벌, 꿀벌
蜂蜜	〔fēngmì〕	閔 벌꿀
风暴	〔fēngbào〕	閔 폭풍, 규모가 크고 기세가 맹렬한 사건이나 현상
风度	〔fēngdù〕	閔 풍격, 풍모
风光	〔fēngguāng〕	閔 풍경
风浪	〔fēnglàng〕	閔 위험한 일, 풍랑
风趣	〔fēngqù〕	閔 풍취, 유머, 해학, 재미
风沙	〔fēngshā〕	閔 모래바람, 풍사
风尚	〔fēngshàng〕	閔 풍격, 풍습, 풍조
风味	〔fēngwèi〕	閔 특색, 고상하고 아름다운 집
风险	〔fēngxiǎn〕	閔 위험, 리스크
风筝	〔fēngzheng〕	閔 연
疯子	〔fēngzi〕	閔 미치광이
锋利	〔fēnglì〕	阌 끝이 날카롭다, 예리하다

■ 缝	[fèng]	몡 ①(옷의) 솔기, 이은 부분 ②틈, 간극, 갈라진 자리
■ 奉献	[fèngxiàn]	동 봉헌하다, 삼가 바치다
■ 奉行	[fèngxíng]	동 신봉하다, 명령을 받들어 시행하다
■ 凤凰	[fènghuáng]	몡 봉황
■ 否	[fǒu]	동 부정하다
■ 否决	[fǒujué]	동 부결시키다
■ 否认	[fǒurèn]	동 부인하다
■ 夫妇	[fūfù]	몡 부부
■ 敷衍	[fūyan]	동 성실하지 않게 하다, 무성의하게 대하다
■ 伏	[fú]	동 엎드리다, 매복하다, 항복하다
■ 辐射	[fúshè]	동 방사하다
■ 幅度	[fúdù]	몡 폭, 정도
■ 符号	[fúhào]	몡 부호, 휘장
■ 俘虏	[fúlǔ]	몡 포로
■ 服气	[fúqì]	동 굴복하다
■ 服装	[fúzhuāng]	몡 옷, 복장
■ 浮雕	[fúdiāo]	몡 부조
■ 浮动	[fúdòng]	몡 유동 동 ①떠서 움직이다, 유동하다 ②안정되지 않다, 안착하지 못하다

■ 福	〔fú〕	몡 복, 행복
■ 福利	〔fúlì〕	몡 복지
■ 福气	〔fúqì〕	몡 복, 행운
■ 抚养	〔fǔyǎng〕	동 부양하다
■ 抚育	〔fǔyù〕	동 키우다
■ 辅助	〔fǔzhù〕	동 보조하다
■ 斧子	〔fǔzi〕	몡 도끼
■ 腐败	〔fǔbài〕	동 부패하다, 썩다
■ 腐化	〔fǔhuà〕	동 부패하다, 타락하다
■ 腐烂	〔fǔlàn〕	동 썩어 문드러지다, 부식하다
■ 赴	〔fù〕	동 …로 가다, 향하다
■ 副业	〔fùyè〕	몡 부업
■ 副作用	〔fùzuòyòng〕	몡 부작용
■ 覆盖	〔fùgài〕	동 가리다, 덮다
■ 赋予	〔fùyǔ〕	동 (중대한 임무나 등을) 부여하다, 주다
■ 复	〔fù〕	동 중복하다, 거듭하다, 되풀이하다 뫄 또
■ 复辟	〔fùbì〕	동 ①복벽하다, 폐위된 천자가 다시 제위에 오르다 ②부활하다, 복귀하다
■ 复合	〔fùhé〕	동 복합하다
■ 复活	〔fùhuó〕	동 부활하다

▪ 复兴	【fùxīng】	동 부흥하다
▪ 付出	【fùchū】	동 ①지출하다, 지불하다 ②들이다
▪ 付款	【fùkuǎn】	동 돈을 지불하다
▪ 腹	【fù】	명 배
▪ 负伤	【fùshāng】	명 부상 동 부상을 당하다
▪ 富强	【fùqiáng】	형 부강하다
▪ 富余	【fùyu】	형 넉넉하다, 여유가 있다
▪ 附带	【fùdài】	동 덧붙이다, 첨부하다
▪ 附和	【fùhè】	동 (남의 언행을) 따라하다
▪ 附加	【fùjiā】	동 부가하다, 추가하다
▪ 附属	【fùshǔ】	동 ①부속하다 ②예속되다, 종속되다

Ⓖ

▪ 改建	【gǎijiàn】	동 개축하다
▪ 改邪归正	【gǎi xié guī zhèng】	성 잘못을 고치고 바른길로 돌아오다
▪ 改组	【gǎizǔ】	동 개편하다
▪ 概况	【gàikuàng】	명 개황
▪ 钙	【gài】	명 칼슘
▪ 干预	【gānyù】	동 관여하다, 참견하다
▪ 甘心	【gānxīn】	동 달가워하다, 단념하다

■ 甘蔗	〔gānzhè〕	몡	사탕수수
■ 竿	〔gān〕	몡	(대나무) 막대(장대)
■ 肝炎	〔gānyán〕	몡	간염
■ 秆	〔gǎn〕	몡	식물 줄기, 대
■ 感	〔gǎn〕	젭미	…감, 느낌 *安全感 ānquángǎn
■ 感化	〔gǎnhuà〕	동	감화하다
■ 感慨	〔gǎnkǎi〕	몡 동	감개 감개하다
■ 感染	〔gǎnrǎn〕	동	감염되다, 감화하다
■ 干线	〔gànxiàn〕	몡	간선
■ 钢材	〔gāngcái〕	몡	강재
■ 钢琴	〔gāngqín〕	몡	피아노
■ 纲	〔gāng〕	몡	①벼리, 그물의 위쪽 코를 꿴 굵은 줄 ②사물의 가장 중요한 부분
■ 纲要	〔gāngyào〕	몡	개요, 요강
■ 杠杆	〔gànggǎn〕	몡	지레, 지렛대
■ 高产	〔gāochǎn〕	몡 형	높은 수확량·수확고 많은 수확의, 높은 생산의
■ 高超	〔gāochāo〕	형	출중하다, 고결하다
■ 高档	〔gāodàng〕	형	고급의
■ 高低	〔gāodī〕	몡 뷔	고저, 우열, 정도, 높낮이 결국, 마침내

■ 高贵	〔gāoguì〕	〈형〉 고귀하다, 고상하다
■ 高考	〔gāokǎo〕	〈명〉 대학입시 시험
■ 高空	〔gāokōng〕	〈명〉 고공
■ 高明	〔gāomíng〕	〈형〉 빼어나다
■ 高烧	〔gāoshāo〕	〈명〉 고열
■ 高温	〔gāowēn〕	〈명〉 고온
■ 高血压	〔gāoxuèyā〕	〈명〉 고혈압
■ 高涨	〔gāozhǎng〕	〈동〉 뛰어오르다, 고조되다, 급증하다
■ 搞鬼	〔gǎoguǐ〕	〈동〉 꿍꿍이를 꾸미다
■ 搞活	〔gǎohuó〕	〈동〉 활성화시키다, 활력을 불어넣다
■ 稿件	〔gǎojiàn〕	〈명〉 원고
■ 稿纸	〔gǎozhǐ〕	〈명〉 원고지
■ 稿子	〔gǎozi〕	〈명〉 원고, 계획
■ 告诫	〔gàojiè〕	〈동〉 훈계하다
■ 告状	〔gàozhuàng〕	〈명〉 고소 〈동〉 일러바치다, 고소하다
■ 歌手	〔gēshǒu〕	〈명〉 가수
■ 歌星	〔gēxīng〕	〈명〉 스타 가수
■ 歌咏	〔gēyǒng〕	〈명〉 노래, 합창
■ 疙瘩	〔gēda〕	〈명〉 종기, 매듭, 응어리

格	【gé】	몡 ①격자, 네모 칸 ②표준, 규격
格格不入	【gé gé bú rù】	쵱 전혀 어울리지 않다, 도무지 맞지 않다, 저촉되다
格局	【géjú】	몡 구도, 짜임새와 격식, 방식
格式	【géshi】	몡 격식
隔绝	【géjué】	동 막히다, 단절시키다
隔离	【gélí】	동 격리시키다, 단절시키다
各奔前程	【gè bèn qián chéng】	쵱 각기 제 갈 길을 가다, 각기 자기의 목표를 향해 노력하다 ; 각자가 제멋대로 행동하다
各别	【gèbié】	혱 개개의, 각각의
各行各业	【gè háng gè yè】	각종 직업
各界	【gèjiè】	몡 각계, 각 방면
根据地	【gēnjùdì】	몡 근거지
根深蒂固	【gēn shēn dì gù】	쵱 뿌리가 깊다, 고질이 되다, 깊이 뿌리박혀 있다
跟随	【gēnsuí】	동 뒤따르다, 동행하다
跟头	【gēntou】	몡 곤두박질, 공중제비
跟踪	【gēnzōng】	동 미행하다, 추적하다
耕	【gēng】	동 갈다, 생계를 꾸려 나가다
耕种	【gēngzhòng】	동 땅을 갈고 파종하다
更改	【gēnggǎi】	동 변경하다

更换	【gēnghuàn】	동 교체하다
更新	【gēngxīn】	동 갱신하다
更正	【gēngzhèng】	동 정정하다
梗	【gěng】	명 식물의 가지 또는 줄기
工	【gōng】	명 ①일꾼, 노동자 ②노동, 작업
工具书	【gōngjùshū】	명 참고서
工人阶级	【gōngrén jiējí】	명 노동 계급
工事	【gōngshì】	명 공사
攻读	【gōngdú】	동 전공하다, 열심히 공부하다
攻关	【gōngguān】	동 난관을 돌파하다
功	【gōng】	명 ①공로, 공훈, 공적 ②성과, 효과
功绩	【gōngjì】	명 공적
功效	【gōngxiào】	명 효과
恭敬	【gōngjìng】	형 공손하다, 정중하다, 예의바르다
供不应求	【gōng bú yìng qiú】	성 공급이 수요를 따르지 못하다
供销	【gōngxiāo】	동 공급과 판매를 하다
公报	【gōngbào】	명 성명, 관보
公尺	【gōngchǐ】	양 미터(metre)
公道	【gōngdao】	형 공평하다, 합리적이다
公分	【gōngfēn】	양 센티미터(centimetre), 그램(gram)

■ 公告	〔gōnggào〕	명	공고, 공고문
■ 公关	〔gōngguān〕	명	(약칭) 공공관계(기업이 경쟁과 생존 능력을 제고하기 위해 취하는 방책과 행동으로 기업 경영 관리 수단의 하나)
■ 公平	〔gōngpíng〕	형	공평하다
■ 公然	〔gōngrán〕	부	공공연히
■ 公认	〔gōngrèn〕	동	공인하다
■ 公社	〔gōngshè〕	명	공동사회, 인민공사
■ 公务	〔gōngwù〕	명	공무
■ 公有	〔gōngyǒu〕	명 형	공유 / 공유의
■ 公有制	〔gōngyǒuzhì〕	명	공유제
■ 公约	〔gōngyuē〕	명	공약, 규칙
■ 公债	〔gōngzhài〕	명	공채
■ 公证	〔gōngzhèng〕	명	공증
■ 汞	〔gǒng〕	명	수은
■ 拱	〔gǒng〕	동	①두 손을 맞잡아 가슴까지 올려 절하다 ②두 손으로 물건을 안다
■ 共产主义	〔gòngchǎn zhǔyì〕	명	공산주의
■ 共计	〔gòngjì〕	명 동	합계 / 합계하다
■ 共鸣	〔gòngmíng〕	명	공감, 공명

■ 共性	〔gòngxìng〕	명	공통성
■ 句(勾)	〔gōu〕	동	(선을 그어) 지우다, 그어 버리다
■ 沟通	〔gōutōng〕	동	소통하다
■ 构思	〔gòusī〕	동	구상하다
■ 构想	〔gòuxiǎng〕	동	구상하다
■ 购买力	〔gòumǎilì〕	명	구매력
■ 孤单	〔gūdān〕	형	외롭다, 미약하다
■ 孤独	〔gūdú〕	형	고독하다
■ 姑且	〔gūqiě〕	부	우선, 잠시
■ 鼓	〔gǔ〕	동	북돋우다
■ 鼓吹	〔gǔchuī〕	동	고취하다
■ 古怪	〔gǔguài〕	형	기괴하다, 시대 조류에 맞지 않다
■ 古人	〔gǔrén〕	명	옛사람
■ 古文	〔gǔwén〕	명	고문
■ 骨	〔gǔ〕	명	①뼈 ②기개, 기골
■ 骨肉	〔gǔròu〕	명	뼈와 살
■ 股东	〔gǔdōng〕	명	주주
■ 股份	〔gǔfèn〕	명	주식, 지분
■ 股票	〔gǔpiào〕	명	증권
■ 雇佣	〔gùyōng〕	동	고용하다

雇员	【gùyuán】	명 직원, 임시직원
故	【gù】	명 ①사고, 사건 ②원인, 연고 형 죽은, 오래된 접 그러므로
故障	【gùzhàng】	명 고장
顾不得	【gùbude】	…할 틈이 없다
顾虑	【gùlǜ】	명 고려, 우려 동 고려하다, 주저하다
顾全大局	【gù quán dà jú】	전체 대국을 고려하다
固有	【gùyǒu】	형 고유의
固执	【gùzhí】	형 고집스럽다
瓜分	【guāfēn】	동 분할하다
挂钩	【guàgōu】	명 연결, 연결기 동 손을 잡다, 연결하다, 제휴하다
挂念	【guàniàn】	동 근심하다, 염려하다
棺材	【guāncai】	명 관, 널
关闭	【guānbì】	동 문을 닫다, 파산하다
关节炎	【guānjiéyán】	명 관절염
关切	【guānqiè】	형 친절하다, 정이 두텁다
官方	【guānfāng】	명 정부 측
官僚	【guānliáo】	명 관료
官员	【guānyuán】	명 관리

观	〔guān〕	동 보다, 구경하다
观光	〔guānguāng〕	동 관광하다
观赏	〔guānshǎng〕	동 감상하다
管辖	〔guǎnxiá〕	동 관할하다
惯例	〔guànlì〕	명 관례
惯用语	〔guànyòngyǔ〕	명 관용어
灌木	〔guànmù〕	명 관목
光棍儿	〔guānggùnr〕	명 홀아비, (남자) 독신자
光亮	〔guāngliàng〕	명 광명 형 환하다, 윤기가 흐르다
光芒	〔guāngmáng〕	명 빛
规范	〔guīfàn〕	명 규범, 본보기 동 규범화시키다, 규범에 맞다
规格	〔guīgé〕	명 규격
规章	〔guīzhāng〕	명 규칙, 규정
硅	〔guī〕	명 규소
龟	〔guī〕	명 거북
归根到底	〔guī gēn dào dǐ〕	성 결국, 끝내
归还	〔guīhuán〕	동 반환하다
归结	〔guījié〕	동 귀결하다
归纳	〔guīnà〕	동 귀납하다

闺女	【guīnǚ】	명 처녀, 딸
鬼子	【guǐzi】	명 놈(사람을 욕하는 말)
桂冠	【guìguān】	명 월계관
贵重	【guìzhòng】	형 귀중하다
贵族	【guìzú】	명 귀족
滚动	【gǔndòng】	동 (공·바퀴 따위가) 구르다, 굴러가다
国产	【guóchǎn】	형 국산의
国法	【guófǎ】	명 국법
国会	【guóhuì】	명 국회
国际法	【guójìfǎ】	명 국제법
国际主义	【guójì zhǔyì】	명 국제주의
国库券	【guókùquàn】	명 국고 채권
国力	【guólì】	명 국력
国民	【guómín】	명 국민
国情	【guóqíng】	명 국정, 나라의 정세
国土	【guótǔ】	명 국토
国有	【guóyǒu】	명 국유
果断	【guǒduàn】	형 과단성 있다
过度	【guòdù】	형 지나치다
过后	【guòhòu】	명 이후, 이 다음

过滤	[guòlǜ]	동	여과하다
过失	[guòshī]	명	과실
过问	[guòwèn]	동	참견하다, 간섭하다
过于	[guòyú]	부	지나치게, 너무

H

海岸	[hǎi'àn]	명	해안
海滨	[hǎibīn]	명	해변
海港	[hǎigǎng]	명	(해안에 있는) 항구, 항만
海关	[hǎiguān]	명	세관
海外	[hǎiwài]	명	해외
害羞	[hàixiū]	동	수줍어하다
含义	[hányì]	명	함의, 내포된 뜻·내용·개념
含有	[hányǒu]	동	함유하다
寒	[hán]	형	춥다, 차다
寒暄	[hánxuān]	동	인사말을 나누다
函授	[hánshòu]	명	통신교육
罕见	[hǎnjiàn]	형	보기 드물다
捍卫	[hànwèi]	동	지키다, 수호하다, 방위하다
旱灾	[hànzāi]	명	한재

汉奸	〔hànjiān〕	몡 매국노
汉学	〔hànxué〕	몡 한학
航班	〔hángbān〕	몡 (비행기나 배의) 운행표, 취항 순서
航道	〔hángdào〕	몡 (배·비행기의) 항행 통로
航海	〔hánghǎi〕	몡 항해
航天	〔hángtiān〕	몡 우주비행
航线	〔hángxiàn〕	몡 항로
航运	〔hángyùn〕	몡 해상 운송, 선박 수송
豪华	〔háohuá〕	혱 호화스럽다, 화려하고 웅장하다
好多	〔hǎoduō〕	혱 매우 많다
好感	〔hǎogǎn〕	몡 호감
好坏	〔hǎohuài〕	몡 잘못, 좋은 것과 나쁜 것
好说	〔hǎoshuō〕	혱 말하기 쉽다, 상담의 여지가 있다
好样儿的	〔hǎoyàngrde〕	몡 좋은 본보기, 대단한 사람
好在	〔hǎozài〕	뷘 다행히
好转	〔hǎozhuǎn〕	됭 호전되다
耗费	〔hàofèi〕	됭 소비하다, 소모하다, 낭비하다
号称	〔hàochēng〕	됭 불리다
浩浩荡荡	〔hàohaodàngdàng〕	①광대하여 끝이 없다 ②규모가 크고 기세가 드높다, 위풍당당하다

好客	〔hàokè〕	손님 접대를 좋아하다
荷花	〔héhuā〕	몡 연꽃
核桃	〔hétao〕	몡 호두
核武器	〔héwǔqì〕	몡 핵무기
核心	〔héxīn〕	몡 핵심
和蔼	〔hé'ǎi〕	혱 상냥하다
和解	〔héjiě〕	동 화해하다
和睦	〔hémù〕	혱 화목하다
和平共处	〔hépíng gòngchǔ〕	평화 공존(하다)
和气	〔héqi〕	혱 온화하다, 화목하다
和尚	〔héshang〕	몡 승려
和谐	〔héxié〕	혱 조화하다, 의좋다, 어울리다
和约	〔héyuē〕	몡 평화 조약
何	〔hé〕	때 ①무엇, 무슨, 어떤, 어느 ②어디
何等	〔héděng〕	때 얼마나, 어떤
合并	〔hébìng〕	동 합병하다, 겹쳐 발생하다
合乎	〔héhū〕	동 맞다
合伙	〔héhuǒ〕	동 동업하다, 한패가 되다
合情合理	〔hé qíng hé lǐ〕	셩 정리에(경우에) 맞다
合营	〔héyíng〕	동 공동경영하다

合资	[hézī]	몡 합자 통 합자하다
禾苗	[hémiáo]	몡 볏모, (식물의) 싹
河道	[hédào]	몡 강줄기
贺词	[hècí]	몡 축하문
黑白	[hēibái]	몡 ①흑백 ②시비, 선악
狠毒	[hěndú]	혱 잔인하다, 악독하다, 악랄하다
狠心	[hěnxīn]	혱 모질다, 잔인하다 통 모질게 마음먹다
恒星	[héngxīng]	몡 항성
横行	[héngxíng]	통 ①제멋대로 행동하다, 횡포한 짓을 하다 ②옆으로 걷다, 모로 가다
横	[hèng]	혱 ①난폭하다, 포악하다, 횡포하다, 방자하다 ②불길한, 뜻밖의
轰动	[hōngdòng]	통 뒤흔들다
轰轰烈烈	[hōng hōng liè liè]	혱 기백이나 기세가 드높다(줄기차다)
轰炸	[hōngzhà]	통 폭격하다
烘	[hōng]	통 ①쬐다 ②부각시키다
虹	[hóng]	몡 무지개
宏大	[hóngdà]	혱 웅대하다
红领巾	[hónglǐngjīn]	몡 소년 선봉대, 붉은 넥타이
哄	[hǒng]	통 ①(말로) 속이다 ②구슬리다, 달래다

	〔hòng〕	통 떠들어대다, 소란을 피우다
■ 厚度	〔hòudù〕	명 두께
■ 候补	〔hòubǔ〕	통 임관을 기다리다
■ 候选人	〔hòuxuǎnrén〕	명 입후보자
■ 后期	〔hòuqī〕	명 후반기
■ 后勤	〔hòuqín〕	명 후방 근무, 후방 근무자
■ 后台	〔hòutái〕	명 배후 조종자, 무대 뒤
■ 呼声	〔hūshēng〕	명 함성, 고함소리
■ 呼啸	〔hūxiào〕	통 소리를 내다, 휙휙 소리 내다
■ 呼吁	〔hūyù〕	통 요청하다, 호소하다
■ 忽略	〔hūlüè〕	통 소홀히 하다
■ 葫芦	〔húlu〕	명 조롱박, 표주박
■ 胡	〔hú〕	명 호(옛날, 중국 북방과 서방 민족의 총칭)
■ 胡来	〔húlái〕	통 함부로 하다, 소란을 피우다
■ 糊	〔hú〕	통 (풀로) 붙이다, 바르다
■ 狐狸	〔húli〕	명 여우
■ 互利	〔hùlì〕	명 호혜 통 서로 이득을 보다
■ 户口	〔hùkǒu〕	명 호구
■ 花费	〔huāfèi〕	명 비용, 경비 통 소비하다, 소비하다

■ 花色	〔huāsè〕	몡 무늬와 색깔
■ 花纹	〔huāwén〕	몡 꽃무늬
■ 花样	〔huāyàng〕	몡 양식, 모양, 종류, 패턴
■ 华丽	〔huálì〕	혱 화려하다
■ 画面	〔huàmiàn〕	몡 화면
■ 划分	〔huàfēn〕	동 구분하다, 구별하다
■ 化肥	〔huàféi〕	몡 화학비료
■ 化纤	〔huàxiān〕	몡 화학섬유
■ 化妆	〔huàzhuāng〕	몡 화장 동 화장하다
■ 话题	〔huàtí〕	몡 화제
■ 槐树	〔huáishù〕	몡 홰나무
■ 怀孕	〔huáiyùn〕	동 임신하다
■ 欢笑	〔huānxiào〕	동 즐겁게 웃다
■ 环节	〔huánjié〕	몡 부분, 환절
■ 还原	〔huányuán〕	몡 환원 동 복원하다, 환원하다
■ 缓	〔huǎn〕	혱 느리다, 느릿느릿하다, 더디다, 완만하다
■ 换取	〔huànqǔ〕	동 바꾸어 가지다
■ 患者	〔huànzhě〕	몡 환자

荒地	〔huāngdì〕	몡 황무지
荒凉	〔huāngliáng〕	혱 황량하다
荒谬	〔huāngmiù〕	혱 황당무계하다
荒唐	〔huāngtáng〕	혱 황당하다, 방종하다, 막연하다
慌乱	〔huāngluàn〕	혱 어수선하다
慌张	〔huāngzhāng〕	혱 당황하다, 허둥대다, 덜렁거리다, 안절부절 못하다
黄金	〔huángjīn〕	몡 황금
皇后	〔huánghòu〕	몡 황후
蝗虫	〔huángchóng〕	몡 누리장진딧물
晃	〔huǎng〕	동 (번개같이) 스쳐 지나가다, 번쩍하고 지나가다
挥霍	〔huīhuò〕	동 헤프게 쓰다
回避	〔huíbì〕	동 회피하다
回顾	〔huígù〕	동 회고하다
回击	〔huíjī〕	동 반격하다
回收	〔huíshōu〕	동 회수하다
毁坏	〔huǐhuài〕	동 부수다, 훼손하다
毁灭	〔huǐmiè〕	동 섬멸하다
悔	〔huǐ〕	동 뉘우치다, 후회하다
悔改	〔huǐgǎi〕	동 회개하다

悔恨	〔huǐhèn〕	图 뉘우치다
贿赂	〔huìlù〕	图 뇌물을 주다
会同	〔huìtóng〕	图 회동하다, 연합하다
会晤	〔huìwù〕	图 만나다, 회견하다
会员	〔huìyuán〕	图 회원
汇集	〔huìjí〕	图 집중하다, 모으다, 집중시키다
汇率	〔huìlǜ〕	图 환율
绘	〔huì〕	图 그림을 그리다, 채색하다
绘画	〔huìhuà〕	图 회화, 그림 图 그림을 그리다
混纺	〔hùnfǎng〕	图 혼방
混合物	〔hùnhéwù〕	图 혼합물
混浊	〔hùnzhuó〕	图 흐리다, 혼탁하다
豁	〔huō〕	图 확 트이다
活力	〔huólì〕	图 활력
伙计	〔huǒji〕	图 동료, 짝패, 동무, 동업자
火山	〔huǒshān〕	图 화산
火灾	〔huǒzāi〕	图 화재
获取	〔huòqǔ〕	图 얻다, 획득하다
或是	〔huòshi〕	图 …이거나 (혹은) …이다, …아니면 …이다

■ 或许	〔huòxǔ〕	便 아마도, 혹시, 어쩌면
■ 祸	〔huò〕	몡 화, 재앙, 재난, 사고
■ 祸害	〔huòhài〕	몡 화, 재난, 화근 동 화를 입히다, 해치다, 파손하다

Ⓙ

■ 击	〔jī〕	동 공격하다
■ 基督教	〔jīdūjiào〕	몡 기독교
■ 基金	〔jījīn〕	몡 기금
■ 机车	〔jīchē〕	몡 기관차, 엔진, 오토바이
■ 机灵	〔jīling〕	혱 영리하다
■ 机密	〔jīmì〕	몡 기밀 혱 기밀의
■ 机枪	〔jīqiāng〕	몡 기관총
■ 机体	〔jītǐ〕	몡 ①유기체 ②(비행기의) 기체, 동체
■ 机遇	〔jīyù〕	몡 좋은 기회(경우), 찬스
■ 机智	〔jīzhì〕	혱 기지가 넘치다
■ 积	〔jī〕	동 쌓다, 쌓이다, 축적하다
■ 积压	〔jīyā〕	동 방치해 두다, 묵혀 두다
■ 激	〔jī〕	동 (물결이) 일다, 솟구치다
■ 激发	〔jīfā〕	동 분발시키다, 불러일으키다

■ 激光	〔jīguāng〕	몡 레이저광선
■ 激励	〔jīlì〕	동 격려하다
■ 激情	〔jīqíng〕	몡 정열, 격정
■ 讥笑	〔jīxiào〕	동 비웃다
■ 吉普车	〔jípǔchē〕	몡 지프
■ 吉祥	〔jíxiáng〕	혱 상서롭다, 순조롭다
■ 极度	〔jídù〕	閉 극도로, 최대한도로
■ 极力	〔jílì〕	동 힘을 다하다 (주로 부사적으로 쓰임)
■ 极限	〔jíxiàn〕	몡 극한
■ 籍贯	〔jíguàn〕	몡 본적
■ 集会	〔jíhuì〕	동 집회하다
■ 集市	〔jíshì〕	몡 마켓, 시장
■ 集邮	〔jíyóu〕	동 우표를 수집하다
■ 集资	〔jízī〕	동 자금을 모으다
■ 及早	〔jízǎo〕	閉 일찌감치
■ 急剧	〔jíjù〕	혱 급속하다, 급격하다
■ 急切	〔jíqiè〕	혱 다급하다
■ 急需	〔jíxū〕	동 급히 필요하다
■ 急于	〔jíyú〕	서둘러 …하다, 서두르다
■ 即便	〔jíbiàn〕	젭 설사 …하더라도

■ 嫉妒	〔jídù〕	동 질투하다
■ 脊梁	〔jǐliang〕	명 (북경어) 등(뼈)
■ 几何	〔jǐhé〕	명 기하(학) 대 얼마, 몇
■ 迹象	〔jìxiàng〕	명 흔적
■ 季度	〔jìdù〕	명 분기
■ 寄托	〔jìtuō〕	동 맡기다, 기탁하다
■ 寂静	〔jìjìng〕	형 고요하다
■ 计较	〔jìjiào〕	동 따지다, 문제 삼다, 논쟁하다
■ 记号	〔jìhào〕	명 기호
■ 记性	〔jìxìng〕	명 기억(력)
■ 记忆力	〔jìyìlì〕	명 기억력
■ 忌	〔jì〕	동 ①시기하다, 질투하다 ②두려워하다 ③싫어하다, 꺼리다, 기피하다
■ 继	〔jì〕	동 계속하다, 이어지다, 잇다
■ 纪要	〔jìyào〕	명 기요, 요록
■ 嘉奖	〔jiājiǎng〕	동 표창하다
■ 夹杂	〔jiāzá〕	동 뒤섞다
■ 家常	〔jiācháng〕	명 가정의 일상생활
■ 家畜	〔jiāchù〕	명 가축
■ 家务	〔jiāwù〕	명 가사

■ 家喻户晓	〔jiā yù hù xiǎo〕	성 집집마다 알다
■ 家长	〔jiāzhǎng〕	명 가장, 학부형
■ 加班	〔jiābān〕	동 초과근무하다, 특별편성하다
■ 加急	〔jiājí〕	동 다급하게 서두르다
■ 加紧	〔jiājǐn〕	동 다그치다
■ 加剧	〔jiājù〕	동 격화하다, 심해지다
■ 加热	〔jiārè〕	명 가열 동 가열하다
■ 加深	〔jiāshēn〕	동 더욱 깊게 하다, 심화되다
■ 加重	〔jiāzhòng〕	동 가중하다
■ 颊	〔jiá〕	명 뺨, 볼
■ 甲板	〔jiǎbǎn〕	명 갑판
■ 假定	〔jiǎdìng〕	동 가정하다, 가령 …라고 하다
■ 假冒	〔jiǎmào〕	동 가장하다, …인 체하다
■ 假说	〔jiǎshuō〕	동 가정하다, 꾸며 내다, 허구하다
■ 假装	〔jiǎzhuāng〕	동 가장하다
■ 驾	〔jià〕	동 ①(소나 말에) 수레를 메우다, 몰다 ②운전하다, 조종하다, 몰다
■ 监察	〔jiānchá〕	동 감찰하다
■ 坚韧	〔jiānrèn〕	형 강인하다
■ 坚实	〔jiānshí〕	형 견고하다

■ 坚信	〔jiānxìn〕	통 굳게 믿다
■ 坚贞不屈	〔jiān zhēn bù qū〕	성 지조가 굳세어 굴하지 않다, 의지가 강하여 굽힐 줄 모르다
■ 尖端	〔jiānduān〕	명 첨단, 뾰족한 끝, 정점 형 첨단의, 최신의
■ 兼任	〔jiānrèn〕	통 겸임하다
■ 肩膀	〔jiānbǎng〕	명 ①어깨 ②책임
■ 艰险	〔jiānxiǎn〕	형 곤란하고 위험하다
■ 奸	〔jiān〕	형 간사하다, 간악하다
■ 茧	〔jiǎn〕	명 ①고치 ②굳은 살
■ 检测	〔jiǎncè〕	통 검사하다
■ 检察	〔jiǎnchá〕	통 검찰하다, 범죄 사실을 수사하다
■ 检举	〔jiǎnjǔ〕	통 검거하다
■ 检修	〔jiǎnxiū〕	통 점검 수리하다
■ 简称	〔jiǎnchēng〕	명 약칭 통 약칭하다
■ 简短	〔jiǎnduǎn〕	형 간결하다
■ 简化	〔jiǎnhuà〕	통 간략화하다, 간소화하다
■ 简陋	〔jiǎnlòu〕	형 초라하다, 빈약하다
■ 简明	〔jiǎnmíng〕	형 간단명료하다
■ 简体字	〔jiǎntǐzì〕	명 간체자, 약자

简要	[jiǎnyào]	휑 간단명료하다
简易	[jiǎnyì]	휑 간단하고 쉽다
剪彩	[jiǎncǎi]	명 테이프 커팅 동 테이프를 끊다
剪刀	[jiǎndāo]	명 가위
减产	[jiǎnchǎn]	명 감산, 조업 단축 동 감산하다, 조업을 단축하다
减低	[jiǎndī]	동 낮추다, 인하하다
减弱	[jiǎnruò]	동 약해지다, 약화되다, 약화시키다
间隔	[jiàngé]	명 간격 동 간격을 두다, 칸막이하다
间接	[jiànjiē]	휑 간접적인
鉴别	[jiànbié]	동 감별하다
鉴于	[jiànyú]	…에 비추어볼 때, …을 감안하여
践踏	[jiàntà]	동 짓밟다, 밟다
见识	[jiànshi]	명 식견 동 견문을 넓히다
见效	[jiànxiào]	동 효력을 나타내다
键盘	[jiànpán]	명 키보드, 자판, 건반
健美	[jiànměi]	휑 건강하고 아름답다
健壮	[jiànzhuàng]	휑 건장하다
建交	[jiànjiāo]	명 수교

		동 외교 관계를 맺다
■ 姜	〔jiāng〕	명 생강
■ 将近	〔jiāngjìn〕	동 거의 …에 가깝다(접근하다)
■ 桨	〔jiǎng〕	명 (배의 짧고 작은) 노
■ 奖品	〔jiǎngpǐn〕	명 상품
■ 奖状	〔jiǎngzhuàng〕	명 상장
■ 讲解	〔jiǎngjiě〕	동 설명하다
■ 讲理	〔jiǎnglǐ〕	동 ①시비를 가리다 ②도리를 알다, 도리를 따지다
■ 讲述	〔jiǎngshù〕	동 진술하다
■ 讲演	〔jiǎngyǎn〕	동 연설하다
■ 降价	〔jiàngjià〕	명 가격인하
■ 降临	〔jiànglín〕	동 강림하다, 내려오다, 찾아오다
■ 降落	〔jiàngluò〕	동 착륙하다, 떨어지다
■ 焦点	〔jiāodiǎn〕	명 초점
■ 焦炭	〔jiāotàn〕	명 코크스
■ 胶	〔jiāo〕	명 고무, 아교, 수지
■ 胶片	〔jiāopiàn〕	명 필름
■ 交叉	〔jiāochā〕	동 교차하다, 겹치다, 교체하다
■ 交错	〔jiāocuò〕	동 교차하다

交点	〔jiāodiǎn〕	몡 교점
交付	〔jiāofù〕	동 지불하다, 건네주다
交涉	〔jiāoshè〕	동 교섭하다
交手	〔jiāoshǒu〕	몡 발판 동 ①싸우다 ②두 손을 잡고 인사하다
交替	〔jiāotì〕	동 교체하다
交往	〔jiāowǎng〕	동 왕래하다
浇灌	〔jiāoguàn〕	동 (농작물에) 물을 주다(대다), 관개하다
娇	〔jiāo〕	형 (여자·어린아이·꽃 등이) 아름답고 사랑스럽다, 귀엽다 ②나약하다
娇气	〔jiāoqi〕	형 ①나약하다 ②까다롭다
嚼	〔jiáo〕 〔jiào〕	동 (이로 음식을) 씹다, 수다를 떨다 동 (동물이) 되새김질하다
搅拌	〔jiǎobàn〕	동 휘저어 섞다, 반죽하다, 이기다
绞	〔jiǎo〕	동 비틀다, 꼬다
缴	〔jiǎo〕	동 납부하다, 불입하다, 내다
缴纳	〔jiǎonà〕	동 납부하다
教会	〔jiàohuì〕	몡 교회
教唆	〔jiàosuō〕	동 교사하다
教条	〔jiàotiáo〕	몡 교조
教养	〔jiàoyǎng〕	몡 교양 동 가르쳐 키우다

■ 轿车	[jiàochē]	몡 승용차
■ 较量	[jiàoliàng]	통 겨루다, 경쟁하다
■ 叫喊	[jiàohǎn]	통 큰소리로 외치다
■ 叫唤	[jiàohuan]	통 고함치다
■ 叫嚷	[jiàorǎng]	통 고함치다, 떠들어대다
■ 揭发	[jiēfā]	통 들추어내다, 폭로하다
■ 揭示	[jiēshì]	통 게시하다
■ 接班	[jiēbān]	통 계승하다
■ 接二连三	[jiē èr lián sān]	셩 연이어, 연달아, 잇따라
■ 接洽	[jiēqià]	통 상담하다, 절충하다
■ 接收	[jiēshōu]	통 받다, 접수하다
■ 皆	[jiē]	뷘 ①모두, 전부, 다 ②함께, 같이
■ 街坊	[jiēfang]	몡 이웃(사람)
■ 街头	[jiētóu]	몡 길거리
■ 结果	[jiéguǒ]	몡 결과 뷘 결국, 마침내
■ 截止	[jiézhǐ]	통 마감하다, 일단락 짓다
■ 劫	[jié]	통 강탈하다, 약탈하다, 급습하다
■ 劫持	[jiéchí]	통 협박하다, 납치하다
■ 节能	[jiénéng]	몡 에너지 절약

■ 节育	[jiéyù]	동	산아제한을 하다
■ 节奏	[jiézòu]	명	리듬, 박자
■ 杰出	[jiéchū]	형	걸출하다
■ 杰作	[jiézuò]	명	걸작
■ 结晶	[jiéjīng]	명	결정
■ 结局	[jiéjú]	명	결말, 결국
■ 结算	[jiésuàn]	명	결산하다
■ 结业	[jiéyè]	동	수료하다, (학업을) 마치다
■ 解除	[jiěchú]	동	없애다, 해제하다
■ 解雇	[jiěgù]	동	해고하다
■ 解散	[jiěsàn]	동	해산하다
■ 戒严	[jièyán]	명	계엄
		동	계엄하다, 계엄령을 내리다
■ 界	[jiè]	명	지경, 경계
		접미	…계 *文艺界 wényìjiè
■ 界限	[jièxiàn]	명	한계, 마진
■ 借鉴	[jièjiàn]	동	참고로 하다, 거울로 삼다
■ 借助	[jièzhù]	동	…의 힘을 빌리다, 도움을 빌다
■ 金额	[jīn'é]	명	금액
■ 金黄	[jīnhuáng]	명	황금색, 황금빛
■ 金牌	[jīnpái]	명	금메달

金钱	[jīnqián]	몡 금전
金融	[jīnróng]	몡 금융
筋	[jīn]	몡 근육, 힘살
津津有味	[jīn jīn yǒu wèi]	졩 ①흥미진진하다 ②아주 맛있다
津贴	[jīntiē]	몡 보조금, 수당
紧迫	[jǐnpò]	혱 긴박하다, 급박하다
紧缩	[jǐnsuō]	됭 긴축하다, 줄이다
锦绣	[jǐnxiù]	몡 금수, 비단에 놓은 수
尽快	[jǐnkuài]	뷔 되도록 빨리
进程	[jìnchéng]	몡 과정, 수속, 여정
进而	[jìn'ér]	뷔 진일보하여, 더 나아가
进取	[jìnqǔ]	됭 진취하다, 향상하려 노력하다
进展	[jìnzhǎn]	됭 진전하다
晋升	[jìnshēng]	됭 승진하다
禁	[jìn]	됭 ①금하다, 금지하다 ②감금하다
禁区	[jìnqū]	몡 금지구역, 보호구역
近年	[jìnnián]	몡 최근 몇 년
近期	[jìnqī]	몡 최근
近视	[jìnshì]	몡 근시
近似	[jìnsì]	됭 근사하다, 비슷하다

劲头	[jìntóu]	몡 힘, 열의, 고비, 절정, 태도
惊慌	[jīnghuāng]	동 놀라다, 놀라 어찌할 바를 모르다
精打细算	[jīng dǎ xì suàn]	성 정밀하게 계획하다, 면밀하게 계산하다(따지다)
精华	[jīnghuá]	몡 정화, 정수
精简	[jīngjiǎn]	동 간소화하다
精美	[jīngměi]	형 섬세하고 아름답다, 정교하다
精密	[jīngmì]	형 정밀하다
精确	[jīngquè]	형 정확하다
精通	[jīngtōng]	동 정통하다
精心	[jīngxīn]	형 공들이다, 정성들이다, 세심하다
精益求精	[jīng yì qiú jīng]	성 훌륭한데도 더 훌륭하게 하려 하다, 더 잘하려고 애쓰다
兢兢业业	[jīng jīng yè yè]	성 신중하고 조심스럽게 맡은 일을 열심히 하다, 부지런하고 성실하다
经典	[jīngdiǎn]	몡 클래식, 고전, 경전
经商	[jīngshāng]	몡 장사 동 장사하다
经受	[jīngshòu]	동 겪다, 견디다
经销	[jīngxiāo]	동 위탁판매하다
茎	[jīng]	몡 (식물의) 줄기
警戒	[jǐngjiè]	동 경계하다, 주의를 주다

警卫	〔jǐngwèi〕	〔동〕 경호하다, 경비하다
景	〔jǐng〕	〔명〕 ①경치, 풍경 ②상황, 정황
颈	〔jǐng〕	〔명〕 ①목 ②병의 목
静悄悄	〔jìngqiāoqiāo〕	〔형〕 아주 고요하다
境地	〔jìngdì〕	〔명〕 입장, 경지
境界	〔jìngjiè〕	〔명〕 경계
敬	〔jìng〕	〔동〕 존경하다, 공경하다
敬而远之	〔jìng ér yuǎn zhī〕	〔성〕 경원하다, 존경하기는 하되 가까이 하지는 않다
镜头	〔jìngtóu〕	〔명〕 장면, 렌즈
竞选	〔jìngxuǎn〕	〔동〕 선거 운동을 하다
纠纷	〔jiūfēn〕	〔명〕 다툼, 분쟁, 분규
玖	〔jiǔ〕	〔수〕 九의 갖은자
酒会	〔jiǔhuì〕	〔명〕 간단한 연회, 주연, 파티
酒精	〔jiǔjīng〕	〔명〕 주정, 알코올
救济	〔jiùjì〕	〔동〕 구제하다
救灾	〔jiùzāi〕	〔동〕 재난에서 구원하다, 이재민을 구원 하다
就餐	〔jiùcān〕	〔동〕 밥을 먹다, 밥을 먹으러 가다
就地	〔jiùdì〕	〔부〕 그 자리에서
就近	〔jiùjìn〕	〔부〕 근처에서

就算	〔jiùsuàn〕	웹 설사 …일지라도
就业	〔jiùyè〕	图 취직하다, 취업하다
就职	〔jiùzhí〕	图 취임 图 (정식으로) 취임하다(비교적 높은 직위를 가리킴)
鞠躬	〔jūgōng〕	图 (서서) 허리를 굽혀 절하다
拘留	〔jūliú〕	图 구류하다, 구치하다
拘束	〔jūshù〕	혱 자연스럽지 못하다, 딱딱하다 图 구속하다
居	〔jū〕	图 위치하다, 거주하다, 자처하다
居室	〔jūshì〕	图 거실
菊花	〔júhuā〕	图 국화
局势	〔júshì〕	图 정세, 형세
局限	〔júxiàn〕	图 국한하다, 한정하다
举动	〔jǔdòng〕	图 거동, 행동
举世闻名	〔jǔ shì wén míng〕	셍 세상에 널리 이름나다
举世瞩目	〔jǔ shì zhǔ mù〕	셍 온 세상 사람이 모두 눈여겨보다
聚会	〔jùhuì〕	图 모이다, 회합하다
拒	〔jù〕	图 ①저항하다, 막다 ②거절하다
据点	〔jùdiǎn〕	图 거점
据悉	〔jùxī〕	①잘 알았습니다 ②아는 바에 의하면, 아는 바로는

■ 具	〔jù〕	양 기물 등을 세는 단위
■ 锯	〔jù〕	명 톱 동 켜다, 톱질하다
■ 剧本	〔jùběn〕	명 극본
■ 剧团	〔jùtuán〕	명 극단
■ 捐	〔juān〕	명 세금 동 기부하다, 헌납하다
■ 捐款	〔juānkuǎn〕	명 기부금 동 기부하다
■ 捐献	〔juānxiàn〕	동 기부하다, 바치다
■ 捐赠	〔juānzèng〕	동 기증하다
■ 圈	〔juàn〕	명 (가축의) 우리
■ 掘	〔jué〕	동 파다
■ 觉察	〔juéchá〕	동 깨닫다, 알아차리다
■ 觉醒	〔juéxǐng〕	동 각성하다
■ 决不	〔juébù〕	절대로(결코) ~하지 않다
■ 决策	〔juécè〕	동 정책을 결정하다, 방법을 결정하다
■ 决赛	〔juésài〕	명 결승전 동 최후의 승부를 결정하다
■ 决算	〔juésuàn〕	명 결산 동 결산하다
■ 决战	〔juézhàn〕	동 결전하다

■ 绝望	〔juéwàng〕	동 절망하다
■ 绝缘	〔juéyuán〕	명 (외계와) 인연을 끊다, 절연하다
■ 菌	〔jūn〕	명 (세)균
■ 军阀	〔jūnfá〕	명 군벌
■ 军医	〔jūnyī〕	명 군의관
■ 军用	〔jūnyòng〕	명 군용
■ 军装	〔jūnzhuāng〕	명 군복, 군인의 복장
■ 君	〔jūn〕	명 군주, 임금
■ 俊	〔jùn〕	형 (용모가) 아름답다, 위풍당당하다

Ⓚ

■ 卡	〔kǎ〕	동 억류하다, 억제하다 명 카드 양 칼로리의 준말
■ 卡片	〔kǎpiàn〕	명 카드
■ 开采	〔kāicǎi〕	동 채굴하다, 개발하다
■ 开刀	〔kāidāo〕	명 수술 동 수술하다
■ 开工	〔kāigōng〕	동 가동되다
■ 开关	〔kāiguān〕	명 스위치, 셔터, 여닫이 동 여닫다
■ 开化	〔kāihuà〕	동 꽃이 피다, 웃음꽃이 피어나다

■ 开垦	〔kāikěn〕	동 개간하다
■ 开阔	〔kāikuò〕	형 넓다, 유쾌해지다, 방대하다
■ 开朗	〔kāilǎng〕	형 명랑하다, 탁 트이고 밝다
■ 开天辟地	〔kāi tiān pì dì〕	성 천지개벽, 유사 이래
■ 开头	〔kāitóu〕	명 시작, 발단
■ 开拓	〔kāituò〕	동 개척하다
■ 开心	〔kāixīn〕	형 유쾌하다
■ 开支	〔kāizhī〕	명 지출
■ 凯旋	〔kǎixuán〕	동 개선하다
■ 刊登	〔kāndēng〕	동 게재하다
■ 勘探	〔kāntàn〕	동 (지하자원을) 탐사하다
■ 看待	〔kàndài〕	동 대하다, 다루다
■ 看起来	〔kànqǐlái〕	보면, 볼 것 같으면, 보아하니
■ 看望	〔kànwàng〕	동 ①방문하다, 문안하다 ②전망하다
■ 看作	〔kànzuò〕	동 간주하다
■ 慷慨	〔kāngkǎi〕	형 ①기개가 있다 ②격앙되다
■ 糠	〔kāng〕	명 (곡물의) 겨, (벗겨낸) 부스러기
■ 抗旱	〔kànghàn〕	동 가뭄과 싸우다
■ 抗击	〔kàngjī〕	동 저항하여 반격하다
■ 抗战	〔kàngzhàn〕	명 항전

		통 항전하다
炕	〔kàng〕	명 온돌, 방구들
考古	〔kǎogǔ〕	명 고고학 통 고증하다, 고고학에 종사하다
考核	〔kǎohé〕	통 심사하다, 점검하다
考取	〔kǎoqǔ〕	통 시험으로 뽑다, 시험에 합격하다
磕	〔kē〕	통 (단단한 것에) 부딪히다
颗粒	〔kēlì〕	명 과립, 톨, 낟알
科目	〔kēmù〕	명 과목
可歌可泣	〔kě gē kě qì〕	성 노래 부르게 할 만하고 눈물짓게 할 만하다 ; 퍽 감동적이다, 감격적이고 눈물겹다
可观	〔kěguān〕	형 훌륭하다, 볼만 하다
可贵	〔kěguì〕	형 진귀하다, 고귀하다
可口	〔kěkǒu〕	형 입에 맞다
可恶	〔kěwù〕	형 혐오스럽다
可喜	〔kěxǐ〕	형 즐겁다, 축하할 만하다
可想而知	〔kě xiǎng ér zhī〕	성 미루어 알 수 있다, 가히 짐작할 수 있다
客车	〔kèchē〕	명 객차, 버스
课时	〔kèshí〕	명 강의시간
课题	〔kètí〕	명 과제

■ 啃	〔kěn〕	图 ①갉아먹다, 쏠다 ②몰두하다
■ 恳切	〔kěnqiè〕	혱 간절하다, 정중하다
■ 恳求	〔kěnqiú〕	图 간절히 원하다
■ 空洞	〔kōngdòng〕	혱 공허하다
■ 空话	〔kōnghuà〕	몡 공염불, 공론, 험담
■ 空调	〔kōngtiáo〕	몡 에어컨
■ 空想	〔kōngxiǎng〕	몡 공상 图 공상하다
■ 空心	〔kōngxīn〕	혱 속이 텅 빈
■ 空虚	〔kōngxū〕	혱 공허하다, 허전하다
■ 恐惧	〔kǒngjù〕	图 두려워하다
■ 孔雀	〔kǒngquè〕	몡 공작
■ 空白	〔kòngbái〕	몡 공백, 여백
■ 空隙	〔kòngxì〕	몡 틈, 간격
■ 控诉	〔kòngsù〕	图 고소하다, 고발하다
■ 抠	〔kōu〕	图 후비다, 지나치게 파고들다
■ 口岸	〔kǒu'àn〕	몡 개항지, 항구
■ 口腔	〔kǒuqiāng〕	몡 구강
■ 枯燥	〔kūzào〕	혱 무미건조하다, 바싹 마르다
■ 苦难	〔kǔnàn〕	몡 고난

■ 苦恼	〔kǔnǎo〕	혱	괴롭다
■ 库	〔kù〕	몡	창고
■ 库存	〔kùcún〕	몡	재고
■ 库房	〔kùfáng〕	몡	창고, 곳간
■ 夸奖	〔kuājiǎng〕	동	칭찬하다, 찬양하다
■ 挎	〔kuà〕	동	(팔에) 걸다, (어깨나 허리에) 메다
■ 快速	〔kuàisù〕	혱	쾌속의, 속도가 빠른
■ 会计	〔kuàijì〕	몡	회계, 회계원
■ 宽敞	〔kuānchǎng〕	혱	널찍하다
■ 宽大	〔kuāndà〕	혱	크다, 관대하다
■ 宽广	〔kuānguǎng〕	혱	크다
■ 狂妄	〔kuángwàng〕	혱	방자하고 오만하다
■ 框	〔kuàng〕	몡	문틀
■ 矿藏	〔kuàngcáng〕	몡	지하자원
■ 矿产	〔kuàngchǎn〕	몡	광산물
■ 矿井	〔kuàngjǐng〕	몡	광정, 광산의 수갱
■ 矿区	〔kuàngqū〕	몡	광산 지대
■ 矿山	〔kuàngshān〕	몡	광산
■ 矿物	〔kuàngwù〕	몡	광물
■ 旷工	〔kuànggōng〕	동	(노동자가) 이유 없이 결근하다

旷课	〔kuàngkè〕	통 결석하다, 학업을 게을리 하다
亏	〔kuī〕	통 손해보다
亏待	〔kuīdài〕	통 푸대접하다
亏损	〔kuīsǔn〕	통 적자나다, 결손나다
葵花	〔kuíhuā〕	명 해바라기
困苦	〔kùnkǔ〕	형 곤궁하여 고통스럽다
扩充	〔kuòchōng〕	통 확충하다
扩建	〔kuòjiàn〕	통 ①증축하다 ②확장하다, 확대하다
扩散	〔kuòsàn〕	통 확산되다
扩展	〔kuòzhǎn〕	통 확장하다, 신장하다
扩张	〔kuòzhāng〕	통 확장하다

Ⓛ

落	〔luò〕	통 빠뜨리다, 누락되다, 뒤떨어지다
腊月	〔làyuè〕	명 음력 섣달
来访	〔láifǎng〕	통 내방하다, 방문하다
来回来去	〔láihuí láiqù〕	①(말을) 되풀이하다, 되씹다 ②계속 오가다
…来看(来讲)	〔…láikàn(láijiǎng)〕	…에 의하면
来历	〔láilì〕	명 내력
来临	〔láilín〕	통 다가오다, 왕림하다

▪ 来年	[láinián]	몡 내년
▪ …来说	[láishuō]	…에 관하여 말하면
▪ 赖	[lài]	톙 나쁘다 됭 버티다, 발뺌하다, 뒤집어씌우다
▪ 兰花	[lánhuā]	몡 난초
▪ 栏杆	[lángān]	몡 난간
▪ 懒惰	[lǎnduò]	톙 나태하다, 게으르다
▪ 狼狈	[lángbèi]	됭 난감해 하다, 낭패하다, 저열하기 짝이 없다, 궁지에 빠지다
▪ 浪潮	[làngcháo]	몡 ①물결 ②풍조 ③파도와 조수
▪ 浪漫	[làngmàn]	톙 ①낭만적이다, 로맨틱하다 ②(남녀 관계에서) 방탕하다
▪ 劳动力	[láodònglì]	몡 노동력
▪ 牢房	[láofáng]	몡 감방
▪ 牢记	[láojì]	됭 명심하다
▪ 老成	[lǎochéng]	톙 ①어른스럽다, 노련하다 ②온건하다, 신중하다, ③(글이) 세련되다
▪ 老汉	[lǎohàn]	몡 노인
▪ 老化	[lǎohuà]	됭 노화되다
▪ 老家	[lǎojiā]	몡 고향, 원적
▪ 老鼠	[lǎoshǔ]	몡 쥐
▪ 老太婆	[lǎotàipó]	몡 할머니, 노부인

■ 老天爷	〔lǎotiānyé〕	몡 하느님
■ 老爷	〔lǎoye〕	몡 외조부, 어르신, 나리
■ 老一辈	〔lǎoyībèi〕	몡 구세대, 전 세대
■ 涝	〔lào〕	동 물에 잠기다
■ 乐趣	〔lèqù〕	몡 재미, 즐거움
■ 乐意	〔lèyì〕	동 ①…하기 원하다, …하려 하다, …하고 싶다 ②기꺼이 하다
■ 勒	〔lēi〕	동 (단단히) 묶다, 졸라매다
■ 雷达	〔léidá〕	몡 레이더
■ 雷雨	〔léiyǔ〕	몡 뇌우
■ 垒	〔lěi〕	동 (벽돌·돌·흙 따위로) 쌓다
■ 棱	〔léng〕	몡 모서리, 귀퉁이
■ 冷淡	〔lěngdàn〕	몡 냉담 혱 쓸쓸하다, 쌀쌀하다 동 푸대접하다
■ 冷却	〔lěngquè〕	동 냉각하다
■ 犁	〔lí〕	몡 쟁기 동 (쟁기로) 갈다, 쟁기질하다
■ 离别	〔líbié〕	동 헤어지다, 이별하다
■ 离休	〔líxiū〕	동 정년퇴직하다
■ 篱笆	〔líba〕	몡 울타리
■ 理睬	〔lǐcǎi〕	동 상대하다, 거들떠보다

■ 理会	〔lǐhuì〕	동 이해하다, 주의를 기울이다
■ 理事	〔lǐshì〕	명 이사
■ 理所当然	〔lǐ suǒ dāng rán〕	성 도리로 보아 당연하다
■ 理直气壮	〔lǐ zhí qì zhuàng〕	성 이유가 충분하여 하는 말이 당당하다, 떳떳하다
■ 礼节	〔lǐjié〕	명 예절
■ 礼品	〔lǐpǐn〕	명 선물
■ 荔枝	〔lìzhī〕	명 여지, 여지의 과실
■ 栗子	〔lìzi〕	명 밤
■ 历代	〔lìdài〕	명 역대
■ 历来	〔lìlái〕	부 예로부터, 여태까지, 역대로
■ 利弊	〔lìbì〕	명 이해, 이득과 폐단
■ 利害	〔lìhài〕	명 이해, 이익과 손해
■ 利息	〔lìxī〕	명 금리, 이자
■ 例外	〔lìwài〕	동 예외로 하다 (주로 부정문에 쓰임)
■ 立方米	〔lìfāngmǐ〕	명 입방미터
■ 立交桥	〔lìjiāoqiáo〕	명 입체 교차교 *立体交叉桥의 준말
■ 立体	〔lìtǐ〕	명 입체
■ 沥青	〔lìqīng〕	명 ①아스팔트, 역청 ②송진
■ 力图	〔lìtú〕	동 …하려고 하다, 힘써 …도모하다

■ 联	〔lián〕	图 연결(연합, 합동)하다
■ 联邦	〔liánbāng〕	图 연방
■ 联想	〔liánxiǎng〕	图 연상 图 연상하다
■ 连…带…	〔lián…dài…〕	①…에서 …까지 ②…하고 …하며
■ 连队	〔liánduì〕	图 중대 또는 중대에 상당하는 단위
■ 连滚带爬	〔liángǔn dàipá〕	구르고 기면서, 허둥지둥, 허겁지겁
■ 连连	〔liánlián〕	图 연신, 끊임없이, 서서히
■ 连绵	〔liánmián〕	图 (산맥·강·눈·비 등이) 그치지 않다, 끊이지 않다, 이어지다
■ 连年	〔liánnián〕	图 연년, 여러 해 계속
■ 连同	〔liántóng〕	…와 함께, …를 포함해서
■ 连续剧	〔liánxùjù〕	图 연속극, 연속 드라마
■ 连夜	〔liányè〕	图 ①밤새도록 ②그날 밤에 바로
■ 莲子	〔liánzǐ〕	图 연밥
■ 廉价	〔liánjià〕	图 염가, 헐값, 싼 값
■ 廉洁	〔liánjié〕	图 청렴결백하다
■ 廉政	〔liánzhèng〕	图 청렴한 정치, 깨끗한 정치
■ 帘	〔lián〕	图 ①옛날 상점에서 간판 대신으로 단 깃발 ②발, 커튼
■ 镰刀	〔liándāo〕	图 낫

■ 脸盆	〖liǎnpén〗	몡 세숫대야
■ 恋	〖liàn〗	동 그리워하다
■ 练兵	〖liànbīng〗	동 연병하다, 훈련하다
■ 链子	〖liànzi〗	몡 쇠사슬
■ 粮票	〖liángpiào〗	몡 식량 배급표
■ 梁	〖liáng〗	몡 들보
■ 良	〖liáng〗	혱 좋다, 훌륭하다, 선량하다
■ 良种	〖liángzhǒng〗	몡 우량종
■ 两极	〖liǎngjí〗	몡 ①(지구의) 남극과 북극 ②(전기의) 양극과 음극
■ 两口子	〖liǎngkǒuzi〗	몡 부부 두 사람
■ 两手	〖liǎngshǒu〗	몡 양손, 두 손
■ 晾	〖liàng〗	동 (물건을 그늘이나 바람에) 말리다
■ 亮光	〖liàngguāng〗	몡 광선, 밝은 빛
■ 疗效	〖liáoxiào〗	몡 치료 효과
■ 疗养	〖liáoyǎng〗	동 요양하다
■ 辽阔	〖liáokuò〗	혱 아득히 멀다, 넓고 넓어 끝이 보이지 않다
■ 潦草	〖liáocǎo〗	혱 ①(글씨가) 조잡하다, 거칠다 ②(일을 하는 데) 허술하다, 성실하지 않다
■ 列举	〖lièjǔ〗	동 열거하다

列入	〔lièrù〕	图 집어넣다, 끼워 넣다
列席	〔lièxí〕	图 참관하다, 참석하다
烈火	〔lièhuǒ〕	명 열화, 맹렬한 불길
劣	〔liè〕	형 ①나쁘다, 좋지 않다 ②졸렬하다
林场	〔línchǎng〕	명 산림 육성장, 산림 채벌장
林区	〔línqū〕	명 삼림 지구
林业	〔línyè〕	명 임업
磷	〔lín〕	명 인(P)
临床	〔línchuáng〕	图 임상하다
临近	〔línjìn〕	图 근접하다
邻	〔lín〕	명 이웃
邻国	〔línguó〕	명 주변 국가
零售	〔língshòu〕	图 소매하다
零碎	〔língsuì〕	형 자질구레하다, 잡다하다
零星	〔língxīng〕	형 ①산발적이다 ②분양이 얼마 안 되다 ③소량이다, 자질구레하다
玲珑	〔línglóng〕	형 정교하고 아름답다, 영롱하다
伶俐	〔línglì〕	형 영리하다
凌晨	〔língchén〕	명 이른 새벽
灵	〔líng〕	형 (동작이나 기능 따위가) 재다, 재빠르다, 날래다, 효험이 있다

灵敏	〔língmǐn〕	웹 예민하다
灵巧	〔língqiǎo〕	웹 민첩하고 교묘하다, 기능적이다
岭	〔lǐng〕	명 재, 고개
领事	〔lǐngshì〕	명 영사
领先	〔lǐngxiān〕	동 앞서다, 리드하다
领子	〔lǐngzi〕	명 옷깃, 칼라
硫酸	〔liúsuān〕	명 황산
留恋	〔liúliàn〕	동 아쉬워하다
留神	〔liúshén〕	동 조심하다, 주의하다
留心	〔liúxīn〕	동 조심하다, 주의하다
留意	〔liúyì〕	동 유의하다, 조심하다
流寇	〔liúkòu〕	명 떠돌이 도둑
流浪	〔liúlàng〕	동 유랑하다
流露	〔liúlù〕	동 (감정을) 나타내다, 노출하다
流通	〔liútōng〕	동 유통하다
陆	〔liù〕	주 六의 갖은자
龙头	〔lóngtóu〕	명 수도꼭지, 선두, (자전거) 손잡이
聋	〔lóng〕	웹 (귀가) 먹다, 귀가 어둡다
隆重	〔lóngzhòng〕	웹 성대하다, 엄숙하다
漏税	〔lòushuì〕	명 탈세

		동 탈세하다
■ 路程	[lùchéng]	명 노정, 과정
■ 路面	[lùmiàn]	명 노면
■ 路子	[lùzi]	명 방법
■ 鹿	[lù]	명 사슴
■ 录取	[lùqǔ]	동 (시험으로) 채용하다, 뽑다
■ 录用	[lùyòng]	동 채용하다
■ 陆	[lù]	명 육지, 땅, 뭍
■ 旅	[lǚ]	명 여행
■ 旅店	[lǚdiàn]	명 여관
■ 旅游业	[lǚyóuyè]	명 관광업
■ 履行	[lǚxíng]	동 이행하다, 실행하다, 실천하다
■ 屡次	[lǚcì]	부 자주, 누차, 여러 번
■ 律师	[lùshī]	명 변호사
■ 率	[lǜ]	명 율, 비율
■ 绿化	[lùhuà]	동 녹화하다
■ 乱七八糟	[luàn qī bā zāo]	성 엉망진창이다, 아수라장이다
■ 略微	[lüèwēi]	부 조금, 약간
■ 抡	[lūn]	동 (힘껏) 휘두르다, 내던지다
■ 论点	[lùndiǎn]	명 논점

■ 论述	〔lùnshù〕	图 논술하다
■ 论证	〔lùnzhèng〕	图 논증하다
■ 啰唆(啰嗦)	〔luōsuō(luōsuō)〕	图 수다스럽다
■ 螺丝钉	〔luósīdīng〕	图 나사못
■ 骡子	〔luózi〕	图 노새
■ 罗列	〔luóliè〕	图 배열하다
■ 箩筐	〔luókuāng〕	图 광주리
■ 落成	〔luòchéng〕	图 준공하다, 낙성하다
■ 落地	〔luòdì〕	图 땅에 떨어지다, 착지하다
■ 落实	〔luòshí〕	图 실시하다
■ 落选	〔luòxuǎn〕	图 낙선 图 낙선하다

Ⓜ

■ 抹布	〔mābù〕	图 행주, 걸레
■ 麻	〔má〕	图 삼, 마
■ 麻痹	〔mábì〕	图 마비 图 마비시키다, 무디게 하다
■ 麻袋	〔mádài〕	图 마대
■ 麻木	〔mámù〕	图 (반응이) 둔하다, 무감각하다 图 저리다, 마비되다
■ 麻雀	〔máquè〕	图 참새

■ 麻醉	〔mázuì〕	동 마취하다
■ 蚂蚁	〔mǎyǐ〕	명 개미
■ 马车	〔mǎchē〕	명 마차
■ 马达	〔mǎdá〕	명 모터
■ 马力	〔mǎlì〕	명 마력
■ 马铃薯	〔mǎlíngshǔ〕	명 감자, 마령서
■ 马戏	〔mǎxì〕	명 곡예, 서커스
■ 埋没	〔máimò〕	동 매몰시키다, 매몰되다
■ 埋头	〔máitóu〕	동 몰두하다
■ 卖国	〔màiguó〕	명 매국
■ 脉搏	〔màibó〕	명 맥박
■ 埋怨	〔mányuàn〕	동 불평하다, 원망하다
■ 满怀	〔mǎnhuái〕	동 가슴에 가득 차다, 가슴에 맺히다
■ 满月	〔mǎnyuè〕	명 보름달, 만 한 달 동 만 한 달이 되다
■ 慢性	〔mànxìng〕	형 만성의
■ 蔓延	〔mànyán〕	동 만연하다, 널리 번지어 퍼지다
■ 茫茫	〔mángmáng〕	형 망망하다, 희미하다
■ 茫然	〔mángrán〕	형 ①막연하다 ②멍청하다
■ 盲从	〔mángcóng〕	동 맹종하다, 무턱대고 따르다

盲人	〔mángrén〕	몡 맹인
忙碌	〔mánglù〕	혱 바쁘다, 분망하다
茂密	〔màomì〕	혱 빽빽하다
茂盛	〔màoshèng〕	혱 무성하다, 번성하다
冒进	〔màojìn〕	동 무모하게 돌진하다
冒牌	〔màopái〕	혱 가짜상표, 가짜 동 상표를 도용하다
冒险	〔màoxiǎn〕	동 모험하다
玫瑰	〔méigui〕	몡 장미, 찔레
枚	〔méi〕	양 매, 장, 개(주로 형체가 작고 동글납 작한 물건을 세는 양사로 个와 용법이 비슷함)
酶	〔méi〕	몡 효소
霉	〔méi〕	몡 곰팡이
没吃没穿	〔méi chī méi chuān〕	셩 먹을 것도 입을 것도 없다
没辙	〔méizhé〕	동 방법이 없다, 어찌할 수 없다
媒介	〔méijiè〕	몡 ①매개체, 중개인 ②매스미디어
镁	〔měi〕	몡 마그네슘(Mg)
美德	〔měidé〕	몡 미덕
美观	〔měiguān〕	혱 보기 좋다
美满	〔měimǎn〕	혱 아름답고 원만하다

■ 美妙	〔měimiào〕	혭 미묘하다
■ 美中不足	〔měi zhōng bù zú〕	셍 훌륭한 가운데에도 조금 모자라는 점이 있다 ; 옥에도 티가 있다
■ 门当户对	〔mén dāng hù duì〕	셍 (혼인 관계에 있어서) 남녀 두 집안이 엇비슷하다, 두 집안의 사회적 지위 · 경제적인 형편 따위가 걸맞다
■ 门市部	〔ménshìbù〕	몡 소매점, 소매부
■ 萌芽	〔méngyá〕	몡 새싹, 맹아, 움
■ 迷惑	〔míhuò〕	통 ①아리송하게 되다 ②미혹되다
■ 迷失	〔míshī〕	통 ①(길 · 방향을) 잃다 ②(물건을) 잃어버리다, 분실하다
■ 弥补	〔míbǔ〕	통 (결점 · 결손 따위를) 메우다, 보충하다
■ 弥漫	〔mímàn〕	혭 (연기나 안개가) 자욱하다, (물이) 가득 차다
■ 密度	〔mìdù〕	몡 밀도
■ 密封	〔mìfēng〕	통 밀봉하다, 밀폐하다
■ 棉	〔mián〕	몡 면, 면화
■ 免	〔miǎn〕	통 면제하다, 면하다, 벗어나다
■ 免除	〔miǎnchú〕	통 면제하다
■ 免费	〔miǎnfèi〕	통 무료로 하다
■ 勉励	〔miǎnlì〕	통 격려하다, 고무하다
■ 面包车	〔miànbāochē〕	몡 승합차

■ 面面俱到	[miàn miàn jù dào]	셍 ①각 방면을 빈틈없이 돌보다(배려하다) ②이것저것 다 미치고(언급하고) 있지만 피상적일 뿐이다 ③없는 게 없이 다 갖추어지다
■ 面目	[miànmù]	몡 면목
■ 面容	[miànróng]	몡 용모
■ 面子	[miànzi]	몡 체면, 얼굴
■ 描	[miáo]	동 ①모사하다, 그대로 베끼다 ②덧그리다, 덧쓰다 ③묘사하다
■ 描绘	[miáohuì]	동 (생생하게) 묘사하다, (그림같이) 그려내다
■ 描述	[miáoshù]	동 묘사하다, 기술하다, 서술하다
■ 渺小	[miǎoxiǎo]	형 매우 작다, 미미하다, 보잘것없다
■ 蔑视	[mièshì]	동 멸시하다
■ 民航	[mínháng]	몡 민항
■ 民事	[mínshì]	몡 민사
■ 民意	[mínyì]	몡 민의
■ 民众	[mínzhòng]	몡 민중
■ 敏感	[mǐngǎn]	형 민감하다
■ 敏锐	[mǐnruì]	형 예민하다
■ 明星	[míngxīng]	셍 인기 있는 배우나 운동선수, 스타
■ 名称	[míngchēng]	몡 명칭, (단체나 사물의) 이름

名次	【míngcì】	몡 이름순서, 석차, 서열
名单	【míngdān】	몡 명단
名额	【míng'é】	몡 정원, 인원수
名副其实	【míng fù qí shí】	성 명실상부하다, 명성과 실제가 부합되다
名贵	【míngguì】	형 유명하고 진귀하다
名牌	【míngpái】	몡 유명상표, 브랜드
名人	【míngrén】	몡 명인, 명사
名声	【míngshēng】	몡 명성, 평판
名义	【míngyì】	몡 이름, 명의
名誉	【míngyù】	몡 명예
命名	【mìngmíng】	동 명명하다
命题	【mìngtí】	몡 명제
谬论	【miùlùn】	몡 잘못된 의론, 황당무계한 논리
摸索	【mōsuǒ】	동 모색하다, 더듬어 찾다
蘑菇	【mógu】	몡 버섯
模式	【móshì】	몡 모델, 모형, 도식
膜	【mó】	몡 막
摩擦	【mócā】	동 마찰하다
魔鬼	【móguǐ】	몡 마귀

■ 魔术	〔móshù〕	몡 마술
■ 抹杀	〔mǒshā〕	동 말살하다
■ 莫	〔mò〕	분 …해서는 안 된다
■ 莫名其妙	〔mò míng qí miào〕	성 아무도 그 오묘함을 설명할 수 없다 ; 영문을 모르다
■ 默默	〔mòmò〕	형 묵묵하다, 아무 말도 없이 잠잠하다
■ 谋	〔móu〕	몡 지략, 계략, 계책 동 도모하다, 꾀하다, 모색하다
■ 谋求	〔móuqiú〕	동 강구하다, 모색하다, 꾀하다
■ 木匠	〔mùjiang〕	몡 목수
■ 目	〔mù〕	몡 눈
■ 目睹	〔mùdǔ〕	동 목도하다, 목격하다
■ 目录	〔mùlù〕	몡 목록
■ 目中无人	〔mù zhōng wú rén〕	성 안하무인
■ 牧区	〔mùqū〕	몡 방목지, 목축 지역
■ 牧业	〔mùyè〕	몡 목축업
■ 穆斯林	〔mùsīlín〕	몡 무슬림

Ⓝ

■ 那时	〔nàshí〕	대 그때
■ 纳闷儿	〔nàmènr〕	동 (마음에 의혹이 생겨) 답답하다, 갑갑해 하다

■ 纳税	〔nàshuì〕	똉 납세 똉 납세하다
■ 乃	〔nǎi〕	뷔 비로소, 겨우 똉 바로 …이다
■ 奶粉	〔nǎifěn〕	똉 분유
■ 耐力	〔nàilì〕	똉 인내력
■ 男性	〔nánxìng〕	똉 남성
■ 难度	〔nándù〕	똉 난이도
■ 难关	〔nánguān〕	똉 난관
■ 难堪	〔nánkān〕	똉 난감하다, 난처하다
■ 难免	〔nánmiǎn〕	똉 불가피하다
■ 难	〔nàn〕	똉 재난, 불행, 환난
■ 难民	〔nànmín〕	똉 난민
■ 恼火	〔nǎohuǒ〕	똉 분노 똉 화가 나다
■ 闹事	〔nàoshì〕	똉 소동 똉 소동을 일으키다
■ 内地	〔nèidì〕	똉 내륙, 오지
■ 内阁	〔nèigé〕	똉 내각
■ 内行	〔nèiháng〕	똉 전문가 똉 정통하다, 숙련되다
■ 内幕	〔nèimù〕	똉 내막

内心	〔nèixīn〕	명	내심
内在	〔nèizài〕	형	내재하는, 내재적인
内脏	〔nèizàng〕	명	내장
内战	〔nèizhàn〕	명	내전
内政	〔nèizhèng〕	명	내정
能手	〔néngshǒu〕	명	명인, 명수, 능수
尼龙	〔nílóng〕	명	나일론
拟	〔nǐ〕	동	①계획하다 ②추측하다 ③본뜨다
拟定	〔nǐdìng〕	동	초안을 세우다, 추정하다
逆流	〔nìliú〕	명	역류
年度	〔niándù〕	명	연도
年头儿	〔niántóur〕	명	해, 오랜 기간, 시대, 세월
捻	〔niǎn〕	동	비비다, 꼬다
撵	〔niǎn〕	동	쫓아내다
念头	〔niàntou〕	명	생각, 마음, 의사
酿	〔niàng〕	동	양조하다, 빚다
尿	〔niào〕	명	소변 동 소변을 보다
捏造	〔niēzào〕	동	날조하다
柠檬	〔níngméng〕	명	레몬

凝固	【nínggù】	동 굳어지다, 응고하다
凝结	【níngjié】	동 응결하다(되다)
凝视	【níngshì】	동 주목하다, 응시하다
宁静	【níngjìng】	형 (환경·마음 따위가) 편안하다, 조용하다, 평온하다
宁肯	【nìngkěn】	접 차라리 (…하는 것이 낫다)
宁愿	【nìngyuàn】	부 차라리 (…하고자 한다), 오히려 (…하고 싶다)
纽扣	【niǔkòu】	명 단추
浓度	【nóngdù】	명 농도
浓厚	【nónghòu】	형 농후하다, 진하다
农产品	【nóngchǎnpǐn】	명 농산물
农户	【nónghù】	명 농가
弄虚作假	【nòng xū zuò jiǎ】	성 그럴 듯하게 꾸미다, 허위로 날조하다, 속임수를 써서 사기하다
奴役	【núyì】	동 노예로 부리다, 노예화하다
怒吼	【nùhǒu】	동 포효하다, 노호하다, 울부짖다
怒火	【nùhuǒ】	명 열화와 같은 분노, 격한 노여움
女性	【nǚxìng】	명 여성
挪	【nuó】	동 옮기다, (돈을) 융통하다

O

■ 殴打	〔ōudǎ〕	동 구타하다
■ 呕吐	〔ǒutù〕	동 구토하다

P

■ 扒	〔pá〕	동 (손이나 갈퀴로) 긁어모으다
■ 拍照	〔pāizhào〕	동 사진을 찍다, 촬영하다
■ 排除	〔páichú〕	동 (장애를) 제거하다, 배제하다
■ 排队	〔páiduì〕	명 정렬 동 줄을 서다
■ 排挤	〔páijǐ〕	동 배척하다, 배제하다
■ 排长	〔páizhǎng〕	명 소대장
■ 徘徊	〔páihuái〕	동 배회하다
■ 派别	〔pàibié〕	명 파벌
■ 派出所	〔pàichūsuǒ〕	명 파출소
■ 派遣	〔pàiqiǎn〕	동 파견하다
■ 盘旋	〔pánxuán〕	동 빙빙 돌다, 서성거리다
■ 判处	〔pànchǔ〕	동 판결을 내리다
■ 判定	〔pàndìng〕	동 판정하다
■ 判决	〔pànjué〕	동 판결하다

■ 叛变	〔pànbiàn〕	동 배신하다
■ 叛徒	〔pàntú〕	명 반역자
■ 庞大	〔pángdà〕	형 방대하다
■ 胖子	〔pàngzi〕	명 뚱보
■ 抛弃	〔pāoqì〕	동 버리다, 던지다, 방치하다
■ 刨	〔páo〕	동 ①캐다, 파다 ②빼다, 공제하다
■ 跑道	〔pǎodào〕	명 ①활주로 ②(경주용의) 트랙
■ 炮火	〔pàohuǒ〕	명 포화
■ 泡沫	〔pàomò〕	명 거품, 포말
■ 培训	〔péixùn〕	동 훈련하다, 양성하다
■ 赔款	〔péikuǎn〕	동 배상하다, 변상하다
■ 配备	〔pèibèi〕	동 갖추다
■ 配方	〔pèifāng〕	명 처방, 배합방법
■ 配偶	〔pèi'ǒu〕	명 배우자
■ 配套	〔pèitào〕	명 조립, 부대 동 부설하다, 조립하다
■ 喷射	〔pēnshè〕	동 분사하다
■ 烹饪	〔pēngrèn〕	동 요리하다, 조리하다
■ 烹调	〔pēngtiáo〕	동 요리하다, 조리하다
■ 批发	〔pīfā〕	명 도매 동 도매로 팔다

批复	〔pīfù〕	통 회답하다
批改	〔pīgǎi〕	통 (문장·숙제 따위를) 고쳐서 바로잡아 주다, 비평하고 정정하다
批示	〔pīshì〕	명 의견제시, 공문서 통 의견을 제시하다
坯	〔pī〕	명 아직 굽지 않은 벽돌·도자기·기와 따위
劈	〔pī〕	통 (도끼 따위로) 쪼개다, 패다
疲惫	〔píbèi〕	형 피곤하다, 지치다
疲乏	〔pífá〕	통 피로하다
皮带	〔pídài〕	명 가죽벨트
皮革	〔pígé〕	명 피혁
屁	〔pì〕	명 방귀
偏差	〔piānchā〕	명 편차
偏见	〔piānjiàn〕	명 편견
偏僻	〔piānpì〕	형 외지다, 궁벽하다
偏向	〔piānxiàng〕	명 편향, 부정확한 경향 통 역성들다, 두둔하다, 비호하다
片刻	〔piànkè〕	부명 잠시, 잠깐
漂	〔piāo〕	통 (물이나 액체 위에) 뜨다, 이리저리 떠다니다, 표류하다
	〔piào〕	통 쓸모없이 되다 (돈을) 떼이다
撇	〔piē〕	통 버리다, 내버려두다, 방치하다

瞥	〔piē〕	图 언뜻 보다, 얼핏 보다
拼搏	〔pīnbó〕	图 필사적으로 싸우다
频繁	〔pínfán〕	图 빈번하다
频率	〔pínlǜ〕	图 주파수, 빈도
贫	〔pín〕	图 가난하다, 구차하다, 빈궁하다
贫乏	〔pínfá〕	图 궁핍하다, 가난하다
贫困	〔pínkùn〕	图 빈곤하다
贫民	〔pínmín〕	图 빈민
品	〔pǐn〕	图 물품 접미 …품 *纪念品 jìniànpǐn
品尝	〔pǐncháng〕	图 맛보다
品行	〔pǐnxíng〕	图 품행
聘	〔pìn〕	图 초빙하다
聘请	〔pìnqǐng〕	图 초빙하다, 스카우트하다
聘任	〔pìnrèn〕	图 초빙하여 임용하다
聘用	〔pìnyòng〕	图 초빙하여 임용하다
平面	〔píngmiàn〕	图 평면
平民	〔píngmín〕	图 평민
平日	〔píngrì〕	图 평일, 평소
平坦	〔píngtǎn〕	图 평탄하다

平稳	〔píngwěn〕	〚형〛 평온하다
平整	〔píngzhěng〕	〚형〛 평평하다 〚동〛 평평하게 고르다
萍水相逢	〔píng shuǐ xiāng féng〕	〚성〛 (모르던 사람을) 우연히 만나다, 우연히 알게 되다
评比	〔píngbǐ〕	〚동〛 비교평가하다
评定	〔píngdìng〕	〚동〛 평정하다
评估	〔pínggū〕	〚동〛 평가하다
评审	〔píngshěn〕	〚동〛 평가심의하다
评选	〔píngxuǎn〕	〚동〛 심사하여 뽑다
屏障	〔píngzhàng〕	〚명〛 칸막이
颇	〔pō〕	〚부〛 자못, 꽤, 상당히, 몹시
婆婆	〔pópo〕	〚명〛 시어머니
破除	〔pòchú〕	〚동〛 타파하다
破获	〔pòhuò〕	〚동〛 (비밀 조직의) 범죄자를 적발하여 체포하다
破旧	〔pòjiù〕	〚형〛 낡고 오래되다
破裂	〔pòliè〕	〚동〛 파열되다
破碎	〔pòsuì〕	〚동〛 산산조각 내다, 분쇄하다
迫使	〔pòshǐ〕	〚동〛 무리하게 …시키다, 강요하다, …하지 않을 수 없게 하다
扑克	〔pūkè〕	〚명〛 트럼프, 포커, 카드

■ 扑灭	〔pūmiè〕	图 박멸하다, 잡아 없애다
■ 葡萄糖	〔pútáotáng〕	图 포도당
■ 仆人	〔pūrén〕	图 하인, 고용인
■ 朴实	〔pǔshí〕	图 소박하다, 검소하다, 꾸밈이 없다
■ 普查	〔pǔchá〕	图 일제 조사하다, 전면 조사하다
■ 谱	〔pǔ〕	图 ①견본, 본보기 ②악보 图 작곡하다
■ 谱曲	〔pǔqǔ〕	图 곡을 붙이다
■ 瀑布	〔pùbù〕	图 폭포

■ 期待	〔qīdài〕	图 기대하다
■ 期刊	〔qīkān〕	图 정기 간행물
■ 期望	〔qīwàng〕	图 (앞날에 대해) 기대하다
■ 期限	〔qīxiàn〕	图 기한, 예정된 시한
■ 七嘴八舌	〔qī zuǐ bā shé〕	图 여러 사람이 왁자지껄 떠들썩하게 이야기하다, 제각기 떠들다, 말이 많다, 수다스럽다
■ 柒	〔qī〕	图 칠, 일곱(증서 따위의 금액 기재에 쓰이는 七의 갖은자)
■ 凄惨	〔qīcǎn〕	图 처참하다
■ 凄凉	〔qīliáng〕	图 처량하다

漆黑	〔qīhēi〕	혱 칠흑 같다
沏	〔qī〕	동 (차 따위를) 타다
其间	〔qíjiān〕	명 그사이, 그 기간, 어느 일정 기간
奇花异草	〔qíhuā yìcǎo〕	진기한 꽃과 풀
奇妙	〔qímiào〕	혱 기묘하다, 신기하다
奇特	〔qítè〕	혱 기묘하다, 기괴하다
歧视	〔qíshì〕	동 경시하다, 차별 대우하다
齐全	〔qíquán〕	동 완전히 갖추다, 완비하다, 마련하다
旗号	〔qíhào〕	명 수기 신호, 깃발
起草	〔qǐcǎo〕	명 기초, 초안 동 초안을 잡다, 기초하다
起点	〔qǐdiǎn〕	명 기점
起伏	〔qǐfú〕	동 기복이 있다
起哄	〔qǐhòng〕	동 떠들어 대다, 소란을 피우다
起劲	〔qǐjìn〕	동 기운이 나다, 흥이 나다, 마음이 쏠리다, 열심이다
起码	〔qǐmǎ〕	부 최저한도로
起身	〔qǐshēn〕	동 (잠자리에서) 일어나다
起诉	〔qǐsù〕	동 기소하다
岂不	〔qǐbù〕	(…이) 아닌가? (보통 문장 끝에 吗를 동반하고 반어의 뜻을 지님)

岂有此理	【qǐ yǒu cǐ lǐ】	〖성〗어찌 이럴 수가 있는가? (이치에 맞지 않는 이야기 또는 일에 대하여 불만을 나타내는 말임)
乞求	【qǐqiú】	〖동〗구걸하다, 애걸하다
启程	【qǐchéng】	〖동〗출발하다
启示	【qǐshì】	〖동〗계시하다, 시사하다, 계발하다
启事	【qǐshì】	〖명〗(신문·잡지에 내거나 벽에 붙이는) 광고, 고시, 공고
砌	【qì】	〖동〗(벽돌이나 돌을) 쌓다
器	【qì】	〖명〗①기구, 그릇, 용구 ②신체의 기관 ③도량, 재능, 인재
器具	【qìjù】	〖명〗기구, 용구
器械	【qìxiè】	〖명〗기계, 기구
气喘	【qìchuǎn】	〖동〗숨이 차다, 헐떡거리다
气功	【qìgōng】	〖명〗기공
气力	【qìlì】	〖명〗①힘, 기력, 체력 ②노력, 정력
气流	【qìliú】	〖명〗기류
气魄	【qìpò】	〖명〗기백, 진취성 있는 정신, 패기
气球	【qìqiú】	〖명〗기구, 애드벌룬
气势	【qìshì】	〖명〗기세, 기우, 기개
气息	【qìxī】	〖명〗호흡, 숨, 숨결
汽	【qì】	〖명〗(수)증기, 김

掐	〔qiā〕	동 꼬집다, 누르다, 끊다
恰到好处	〔qià dào hǎo chù〕	성 꼭 알맞다, 꼭 들어맞다
恰巧	〔qiàqiǎo〕	부 공교롭게도, 때마침, 운 좋게
恰如其分	〔qià rú qí fèn〕	성 정도에 맞다, 꼭 적합하다
洽谈	〔qiàtán〕	동 상담하다, 교섭하다, 협의하다
牵扯	〔qiānchě〕	동 연루되다
牵引	〔qiānyǐn〕	동 끌다, 견인하다
牵制	〔qiānzhì〕	동 견제하다
千军万马	〔qiān jūn wàn mǎ〕	성 천군만마 ; 싸움이 격렬하다, 기세충천하다
千瓦	〔qiānwǎ〕	양 킬로와트 (kWh)
迁	〔qiān〕	동 옮기다, 이사하다
迁就	〔qiānjiù〕	동 ①옮겨가다 ②타협하다 ③얽매이다
签发	〔qiānfā〕	동 서명하여 발급하다
签名	〔qiānmíng〕	동 서명하다, 사인하다
签署	〔qiānshǔ〕	동 (중요한 문서에 정식으로) 서명하다, 조인하다
签证	〔qiānzhèng〕	명 비자
签字	〔qiānzì〕	명 사인, 조인 동 서명하다, 조인하다
谦逊	〔qiānxùn〕	형 겸손하다

前辈	〔qiánbèi〕	몡 선배, 연장자
前程	〔qiánchéng〕	몡 ①전도 ②공명 또는 관직
前赴后继	〔qián fù hòu jì〕	셩 앞에 있는 사람이 용감히 돌진하고 뒤에 있는 사람이 바짝 뒤쫓아 가다 ; 희생을 무릅쓰고 용감히 앞으로 나아가다
前景	〔qiánjǐng〕	몡 전망, 전경
前列	〔qiánliè〕	몡 전열, 선두
前期	〔qiánqī〕	몡 전기
前人	〔qiánrén〕	몡 옛사람, 이전 사람
前所未有	〔qián suǒ wèi yǒu〕	셩 미증유의, 공전의, 전례가 없는
前提	〔qiántí〕	몡 전제, 선결 조건
前往	〔qiánwǎng〕	동 가다, 나아가다
前线	〔qiánxiàn〕	몡 ①전선, 전방 ②(일의) 최일선
钳子	〔qiánzi〕	몡 펜치, 집게, 핀셋
潜伏	〔qiánfú〕	동 잠복하다
潜力	〔qiánlì〕	몡 잠재력
谴责	〔qiǎnzé〕	동 질책하다, 견책하다
嵌	〔qiàn〕	동 새겨 넣다, 끼워 넣다
枪毙	〔qiāngbì〕	동 총살하다(되다)
腔	〔qiāng〕	몡 ①동물의 신체에서 비어 있는 부분 ②(음악의) 곡조, 가락

■ 强化	〔qiánghuà〕	图 강화하다
■ 强盛	〔qiángshèng〕	圈 강성하다
■ 强制	〔qiángzhì〕	图 강압하다, 강제하다
■ 抢劫	〔qiǎngjié〕	图 강탈하다, 약탈하다
■ 抢救	〔qiǎngjiù〕	图 구조하다
■ 锹	〔qiāo〕	圆 삽
■ 乔装	〔qiáozhuāng〕	图 변장하다, 가장하다
■ 侨胞	〔qiáobāo〕	圆 교포
■ 茄子	〔qiézi〕	圆 가지
■ 窃取	〔qièqǔ〕	图 절취하다
■ 窃听	〔qiètīng〕	图 엿듣다, 도청하다
■ 钦佩	〔qīnpèi〕	图 경복하다, 우러러 탄복하다
■ 侵害	〔qīnhài〕	图 침해하다
■ 侵蚀	〔qīnshí〕	图 침식하다
■ 侵占	〔qīnzhàn〕	图 점유하다, 침해하다
■ 亲笔	〔qīnbǐ〕	圆 친필
■ 亲密	〔qīnmì〕	圈 친밀하다
■ 亲身	〔qīnshēn〕	凰 친히, 몸소
■ 亲生	〔qīnshēng〕	图 자기가 낳다, 자신을 낳다
■ 亲手	〔qīnshǒu〕	凰 친히, 손수

■ 亲友	【qīnyǒu】	몡 친우, 친한 친구
■ 勤	【qín】	혱 부지런하다, 근면하다
■ 勤奋	【qínfèn】	혱 근면하다, 꾸준하다, 열심이다
■ 勤工俭学	【qín gōng jiǎn xué】	셩 일하면서 배우다, 고학하다
■ 勤俭	【qínjiǎn】	혱 근검하다
■ 勤恳	【qínkěn】	혱 근면성실하다
■ 芹菜	【qíncài】	몡 샐러리, 미나리
■ 禽	【qín】	몡 조류의 총칭
■ 轻便	【qīngbiàn】	혱 ①간편하다 ②수월하다
■ 轻工业	【qīnggōngyè】	몡 경공업
■ 轻快	【qīngkuài】	혱 경쾌하다, 가뿐하다
■ 轻微	【qīngwēi】	혱 경미하다, 가볍다
■ 氢	【qīng】	몡 수소
■ 蜻蜓	【qīngtíng】	몡 잠자리
■ 倾听	【qīngtīng】	통 주의 깊게 듣다, 경청하다
■ 倾斜	【qīngxié】	통 경사지다
■ 清查	【qīngchá】	통 낱낱이 조사하다
■ 清理	【qīnglǐ】	통 깨끗이 정리하다
■ 清新	【qīngxīn】	혱 맑고 시원하다
■ 清早	【qīngzǎo】	몡 이른 아침

■ 清真寺	〔qīngzhēnsì〕	몡	이슬람 사원
■ 晴朗	〔qínglǎng〕	혱	쾌청하다
■ 情感	〔qínggǎn〕	몡	정감, 느낌
■ 情节	〔qíngjié〕	몡	사건의 내용과 경위, 줄거리
■ 情理	〔qínglǐ〕	몡	도리, 사리
■ 请柬	〔qǐngjiǎn〕	몡	초청장, 청첩장, 초대장
■ 请帖	〔qǐngtiě〕	몡	청첩
■ 请愿	〔qǐngyuàn〕	동	청원서를 제출하다
■ 庆贺	〔qìnghè〕	동	축하하다
■ 穷苦	〔qióngkǔ〕	혱	가난하다, 고달프다
■ 秋收	〔qiūshōu〕	동	추수하다, 가을걷이를 하다
■ 球队	〔qiúduì〕	몡	축구팀
■ 球迷	〔qiúmí〕	몡	(야구·축구 등의) 열성팬(마니아)
■ 求得	〔qiúdé〕	동	요구를 바라다
■ 趋势	〔qūshì〕	몡	추세
■ 趋向	〔qūxiàng〕	몡	경향, 추세
■ 区分	〔qūfēn〕	동	구분하다
■ 曲线	〔qūxiàn〕	몡	곡선
■ 屈服	〔qūfú〕	동	굴복하다
■ 驱逐	〔qūzhú〕	동	몰아내다, 쫓아내다

取代	〔qǔdài〕	동 대신하다, 대리하다
曲子	〔qǔzi〕	명 곡, 가락, 노래
去世	〔qùshì〕	동 서거하다, 세상을 떠나다
圈套	〔quāntào〕	명 ①올가미, 책략 ②고리 모양의 것
权	〔quán〕	명 권리, 힘, 유리한 입장
权威	〔quánwēi〕	명 권위
权限	〔quánxiàn〕	명 권한
权益	〔quányì〕	명 권익
泉	〔quán〕	명 샘
全都	〔quándōu〕	부 모조리, 전부
全会	〔quánhuì〕	명 총회
全集	〔quánjí〕	명 전집
全力	〔quánlì〕	명 전력, 모든 힘
全力以赴	〔quán lì yǐ fù〕	성 전력을 다하여 일에 임하다, 전력 투구하다
全民	〔quánmín〕	명 전 국민
全心全意	〔quán xīn quán yì〕	성 전심전력
犬	〔quǎn〕	명 개
劝说	〔quànshūo〕	동 설득하다, 타이르다
劝阻	〔quànzǔ〕	동 말리다, 단념시키다

券	[quàn]	몡 표, 증권, 채권
缺口	[quēkǒu]	몡 단점, 흠
缺席	[quēxí]	동 결석하다
缺陷	[quēxiàn]	몡 결함, 약점
瘸	[qué]	동 (다리를) 절다, 절름거리다
确保	[quèbǎo]	동 확보하다
确立	[quèlì]	동 확립하다
确切	[quèqiè]	형 확실하며 적절하다
确认	[quèrèn]	동 확인하다
确信	[quèxìn]	동 확신하다
确凿	[quèzáo]	형 확실하다, 명확하다, 근거가 있다
群体	[qúntǐ]	몡 군체, 무리몸

ⓇＲ

燃	[rán]	동 타다, 불을 붙이다
让步	[ràngbù]	동 양보하다
扰乱	[rǎoluàn]	동 어지럽히다, 혼란하게 하다
热潮	[rècháo]	몡 열기, (최)고조, 붐(boom)
热泪盈眶	[rèlèi yíngkuàng]	감격의 눈물이 흐르다
人道主义	[réndào zhǔyì]	몡 인도주의

人格	〔réngé〕	몡 인격
人均	〔rénjūn〕	몡 1인당 평균의 준말
人情	〔rènqíng〕	몡 인정
人权	〔rénquán〕	몡 인권
人参	〔rénshēn〕	몡 인삼
人身	〔rénshēn〕	몡 인신, 인품
人生	〔rénshēng〕	몡 인생
人事	〔rénshì〕	몡 인간사
人为	〔rénwéi〕	혱 인위적인
人性	〔rénxìng〕	몡 인성
人质	〔rénzhì〕	몡 인질
仁慈	〔réncí〕	혱 인자하다
任命	〔rènmìng〕	동 임명하다
认定	〔rèndìng〕	동 인정하다
认可	〔rènkě〕	동 인가하다, 허가하다
日光	〔rìguāng〕	몡 일광, 햇빛
荣誉	〔róngyù〕	몡 영예, 명예
融化	〔rónghuà〕	동 (얼음·눈 따위가) 녹다, 융해되다
融洽	〔róngqià〕	혱 조화롭다, 사이가 좋다
熔	〔róng〕	동 (열을 가하여 금속 따위를) 녹이다

■溶	〔róng〕	통 녹다, 용해되다	
■溶化	〔rónghuà〕	통 (고체가) 용해되다, 녹다	
■溶解	〔róngjiě〕	통 용해하다	
■容积	〔róngjī〕	명 용적	
■容量	〔róngliàng〕	명 용량	
■容纳	〔róngnà〕	통 용납하다	
■容忍	〔róngrěn〕	통 참고 견디다	
■绒	〔róng〕	명 부드러운 털, 융모, 솜털	
■柔和	〔róuhé〕	형 부드럽다, 온화하다	
■如意	〔rúyì〕	통 뜻(생각)대로 되다, 마음에 들다	
■如醉如痴	〔rú zuì rú chī〕	성 미친 듯이 즐거워하다	
■乳	〔rǔ〕	명 젖	
■入境	〔rùjìng〕	통 입국하다	
■入口	〔rùkǒu〕	명 입구	
■入侵	〔rùqīn〕	통 침입하다	
■入手	〔rùshǒu〕	통 개시하다, 착수하다	
■入学	〔rùxué〕	통 입학하다	
■软件	〔ruǎnjiàn〕	명 소프트웨어	
■锐利	〔ruìlì〕	형 예리하다, 날카롭다	
■瑞雪	〔ruìxuě〕	명 서설 (때맞추어 내리는 눈)	

弱点	〔ruòdiǎn〕	몡 약점

S

撒谎	〔sāhuǎng〕	동 거짓말을 하다, 허튼소리를 하다
腮	〔sāi〕	몡 뺨, 볼
三番五次	〔sān fān wǔ cì〕	셩 여러 번, 재삼재사
三角	〔sānjiǎo〕	몡 삼각
叁	〔sān〕	준 三의 갖은자
散发	〔sànfā〕	동 ①발산하다 ②배포하다
桑树	〔sāngshù〕	몡 뽕나무
扫除	〔sǎochú〕	동 ①청소하다 ②쓸어버리다, 제거하다
杀害	〔shāhài〕	동 살해하다, 죽이다
刹车	〔shāchē〕	동 차를 멈추다, 브레이크를 걸다
沙	〔shā〕	몡 모래, 낟알
沙滩	〔shātān〕	몡 모래톱, 백사장
沙土	〔shātǔ〕	몡 모래흙
砂	〔shā〕	몡 모래 (주로 공업 용어로 쓰임)
傻子	〔shǎzi〕	몡 바보, 멍청이
啥	〔shá〕	대 (사천방언) 무엇, 아무, 무슨, 어느
筛	〔shāi〕	동 체로 치다, 체질하다

筛子	〔shāizi〕	몡 체
珊瑚	〔shānhú〕	몡 산호초
山冈	〔shāngāng〕	몡 낮은 언덕, 구릉
山沟	〔shāngōu〕	몡 산골
山河	〔shānhé〕	몡 산하, 강산
山脚	〔shānjiǎo〕	몡 산기슭
山岭	〔shānlǐng〕	몡 산봉우리
山水	〔shānshuǐ〕	몡 산수
山头	〔shāntóu〕	몡 산의 정상, 꼭대기
山腰	〔shānyāo〕	몡 산허리, 산중턱
闪耀	〔shǎnyào〕	동 반짝이며 빛나다, 빛을 뿌리다
擅长	〔shàncháng〕	동 장기가 있다, 정통하다, 뛰어나다
擅自	〔shànzì〕	뮈 제멋대로, 독단적으로
善	〔shàn〕	혱 선하다, 선량하다
善良	〔shànliáng〕	혱 선량하다
伤痕	〔shānghén〕	몡 흉터
伤员	〔shāngyuán〕	몡 부상자
商	〔shāng〕	몡 장사, 상업, 상인 동 상의하다, 토의하다, 의논하다
商标	〔shāngbiāo〕	몡 상표

■ 商榷	〔shāngquè〕	통 협의 검토하다, 토의하다	
■ 商讨	〔shāngtǎo〕	통 토의하다, 심의하다	
■ 商议	〔shāngyì〕	통 상의하다	
■ 赏	〔shǎng〕	통 감상하다, 즐기다	
■ 晌午	〔shǎngwu〕	명 정오, 점심때, 한낮	
■ 上报	〔shàngbào〕	통 ①상부에 보고하다 ②신문에 나다	
■ 上层	〔shàngcéng〕	명 상층	
■ 上等	〔shàngděng〕	형 최상의, 고급의	
■ 上交	〔shàngjiāo〕	통 신분이 높은 사람과 교제하다	
■ 上进	〔shàngjìn〕	통 진보하다, 나아가다	
■ 上空	〔shàngkōng〕	명 상공	
■ 上任	〔shàngrèn〕	통 취임하다	
■ 上诉	〔shàngsù〕	통 (상급에) 상소하다	
■ 上台	〔shàngtái〕	통 무대에 오르다, 관직에 오르다	
■ 上涨	〔shàngzhǎng〕	통 (수위나 물가가) 오르다	
■ 尚	〔shàng〕	부 아직, 여전히	
■ 梢	〔shāo〕	명 끝 (나뭇가지)	
■ 捎	〔shāo〕	통 인편에 전하다	
■ 烧饼	〔shāobǐng〕	명 구운 호떡	
■ 烧毁	〔shāohuǐ〕	통 태워 없애다	

少量	〔shǎoliàng〕	혱 소량, 적은 양
少数民族	〔shǎoshù mínzhú〕	몡 소수민족
哨	〔shào〕	몡 초소, 보초
奢侈	〔shēchǐ〕	혱 사치스럽다
舍	〔shě〕	동 버리다, 기부하다
摄	〔shè〕	동 ①섭취하다, 흡수하다 ②촬영하다
涉及	〔shèjí〕	동 언급되다, 관련되다
涉外	〔shèwài〕	몡 섭외
社	〔shè〕	몡 조직체, 공동체
社员	〔shèyuán〕	몡 사원, 농민
设立	〔shèlì〕	동 설립하다
设施	〔shèshī〕	몡 시설, 설비
设置	〔shèshì〕	동 설치하다
申报	〔shēnbào〕	동 (서면으로) 상급 기관이나 관련 기관에 보고하다
申述	〔shēnshù〕	동 진술하다
呻吟	〔shēnyín〕	동 신음하다
伸手	〔shēnshǒu〕	동 손을 뻗다
伸展	〔shēnzhǎn〕	동 뻗다, 넓히다
深奥	〔shēn'ào〕	혱 심오하다

深沉	〔shēnchén〕	톙 ①(소리가) 낮고 둔탁하다 ②(속이나 생각이) 깊다
深处	〔shēnchù〕	몡 깊숙한 곳, 심층
深化	〔shēnhuà〕	동 심화하다 (시키다)
深浅	〔shēnqiǎn〕	몡 심도, 깊이
深切	〔shēnqiè〕	톙 따뜻하고 친절하다, 매우 적절하다
深情	〔shēnqíng〕	몡 깊은 정
深信	〔shēnxìn〕	동 깊이 믿다
深远	〔shēnyuǎn〕	톙 (영향·의의 등이) 깊고 크다
深重	〔shēnzhòng〕	톙 (재난·타격·피해 따위가) 매우 심하다, 대단하다, 혹심하다
绅士	〔shēnshì〕	몡 신사
神奇	〔shénqí〕	톙 신기하다, 놀랍다
神色	〔shénsè〕	몡 안색, 표정
神态	〔shéntài〕	몡 표정, 몸가짐
神仙	〔shénxiān〕	몡 신선
审	〔shěn〕	동 심사하다, 심리하다
审定	〔shěndìng〕	동 검토해서 승인하다
审理	〔shěnlǐ〕	동 심리하다, 심사처리하다
审美	〔shěnměi〕	몡 심미
审判	〔shěnpàn〕	동 심판하다, 재판하다

■ 审批	〔shěnpī〕	통	조사하여 승인하다
■ 审讯	〔shěnxùn〕	통	심문하다
■ 审议	〔shěnyì〕	통	심의하다
■ 肾炎	〔shènyán〕	명	신장염
■ 渗	〔shèn〕	통	스며 나오다, 새다
■ 渗透	〔shèntòu〕	통	침투하다
■ 声势	〔shēngshì〕	명	성세, 위풍과 기세
■ 声誉	〔shēngyù〕	명	평판, 위신
■ 生产力	〔shēngchǎnlì〕	명	생산력
■ 生产率	〔shēngchǎnlǜ〕	명	생산율
■ 生机	〔shēngjī〕	명	①생존의 기회 ②생기, 활기
■ 生命力	〔shēngmìnglì〕	명	생명력
■ 生怕	〔shēngpà〕	통	…할까 봐 몹시 두려워하다
■ 生前	〔shēngqián〕	명	생전
■ 生人	〔shēngrén〕	명	낯선 사람
■ 生疏	〔shēngshū〕	형	①생소하다 ②서툴다
■ 生态	〔shēngtài〕	명	생태
■ 生效	〔shēngxiào〕	통	효력이 발생하다, 효과를 내다
■ 生育	〔shēngyù〕	통	출산하다
■ 生殖	〔shēngzhí〕	명	생식

■ 牲口	〔shēngkou〕	똉 가축(집짐승)의 총칭
■ 牲畜	〔shēngchù〕	똉 가축, 집짐승
■ 升学	〔shēngxué〕	똥 진학하다, 상급학교에 들어가다
■ 省会	〔shěnghuì〕	똉 성도(省都), 省政府 소재지
■ 省略	〔shěnglüè〕	똥 생략하다
■ 盛	〔shèng〕	똉 융성하다, 왕성하다
■ 盛产	〔shèngchǎn〕	똥 많이 나다, 많이 생산하다
■ 盛大	〔shèngdà〕	똉 성대하다, 번창하다
■ 盛开	〔shèngkāi〕	똥 활짝 피다
■ 盛情	〔shèngqíng〕	똉 큰 친절, 깊은 호의
■ 盛行	〔shèngxíng〕	똥 성행하다
■ 师	〔shī〕	똉 스승, 사부
■ 师长	〔shīzhǎng〕	똉 사장(스승과 나이 많은 어른에 대한 존칭)
■ 失	〔shī〕	똥 잃다, 실수하다
■ 失事	〔shīshì〕	똥 불의의 사고를 당하다
■ 失误	〔shīwù〕	똥 실수하다
■ 失效	〔shīxiào〕	똥 효력을 잃다
■ 失学	〔shīxué〕	똥 배움의 기회를 잃다
■ 失约	〔shīyuē〕	똥 약속을 어기다, 위약하다

■ 失踪	〔shīzōng〕	동	실종되다
■ 施	〔shī〕	동	시행하다, 부여하다
■ 施肥	〔shīféi〕	동	비료를 쓰다
■ 施加	〔shījiā〕	동	(압력을) 가하다
■ 施行	〔shīxíng〕	동	시행하다, 실시하다
■ 施展	〔shīzhǎn〕	동	펼치다, 발휘하다
■ 湿度	〔shīdù〕	명	습도
■ 诗歌	〔shīgē〕	명	시가, 시
■ 尸体	〔shītǐ〕	명	시체
■ 十全十美	〔shí quán shí měi〕	성	완전무결하여 나무랄 데가 없다
■ 十足	〔shízú〕	형	완전하다, 철저하다, 넘쳐흐르다
■ 石灰	〔shíhuī〕	명	석회
■ 拾	〔shí〕	주	10, 십, 十의 갖은자
■ 时	〔shí〕	명	시간, 때
■ 时而	〔shí'ér〕	부	때로, 이따금, 때로는
■ 时光	〔shíguāng〕	명	시간, 세월
■ 时髦	〔shímáo〕	형	유행이다, 현대적이다
■ 时事	〔shíshì〕	명	시사
■ 时装	〔shízhuāng〕	명	유행복, 최신 패션
■ 食	〔shí〕	명	음식

		图 먹다, 식사하다
■食用	〔shíyòng〕	图 식용하다
■食欲	〔shíyù〕	명 식욕
■实	〔shí〕	형 ①충실하다, 충만하다 ②진실한
■实惠	〔shíhuì〕	형 실속이 있다, 실용적이다
■实力	〔shílì〕	명 실력
■实体	〔shítǐ〕	명 실체
■实物	〔shíwù〕	명 실물
■识	〔shí〕	图 알다, 식별하다
■识别	〔shíbié〕	图 식별하다, 가려내다
■史	〔shǐ〕	명 역사
■史料	〔shǐliào〕	명 사료, 역사적 재료
■使节	〔shǐjié〕	명 사절
■使命	〔shǐmìng〕	명 사명
■屎	〔shǐ〕	명 대변, 똥
■始	〔shǐ〕	图 시작하다, 착수하다
■式	〔shì〕	명 양식, 격식, 의식
■式样	〔shìyàng〕	명 양식
■示范	〔shìfàn〕	图 시범하다, 모범을 보이다
■示意图	〔shìyìtú〕	명 설명도, 약도

■ 侍候	[shìhòu]	통 시중들다, 보살피다
■ 世	[shì]	명 세계, 시대, 생애
■ 世代	[shìdài]	명 세대
■ 世界观	[shìjièguān]	명 세계관
■ 事变	[shìbiàn]	명 사변
■ 事例	[shìlì]	명 사례
■ 事态	[shìtài]	명 사태
■ 事项	[shìxiàng]	명 사항
■ 誓言	[shìyán]	명 맹세, 서약
■ 势必	[shìbì]	부 반드시, 꼭
■ 释放	[shìfàng]	통 석방하다
■ 市民	[shìmín]	명 시민
■ 视	[shì]	통 보다, 살피다
■ 视察	[shìchá]	통 시찰하다
■ 视觉	[shìjué]	명 시각
■ 视力	[shìlì]	명 시력
■ 视线	[shìxiàn]	명 시선
■ 视野	[shìyě]	명 시야
■ 试行	[shìxíng]	통 시험으로 해보다
■ 试用	[shìyòng]	통 (물건을) 시용하다, 시험 삼아 쓰다

■ 试制	〔shìzhì〕	동 시험제작하다
■ 收藏	〔shōucáng〕	동 수장하다, 수집·보존하다
■ 收成	〔shōucheng〕	명 수확, 작황
■ 收复	〔shōufù〕	동 되찾다, 회복하다
■ 收购	〔shōugòu〕	동 구입하다
■ 收回	〔shōuhuí〕	동 회수하다, 취소하다
■ 收买	〔shōumǎi〕	동 수매하다, 사들이다
■ 收益	〔shōuyì〕	명 수익
■ 收支	〔shōuzhī〕	명 수입과 지출
■ 手电(手筒)	〔shǒudiàn(shǒutǒng)〕	명 손전등
■ 手法	〔shǒufǎ〕	명 수법, 솜씨
■ 手巾	〔shǒujīn〕	명 수건, 타월
■ 手榴弹	〔shǒuliúdàn〕	명 수류탄
■ 手艺	〔shǒuyì〕	명 수예, 솜씨, 기량
■ 首创	〔shǒuchuàng〕	동 창시하다
■ 首领	〔shǒulǐng〕	명 수령, 영수
■ 首脑	〔shǒunǎo〕	명 수뇌
■ 首席	〔shǒuxí〕	명 ①상석, 맨 윗자리 ②수석
■ 首相	〔shǒuxiàng〕	명 수상
■ 首要	〔shǒuyào〕	형 가장 중요하다

■ 首长	〔shǒuzhǎng〕	몡 수상, 수뇌
■ 守法	〔shǒufǎ〕	동 법률을 준수하다
■ 守卫	〔shǒuwèi〕	동 지키다, 방어하다
■ 授	〔shòu〕	동 ①주다 ②가르치다
■ 授予	〔shòuyǔ〕	동 수여하다
■ 受伤	〔shòushāng〕	동 상처를 입다
■ 输出	〔shūchū〕	동 수출하다
■ 输入	〔shūrù〕	동 수입하다
■ 输送	〔shūsòng〕	동 수송하다
■ 舒展	〔shūzhǎn〕	동 쭉 펴다
■ 疏忽	〔shūhu〕	동 소홀히 하다, 경솔하다
■ 书法	〔shūfǎ〕	몡 서법
■ 书刊	〔shūkān〕	몡 서적과 잡지, 간행물, 출판물
■ 书面	〔shūmiàn〕	몡 서면
■ 书写	〔shūxiě〕	동 쓰다, 서사하다
■ 书信	〔shūxìn〕	몡 서신
■ 属	〔shǔ〕	동 속하다, …에 속하다
■ 属于	〔shǔyú〕	…(의 범위)에 속하다 …에 소속되다
■ 树干	〔shùgàn〕	몡 나무줄기
■ 竖	〔shù〕	혱 수직의, 직접의

		图 곧추세우다
■ 数额	〔shù'é〕	명 액수, 정액
■ 衰老	〔shuāilǎo〕	형 노쇠하다
■ 衰退	〔shuāituì〕	동 쇠퇴하다
■ 帅	〔shuài〕	형 영준하다, 멋지다
■ 爽快	〔shuǎngkuài〕	형 상쾌하다
■ 水产	〔shuǐchǎn〕	명 수산물
■ 水电	〔shuǐdiàn〕	명 수도와 전기
■ 水土	〔shuǐtǔ〕	명 수분과 토양, 기후 풍토
■ 水源	〔shuǐyuán〕	명 수원
■ 水灾	〔shuǐzāi〕	명 수재, 수해
■ 水蒸气	〔shuǐzhēngqì〕	명 수증기
■ 税收	〔shuìshōu〕	명 세수, 세수입
■ 顺序	〔shùnxù〕	명 순서
■ 说谎	〔shuōhuǎng〕	동 거짓말하다
■ 说情	〔shuōqíng〕	동 사정하다, 인정에 호소하다
■ 斯文	〔sīwen〕	형 ①점잖다 ②우아하다
■ 思	〔sī〕	동 생각하다
■ 思潮	〔sīcháo〕	명 사조
■ 思前思后	〔sī qián sī hòu〕	성 앞뒤를 따져 생각하다

■ 思绪	〔sīxù〕	몡	생각, 정서, 기분
■ 私营	〔sīyíng〕	동	개인이 경영하다
■ 私有制	〔sīyǒuzhì〕	몡	사유제
■ 私自	〔sīzì〕	부	남몰래, 무단으로
■ 司法	〔sīfǎ〕	몡	사법
■ 司令部	〔sīlìngbù〕	몡	사령부
■ 死刑	〔sǐxíng〕	몡	사형
■ 寺	〔sì〕	몡	절, 사원
■ 四方	〔sìfāng〕	몡	사방
■ 四季	〔sìjì〕	몡	사계절
■ 四肢	〔sìzhī〕	몡	사지 (인체)
■ 肆	〔sì〕	주	4, 넷, 四의 갖은자
■ 似	〔sì〕	동	비슷하다, 닮다
■ 似是而非	〔sì shì ér fēi〕	성	옳은 것 같지만 틀리다, 겉모습은 그럴 듯하지만 실제는 그렇지 않다
■ 似笑非笑	〔shìxiàofēixiào〕		웃는 듯 만 듯하다
■ 饲料	〔sìliào〕	몡	사료
■ 耸	〔sǒng〕	동	①치솟다, ②(주의를) 끌다 ③으쓱거리다
■ 搜	〔sōu〕	동	찾다, 모아들이다

■ 搜查	〔sōuchá〕	图 수사하다, 수색하다
■ 搜索	〔sōusuǒ〕	图 수색하다
■ 苏醒	〔sūxǐng〕	图 의식이 들다, 소생하다
■ 俗	〔sú〕	圐 풍속 혱 통속적인, 세속의
■ 素	〔sù〕	圐 흰색, 본색
■ 素质	〔sùzhì〕	圐 소질, 재료
■ 塑造	〔sùzào〕	图 빚어서 만들다
■ 诉讼	〔sùsòng〕	图 소송하다, 상소하다
■ 肃清	〔sùqīng〕	图 숙청하다
■ 蒜	〔suàn〕	圐 마늘
■ 算盘	〔suànpán〕	圐 주판
■ 算术	〔suànshù〕	圐 산술
■ 随时随地	〔suíshí suídì〕	언제 어디서나
■ 随意	〔suíyì〕	图 뜻대로 하다, 생각대로 하다
■ 随着	〔suízhe〕	…따라서, …을 본떠서
■ 岁月	〔suìyuè〕	圐 세월
■ 穗	〔suì〕	圐 이삭
■ 隧道	〔suìdào〕	圐 터널, 지하통로
■ 损	〔sǔn〕	图 줄이다, 손해를 주다

损耗	〔sǔnhào〕	몡 소모, 손실 동 소모되다, 손실보다
损人利己	〔sǔn rén lì jǐ〕	솅 남에게 손해를 끼치고 자기의 이익 만을 도모하다
损伤	〔sǔnshāng〕	동 손상되다
笋	〔sǔn〕	몡 죽순
索性	〔suǒxìng〕	뛰 ①차라리, 아예 ②마음껏, 충분히
所得	〔suǒdé〕	몡 소득
所得税	〔suǒdéshuì〕	몡 소득세
所属	〔suǒshǔ〕	동 소속하다
所有权	〔suǒyǒuqián〕	몡 소유권
所有制	〔suǒyǒuzhì〕	몡 소유제

T

他人	〔tārén〕	대 타인
台风	〔táifēng〕	몡 태풍
台阶	〔táijiē〕	몡 층계, 섬돌
泰然	〔tàirán〕	혱 태연하다
太空	〔tàikōng〕	몡 우주, 매우 높은 하늘
太平	〔tàipíng〕	혱 태평스럽다
太阳能	〔tàiyángnéng〕	몡 태양 에너지

■ 贪	〔tān〕	통 탐내다, 동경하다
■ 贪污	〔tānwū〕	통 횡령하다
■ 瘫痪	〔tānhuàn〕	명 반신불수, 중풍
■ 痰	〔tán〕	명 담, 가래
■ 坛	〔tán〕	명 단, 제단
■ 潭	〔tán〕	명 깊은 못
■ 谈天	〔tántiān〕	통 한담하다
■ 坦白	〔tǎnbái〕	형 담백하다, 솔직하다, 허심탄회하다 통 솔직하게 말하다
■ 探测	〔tàncè〕	통 탐측하다, 관측하다
■ 探亲	〔tànqīn〕	통 친척(가족)을 방문하다
■ 探讨	〔tàntǎo〕	통 연구토론하다
■ 探头探脑	〔tàn tóu tàn nǎo〕	성 머리를 내밀고 주위를 두리번거리며 살피다 ; 행위가 은밀하다
■ 探望	〔tànwàng〕	통 (상황·변화를) 살피다, 방문하다
■ 叹	〔tàn〕	통 한숨 쉬다, 감탄하다
■ 炭	〔tàn〕	명 목탄, 숯
■ 塘	〔táng〕	명 ①제방 ②못, 저습지 ③탕, 욕조
■ 糖果	〔tángguǒ〕	명 사탕과자, 캔디
■ 滔滔不绝	〔tāo tāo bù jué〕	성 끊임없이 흐르다 (말하다)
■ 桃花	〔táohuā〕	명 복숭아꽃

逃荒	[táohuāng]	图 재난으로 피난가다
逃跑	[táopǎo]	图 도망가다, 달아나다
逃走	[táozǒu]	图 도주하다, 도망가다
淘气	[táoqì]	혱 장난이 심하다
淘汰	[táotài]	图 도태하다
陶瓷	[táocí]	뗑 도자기
讨	[tǎo]	图 토벌하다, 책망하다, 빌다
讨价还价	[tǎo jià huán jià]	솅 여러 가지 조건을 따지고 들다
特产	[tèchǎn]	뗑 특산
特地	[tèdì]	뫼 특히, 각별히
特定	[tèdìng]	혱 특정한, 특별히 지정한, 일정한
特区	[tèqū]	뗑 특구
特权	[tèquán]	뗑 특권
特色	[tèsè]	뗑 특색
特性	[tèxìng]	뗑 특성
特意	[tèyì]	뫼 특별히, 일부러
藤	[téng]	뗑 등나무, 넝쿨
腾	[téng]	图 질주하다, 오르다, 비우다
疼痛	[téngtòng]	혱 아프다
提案	[tí'àn]	뗑 제안

■ 提拔	[tíbá]	동 발탁하다, 등용하다
■ 提交	[tíjiāo]	동 제출하다, 회부하다, 제기하다
■ 提炼	[tíliàn]	동 정련하다, 추출하다
■ 提名	[tímíng]	동 지명하다, 거명하다, 추천하다
■ 提取	[tíqǔ]	동 뽑다
■ 提升	[tíshēng]	동 올리다, 제고하다
■ 提示	[tíshì]	동 제시하다
■ 提要	[tíyào]	명 요점
■ 提早	[tízǎo]	동 시간을 앞당기다
■ 题材	[tícái]	명 제재, 글감
■ 体	[tǐ]	명 ①몸 ②물체
■ 体谅	[tǐliang]	동 양해하다, 이해하다
■ 体贴	[tǐtiē]	동 자상하게 돌보다
■ 体验	[tǐyàn]	동 체험하다
■ 体制	[tǐzhì]	명 체제
■ 体质	[tǐzhì]	명 체질
■ 体重	[tǐzhòng]	명 체중
■ 剃	[tì]	동 (머리를) 깎다
■ 替代	[tìdài]	동 대체하다
■ 替换	[tìhuàn]	동 교대하다, 교체하다, 바꾸다

■ 天长地久	【tiān cháng dì jiǔ】	성 하늘과 땅처럼 영원하다
■ 天地	【tiāndì】	명 천지
■ 天色	【tiānsè】	명 하늘빛
■ 天生	【tiānshēng】	형 천생이다, 타고나다
■ 天堂	【tiāntáng】	명 천당
■ 天线	【tiānxiàn】	명 안테나
■ 填补	【tiánbǔ】	동 메우다, 보충하다
■ 填写	【tiánxiě】	동 써넣다, 기입하다
■ 田间	【tiánjiān】	명 경작지, 농촌
■ 田径	【tiánjìng】	명 육상경기
■ 条款	【tiáokuǎn】	명 조항, 조목
■ 条理	【tiáolǐ】	명 조리, 순서
■ 条文	【tiáowén】	명 조목, 항목
■ 条子	【tiáozi】	명 조각, 쪽지
■ 调和	【tiáohé】	동 ①분규를 해결하다, 중재하다 ②타협하다, 양보하다
■ 调剂	【tiáojì】	동 조제하다, 조정하다
■ 调解	【tiáojiě】	동 조정하다, 중재하다
■ 挑	【tiǎo】	동 쳐들다, 받치다, 들어올리다
■ 挑拨	【tiǎobō】	동 부추기다, 이간시키다

挑衅	[tiǎoxìn]	통 (생트집을 잡아) 도전하다, 도발하다
挑战	[tiǎozhàn]	통 도전하다
跳高	[tiàogāo]	명 높이뛰기
跳跃	[tiàoyuè]	통 도약하다
跳远	[tiàoyuǎn]	명 멀리뛰기
铁道	[tiědào]	명 철도
铁饭碗	[tiěfànwǎn]	명 평생직장 (철밥통)
听话	[tīnghuà]	통 말을 잘 듣다
听取	[tīngqǔ]	통 청취하다, 듣다
听众	[tīngzhòng]	명 청중
停泊	[tíngbó]	통 정박하다, 머물다
停顿	[tíngdùn]	통 멈추다, 중지되다
停滞	[tíngzhì]	통 정체하다, 침체하다
挺拔	[tǐngbá]	형 크고 곧다, 굳세고 힘있다
挺立	[tǐnglì]	통 똑바로 서다, 우뚝 서다
艇	[tǐng]	명 보트
通报	[tōngbào]	명 통보 통 통보하다
通道	[tōngdào]	명 통로
通风	[tōngfēng]	명 통풍 통 공기가 유통되다, 바람이 잘 통하다

■ 通告	〔tōnggào〕	몡 통고 통 통고하다
■ 通航	〔tōngháng〕	통 취항하다, 항행하다
■ 通红	〔tōnghóng〕	혱 새빨갛다
■ 通货膨胀	〔tōnghuò péngzhàng〕	몡 통화 팽창, 인플레이션(inflation)
■ 通商	〔tōngshāng〕	통 통상을 하다, 무역을 하다
■ 通俗	〔tōngsú〕	혱 통속적이다
■ 通行	〔tōngxíng〕	통 통행하다
■ 通讯社	〔tōngxùnshè〕	몡 통신사
■ 通用	〔tōngyòng〕	통 통용하다
■ 同步	〔tóngbù〕	통 보조를 맞추다, 행동 통일을 하다
■ 同等	〔tóngděng〕	혱 동등하다
■ 同行	〔tóngháng〕	몡 동업자
■ 同类	〔tónglèi〕	몡 동류, 같은 종류
■ 同年	〔tóngnián〕	몡 동년, 같은 해
■ 同期	〔tóngqī〕	몡 동기
■ 同事	〔tóngshì〕	몡 동료, 동업자
■ 同一	〔tóngyī〕	혱 같다, 일치하다, 동일하다
■ 童年	〔tóngnián〕	몡 어린 시절
■ 捅	〔tǒng〕	통 쿡쿡 찌르다, 찔러 구멍을 내다

统筹	〔tǒngchóu〕	동 총괄하다
统战	〔tǒngzhàn〕	명 통일전선
痛恨	〔tònghèn〕	동 몹시 미워(원망)하다
偷窃	〔tōuqiè〕	동 훔치다, 절도하다, 도둑질하다
偷税	〔tōushuì〕	동 탈세하다
投标	〔tóubiāo〕	동 경쟁에 입찰하다
投产	〔tóuchǎn〕	동 생산에 들어가다
投放	〔tóufàng〕	동 (시장에) 내놓다
投机倒把	〔tóujī dǎobǎ〕	투기매매를 하다, 모리배 같은 짓을 하다
投票	〔tóupiào〕	동 투표하다
投掷	〔tóuzhì〕	동 투척하다, 던지다
投资	〔tóuzī〕	동 투자하다
头子	〔tóuzi〕	명 두목, 우두머리
透彻	〔tòuchè〕	형 투철하다, 날카롭다
透明度	〔tòumíngdù〕	명 투명도
秃	〔tū〕	형 벌거벗다, 무디다
凸	〔tū〕	형 볼록하다
图案	〔tú'àn〕	명 도안
图表	〔túbiǎo〕	명 도표

图片	〔túpiàn〕	몡 사진·그림·탁본 등의 총칭
图像	〔túxiàng〕	몡 영상
图形	〔túxíng〕	몡 도형
图纸	〔túzhǐ〕	몡 도화지
屠杀	〔túshā〕	동 도살하다, 학살하다
团聚	〔tuánjù〕	동 한자리에 모이다
团圆	〔tuányuán〕	혱 둥글다 동 가족이 흩어졌다가 다시 모이다, 온 가족(집안)이 단란하게 지내다
推测	〔tuīcè〕	동 추측하다
推来推去	〔tuī lái tuī qù〕	서로가 미루다, 이리저리 밀다
推理	〔tuīlǐ〕	몡 추리
推论	〔tuīlùn〕	동 추론하다
推算	〔tuīsuàn〕	동 추산하다
推销	〔tuīxiāo〕	동 널리 팔다
推行	〔tuīxíng〕	동 추진하다, 보급하다
推选	〔tuīxuǎn〕	동 추천하여 선발하다
退出	〔tuìchū〕	동 퇴출하다
退还	〔tuìhuán〕	동 돌려주다, 반환하다
屯	〔tún〕	몡 마을 (마을 이름을 나타낼 때 쓰임) 동 ①모으다, 저축하다 ②주둔하다

■ 拖延	【tuōyán】	图 지연하다, 끌다, 연기하다
■ 脱落	【tuōluò】	图 탈락하다, 떨어지다
■ 椭圆	【tuǒyuán】	명 타원, 타원체
■ 妥	【tuǒ】	형 타당하다, 적당하다, 온당하다
■ 妥善	【tuǒshàn】	형 알맞다, 타당하다, 적절하다
■ 妥协	【tuǒxié】	图 타협하다, 상담이 성립되다
■ 唾沫	【tuòmo】	명 침, 타액

W

■ 挖掘	【wājué】	图 발굴하다, 찾다
■ 瓦解	【wǎjiě】	图 와해되다, 붕괴하다, 분열하다
■ 外表	【wàibiǎo】	명 겉모양, 외모
■ 外宾	【wàibīn】	명 외국 손님
■ 外出	【wàichū】	图 외출하다
■ 外电	【wàidiàn】	명 외신
■ 外观	【wàiguān】	명 외관
■ 外行	【wàiháng】	명 문외한, 동업자 이외의 사람 형 서투르다
■ 外汇	【wàihuì】	명 외화, 외국환
■ 外力	【wàilì】	명 외력
■ 外流	【wàiliú】	图 유출되다, 빠져나가다

■外婆	〔wàipó〕	몡 외할머니
■外事	〔wàishì〕	몡 ①외사, 외교 사무, 외교에 관계된 일 ②바깥 일, 남의 일
■外向型	〔wàixiàngxíng〕	몡 외향형, 외향성
■外形	〔wàixíng〕	몡 외형
■外资	〔wàizī〕	몡 외자
■豌豆	〔wāndòu〕	몡 완두
■湾	〔wān〕	몡 물굽이, 만
■玩具	〔wánjù〕	몡 장난감, 완구
■玩弄	〔wánnòng〕	동 ①희롱하다, 놀리다 ②가지고 놀다
■完毕	〔wánbì〕	동 끝나다, 끝내다, 종료하다
■完蛋	〔wándàn〕	동 끝장나다, 망하다, 죽다
■晚餐	〔wǎncān〕	몡 저녁밥, 저녁식사
■晚年	〔wǎnnián〕	몡 만년, 노년
■惋惜	〔wǎnxī〕	동 (남의 불행이나 슬픔에 대해서) 애석해하다, 안타까워하다, 아쉬워하다
■万元户	〔wànyuánhù〕	몡 (중화인민공화국에서) 연간 수입이 1만 원(元)을 넘는 가구 또는 개인
■汪洋	〔wāngyáng〕	혱 (물이) 가없이 넓은 모양
■王	〔wáng〕	몡 왕
■王国	〔wángguó〕	몡 왕국

■亡	〔wáng〕	통①도망하다, 달아나다 ②잃다, 없어지다 ③죽다
■往常	〔wǎngcháng〕	명 평소, 평상시
■往返	〔wǎngfǎn〕	통 왕복하다
■往后	〔wǎnghòu〕	①뒤에, 앞으로 ②뒤를 향해, 뒤로
■往年	〔wǎngnián〕	명 왕년, 옛날
■往日	〔wǎngrì〕	명 지난날
■往事	〔wǎngshì〕	명 과거, 옛일
■望远镜	〔wàngyuǎnjing〕	명 망원경
■忘却	〔wàngquè〕	통 망각하다
■妄图	〔wàngtú〕	통 함부로 꾀하다
■妄想	〔wàngxiǎng〕	명 망상, 공상 통 망상하다, 공상하다
■威风	〔wēifēng〕	명 위풍
■威力	〔wēilì〕	명 위력
■威望	〔wēiwàng〕	명 위엄과 명망
■威信	〔wēixìn〕	명 위신
■微不足道	〔wēi bù zú dào〕	성 하찮아서 말할 가치도 없다, 보잘것없다
■微观	〔wēiguān〕	명 미시적
■危急	〔wēijí〕	형 위급하다, 급박하다

■ 违法	〔wéifǎ〕	图 위법하다, 법을 어기다
■ 违犯	〔wéifàn〕	图 위반하다, 위범하다
■ 桅杆	〔wéigān〕	图 돛대
■ 围攻	〔wéigōng〕	图 포위공격하다
■ 围棋	〔wéiqí〕	图 바둑
■ 唯物论	〔wéiwùlùn〕	图 유물론
■ 唯物主义	〔wéiwù zhǔyì〕	图 유물주의
■ 唯心论	〔wéixīnlùn〕	图 유심론
■ 唯心主义	〔wéixīn zhǔyì〕	图 유심주의
■ 惟独	〔wéidú〕	图 유독
■ 惟一	〔wéiyī〕	图 유일한, 하나밖에 없는
■ 为期	〔wéiqī〕	图 …을 기한으로 하다
■ 维修	〔wéixiū〕	图 보수하다, 수리하다
■ 伪造	〔wěizào〕	图 위조하다
■ 尾	〔wěi〕	图 꼬리 图 마리 (물고기를 세는 단위)
■ 未免	〔wèimiǎn〕	图 아무래도 …이다, …하다고 하지 않을 수 없다
■ 畏	〔wèi〕	图 ①두려워하다 ②감탄하다, 탄복하다
■ 畏惧	〔wèijù〕	图 무서워하고 두려워하다
■ 为何	〔wèihé〕	무엇 때문에, 왜

温度计	【wēndùjì】	몡 온도계
温柔	【wēnróu】	혱 부드럽다, 순하다
瘟疫	【wēnyì】	몡 급성 전염병, 유행병, 돌림병
文	【wén】	몡 문자, 문장
文盲	【wénmáng】	몡 문맹
文凭	【wénpíng】	몡 증서, 자격증, 졸업장
文人	【wénrén】	몡 문인
文献	【wénxiàn】	몡 문헌
文雅	【wényǎ】	혱 (말·행동 따위가) 고상하고 우아하다, 점잖다
文言	【wényán】	몡 문언, 중국고문
稳当	【wěndang】	혱 온당하다
问答	【wèndá】	몡 문답
问世	【wènshì】	동 (저작물 따위가) 세상에 나오다
窝	【wō】	몡 둥지, 소굴, 움푹한 곳
窝囊	【wōnang】	혱 ①겁이 많다, 무능하다 ②억울하다, 분하다
卧室	【wòshì】	몡 침실
乌鸦	【wūyā】	몡 까마귀
乌云	【wūyún】	몡 먹구름
污蔑	【wūmiè】	동 ①더럽히다 ②간음하다

巫婆	〔wūpó〕	몡 무당, 무녀
诬陷	〔wūxiàn〕	통 모함하다
呜咽	〔wūyè〕	통 목메어 울다, 훌쩍이다
无偿	〔wúcháng〕	혱 무상의
无耻	〔wúchǐ〕	혱 염치없다, 후안무치하다
无从	〔wúcóng〕	…할 길이 없다, 어쩔 도리가 없다
无非	〔wúfēi〕	…가 아닌 것이 없다, 반드시…이다
无话可说	〔wú huà kě shuō〕	할 말이 없다, 이야기할 것이 없다
无可奉告	〔wú kě fèng gào〕	솅 알릴만 한 것이 없다
无理	〔wúlǐ〕	통 무리하다, 비합리적이다
无聊	〔wúliáo〕	혱 무료하다, 시시하다
无能为力	〔wú néng wéi lì〕	솅 어쩔 수가 없다
无情无义	〔wú qíng wú yì〕	솅 무정하다, 냉정하다
无穷	〔wúqióng〕	혱 무궁하다
无所作为	〔wú suǒ zuò wéi〕	솅 적극적으로 하는 바가 없다 ; 어떤 성과도 내지 못하다
无微不至	〔wú wēi bú zhì〕	솅 미세한 것까지 이르지 않음이 없다 ; 매우 세밀하고 두루 미치다
无效	〔wúxiào〕	혱 무효다, 효력이 없다
无意	〔wúyì〕	뭐 무의식중에 통 …할 생각이 없다, …할 마음이 내키지 않다

无知	〔wúzhī〕	뤵 무지하다
梧桐	〔wútóng〕	뗭 오동나무
武力	〔wǔlì〕	뗭 무력
伍	〔wǔ〕	囧 5, 오, 다섯, 五의 갖은자
舞	〔wǔ〕	뗭 춤 뙵 춤추다
舞厅	〔wǔtīng〕	뗭 무도장
物	〔wù〕	뗭 물건, 물자
物力	〔wùlì〕	뗭 물력, 물자
勿	〔wù〕	昮 …하지 마라, …해서는 안 된다
务必	〔wùbì〕	昮 반드시, 꼭
悟	〔wù〕	뙵 깨닫다, 자각하다
误差	〔wùchā〕	뗭 오차
误解	〔wùjiě〕	뗭 오해 뙵 오해하다

Ⓧ

吸毒	〔xīdú〕	뙵 마약을 흡입하다, 마약을 피우다
膝盖	〔xīgài〕	뗭 무릎
熄	〔xī〕	뙵 (불을) 끄다, (불이) 꺼지다
熄灭	〔xīmiè〕	뙵 ①(불을) 끄다, (불이) 꺼지다 ②소멸하다, 소멸시키다

■ 溪	〔xī〕	몡 시내, 시냇물
■ 席	〔xí〕	몡 자리, 관직, 연석
■ 席位	〔xíwèi〕	몡 의석, 좌서 위치
■ 习俗	〔xísú〕	몡 풍습
■ 习题	〔xítí〕	몡 연습 문제
■ 喜	〔xǐ〕	동 기쁘다, 즐겁다
■ 喜鹊	〔xǐquè〕	몡 까치
■ 喜事	〔xǐshì〕	몡 경사, 혼사
■ 喜讯	〔xǐxùn〕	몡 희소식, 낭보
■ 洗涤	〔xǐdí〕	동 말끔히 씻다
■ 系列	〔xìliè〕	몡 시리즈, 계열
■ 细节	〔xìjié〕	몡 세부사항, 자세한 사정
■ 细小	〔xìxiǎo〕	형 아주 작다, 사소하다
■ 峡	〔xiá〕	몡 골짜기, 협곡 (주로 지명에 쓰임)
■ 狭隘	〔xiá'ài〕	형 좁다, 협애하다
■ 狭窄	〔xiázhǎi〕	형 비좁다, 편협하다
■ 霞	〔xiá〕	몡 놀
■ 下达	〔xiàdá〕	동 하달하다
■ 下放	〔xiàfàng〕	동 ①노동하러 내려가다 ②이양하다
■ 下级	〔xiàjí〕	몡 하급, 하부

■ 下令	〖xiàlìng〗	통 명령하다
■ 下落	〖xiàluò〗	명 ①행방, 소재 ②결말, 낙착
■ 下台	〖xiàtái〗	통 ①사직하다 ②궁지에 몰리다
■ 下乡	〖xiàxiāng〗	통 귀향하다
■ 掀起	〖xiānqǐ〗	통 ①열어젖히다 ②넘실거리다 ③불러일으키다
■ 先锋	〖xiānfēng〗	명 선봉
■ 先前	〖xiānqián〗	명 이전
■ 先行	〖xiānxíng〗	통 선행하다, 먼저 가다 부 먼저, 미리, 우선
■ 仙女	〖xiānnǚ〗	명 선녀
■ 鲜红	〖xiānhóng〗	명 선홍색
■ 弦	〖xián〗	명 ①활시위 ②악기의 줄
■ 嫌疑	〖xiányí〗	명 의심, 의심쩍음, 혐의
■ 贤惠	〖xiánhuì〗	형 어질고 총명하다, 품성이 곱다
■ 衔	〖xián〗	통 입에 물다, 머금다
■ 衔接	〖xiánjiē〗	통 맞물다, 맞물리다, 연결하다
■ 显	〖xiǎn〗	형 분명하다, 뚜렷하다, 명확하다 통 드러내다, 보이다, 나타내다
■ 显而易见	〖xiǎn ér yì jiàn〗	성 똑똑히 보이다, 명백히 알 수 있다
■ 显微镜	〖xiǎnwēijìng〗	명 현미경

现场	〔xiànchǎng〕	명 현장
现金	〔xiànjīn〕	명 현금, 은행 준비금
现钱	〔xiànqián〕	명 현금, 경화
现行	〔xiànxíng〕	형 현행의
现状	〔xiànzhuàng〕	명 현황, 현상
献身	〔xiànshēn〕	동 헌신하다
县长	〔xiànzhǎng〕	명 현 지사, 한 현의 행정 장관
馅儿	〔xiànr〕	명 핵심 (떡, 만두 따위에 넣는) 소
陷害	〔xiànhài〕	동 모함하다
陷入	〔xiànrù〕	동 빠지다, 잠기다, 몰두하다
限	〔xiàn〕	명 한도, 한계, 기한 동 범위를 정하다, 제한하다
限度	〔xiàndù〕	명 한도
限期	〔xiànqī〕	명 기정 기일, 기한 동 기일을 정하다
限于	〔xiànyú〕	동 제한하다, 한하다, 한정되다
线索	〔xiànsuǒ〕	명 단서, 줄거리
相比	〔xiāngbǐ〕	동 비교하다
相差	〔xiāngchà〕	동 상호간에 차이가 나다, 서로 다르다
相等	〔xiāngděng〕	형 같다, 비슷하다, 대등하다
相符	〔xiāngfú〕	형 서로 부합되다, 서로 일치하다

■ 相关	〔xiāngguān〕	통	관련되다
■ 相继	〔xiāngjì〕	부	연달아, 잇달아, 계속해서
■ 相交	〔xiāngjiāo〕	통	①교차하다, 서로 엇갈려 지나가다 ②교제하다, 사귀다
■ 相识	〔xiāngshí〕	통	서로 알다, 안면이 있다
■ 相通	〔xiāngtōng〕	통	서로 통하다, 상통하다
■ 相应	〔xiāngyìng〕	통	상응하다, 서로 맞아 어울리다, 호응하다
■ 镶	〔xiāng〕	통	끼워 넣다, 박아 넣다
■ 香味	〔xiāngwèi〕	명	향기
■ 乡亲	〔xiāngqīn〕	명	고향 사람, 마을 사람
■ 想方设法	〔xiǎng fāng shè fǎ〕	성	온갖 방법을 생각하다, 갖은 방법을 다하다
■ 响声	〔xiǎngsheng〕	명	소리
■ 享福	〔xiǎngfú〕	통	복을 누리다, 행복하게 살다
■ 享乐	〔xiǎnglè〕	통	향락하다
■ 享有	〔xiǎngyǒu〕	통	누리다, 향유하다
■ 项链	〔xiàngliàn〕	명	목걸이
■ 橡胶	〔xiàngjiāo〕	명	고무
■ 橡皮	〔xiàngpí〕	명	고무, 지우개
■ 像样	〔xiàngyàng〕	형	어떤 수준에 도달하다, 그럴 듯하다, 형태를 갖추다

■ 向往	〔xiàngwǎng〕	동 동경하다, 그리워하다
■ 象棋	〔xiàngqí〕	명 장기, 체스
■ 销	〔xiāo〕	동 (금속을) 녹이다, (금속이) 녹다
■ 销毁	〔xiāohuǐ〕	동 소각하다, 폐기하다
■ 销路	〔xiāolù〕	명 판로
■ 销售	〔xiāoshòu〕	동 판매하다
■ 消	〔xiāo〕	동 ①사라지다, 없어지다 ②제거하다, 몰아내다 ③소일하다
■ 小鬼	〔xiǎoguǐ〕	명 꼬마 녀석, 요놈
■ 小米	〔xiǎomǐ〕	명 좁쌀
■ 小数	〔xiǎoshù〕	명 소수
■ 小数点	〔xiǎoshùdiǎn〕	명 소수점
■ 小提琴	〔xiǎotíqín〕	명 바이올린
■ 小心翼翼	〔xiǎo xīn yì yì〕	성 ①엄숙하고 경건하다 ②거동이 신중하고 소홀함이 없다
■ 小型	〔xiǎoxíng〕	형 소형의, 소규모의
■ 小学生	〔xiǎoxuéshēng〕 〔xiǎoxuésheng〕	명 초등학생 명 어린 학생
■ 小子	〔xiǎozi〕	명 ①자식, 아이 ②후배, 소인
■ 校徽	〔xiàohuī〕	명 학교배지
■ 校园	〔xiàoyuán〕	명 캠퍼스, 교정

肖像	〔xiàoxiàng〕	몡 사진, 초상
效力	〔xiàolì〕	몡 효력
效益	〔xiàoyì〕	몡 효과와 이익
孝顺	〔xiàoshùn〕	혱 효성스럽다 동 효도하다
协商	〔xiéshāng〕	동 협상하다
协调	〔xiétiáo〕	동 조정하다
协议	〔xiéyì〕	몡 합의, 합의서 동 합의하다, 합의하다
挟持	〔xiéchí〕	동 협박하다, 강박하다
邪	〔xié〕	혱 사악하다, 그릇되다, 나쁘다
携带	〔xiédài〕	동 ①휴대하다 ②인솔하다, 데리다
泻	〔xiè〕	동 매우 빠르게 흐르다, 내리붓다
泄	〔xiè〕	동 ①배출하다, 빼다 ②새다, 빠지다
泄露	〔xièlù〕	동 누설하다, 발설하다
泄气	〔xièqì〕	혱 한심하다 동 화풀이 하다, 울분을 터뜨리다
谢绝	〔xièjué〕	동 사절하다, 정중히 거절하다
屑	〔xiè〕	몡 부스러기, 찌꺼기 동 (할 만한)가치가 있다(고 여기다)
锌	〔xīn〕	몡 아연(Zn)
欣欣向荣	〔xīn xīn xiàng róng〕	셍 초목이 무성하다, 무럭무럭 자라다;

(사업이) 활기에 차 발전하다

■ 新陈代谢	〔xīnchén dàixiè〕	뗑 신진대사, 대사
■ 新房	〔xīnfáng〕	뗑 새 집, 신방
■ 新近	〔xīnjìn〕	뗑 최근, 요즈음
■ 新郎	〔xīnláng〕	뗑 신랑, 과거합격자
■ 新娘	〔xīnniáng〕	뗑 신부
■ 新人	〔xīnrén〕	뗑 신입생, 새 생명
■ 新兴	〔xīnxīng〕	혱 신흥의, 새로 일어난
■ 新颖	〔xīnyǐng〕	혱 참신하다
■ 心里	〔xīnli〕	뗑 가슴속, 마음속, 심중
■ 心灵	〔xīnlíng〕	뗑 마음, 영혼, 슬기
■ 心目	〔xīnmù〕	뗑 마음, 기억, 생각
■ 心疼	〔xīnténg〕	뙹 몹시 아끼다, 아까워하다
■ 心头	〔xīntóu〕	뗑 마음속, 마음
■ 心血	〔xīnxuè〕	뗑 심혈
■ 心眼儿	〔xīnyǎnr〕	뗑 마음속, 마음
■ 心愿	〔xīnyuàn〕	뗑 소원
■ 心中	〔xīnzhōng〕	뗑 마음속, 심중
■ 薪金(薪水)	〔xīnjīn(xīnshui)〕	뗑 봉급, 급료
■ 信贷	〔xìndài〕	뗑 신용대부, 신용

■ 信件	〔xìnjiàn〕	몡 우편물
■ 信赖	〔xìnlài〕	동 신뢰하다
■ 信仰	〔xìnyǎng〕	동 믿다
■ 信用	〔xìnyòng〕	몡 신용, 외상판매, 외상매입
■ 信誉	〔xìnyù〕	몡 신망
■ 星	〔xīng〕	몡 별
■ 腥	〔xīng〕	동 비리다, 비린내 나다
■ 兴	〔xīng〕	동 흥성하다, 유행하다, 성행하다
■ 兴办	〔xīngbàn〕	동 창설하다, 일으키다
■ 兴建	〔xīngjiàn〕	동 건설하다, 창설하다
■ 兴起	〔xīngqǐ〕	동 일어나다, 흥기하다
■ 兴旺	〔xīngwàng〕	혱 번창하다
■ 刑	〔xíng〕	몡 형, 형벌
■ 刑场	〔xíngchǎng〕	몡 형장
■ 刑法	〔xíngfǎ〕	몡 형법, 체형
■ 刑事	〔xíngshì〕	몡 형사
■ 型	〔xíng〕	몡 ①본, 모형 ②유형, 모양
■ 型号	〔xínghào〕	몡 ①모델 넘버 ②사이즈
■ 形	〔xíng〕	몡 형, 형상, 모양
■ 形而上学	〔xíng'érshàngxué〕	몡 형이상학

■ 行程	〔xíngchéng〕	몡 노정, 여정
■ 行贿	〔xínghuì〕	몡 뇌물증여 동 뇌물을 주다
■ 行径	〔xíngjìng〕	몡 행동, 작은 길
■ 行军	〔xíngjūn〕	몡 행군 동 행군하다, 군대를 출동시키다
■ 行使	〔xíngshǐ〕	동 행사하다
■ 幸好	〔xìnghǎo〕	뭰 다행히, 운 좋게, 요행으로
■ 幸运	〔xìngyùn〕	혱 운이 좋다
■ 性命	〔xìngmìng〕	몡 목숨
■ 性情	〔xìngqíng〕	몡 성격, 성품
■ 杏	〔xìng〕	몡 살구, 살구나무
■ 兄	〔xiōng〕	몡 형
■ 凶狠	〔xiōnghěn〕	혱 사납고 거칠다
■ 凶猛	〔xiōngměng〕	혱 사납다
■ 胸怀	〔xiōnghuái〕	몡 마음 속, 도량 동 마음속으로 생각하다, 가슴에 품다
■ 胸膛	〔xiōngtáng〕	몡 흉당, 가슴
■ 汹涌	〔xiōngyǒng〕	동 (물이) 세차게 위로 치솟다, 용솟음 치다
■ 雄厚	〔xiónghòu〕	혱 (물자가) 풍부하다, 충분하다
■ 雄壮	〔xióngzhuàng〕	혱 웅장하다

熊	〔xióng〕	몡 곰
休养	〔xiūyǎng〕	동 휴양하다
修订	〔xiūdìng〕	동 수정하다
修复	〔xiūfù〕	동 복원되다, 회복되다
修养	〔xiūyǎng〕	몡 수양
羞耻	〔xiūchǐ〕	몡 부끄러움, 수치, 치욕
嗅	〔xiù〕	동 냄새 맡다
秀丽	〔xiùlì〕	형 수려하다
袖子	〔xiùzi〕	몡 소매
需求	〔xūqiú〕	몡 수요, 필요, 요구
虚	〔xū〕	형 공허하다, 비어 있다, 비다
虚假	〔xūjiǎ〕	형 허위의, 거짓의
虚弱	〔xūruò〕	형 허약하다
虚伪	〔xūwěi〕	형 허위적이다, 거짓이다
须知	〔xūzhī〕	몡 주의사항, 준칙
徐徐	〔xúxú〕	튄 서서히, 천천히, 느릿느릿
许可	〔xǔkě〕	동 허가하다
蓄	〔xù〕	동 저장하다, 간직하다, 기르다
酗酒	〔xùjiǔ〕	동 술에 취해서 주정하다
叙谈	〔xùtán〕	동 담화하다

序言	[xùyán]	명 서문
畜产品	[xùchǎnpǐn]	명 축산품
畜牧	[xùmù]	명 목축
絮叨	[xùdao]	형 말이 많다, 수다스럽다 동 귀찮게 잔소리하다
续	[xù]	동 ①이어지다, 계속하다 ②잇다
宣称	[xuānchēng]	동 언명하다, 발표하다, 공언하다
宣读	[xuāndú]	동 낭독하다
宣誓	[xuānshì]	명 선서 동 선서하다
宣扬	[xuānyáng]	동 선양하다, 소문내다
悬挂	[xuánguà]	동 걸다
悬念	[xuánniàn]	명 근심
旋	[xuán]	동 돌다, 회전하다, 돌리다
旋律	[xuánlǜ]	명 선율
选拔	[xuǎnbá]	동 선발하다
选定	[xuǎndìng]	동 선정하다, 뽑다
选集	[xuǎnjí]	명 선집
选民	[xuǎnmín]	명 유권자
选取	[xuǎnqǔ]	동 골라 가지다
选手	[xuǎnshǒu]	명 ①선수 ②벌이, 이익, 덕택

选用	〔xuǎnyòng〕	동 선용하다
削减	〔xuējiǎn〕	동 줄이다, 삭감하다
削弱	〔xuēruò〕	동 약화시키다, 약화되다
靴子	〔xuēzi〕	명 구두, 장화
学历	〔xuélì〕	명 학력
学派	〔xuépài〕	명 학파
穴	〔xué〕	명 동굴, 구멍, 소굴
雪白	〔xuěbái〕	형 눈처럼 희다
血压	〔xuèyā〕	명 혈압
熏	〔xūn〕	동 쐬다, 훈제하다, 코를 찌르다
循序渐进	〔xún xù jiàn jìn〕	성 차례대로 한걸음 한걸음 앞으로 나아가다
巡逻	〔xúnluó〕	동 순찰하다
寻求	〔xúnqiú〕	동 찾다, 탐구하다
训	〔xùn〕	동 타이르다, 가르치다, 훈계하다
迅	〔xùn〕	형 신속하다, 빠르다

Ⓨ

压抑	〔yāyì〕	동 억압하다, 억제하다, 속박하다
压韵(押运)	〔yāyùn〕	동 압운하다
鸦片	〔yāpiàn〕	명 아편

崖	〔yá〕	명	벼랑, 절벽
哑	〔yǎ〕	동	목이 쉬다
轧	〔yà〕	동	다지다, 밀다, 깔아뭉개다
烟草	〔yāncǎo〕	명	담배
烟卷儿	〔yānjuǎnr〕	명	궐련
烟雾	〔yānwù〕	명	연무, 수증기
淹没	〔yānmò〕	동	물에 잠기다, 파묻다
严寒	〔yánhán〕	형	몹시 춥다
严峻	〔yánjùn〕	형	준엄하다
延缓	〔yánhuǎn〕	동	늦추다, 미루다, 연기하다
延期	〔yánqī〕	동	연기하다
延伸	〔yánshēn〕	동	①뻗다, 뻗어 나가다 ②확대시키다
延续	〔yánxù〕	동	계속하다, 연장하다
言	〔yán〕	명	말, 언어, 이야기
言论	〔yánlùn〕	명	언론
言语	〔yányǔ〕	명	언어, 말
炎热	〔yánrè〕	형	무덥다
沿岸	〔yán'àn〕	명	연안
沿途	〔yántú〕	명	연도
掩	〔yǎn〕	동	가리다, 닫다

■ 掩饰	[yǎnshì]	图 덮어 숨기다, 은폐하다
■ 眼力	[yǎnlì]	명 ①시력 ②안목
■ 眼色	[yǎnsè]	명 눈짓, 눈빛
■ 眼神	[yǎnshén]	명 눈빛, 눈매
■ 眼下	[yǎnxià]	명 현재, 눈밑
■ 演变	[yǎnbiàn]	图 변화 발전하다
■ 演唱	[yǎnchàng]	图 ①(가극이나 희극을) 공연하다 ②무대에서 노래하다
■ 演讲	[yǎnjiǎng]	图 강연하다
■ 演算	[yǎnsuàn]	图 연산하다
■ 演习	[yǎnxí]	图 연습하다
■ 演奏	[yǎnzòu]	图 연주하다
■ 宴请	[yànqǐng]	图 파티(잔치)에 초대하다
■ 宴席	[yànxí]	명 연회석
■ 验	[yàn]	图 검사하다, 효과가 있다
■ 验收	[yànshōu]	图 검수하다
■ 验证	[yànzhèng]	图 검증하다
■ 杨树	[yángshù]	명 백양나무
■ 阳	[yáng]	명 해, 태양 형 돌출되어 있다, 도드라지다
■ 氧	[yǎng]	명 산소

痒	〔yǎng〕	톙 가렵다, 근질근질하다
养分	〔yǎngfèn〕	똉 영양분
养活	〔yǎnghuo〕	똥 키우다, 낳다, 부양하다
养育	〔yǎngyù〕	똥 양육하다
养殖	〔yǎngzhí〕	똥 양식하다
样品	〔yàngpǐn〕	똉 샘플, 견본
邀	〔yāo〕	똥 ①초청하다, 맞다, 초대하다 ②가로막다, 잠복하고 기다리다
妖怪	〔yāoguài〕	똉 요괴
遥控	〔yáokòng〕	똉 원격 조종, 리모트 컨트롤
药材	〔yàocái〕	똉 약재
要领	〔yàolǐng〕	똉 요령, 요점
要么	〔yàome〕	뎁 또는, …하든지 …하든지
要命	〔yàomìng〕	똥 죽을 지경이다
要素	〔yàosù〕	똉 요소
耀眼	〔yàoyǎn〕	톙 눈부시다
野	〔yě〕	톙 ①야생의 ②상스럽다, 무례하다
野蛮	〔yěmán〕	톙 야만스럽다
野生	〔yěshēng〕	톙 야생의
野外	〔yěwài〕	똉 야외

野心	〔yěxīn〕	몡 야심
冶炼	〔yěliàn〕	동 제련하다
夜班	〔yèbān〕	몡 야근
液	〔yè〕	몡 액체, 액
一辈子	〔yíbèizi〕	몡 한평생, 평생
一旦	〔yídàn〕	몡 하루아침, 잠시, 잠깐 뷔 일단
一度	〔yídù〕	뷔 한 때
一概	〔yígài〕	뷔 전부, 일률적으로
一概而论	〔yí gài ér lùn〕	셩 일률적으로 논하다(처리하다), 동일시하다
一个劲儿	〔yígejìnr〕	끊임없이, 시종일관, 줄곧
一贯	〔yíguàn〕	동 일관되다, 한결같다
一哄而散	〔yí hòng ér sàn〕	셩 와아 소리를 지르면서 뿔뿔이 흩어지다
一会儿… 一会儿	〔yíhuìr…yīhuìr〕	…였다 …였다 하다
一技之长	〔yí jì zhī cháng〕	셩 장기, 뛰어난 재주(솜씨)
一律	〔yílǜ〕	형 일률적이다, 한결같다
一帆风顺	〔yì fān fēng shùn〕	셩 순풍에 돛을 올리다; 일이 순조롭게 진행되다
一干二净	〔yì gān èr jìng〕	셩 깨끗이, 모조리, 깡그리

■ 一举	〔yìjǔ〕	몡 한 번의 행동 뿐 단번에
■ 一毛不拔	〔yì máo bù bá〕	성 털 한 가닥도 안 뽑는다; 인색하기 그지없다
■ 一身	〔yìshēn〕	몡 온 몸, 한 몸
■ 一手	〔yìshǒu〕	독점, 수단, 혼자(서)
■ 一头	〔yìtóu〕	뿐 곧장, 돌연히
■ 壹	〔yī〕	주 一의 갖은자, 장부나 문서에서 많이 쓰임
■ 医	〔yī〕	몡 ①의사, 의원 ②의학 동 치료하다
■ 医务	〔yīwù〕	몡 의무, 의료 업무
■ 医药	〔yīyào〕	몡 의약
■ 医治	〔yīzhì〕	동 치료하다
■ 依	〔yī〕	동 ①의지하다, 기대다 ②따르다, 동의하다, 순종하다
■ 依次	〔yīcì〕	동 순서에 따르다
■ 依赖	〔yīlài〕	동 의지하다, 기대다
■ 遗传	〔yíchuán〕	동 유전하다
■ 遗失	〔yíshī〕	동 분실하다
■ 遗体	〔yítǐ〕	몡 시신, 시체
■ 遗址	〔yízhǐ〕	몡 유적지

■ 移民	〔yímín〕	명 이민
■ 疑惑	〔yíhuò〕	동 의심하다
■ 疑难	〔yínàn〕	형 해결이 곤란하다
■ 以免	〔yǐmiǎn〕	…하지 않도록, …않기 위해서
■ 以身作则	〔yǐ shēn zuò zé〕	성 솔선수범하다, 몸소 모범을 보이다
■ 以往	〔yǐwǎng〕	명 과거, 이전
■ 以至于	〔yǐzhìyú〕	…에 이르기까지, …때문에
■ 亿万	〔yìwàn〕	수 억만
■ 亦	〔yì〕	부 ①…도 역시, 또 ②다만 …뿐
■ 意料	〔yìliào〕	동 짐작하다, 예상하다
■ 意图	〔yìtú〕	명 의도
■ 意向	〔yìxiàng〕	명 의향, 의도, 목적
■ 毅然	〔yìrán〕	부 의연히, 결연히, 단호히
■ 忆	〔yì〕	동 상기하다, 회상하다
■ 议案	〔yì'àn〕	명 의안, 안건
■ 议程	〔yìchéng〕	명 의사일정
■ 议定书	〔yìdìngshū〕	명 의정서
■ 议员	〔yìyuán〕	명 의원
■ 译员	〔yìyuán〕	명 통역
■ 异	〔yì〕	형 ①같지 않다, 다르다 ②이상하다,

기이하다 ③특별하다, 뛰어나다

翼	〔yì〕	몡 날개, 깃
因	〔yīn〕	몡 원인
音响	〔yīnxiǎng〕	몡 음향
阴暗	〔yīn'àn〕	혱 음침하다
淫秽	〔yínhuì〕	혱 음란하다
饮	〔yǐn〕	동 ①마시다 ②술을 마시다
饮食	〔yǐnshí〕	몡 음식
饮水	〔yǐnshuǐ〕	몡 식수
引人注目	〔yǐn rén zhù mù〕	셩 사람들의 주목(이목)을 끌다
引入	〔yǐnrù〕	동 끌어 들이다
引用	〔yǐnyòng〕	동 인용하다
引诱	〔yǐnyòu〕	동 유인하다
隐蔽	〔yǐnbì〕	동 은폐하다
隐藏	〔yǐncáng〕	동 숨다, 숨기다
隐瞒	〔yǐnmán〕	동 속이다, 숨기다
英俊	〔yīngjùn〕	혱 잘생기다, 준수하다, 영준하다
鹰	〔yīng〕	몡 매
樱花	〔yīnghuā〕	몡 벚꽃
营	〔yíng〕	몡 병영, 주둔지

■ 蝇子	〔yíngzi〕	명 파리
■ 迎面	〔yíngmiàn〕	명 정면, 맞은편 동 얼굴을 마주하다
■ 赢得	〔yíngdé〕	동 ①이기다 ②(찬사 따위를) 얻다
■ 盈利	〔yínglì〕	명 이익 동 이윤을 얻다
■ 硬件	〔yìngjiàn〕	명 하드웨어
■ 映	〔yìng〕	동 비치다, 비추다
■ 拥有	〔yōngyǒu〕	동 보유하다, 가지고 있다, 가지다
■ 庸俗	〔yōngsú〕	형 속되다
■ 涌现	〔yǒngxiàn〕	동 (사람이나 사물이) 대량으로 나타나다, 생겨나다, 배출되다
■ 永垂不朽	〔yǒng chuí bù xiǔ〕	성 (이름·공훈·정신 따위가) 오래 전해져 사라지지 않다
■ 永久	〔yǒngjiǔ〕	형 영구하다
■ 勇士	〔yǒngshì〕	명 용사
■ 勇于	〔yǒngyú〕	과감하게, 용감히
■ 用法	〔yòngfǎ〕	명 용법
■ 用户	〔yònghù〕	명 사용자
■ 用具	〔yòngjù〕	명 도구
■ 用人	〔yòngren〕	명 고용인, 머슴
■ 用意	〔yòngyì〕	명 의도, 속셈

幽静	〔yōujìng〕	휑 그윽하고 고요하다
幽默	〔yōumò〕	휑 해학적이다 몡 유머
优	〔yōu〕	휑 ①훌륭하다 ②충분하다
优惠	〔yōuhuì〕	동 우대하다, 특혜를 주다
优先	〔yōuxiān〕	동 우선하다
优异	〔yōuyì〕	휑 특히 우수하다
优质	〔yōuzhì〕	몡 우수한 품질
忧虑	〔yōulǜ〕	동 우려하다
忧郁	〔yōuyù〕	휑 우울하다
由此可见	〔yóucǐ kějiàn〕	(주로 문장의 첫머리에 쓰여) 이로부터 알 수 있다, 이로부터 볼 수 있다
邮电	〔yóudiàn〕	몡 체신
邮购	〔yóugòu〕	몡 우편주문, 통신판매
邮寄	〔yóujì〕	동 우송하다
邮政	〔yóuzhèng〕	몡 우편행정
铀	〔yóu〕	몡 우라늄(uranium)
犹如	〔yóurú〕	동 …와 같다
油菜	〔yóucài〕	몡 유채
油画	〔yóuhuà〕	몡 유화
油料	〔yóuliào〕	몡 식물유의 원료

油漆	[yóuqī]	몡 페인트
游击	[yóujī]	동 유격전을 하다, 게릴라전을 하다
游客	[yóukè]	명 관광객, 여행객
游人	[yóurén]	명 유람객
有待	[yǒudài]	동 …할 필요가 있다
有害	[yǒuhài]	동 유해하다
有口无心	[yǒu kǒu wú xīn]	성 입은 거칠지만 악의는 없다
有声有色	[yǒu shēng yǒu sè]	성 (연기·이야기·동작 따위가) 능란하다, 생생하다, 실감나다
友情	[yǒuqíng]	명 우정
友人	[yǒurén]	명 친구
诱	[yòu]	동 ①이끌다, 유도하다 ②꾀다
诱惑	[yòuhuò]	동 유혹하다, 매혹시키다
幼	[yòu]	형 (나이가) 어리다
愚昧	[yúmèi]	형 우매하다
舆论	[yúlùn]	명 여론
渔业	[yúyè]	명 어업
榆树	[yúshù]	명 느릅나무
娱乐	[yúlè]	명 오락, 즐거움
予	[yǔ]	동 주다, …하여 주다

予以	〔yǔyǐ〕	통 해주다
雨水	〔yǔshuǐ〕	명 빗물, 우수(절기)
与此同时	〔yǔcǐ tóngshí〕	이와 동시에, 아울러
与会	〔yùhuì〕	통 회의에 참석하다, 출석하다
羽毛	〔yǔmáo〕	명 깃털
玉	〔yù〕	명 옥
愈	〔yù〕	통 (병이) 낫다 부 더욱, 더욱더
欲	〔yù〕	통 바라다, 원하다, 하고 싶어 하다
欲望	〔yùwàng〕	명 욕망
寓	〔yù〕	통 ①거주하다, (임시로) 살다 ②맡기다, 함축하다
预测	〔yùcè〕	통 예측하다
预定	〔yùdìng〕	통 예정하다
预订	〔yùdìng〕	통 예약(주문)하다
预计	〔yùjì〕	통 예상하다
预见	〔yùjiàn〕	통 예견하다
预料	〔yùliào〕	통 예상하다
预期	〔yùqī〕	통 예기하다
预赛	〔yùsài〕	명 예선 통 예선(경기)을 하다

预算	〔yùsuàn〕	몡 예산, 사전 계산, 예기
预言	〔yùyán〕	몡 예언 동 예언하다
预约	〔yùyuē〕	동 예약하다
冤	〔yuān〕	몡 원한, 원수 동 억울하다
元件	〔yuánjiàn〕	몡 부품, 부속품
元首	〔yuánshǒu〕	몡 원수
原	〔yuán〕	혱 ①최초의, 시초의 ②원래의, 본래의
原材料	〔yuáncáiliào〕	몡 원자재
原告	〔yuángào〕	몡 원고
原油	〔yuányóu〕	몡 원유
原子能	〔yuánzǐnéng〕	몡 원자력
园	〔yuán〕	몡 ①밭 ②공공장소 ③묘원
源	〔yuán〕	몡 ①수원, 물의 근원, 발원지 ②(사물의) 근원, 출처
源泉	〔yuánquán〕	몡 원천
远大	〔yuǎndà〕	혱 원대하다
远方	〔yuǎnfāng〕	몡 먼 곳
远景	〔yuǎnjǐng〕	몡 전도, 청사진, 원경
曰	〔yuē〕	동 ①이르다, 말하다, 가로되 …라고 하다 ②…라고 부르다 ③…이다,

…에 있다

■ 约束	〔yuēshù〕	통	제약하다, 얽매다
■ 越冬	〔yuèdōng〕	명	월동
		통	겨울을 나다
■ 越过	〔yuèguò〕	통	지나가다, 넘다, 건너가다
■ 跃	〔yuè〕	통	뛰다, 뛰어오르다
■ 月份	〔yuèfèn〕	명	월분, 임신 달수
■ 乐队	〔yuèduì〕	명	그룹, 악단
■ 乐曲	〔yuèqǔ〕	명	악곡
■ 阅	〔yuè〕	통	①읽다, 보다, 열람하다 ②조사하다, 검열하다
■ 云彩	〔yúncai〕	명	구름
■ 匀	〔yún〕	형	균등하다, 고르다
		통	균등하게 하다, 고르게 하다
■ 运送	〔yùnsòng〕	통	운송하다
■ 运算	〔yùnsuàn〕	통	연산하다
■ 运行	〔yùnxíng〕	통	운행하다
■ 蕴藏	〔yùncáng〕	통	묻히다, 간직해 두다
■ 酝酿	〔yùnniàng〕	통	성숙되어 가다, 빚다
■ 孕育	〔yùnyù〕	통	낳아 기르다, 배양하다

杂交	【zájiāo】	图 교잡하다
杂乱	【záluàn】	图 난잡하다
咋	【zǎ】	때 어떻게, 왜
栽培	【zāipéi】	图 재배하다, 배양하다
灾荒	【zāihuāng】	명 흉작
宰	【zǎi】	图 잡다, 도살하다
再生产	【zàishēngchǎn】	명 재생산
在乎	【zàihu】	图 마음에 두다, 문제삼다
在意	【zàiyì】	图 유념하다, 마음에 새겨두다
攒	【zǎn】	图 모으다, 쌓다, 뭉치다
暂	【zàn】	图 잠시
暂且	【zànqiě】	图 잠깐
赞赏	【zànshǎng】	图 상찬하다, 높이 평가하다
赞叹	【zàntàn】	图 감탄하여 찬양하다, 찬탄하다
赞同	【zàntóng】	图 찬동하다
赞助	【zànzhù】	图 협조하다, 찬조하다
葬	【zàng】	图 매장하다, 장사지내다
葬礼	【zànglǐ】	명 장례식

■ 遭殃	〔zāoyāng〕	통	불행을 당하다
■ 糟蹋	〔zāotà〕	통	못쓰게 하다, 낭비하다, 손상하다
■ 枣	〔zǎo〕	명	대추
■ 早点	〔zǎodiǎn〕	명	아침 식사
■ 早日	〔zǎorì〕	명	조기, 조속한 시일
■ 噪音	〔zàoyīn〕	명	소음
■ 造反	〔zàofǎn〕	명 통	반란, 반역, 소란 / 반란을 일으키다, 반역하다
■ 造价	〔zàojià〕	명	①건설비 ②제조비
■ 造型	〔zàoxíng〕	명	조형, 모양
■ 灶	〔zào〕	명	①부뚜막 ②부엌, 주방, 식당
■ 责怪	〔zéguài〕	통	나무라다, 원망하다
■ 责任制	〔zérènzhì〕	명	책임제
■ 贼	〔zéi〕	명	①도둑 ②반역자
■ 怎	〔zěn〕	대	왜
■ 怎么着	〔zěnmezhe〕	대	어찌 하겠소
■ 增	〔zēng〕	통	늘다, 증가하다, 많아지다
■ 增设	〔zēngshè〕	통	증설하다, 늘리다
■ 增添	〔zēngtiān〕	통	더하다, 늘리다, 보태다
■ 增援	〔zēngyuán〕	통	증원하다

闸	〔zhá〕	명 ①수문 ②브레이크, 제동기
眨	〔zhǎ〕	동 (눈을) 깜박거리다, 깜짝이다
炸弹	〔zhàdàn〕	명 폭탄
炸药	〔zhàyào〕	명 폭약
诈骗	〔zhàpiàn〕	동 편취하다, 사취하다, 협잡하다
榨	〔zhà〕	동 (기름·즙 따위를) 짜다
摘要	〔zhāiyào〕	명 요지, 적요
寨	〔zhài〕	명 방책, 군영
债务	〔zhàiwù〕	명 채무
瞻仰	〔zhānyǎng〕	동 ①쳐다보다, 우러러보다 ②참배하다
沾光	〔zhānguāng〕	동 덕을 보다, 은혜를 입다
斩	〔zhǎn〕	동 베다, 자르다, 끊다
斩草除根	〔zhǎn cǎo chú gēn〕	성 풀을 베고 뿌리를 뽑다 ; 화근을 철저히 없애 버리다
斩钉截铁	〔zhǎn dīng jié tiě〕	성 결단성 있고 단호하다
展示	〔zhǎnshì〕	동 전시하다, 펼쳐 보이다
展望	〔zhǎnwàng〕	동 전망하다
展现	〔zhǎnxiàn〕	동 전개하다, (눈앞에) 펼쳐지다
展销	〔zhǎnxiāo〕	동 전시 판매하다
占据	〔zhànjù〕	동 점거하다

战	[zhàn]	동 싸우다, 투쟁하다
战役	[zhànyì]	명 전역
站岗	[zhàngǎng]	동 보초 서다
章程	[zhāngchéng]	명 장정, 조목별로 정한 규정
掌	[zhǎng]	명 ①손바닥, 발바닥 ②구두창
掌管	[zhǎngguǎn]	동 관리하다, 맡아보다
涨价	[zhǎngjià]	명 가격 인상 동 값이 오르다
招聘	[zhāopìn]	동 초빙하다
招生	[zhāoshēng]	동 신입생을 모집하다
招收	[zhāoshōu]	동 모집하다
朝气	[zhāoqì]	명 ①생기 ②아침의 신선한 공기
朝气蓬勃	[zhāoqì péngbó]	생기가 넘쳐흐르다, 생기발랄하다
朝三暮四	[zhāo sān mù sì]	성 조삼모사 ; ①변덕스러워 갈피를 잡을 수 없다 ②간사한 꾀로 남을 속여 희롱하다
沼泽	[zhǎozé]	명 소택
兆	[zhào]	수 조
照会	[zhàohuì]	명 조회, 각서
照旧	[zhàojiù]	동 예전대로 하다
照料	[zhàoliào]	동 세심히 보살피다, 뒷바라지하다

照明	〔zhàomíng〕	동 조명하다
照射	〔zhàoshè〕	동 비추다, 쪼이다
照应	〔zhàoyìng〕 〔zhàoying〕	동 호응하다, 어울리다 동 돌보다, 보살펴 주다
折腾	〔zhēteng〕	동 ①잠자리에서 뒤치락거리다 ②되풀이하다 ③괴로워하다
这么着	〔zhèmezhe〕	이렇게, 이와 같이, 이렇다면
真诚	〔zhēnchéng〕	형 진실하다, 성실하다
真是的	〔zhēnshide〕	부 정말, 참
真相	〔zhēnxiàng〕	명 진상
真心	〔zhēnxīn〕	명 진심
侦察	〔zhēnchá〕	동 정찰하다
侦探	〔zhēntàn〕	명 스파이, 밀정
诊断	〔zhěnduàn〕	동 진단하다
震荡	〔zhèndàng〕	동 뒤흔들다
震惊	〔zhènjīng〕	동 몹시 놀라게 하다
振	〔zhèn〕	동 떨다, 흔들다, 휘두르다
振奋	〔zhènfèn〕	동 분발하다
振兴	〔zhènxīng〕	동 흥성하게 하다, 진흥하다
镇	〔zhèn〕	동 ①누르다, 억누르다, 억제하다 ②가라앉히다, 진정시키다, 안정시키다

■ 镇定	〔zhèndìng〕	혱	(다급한 상황에서도) 침착하다, 냉정하다, 차분하다
■ 阵容	〔zhènróng〕	명	진영, 라인업
■ 阵线	〔zhènxiàn〕	명	전선
■ 阵营	〔zhènyíng〕	명	진영
■ 正月	〔zhēngyuè〕	명	정월
■ 蒸	〔zhēng〕	동	찌다, 김이 오르다
■ 征收	〔zhēngshōu〕	동	징수하다
■ 争吵	〔zhēngchǎo〕	동	말다툼하다, 언쟁하다
■ 争端	〔zhēngduān〕	명	분쟁의 실마리
■ 争气	〔zhēngqì〕	동	지지 않으려고 애쓰다
■ 争先恐后	〔zhēng xiān kǒng hòu〕	성	늦을세라 (뒤질세라) 앞을 다투다
■ 争议	〔zhēngyì〕	동	쟁의하다
■ 整洁	〔zhěngjié〕	혱	단정하고 깨끗하다
■ 整数	〔zhěngshù〕	명	(우수리가 없는) 일정 단위의 수, 정수
■ 整天	〔zhěngtiān〕	명	온종일
■ 整整	〔zhěngzhěng〕	혱	옹근, 온전한, 꼭, 꼬빡
■ 正比	〔zhèngbǐ〕	명	정비
■ 正规	〔zhèngguī〕	혱	규칙적이다
■ 正气	〔zhèngqì〕	명	정기, 생명의 원기

正巧	〔zhèngqiǎo〕	閉 마침
政变	〔zhèngbiàn〕	闿 쿠데타, 정변
政协	〔zhèngxié〕	闿 정협, 정치협상회의
症	〔zhèng〕	闿 질병(의 증상), 증세
郑重	〔zhèngzhòng〕	闿 정중하다, 신중하다, 엄숙하다
证	〔zhèng〕	闿 증거, 증서, 증명서
芝麻	〔zhīma〕	闿 참깨
支部	〔zhībù〕	闿 지부
支撑	〔zhīcheng〕	闿 버티다, 떠받치다
支出	〔zhīchū〕	闿 지출 闿 지출하다
支付	〔zhīfù〕	闿 지불하다, 지급하다
支票	〔zhīpiào〕	闿 수표
支柱	〔zhīzhù〕	闿 지주, 받침대
知觉	〔zhījué〕	闿 지각, 감각
蜘蛛	〔zhīzhū〕	闿 거미
脂肪	〔zhīfáng〕	闿 지방
汁	〔zhī〕	闿 즙, 즙액
指甲	〔zhǐjia〕	闿 손톱
职称	〔zhíchēng〕	闿 직명

■ 职能	〔zhínéng〕	몡 직능, (사람·사물·기구 등의) 기능
■ 职权	〔zhíquán〕	몡 직권
■ 职务	〔zhíwù〕	몡 직무
■ 直播	〔zhíbō〕	동 생방송하다
■ 直辖市	〔zhíxiáshì〕	몡 직할시
■ 直线	〔zhíxiàn〕	몡 직선
■ 直至	〔zhízhì〕	동 쭉 …에 이르다, 곧바로 도착하다
■ 植	〔zhí〕	동 심다, 재배하다, (인재를) 양성하다
■ 殖民主义	〔zhímín zhǔyì〕	몡 식민주의
■ 执法	〔zhífǎ〕	동 법을 집행하다
■ 执勤	〔zhíqín〕	동 직무를 집행하다, 근무하다, 당직을 맡다
■ 执照	〔zhízhào〕	몡 허가증, 면허증
■ 执政	〔zhízhèng〕	동 집권하다
■ 值班	〔zhíbān〕	동 당직을 맡다
■ 侄子	〔zhízi〕	몡 조카
■ 指定	〔zhǐdìng〕	동 지정하다
■ 指令	〔zhǐlìng〕	몡 명령
■ 指明	〔zhǐmíng〕	동 분명히 지적하다
■ 指手划脚	〔zhǐ shǒu huà jiǎo〕	성 (흥이 나서) 손짓 몸짓하면서 말하다

指望	〔zhǐwàng〕	명 희망, 기대 동 희망하다, 기대하다
指针	〔zhǐzhēn〕	명 지침
只顾	〔zhǐgù〕	오로지 …에 전념하다
只管	〔zhǐguǎn〕	부 얼마든지, 마음대로
只能	〔zhǐnéng〕	겨우 …할 수 밖에 없다
纸张	〔zhǐzhāng〕	명 종이의 총칭
志	〔zhì〕	명 뜻, 의지
志气	〔zhìqi〕	명 패기, 기개
掷	〔zhì〕	동 던지다
至多	〔zhìduō〕	부 많아야, 기껏해야
致词	〔zhìcí〕	명 치사 동 (의식에서) 연설(인사말)을 하다
致电	〔zhìdiàn〕	동 전보를 치다
致富	〔zhìfù〕	동 치부하다, 부자가 되다
致敬	〔zhìjìng〕	동 경의를 표하다
致使	〔zhìshǐ〕	동 …하게 하다, …하여 …하게 하다
置	〔zhì〕	동 놓다, 두다
制裁	〔zhìcái〕	동 제재하다
制服	〔zhìfú〕	명 제복
制品	〔zhìpǐn〕	명 제품

制约	[zhìyuē]	동 제약하다
智力	[zhìlì]	명 지능, 지력
智能	[zhìnéng]	명 지능
质变	[zhìbiàn]	명 질적 변화
质朴	[zhìpǔ]	형 질박하다, 소박하다
治安	[zhì'ān]	명 치안
治理	[zhìlǐ]	동 통치하다, 다스리다
中等	[zhōngděng]	형 중등의, 중급의
中立	[zhōnglì]	명 중립
中秋	[zhōngqiū]	명 중추, 추석
中途	[Zhōngtú]	명 중도, 도중
中型	[zhōngxíng]	형 중형의
中游	[zhōngyóu]	명 중류
中原	[zhōngyuán]	명 중원
忠于	[zhōngyú]	…에 충성하다
忠贞	[zhōngzhēn]	형 충정하다, 충성스럽고 절의가 있다
钟表	[zhōngbiǎo]	명 시계
钟点	[zhōngdiǎn]	명 시간
终	[zhōng]	명 끝, 마감 부 마침내, 결국

终点	〔zhōngdiǎn〕	몡 종점, 결승점
终端	〔zhōngduān〕	몡 (전기) 단자
终究	〔zhōngjiū〕	븻 결국
终年	〔zhōngnián〕	몡 일 년간, 일 년 내내
终止	〔zhōngzhǐ〕	동 종지하다, 정지하다
种种	〔zhǒngzhǒng〕	몡 각종, 갖가지, 여러 가지
种族	〔zhǒngzú〕	몡 종족
肿瘤	〔zhǒngliú〕	몡 종양
种地	〔zhòngdì〕	동 농사짓다
重工业	〔zhònggōngyè〕	몡 중공업
重心	〔zhòngxīn〕	몡 중심, 무게중심
重型	〔zhòngxíng〕	혱 중형의
众	〔zhòng〕	혱 많다
众多	〔zhòngduō〕	혱 매우 많다
众人	〔zhòngrén〕	몡 여러 사람
众所周知	〔zhòng suǒ zhōu zhī〕	셩 모든 사람이 다 알고 있다(주지하고 있다)
众议院	〔zhòngyìyuàn〕	몡 하원, 중의원
舟	〔zhōu〕	몡 배
周密	〔zhōumì〕	혱 주도면밀하다

周期	〔zhōuqī〕	몡 주기
周折	〔zhōuzhé〕	몡 우여곡절, 고심
周转	〔zhōuzhuǎn〕	통 (자금·물건 따위가) 돌다, 유통되다
州	〔zhōu〕	몡 주, 자치주
洲	〔zhōu〕	몡 주(대륙을 나눈 명칭)
昼夜	〔zhòuyè〕	몡 주야
珠子	〔zhūzi〕	몡 구슬
诸如此类	〔zhū rú cǐ lèi〕	셩 이러이러하다, 대개 이런 것들과 같다, 이와 같은 여러 가지(것들)
诸位	〔zhūwèi〕	대 여러분
逐年	〔zhúnián〕	뮈 해마다
拄	〔zhǔ〕	통 (지팡이 따위로) 몸을 지탱하다
嘱托	〔zhǔtuō〕	통 의뢰하다, 부탁하다
主	〔zhǔ〕	몡 주인, 임자, 소유자
主办	〔zhǔbàn〕	통 주최하다
主编	〔zhǔbiān〕	몡 편집장 통 편집을 주관하다
主导	〔zhǔdǎo〕	몡 주도 통 주도하다
主管	〔zhǔguǎn〕	통 주관하다
主流	〔zhǔliú〕	몡 주류, 주된 경향

主人翁	〔zhǔrénwēng〕	몡 주인공
主食	〔zhǔshí〕	몡 주식
主题	〔zhǔtí〕	몡 주제
主体	〔zhǔtǐ〕	몡 주체
主义	〔zhǔyì〕	몡 주의
著	〔zhù〕	몡 저작, 저술 동 ①저술하다 ②드러내다
助长	〔zhùzhǎng〕	동 조장하다
助理	〔zhùlǐ〕	몡 보좌, 조수
铸造	〔zhùzào〕	동 주조하다
筑	〔zhù〕	동 건설하다, 건축하다
住房	〔zhùfáng〕	몡 주택
住所	〔zhùsuǒ〕	몡 주거지, 주소
注册	〔zhùcè〕	동 (관련 기관 등에) 등기하다, 등록하다
注解	〔zhùjiě〕	몡 주해, 주석 동 주해하다, 주석하다
注目	〔zhùmù〕	동 주목하다
注释	〔zhùshì〕	몡 주석 동 주석하다
注重	〔zhùzhòng〕	동 중시하다
祝福	〔zhùfú〕	동 축복하다

■ 驻扎	〔zhùzhā〕	통	주둔하다
■ 爪子	〔zhuǎzi〕	명	(날카로운 발톱이 있는 짐승의) 발
■ 拽	〔zhuài〕	통	잡아당기다
■ 专长	〔zhuāncháng〕	명	특수 기능, 특기
■ 专程	〔zhuānchéng〕	부	특별히
■ 专科	〔zhuānkē〕	명	전문 과목, 전문 분야
■ 专利	〔zhuānlì〕	명	(전매) 특허
■ 专人	〔zhuānrén〕	명	전담자
■ 专题	〔zhuāntí〕	명	특정한 제목, 전문적인 테마
■ 专业户	〔zhuānyèhù〕	명	전문 경영 농가, 전문호
■ 专用	〔zhuānyòng〕	통	전용하다
■ 专制	〔zhuānzhì〕	명 통	전제, 독재 독단적이다, 전제적이다
■ 转换	〔zhuǎnhuàn〕	통	전환하다
■ 转交	〔zhuǎnjiāo〕	통	(물건을) 전달하다, 전해 주다
■ 转让	〔zhuǎnràng〕	통	넘겨주다, 양도하다
■ 转向	〔zhuǎnxiàng〕	통	방향을 바꾸다, 전향하다
■ 转折	〔zhuǎnzhé〕	통	바뀌다, 꺾이다, 전환하다
■ 传	〔zhuàn〕	명	①전기 ②역사적 이야기를 쓴 책
■ 传记	〔zhuànjì〕	명	전기

庄	〔zhuāng〕	몡 마을, 촌락, 부락
庄重	〔zhuāngzhòng〕	혱 정중하다
装配	〔zhuāngpèi〕	통 (기계 따위를) 조립하다, 설치하다
装卸	〔zhuāngxiè〕	통 ①싣고 부리다, 하역하다 ②조립하고 분해하다
壮观	〔zhuàngguān〕	혱 장관이다
壮烈	〔zhuàngliè〕	혱 장렬하다
壮志	〔zhuàngzhì〕	몡 웅대한 뜻
追查	〔zhuīchá〕	통 (철저히) 캐내다, 추적 조사하다
追悼	〔zhuīdào〕	통 추도하다
追赶	〔zhuīgǎn〕	통 쫓아가다, 다그치다
追究	〔zhuījiū〕	통 추궁하다
追问	〔zhuīwèn〕	통 캐묻다, 추궁하다
准许	〔zhǔnxǔ〕	통 허락하다
准则	〔zhǔnzé〕	몡 준칙
卓越	〔zhuóyuè〕	혱 탁월하다
啄	〔zhuó〕	통 부리로 쪼다, 쪼아 먹다
酌情	〔zhuóqíng〕	통 (사정·상황·조건 따위를) 참작하다
着	〔zhuó〕	통 (옷을) 입다 ②접촉하다, 잇닿다
着想	〔zhuóxiǎng〕	통 (어떤 사람이나 어떤 일의 이익을) 생각하다, 생각이 미치다, 고려하다

■ 咨询	〔zīxún〕	동	자문하다, 의논하다
■ 资产	〔zīchǎn〕	명	자산
■ 资助	〔zīzhù〕	동	재정지원을 하다, 재물로 돕다
■ 滋长	〔zīzhǎng〕	동	(주로 추상적인 의미로) 자라다, 성장하다
■ 滋味	〔zīwèi〕	명	맛, 흥취
■ 籽	〔zǐ〕	명	(식물의) 씨, 씨앗, 종자
■ 子弟	〔zǐdì〕	명	①자제, 아들딸, 조카 ②젊은이
■ 子孙	〔zǐsūn〕	명	자손
■ 自卑	〔zìbēi〕	동	스스로 낮추다, 열등감을 가지다
■ 自发	〔zìfā〕	형	자발적인, 자연 발생적인
■ 自负盈亏	〔zì fù yíng kuī〕	성	손익을 자기가 책임지다
■ 自古	〔zìgǔ〕	부	자고로, 예로부터
■ 自力更生	〔zì lì gēng shēng〕	성	자력갱생하다
■ 自杀	〔zìshā〕	동	자살하다
■ 自私自利	〔zìsī zìlì〕		이기적이다, 사리사욕
■ 自卫	〔zìwèi〕	동	자위하다, 스스로 지키다
■ 自行	〔zìxíng〕	부	스스로, 자동으로, 저절로
■ 自由市场	〔zìyóu shìchǎng〕	명	자유시장
■ 踪迹	〔zōngjì〕	명	종적, 자취, 발자취

宗旨	【zōngzhǐ】	몡 종지, 주지
棕色	【zōngsè】	몡 갈색
总的来说	【zǒngde láishuō】	요컨대, 전반적으로 말하면
总督	【zǒngdū】	몡 총독
总额	【zǒng'é】	몡 총액
总和	【zǒnghé】	몡 총화
总计	【zǒngjì】	동 합계하다
总数	【zǒngshù】	몡 총수
总司令	【zǒngsīlìng】	몡 총사령관
总务	【zǒngwù】	몡 총무, 행정업무
纵横	【zònghéng】	혱 (글·그림 따위가) 자유자재하다, 분방자재하다
走访	【zǒufǎng】	동 방문하다, 인터뷰하다
走狗	【zǒugǒu】	몡 꼭두각시, 앞잡이
走漏	【zǒulòu】	동 누설하다, (비밀이) 새다
走私	【zǒusī】	동 암거래하다, 밀수하다
走向	【zǒuxiàng】	몡 방향, 주향
奏	【zòu】	동 연주하다, 상주하다
揍	【zòu】	동 (남을) 때리다, 치다
租金	【zūjīn】	몡 임대료

■ 足以	〔zúyǐ〕	충분히 …할 수 있다
■ 族	〔zú〕	명 가족, 일족, 종족
■ 阻挡	〔zǔdǎng〕	통 가로막다, 저지하다
■ 阻拦	〔zǔlán〕	통 저지하다, 억제하다, 방해하다
■ 阻挠	〔zǔnáo〕	통 저지하다, 방해하다
■ 组合	〔zǔhé〕	통 조합하다
■ 钻石	〔zuànshí〕	명 다이아몬드
■ 嘴巴	〔zuǐba〕	명 ①볼, 뺨 ②입
■ 罪犯	〔zuìfàn〕	명 ①범인, 죄인 ②범죄, 죄상
■ 罪名	〔zuìmíng〕	명 죄명
■ 罪状	〔zuìzhuàng〕	명 죄상
■ 尊	〔zūn〕	통 존경하다, 높다
■ 尊严	〔zūnyán〕	명 존엄 형 존엄하다
■ 遵循	〔zūnxún〕	통 따르다
■ 遵照	〔zūnzhào〕	통 따르다, …대로 하다
■ 琢磨	〔zuómo〕	통 곰곰이 생각하다, 궁리하다
■ 做工	〔zuògōng〕	통 일하다, 노동하다
■ 作案	〔zuò'àn〕	통 (개인이나 단체가) 범죄를 저지르다, 범죄 행위를 하다
■ 作法	〔zuòfǎ〕	명 ①(글의) 작법 ②(처리하는) 방법

■ 作废	〖zuòfèi〗	〔동〕 폐기하다, 무효로 하다
■ 作主	〖zuòzhǔ〗	〔동〕 ①(일의) 주관자가 되다 ②(자신의) 생각대로 처리하다
■ 座右铭	〖zuòyòumíng〗	〔명〕 좌우명

2500
2500
2500
2500
2500

A

	阿	ā, a, ē	阿	언덕 아
	啊	ā, á, ǎ, à, a	啊	사랑할 아
AI	哀	āi	哀	슬플 애
	埃	āi	埃	티끌 애
	挨	āi, ái	挨	칠 애
	唉	āi, ǎi, ē, é, ě, è	欸	한숨쉴 애
	哎	āi	哎	애통하는 소리 애
	矮	ǎi	矮	키 작을 왜
	碍	ài	礙	碍의 俗字
	爱	ài	愛	사랑 애
AN	岸	àn	岸	언덕 안
	安	ān	安	편안할 안
	氨	ān	氨	암모니아 안
	俺	ǎn	俺	나 엄
	案	àn	案	책상 안
	按	àn	按	누를 안
	暗	àn	暗	어두울 암
ANG	昂	áng	昂	오를 앙
AO	袄	ǎo	襖	웃옷 오
	凹	āo, wā	凹	오목할 요
	傲	ào	傲	거만할 오

B

	巴	bā	巴	땅 이름 파
BA	叭	bā	叭	입 벌릴 팔
	八	bā, bá	八	여덟 팔
	扒	bā, pá	扒	뺄 배
	拔	bá	拔	뺄 발
	把	bǎ, bà	把	잡을 파
	爸	bà	爸	아비 파
	罢	bà	罷	방면할 파
	坝	bà, pèi	壩	방죽 패
	霸	bà, pò	霸	으뜸 패
BAI	白	bái	白	흰 백

	简	拼音	繁	訓音
	百	bǎi, bó	百	일백 백
	伯	bǎi, bó	伯	맏 백
	柏	bǎi, bó, bò	柏	나무이름 백
	摆	bǎi	擺	열릴 파
	拜	bài	拜	절 배
	败	bài	敗	깨뜨릴 패
BAN	班	bān	班	나눌 반
	斑	bān	斑	얼룩 반
	般	bān, bō, pán	般	일반 반
	搬	bān	搬	옮길 반
	版	bǎn	版	널 판
	板	bǎn	板	널빤지 판
	半	bàn	半	반 반
	拌	bàn	拌	버릴 반
	伴	bàn	伴	짝 반
	扮	bàn	扮	꾸밀 분
	办	bàn	辦	힘쓸 판
	瓣	bàn	瓣	외씨 판
BANG	帮	bāng	幫	幇과 同字
	绑	bǎng	綁	동여맬 방
	傍	bàng	傍	곁 방
	榜	bǎng, bèng	榜	매 방
	膀	bǎng, páng	膀	쌍배 방
	棒	bàng	棒	몽둥이 봉
BAO	包	bāo	包	쌀 포
	剥	bāo, bō	剝	벗길 박
	胞	bāo	胞	태보 포
	宝	bǎo	寶	보배 보
	保	bǎo	保	지킬 보
	堡	bǎo, bǔ	堡	작은 성 보
	刨	bào, páo	刨	깎을 포
	饱	bào, páo	飽	물릴 포
	炮	bāo, páo, pào	炮	통째로구울 포
	暴	bào, pù	暴	사나울 포
	抱	bào	抱	안을 포
	爆	bào	爆	터질 폭
	报	bào	報	갚을 보

	简体	拼音	繁體	한국어
BEI	杯	bēi	杯	잔 배
	碑	bēi	碑	돌기둥 비
	背	bēi, bèi	背	등 배
	悲	bēi	悲	슬플 비
	北	běi, bó, bèi	北	북녘 북
	辈	bèi	輩	무리 배
	备	bèi	備	갖출 비
	倍	bèi	倍	곱 배
	被	bèi	被	이불 피
	贝	bèi	貝	조개 패
	臂	bèi, bì	臂	팔 비
BEN	奔	bēn, bén, bèn	奔	달릴 분
	本	běn	本	밑 본
	笨	bèn	笨	거칠 분
BENG	崩	bēng	崩	무너질 붕
	蹦	bēng	蹦	뛸 붕
	绷	bēng, běng	繃	묶을 붕
	甬	béng	甬	쓰지 않을 용
BI	鼻	bí	鼻	코 비
	避	bí	避	피할 피
	逼	bí	逼	닥칠 핍
	彼	bǐ	彼	저 피
	笔	bǐ	筆	붓 필
	比	bǐ, bì	比	견줄 비
	鄙	bǐ, bì	鄙	다라울 비
	壁	bì	壁	벽 벽
	碧	bì	碧	푸를 벽
	蔽	bì	蔽	덮을 폐
	必	bì	必	반드시 필
	泌	bì	泌	샘물흐르는모양 비
	币	bì	幣	비단 폐
	毕	bì	畢	마칠 필
	闭	bì	閉	닫을 폐
	辟	bì, pì	辟	임금 벽 / 열 벽
	费	bì, fèi	費	쓸 비
	秘	bì, mì	秘	숨길 비
BIAN	边	biān	邊	가 변

	编	biān	編	엮을 편
	鞭	biān	鞭	채찍 편
	扁	biǎn, piān	扁	넓적할 편
	便	biàn, pián	便	편할 편
	遍	biàn	遍	두루 편
	变	biàn	變	변할 변
	辨	biàn	辨	분별할 변
	辩	biàn	辯	말잘할 변
	辫	biàn	辮	땋을 변
BIAO	标	biāo	標	우듬지 표
	表	biǎo	表	겉 표
BIE	别	bié	別	나눌 별
BING	兵	bīng	兵	군사 병
	冰	bīng	冰	얼음 빙
	并	bīng, bìng	幷	어우를 병
	丙	bǐng	丙	남녘 병
	柄	bǐng	柄	자루 병
	饼	bǐng	餅	떡 병
	屏	bǐng, píng	屏	병풍 병
	病	bìng	病	병 병
BO	卜	bo, bǔ	卜	점 복
	波	bō	波	물결 파
	玻	bō	玻	유리 파
	播	bō	播	뿌릴 파
	拨	bō	撥	다스릴 발
	博	bó	博	넓을 박
	搏	bó	搏	잡을 박
	薄	bó, bò	薄	엷을 박
	膊	bó	膊	포 박
	泊	bó	泊	배 댈 박
	脖	bó	脖	배꼽 발
	勃	bó	勃	우쩍일어날 발
	驳	bó	駁	얼룩말 박
BU	捕	bǔ, bù	捕	사로잡을 포
	补	bǔ	補	기울 보
	不	bù	不	아니 불
	步	bù	步	걸음 보

	部	bù	部	거느릴 부
	布	bù	布	베 포
	怖	bù	怖	두려워할 포

C

CA	擦	cā	擦	비빌 찰
CAI	猜	cāi	猜	새암할 시
	裁	cái	裁	마를 재
	才	cái	才	재주 재
	材	cái	材	재목 재
	财	cái	財	재물 재
	采	cǎi, cài	采	캘 채
	彩	cǎi	彩	무늬 채
	踩	cǎi	踩	뛸 채
	菜	cài	菜	나물 채
CAN	参	cān, cēn, shēn	參	간여할 참
	餐	cān	餐	먹을 찬
	蚕	cán	蠶	누에 잠
	残	cán	殘	해칠 잔
	惨	cǎn	慘	참혹할 참
	惭	cǎn	慙	부끄러울 참
	灿	càn	燦	빛날 찬
CANG	仓	cāng	倉	곳집 창
	舱	cāng	艙	선창 창
	苍	cāng	蒼	푸를 창
	藏	cáng, zàng	藏	감출 장
CAO	槽	cáo	槽	구유 조
	操	cāo	操	잡을 조
	草	cǎo	草	풀 초
CE	策	cè	策	채찍 책
	册	cè	册	책 책
	测	cè	測	잴 측
	侧	cè, zè, zhāi	側	곁 측
CENG	曾	céng, zēng	曾	일찍 증
	层	céng	層	층 층
CHA	差	chā, chà, chāi	差	어긋날 차

	插	chā	挿	꽂을 삽
	茶	chá	茶	차 차
	察	chá	察	살필 찰
	查	chá, zhā	查	사실할 사
	刹	chà, shā	刹	절 찰
	诧	chà, xià	詫	자랑할 타
CHAI	拆	chāi	拆	터질 탁
	柴	chái, cī, zhài, zì	柴	섶 시
CHAN	搀	chān, chán, chàn	攙	찌를 참
	蝉	chán	蟬	매미 선
	缠	chán	纏	얽힐 전
	产	chǎn	産	낳을 산
	铲	chǎn, chàn	鏟	대패 산
	颤	chàn, zhàn	顫	떨릴 전
CHANG	倡	cháng, chàng	倡	여광대 창
	场	cháng, chǎng	場	마당 장
	肠	cháng, chǎng	腸	창자 장
	常	cháng	常	항상 상
	裳	cháng, shang	裳	치마 상
	倘	cháng, tǎng	倘	혹시 당
	长	cháng, zhǎng	長	길 장
	尝	cháng	嘗	맛볼 상
	偿	cháng	償	갚을 상
	厂	chǎng	廠	헛간 창
	敞	chǎng	敞	높을 창
	唱	chàng	唱	노래 창
	畅	chàng	暢	펼 창
CHAO	超	chāo	超	넘을 초
	剿	chāo	剿	노곤할 초
	抄	chāo	抄	노략질할 초
	吵	chāo, chǎo	吵	소리 초 / 지저귈 묘
	钞	chāo, chào	鈔	노략질할 초
	朝	cháo, zhāo	朝	아침 조
	潮	cháo	潮	조수 조
	嘲	cháo, zhāo	嘲	비웃을 조
	巢	cháo	巢	집 소
CHE	车	chē, jū	車	수레 차(거)

	尺	chě, chǐ	尺	자 척
	扯	chě	扯	찢어버릴 차
	撤	chè	撤	거둘 철
	彻	chè	徹	통할 철
CHEN	尘	chén	塵	티끌 진
	陈	chén	陳	늘어놓을 진
	晨	chén	晨	새벽 신
	趁	chèn	趁	좇을 진
	衬	chèn	襯	속옷 친
	称	chèn, chēng	稱	일컬을 칭
CHENG	撑	chēng	撑	버팀목 탱
	挣	chēng, zhèng	挣	찌를 쟁
	成	chéng	成	이룰 성
	盛	chéng, shèng	盛	담을 성
	乘	chéng, shèng	乘	탈 승
	城	chéng	城	성 성
	承	chéng	承	받들 승
	程	chéng	程	단위 정
	呈	chéng	呈	드릴 정
	惩	chéng	懲	혼날 징
	诚	chéng	誠	정성 성
CHI	哧	chī	哧	노할 혁
	吃	chī	吃	말더듬을 흘
	持	chí	持	가질 지
	池	chí	池	못 지
	迟	chí	遲	늦을 지
	驰	chí	馳	달릴 치
	耻	chǐ	恥	부끄러워할 치
	齿	chǐ	齒	이 치
	翅	chì	翅	날개 시
	赤	chì	赤	붉을 적
	斥	chì	斥	물리칠 척
CHONG	冲	chōng, chòng	衝	빌 충
	充	chōng	充	찰 충
	憧	chōng	憧	그리워할 동
	虫	chóng	蟲	벌레 충
	崇	chóng	崇	높을 숭

	简	拼音	繁	훈음
	重	chóng, zhòng	重	무거울 중
CHOU	抽	chōu	抽	뺄 추
	仇	chóu	讐	원수 수
	酬	chóu	酬	갚을 수
	愁	chóu	愁	시름 수
	筹	chóu	籌	투호 살 주
	绸	chóu	綢	얽힐 주
	丑	chǒu	醜	추할 추
	瞅	chǒu	瞅	볼 추
	臭	chòu, xiù	臭	냄새 취
CHU	出	chū	出	날 출
	初	chū	初	처음 초
	除	chú	除	섬돌 제
	厨	chú	厨	부엌 주
	楚	chǔ	楚	가시나무 초
	础	chǔ	礎	주춧돌 초
	储	chǔ	儲	쌓을 저
	处	chǔ, chù	處	살 처
	触	chù	觸	닿을 촉
	畜	chù, xù	畜	쌓을 축
CHUAN	川	chuān	川	내 천
	穿	chuān	穿	뚫을 천
	船	chuán	船	배 선
	传	chuán, zhuàn	傳	전할 전
	喘	chuǎn	喘	헐떡거릴 천
	串	chuàn	串	익힐 관
CHUANG	窗	chuāng	窓	창 창
	创	chuāng, chuàng	創	비롯할 창
	床	chuáng	床	牀의 俗字 / 상 상
	闯	chuǎng	闖	말이문을나오는모양 틈
CHUI	吹	chuī	吹	불 취
	垂	chuí	垂	드리울 수
CHUN	春	chūn	春	봄 춘
	唇	chún	唇	입술 순
	纯	chún	純	생사 순
CI	慈	cí	慈	사랑할 자
	雌	cí	雌	암컷 자

	简体	pinyin	繁體	뜻
	瓷	cí	瓷	오지그릇 자
	磁	cí	磁	자석 자
	词	cí	詞	말씀 사
	辞	cí	辭	말 사
	此	cǐ	此	이 차
	次	cì	次	버금 차
	刺	cì, cī	刺	찌를 자
CONG	从	cóng	從	좇을 종
	丛	cóng	叢	모일 총
	葱	cōng	葱	파 총
	匆	cōng	匆	바쁠 총
	聪	cōng	聰	귀밝을 총
COU	凑	còu	湊	모일 주
CU	粗	cū	粗	거칠 조
	促	cù	促	재촉할 촉
	簇	cù	簇	조릿대 족
CUAN	窜	cuàn	竄	숨을 찬
CUI	摧	cuī	摧	꺾을 최
	催	cuī	催	재촉할 최
	脆	cuì	脆	무를 취
	翠	cuì	翠	물총새 취
CUN	村	cūn	村	마을 촌
	存	cún	存	있을 존
	寸	cùn	寸	마디 촌
CUO	措	cuò	措	둘 조
	错	cuò	錯	섞일 착
	挫	cuò	挫	꺾을 좌

D

	简体	pinyin	繁體	뜻
DA	打	dá, dǎ	打	칠 타
	达	dá, tà	達	통달할 달
	答	dā, dá	答	대답할 답
	搭	dā	搭	탈 탑
	塔	dā, tǎ	塔	탑 탑
	大	dà, dài	大	큰 대
DAI	待	dāi, dài	待	기다릴 대

	简体	拼音	繁體	訓音
	呆	dāi	呆	어리석을 태 / 지킬 보
	逮	dǎi, dài	逮	미칠 체
	代	dài	代	대신할 대
	袋	dài	袋	자루 대
	带	dài	帶	띠 대
DAN	丹	dān	丹	붉을 단
	单	dān, chán	單	홀 단
	耽	dān	耽	즐길 탐
	担	dān, dǎn, dàn	擔	멜 담
	胆	dǎn	膽	쓸개 담
	旦	dàn	旦	아침 단
	但	dàn	但	다만 단
	蛋	dàn	蛋	새알 단
	淡	dàn	淡	맑을 담
	诞	dàn	誕	태어날 탄
	弹	dàn, tán	彈	탄알 탄
DANG	当	dāng, dàng	當	당할 당
	挡	dǎng, dàng	擋	숨길 당
	党	dǎng	黨	무리 당
	档	dàng	檔	의자 당
	荡	dàng	蕩	쓸어버릴 탕
DAO	刀	dāo	刀	칼 도
	叨	dāo, dáo, tāo	叨	탐낼 도
	倒	dǎo, dào	倒	넘어질 도
	导	dǎo	導	이끌 도
	岛	dǎo	島	섬 도
	捣	dǎo	搗	찧을 도
	道	dào	道	길 도
	稻	dào	稻	벼 도
	到	dào	到	이를 도
	盗	dào	盜	훔칠 도
DE	底	de, dǐ	底	밑 저
	地	de, di, dì	地	땅 지
	的	de, dí, dì	的	과녁 적
	德	dé	德	덕 덕
	得	dé, de, děi	得	얻을 득
DENG	登	dēng	登	오를 등

	蹬	dēng, dèng	蹬	비틀거릴 등
	灯	dēng	燈	등잔 등
	等	děng	等	가지런할 등
	凳	dèng	凳	걸상 등
	瞪	dèng	瞪	바로볼 징
DI	低	dī	低	밑 저
	堤	dī	堤	방죽 제
	提	dī, tí	提	끌 제
	滴	dī	滴	물방울 적
	笛	dí	笛	피리 적
	敌	dí	敵	원수 적
	抵	dǐ	抵	거스를 저
	弟	dì	弟	아우 제
	帝	dì	帝	임금 제
	第	dì	第	차례 제
	递	dì	遞	갈마들 체
DIAN	颠	diān	顛	꼭기 전
	点	diǎn	點	점 점
	典	diǎn	典	법 전
	电	diàn	電	번개 전
	甸	diàn	甸	경기 전
	奠	diàn	奠	제사지낼 전
	殿	diàn	殿	큰 집 전
	店	diàn	店	가게 점
	淀	diàn	澱	앙금 전
DIAO	雕	diāo	雕	독수리 조
	鸟	diǎo, niǎo	鳥	새 조
	掉	diào	掉	흔들 도
	吊	diào	弔	조상할 조
	钓	diào	釣	낚시 조
	调	diào, tiáo	調	고를 조
DIE	爹	diē	爹	아비 다
	跌	diē	跌	넘어질 질
	蝶	dié	蝶	나비 접
	叠	dié	疊	겹쳐질 첩
DING	丁	dīng	丁	네째천간 정
	叮	dīng	叮	정성스러울 정

	简体	拼音	繁体	뜻과 음
	盯	dīng	盯	똑바로 볼 정
	钉	dīng, dìng	釘	못 정
	顶	dǐng	頂	정수리 정
	定	dìng	定	정할 정
	订	dìng	訂	바로 잡을 정
DIU	丢	diū	丟	갈 주
DONG	冬	dōng	冬	겨울 동
	东	dōng	東	동녘 동
	冻	dòng	凍	얼 동
	动	dòng	動	움직일 동
	洞	dòng	洞	고을 동
DOU	都	dōu, dū	都	도읍 도
	兜	dōu	兜	투구 두
	斗	dǒu, dòu	斗	말 두
	抖	dǒu	抖	떨 두
	陡	dǒu	陡	험할 두
	豆	dòu	豆	콩 두
	逗	dòu	逗	머무를 두
	读	dòu, dú	讀	읽을 독
DU	督	dū	督	살펴볼 독
	毒	dú	毒	독 독
	独	dú	獨	홀로 독
	顿	dú, dùn	頓	조아릴 돈
	赌	dǔ	賭	걸 도
	堵	dǔ	堵	담 도
	肚	dǔ, dù	肚	배 두
	度	dù, duó	度	법도 도
	渡	dù	渡	건널 도
DUAN	端	duān	端	바를 단
	短	duǎn	短	짧을 단
	段	duàn	段	구분 단
	断	duàn	斷	끊을 단
	锻	duàn	鍛	쇠 불릴 단
DUI	堆	duī, zuī	堆	언덕 퇴
	对	duì	對	대답할 대
	队	duì	隊	대 대
DUN	吨	dūn	噸	말분명치 못할 둔

	墩	dūn	墩	돈대 돈
	蹲	dūn, cūn, zǔn	蹲	웅크릴 준
	盾	dùn	盾	방패 순
DUO	多	duō	多	많을 다
	哆	duō	哆	클 치
	夺	duó	奪	빼앗을 탈
	踱	duó	踱	맨발 탁
	朵	duǒ	朵	늘어질 타
	躲	duǒ	躲	비킬 타
	驮	duò, tuó	馱	실을 타 / 태

Ⓔ

E	额	é	額	이마 액
	饿	è	餓	주릴 아
	鹅	é	鵝	거위 아
	哦	é, ó, ǒ, ò	哦	옳을 아
	恶	ě, è, wū, wù	惡	악할 악
	而	ér	而	말 이을 이
ER	耳	ěr	耳	귀 이
	尔	ěr	爾	너 이
	二	èr	二	두 이
	儿	ér, ní	兒	아이 아

Ⓕ

FA	发	fā	發	필 발
	伐	fá	伐	칠 벌
	乏	fá	乏	가난할 핍
	罚	fá	罰	죄 벌
	阀	fá	閥	공훈 벌
	法	fà	法	법 법
	翻	fān	飜	뒤칠 번
FAN	帆	fān, fán	帆	돛 범
	番	fān, pān	番	갈마들 번
	凡	fán	凡	무릇 범
	烦	fán	煩	괴로워할 번
	犯	fán, fàn	犯	범할 범

简体	拼音	繁體	訓音
繁	fán, pó	繁	많을 번
返	fǎn	返	돌아올 반
反	fǎn	反	되돌릴 반
泛	fàn	泛	뜰 범
范	fàn	範	풀이름 범
饭	fàn	飯	밥 반
FANG 方	fāng	方	모 방
妨	fāng, fǎng	妨	방해할 방
防	fáng	防	둑 방
房	fáng	房	방 방
仿	fǎng	倣	본뜰 방
纺	fǎng	紡	자을 방
访	fǎng	訪	찾을 방
放	fàng	放	놓을 방
FEI 非	fēi	非	아닐 비
飞	fēi	飛	날 비
肥	féi	肥	살찔 비
匪	fěi	匪	대상자 비
沸	fèi	沸	끓을 비
肺	fèi	肺	허파 폐
废	fèi	廢	폐할 폐
FEN 分	fēn, fèn	分	나눌 분
吩	fēn	吩	뿜을 분
坟	fén	墳	무덤 분
粉	fěn	粉	가루 분
份	fèn	份	빛날 빈
奋	fèn	奮	떨칠 분
愤	fèn	憤	결낼 분
粪	fèn	糞	똥 분
FENG 封	fēng	封	봉할 봉
丰	fēng	豐	풍성할 풍
疯	fēng	瘋	두풍 풍
锋	fēng	鋒	칼끝 봉
风	fēng	風	바람 풍
蜂	fēng	蜂	벌 봉
峰	fēng	峰	峯과 同字
逢	féng	逢	만날 봉

F

FO
FOU
FU

缝	féng, fèng	縫	꿰맬 봉
奉	fèng	奉	받들 봉
佛	fó, fú	佛	부처 불
否	fǒu, pǐ	否	아닐 부
夫	fū	夫	지아비 부
肤	fū	膚	살갗 부
福	fú	福	복 복
伏	fú	伏	엎드릴 복
服	fú	服	옷 복
扶	fú	扶	도울 부
浮	fú	浮	뜰 부
辐	fú	輻	바퀴살 복
符	fú	符	부신 부
幅	fú	幅	폭 폭
袱	fú	袱	보 복
俘	fú	俘	사로잡을 부
父	fǔ, fù	父	아비 부
府	fǔ	府	곳집 부
俯	fǔ	俯	구푸릴 부
斧	fǔ	斧	도끼 부
腐	fǔ	腐	썩을 부
抚	fǔ	撫	어루만질 무
辅	fǔ	輔	덧방나무 보
覆	fù	覆	뒤집힐 복
腹	fù	腹	배 복
副	fù	副	버금 부
咐	fù	咐	분부할 부
附	fù	附	붙을 부
傅	fù	傅	스승 부
付	fù	付	줄 부
复	fù	復	돌아올 복
妇	fù	婦	며느리 부
缚	fù	縛	묶을 박
负	fù	負	질 부
富	fù	富	가멸 부

GA	胳	gā, gē, gé	胳	겨드랑이 각
	轧	gá, yà, zhá	轧	삐걱거릴 알
GAI	该	gāi	該	그 해
	改	gǎi	改	고칠 개
	盖	gài, gě	蓋	덮을 개
	概	gài	概	평미레 개
	溉	gài	溉	물댈 개
GAN	干	gān, gàn	幹/乾	방패 간 / 마를 건
	杆	gān, gǎn	杆	나무 이름 간
	肝	gān	肝	간 간
	竿	gān	竿	장대 간
	甘	gān	甘	달 감
	碱	gān	碱	소금기 감
	赶	gǎn, qián, qué	趕	달릴 간
	敢	gǎn	敢	감히 감
	感	gǎn	感	느낄 감
GANG	扛	gāng, káng	扛	들 강
	缸	gāng	缸	항아리 항
	冈	gāng	岡	산등성이 강
	刚	gāng	剛	굳셀 강
	岗	gāng, gǎng	崗	冈의 俗字
	钢	gāng, gàng	鋼	강철 강
	港	gǎng	港	항구 항
GAO	高	gāo	高	높을 고
	膏	gāo, gào	膏	살찔 고
	糕	gāo	糕	떡 고
	稿	gǎo	稿	볏짚 고
	搞	gǎo	搞	옆으로 칠 고
	阁	gǎo, gé	閣	문설주 각
	告	gào	告	알릴 고
GE	歌	gē	歌	노래 가
	哥	gē	哥	노래 가
	割	gē	割	나눌 할
	格	gē, gé	格	바로잡을 격

	한자	병음	한자	훈음
	搁	gē, gé	搁	놓을 각
	革	gé, jí	革	가죽 혁
	隔	gé	隔	사이 뜰 격
	个	gě, gè	個	낱 개
	合	gě, hé	合	합할 합
	各	gè	各	각각 각
GEI	给	gěi, jǐ	給	넉넉할 급
GEN	跟	gēn	跟	발꿈치 근
	根	gēn	根	뿌리 근
	哏	gén	哏	우스울 근
GENG	更	gēng, gèng	更	고칠 경 / 다시 갱
	耕	gēng	耕	밭갈 경
GONG	工	gōng	工	장인 공
	供	gōng, gòng	供	이바지할 공
	红	gōng, hóng	红	붉을 홍
	功	gōng	功	공 공
	公	gōng	公	공변될 공
	恭	gōng	恭	공손할 공
	攻	gōng	攻	칠 공
	共	gòng	共	함께 공
	弓	gōng	弓	활 궁
	宫	gōng	宫	집 궁
	矿	gǒng, kuàng	礦	쇳돌 광
	贡	gòng	貢	바칠 공
GOU	句	gōu, jù	句	글귀 구
	勾	gōu, gòu	勾	굽을 구
	沟	gōu	溝	봇도랑 구
	钩	gōu	鈎	갈고랑이 구
	狗	gǒu	狗	개 구
	够	gòu, kōu	够	모을 구
	构	gòu	構	얽을 구
	购	gòu	購	살 구
GU	孤	gū	孤	외로울 고
	骨	gū, gǔ	骨	뼈 골
	估	gū, gù	估	값 고
	姑	gū	姑	시어미 고
	咕	gū	咕	투덜거릴 고

	简体	拼音	繁體	訓音
	古	gǔ	古	옛 고
	谷	gǔ, yù	谷	골 곡
	股	gǔ	股	넓적다리 고
	鼓	gǔ	鼓	북 고
	固	gù	固	굳을 고
	故	gù	故	옛 고
	雇	gù	雇	품살 고 / 새이름 호
	顾	gù	顧	돌아볼 고
GUA	瓜	guā	瓜	오이 과
	刮	guā	刮	깎을 괄
	括	guā, kuò	括	묶을 괄
	寡	guǎ	寡	적을 과
	挂	guà	挂	걸 괘
	褂	guà	褂	마고자 괘
GUAI	拐	guǎi	拐	속일 괴
	怪	guài	怪	기이할 괴
GUAN	官	guān, guǎn	官	벼슬 관
	冠	guān, guàn	冠	갓 관
	观	guān, guàn	觀	볼 관
	关	guān	關	빗장 관
	管	guǎn	管	피리 관
	馆	guǎn	館	객사 관
	惯	guàn	慣	버릇 관
	贯	guàn	貫	꿸 관
	罐	guàn	罐	두레박 관
	灌	guàn	灌	물 댈 관
GUANG	光	guāng	光	빛 광
	广	guǎng	廣	넓을 광
GUI	归	guī	歸	돌아갈 귀
	龟	guī, jūn, qiū	龜	거북 귀
	规	guī	規	법 규
	闺	guī	閨	도장방 규
	鬼	guǐ	鬼	귀신 귀
	轨	guǐ	軌	길 궤
	贵	guǐ, guì	貴	귀할 귀
	跪	guì	跪	꿇어앉을 궤
	柜	guì	櫃	함 궤

	简体	拼음	繁體	訓音
GUN	磙	gǔn	磙	흐를 곤
	棍	gùn	棍	몽둥이 곤 / 묶을 혼
GUO	过	guō, guò, guo	過	지날 과
	锅	guō	鍋	노구솥 과
	裹	guǒ	裹	쌀 과
	果	guǒ	果	실과 과
	国	guó	國	나라 국

(H)

	简体	拼음	繁體	訓音
HA	虾	há, xiā	蝦	새우 하
HAI	咳	hāi, ké, kài	咳	어린아이 웃을 해
	嗨	hāi, hēi	嗨	웃음소리 해
	孩	hái	孩	어린아이 해
	还	hái, huán	還	돌아올 환
	海	hǎi	海	바다 해
	害	hài	害	해칠 해
HAN	含	hān	哈	머금을 함
	汗	hán, hàn	汗	땀 한
	寒	hán	寒	찰 한
	含	hán	含	머금을 함
	喊	hǎn	喊	소리 함
	汉	hàn	漢	한수 한
	焊	hàn	焊	말릴 한
HANG	行	háng, xíng	行	갈 행
	航	háng	航	배 항
	巷	hàng, xiàng	巷	거리 항
HAO	毫	háo	毫	가는 털 호
	壕	háo	壕	해자 호
	豪	háo	豪	호걸 호
	号	háo, hào	號	부르짖을 호
	好	hǎo, hào	好	좋을 호
	耗	hào	耗	줄 모
	浩	hào	浩	클 호
HE	喝	hē, hè	喝	더위먹을 갈
	河	hé	河	강 이름 하
	何	hé	何	어찌 하

漢字	拼音	訓音
荷	hé, hè	연 하
核	hé, hù	씨 핵
和	hé, huó, huò	화할 화
盒	hé	합 합
吓	hè, xià	노할 혁 / 으를 하
嘿	hēi, mò	고요할 묵
黑	hēi	검을 흑
痕	hén	흉터 흔
很	hěn	패려궂을 흔
恨	hèn	한할 한
亨	hēng, héng	형통할 형
哼	hēng, hng	겁낼 형
恒	héng	항상 항
衡	héng	저울대 형
横	héng, hèng	가로 횡
烘	hōng	횃불 홍
哄	hōng, hòng	떠들썩할 홍
轰	hōng	울릴 굉
宏	hóng	클 굉
洪	hóng	큰물 홍
候	hóu, hòu	물을 후
喉	hóu	목구멍 후
猴	hóu	원숭이 후
吼	hǒu	울 후
后	hòu	뒤 후
厚	hòu	두터울 후
乎	hū	인가 호
唿	hū	부를 호
虎	hū	범 호
烀	hū, hú, hù	풀 호
忽	hū	소홀히 할 홀
壶	hú	병 호
胡	hú	턱밑살 호
葫	hú	마늘 호
湖	hú	호수 호
互	hù	서로 호
户	hù	지게 호

HEI
HEN
HENG
HONG
HOU
HU

	简	拼音	繁	訓音
	护	hù	護	보호할 호
HUA	化	huā, huà	化	될 화
	花	huā	花	꽃 화
	划	huá, huà, huai	劃	그을 획
	华	huá, huà	華	꽃 화
	豁	huá, huō, huò	豁	뚫린 골 활
	滑	huá	滑	미끄러울 활
	画	huà	畫	그림 화
	话	huà	話	말할 화
HUAI	怀	huái	懷	품을 회
	坏	huài	壞	무너질 괴
HUAN	欢	huān	歡	기뻐할 환
	棵	huān, kē	棵	나무이름 과
	环	huán	環	고리 환
	缓	huǎn	緩	느릴 완
	唤	huàn	喚	부를 환
	患	huàn	患	근심 환
	幻	huàn	幻	변할 환
	换	huàn	換	바꿀 환
HUANG	荒	huāng	荒	거칠 황
	慌	huāng	慌	어렴풋할 황
	皇	huáng	皇	임금 황
	惶	huáng	惶	두려워할 황
	煌	huáng	煌	빛날 황
	黄	huáng	黃	누를 황
	晃	huǎng, huàng	晃	밝을 황
HUI	灰	huī	灰	재 회
	挥	huī	揮	휘두를 휘
	恢	huī	恢	넓을 회
	辉	huī	輝	빛날 휘
	回	huí	回	돌 회
	悔	huǐ	悔	뉘우칠 회
	毁	huǐ	毀	헐 훼
	汇	huì	匯	무리 휘
	绘	huì	繪	그림 회
	会	huì, kuài	會	모일 회
	溃	huì, kuì	潰	무너질 궤

簡體	拼音	正體	훈음
慧	huì	慧	슬기로울 혜

簡體	拼音	正體	훈음
昏	hūn	昏	어두울 혼
婚	hūn	婚	혼인할 혼
浑	hún	渾	흐릴 혼
混	hún, hùn	混	섞을 혼
魂	hún	魂	넋 혼

簡體	拼音	正體	훈음
活	huó	活	살 활
火	huǒ	火	불 화
伙	huǒ	伙	세간 화
惑	huò	惑	미혹할 혹
或	huò	或	혹 혹
祸	huò	禍	재화 화
获	huò	獲	얻을 획
货	huò	貨	재화 화

J

簡體	拼音	正體	훈음
机	jī	機	틀 기
几	jī, jǐ	幾	기미 기
其	jī, qí	其	그 기
期	jī, qī	期	기약할 기
基	jī	基	터 기
奇	jī, qí	奇	기수 기 / 기이할 기
坂	jī	坂	위태할 급
肌	jī	肌	살 기
激	jī	激	물결부딪쳐흐를 격
击	jī	擊	부딪칠 격
绩	jī	績	실 낳을 적
积	jī	積	쌓을 적
饥	jī	饑	주릴 기
鸡	jī	鷄	닭 계
急	jí	急	급할 급
及	jí	及	미칠 급
吉	jí	吉	길할 길
籍	jí	籍	서적 적
即	jí	即	곧 즉
疾	jí	疾	병 질

	jí	集	모일 집
集	jí	極	다할 극
极	jí	級	등급 급
级	jí	輯	모을 집
辑	jǐ	己	자기 기
己	jǐ	嵴	등성마루 척
嵴	jǐ	擠	밀 제
挤	jǐ, jì	濟	건널 제
济	jǐ, jì	紀	벼리 기
纪	jì, qí, zhāi	齊	가지런할 제
齐	jì	寄	부칠 기
寄	jì	技	재주 기
技	jì	寂	고요할 적
寂	jì	迹	자취 적
迹	jì	劑	약지을 제
剂	jì	既	이미 기
既	jì	繼	이을 계
继	jì	計	꾀 계
计	jì	記	기록할 기
记	jì	際	사이 제

	jiā	家	집 가
际	jiā	佳	아름다울 가
家	jiā	加	더할 가
佳	jiā, jiá, gā	夾	낄 협
加	jiǎ, jià	假	거짓 가
夹	jiǎ	甲	첫째 천간 갑
假	jià, jiè, jie	價	값 가
甲	jià	架	시렁 가
价	jià	嫁	시집갈 가
架	jià	稼	심을 가
嫁	jià	駕	멍에 가

	jiān	奸	범할 간
稼	jiān	肩	어깨 견
驾	jiān	兼	겸할 겸
奸	jiān	尖	뽀족할 첨
肩	jiān	堅	굳을 견
兼	jiān	殲	다 죽일 섬
尖			
坚			
歼			

渐	jiān, jiàn	漸	점점 점
监	jiān, jiàn	監	볼 감
浅	jiān, qiǎn	淺	얕을 천
间	jiān, xián	間	사이 간
艰	jiān	艱	어려울 간
剪	jiǎn	剪	翦의 俗字
减	jiǎn	減	덜 감
拣	jiǎn	揀	가릴 간
检	jiǎn	檢	봉함 검
简	jiǎn	簡	대쪽 간
件	jiàn	件	사건 건
建	jiàn	建	세울 건
健	jiàn	健	튼튼할 건
箭	jiàn	箭	화살 전
剑	jiàn	劍	칼 검
舰	jiàn	艦	싸움배 함
贱	jiàn	賤	천할 천
践	jiàn	踐	밟을 천
鉴	jiàn	鑒	鑑과 同字
键	jiàn	鍵	열쇠 건
见	jiàn, xiàn	見	볼 견
JIANG 江	jiāng	江	강 강
将	jiāng, jiàng	將	장차 장
僵	jiāng	僵	쓰러질 강
浆	jiāng	漿	미음 장
奖	jiǎng	獎	권면할 장
讲	jiǎng	講	익힐 강
强	jiàng, qiáng, qiǎng	強	굳셀 강
降	jiàng, xiáng	降	항복할 항/ 내릴 강
匠	jiàng	匠	장인 장
酱	jiàng	醬	젓갈 장
JIAO 交	jiāo	交	사귈 교
郊	jiāo	郊	성 밖 교
焦	jiāo	焦	그을릴 초
娇	jiāo	嬌	아리따울 교
浇	jiāo	澆	물 댈 요
胶	jiāo	膠	아교 교

简体	拼음	繁體	훈음
轿	jiào	轎	가마 교
较	jiào	較	견줄 교
骄	jiāo	驕	교만할 교
教	jiāo, jiào	教	가르칠 교
缴	jiǎo, jǐ, juè	繳	줄 교
角	jiǎo, jué	角	뿔 각
校	jiào, xiào	校	학교 교
脚	jiǎo	腳	다리 각
搅	jiǎo	攪	어지러울 교
叫	jiào	叫	부르짖을 규
觉	jiào, jué	覺	깨달을 각
街	jiē	街	거리 가
阶	jiē	階	섬돌 계
揭	jiē	揭	들 게
接	jiē, jié	接	사귈 접
结	jiē, jié	結	맺을 결
节	jié	節	마디 절
竭	jié	竭	다할 갈
截	jié	截	끊을 절
洁	jiě	潔	깨끗할 결
姐	jiě, jiè, xiè	姐	누이 저
解	jiè, gà	解	풀 해
介	jiè	介	끼일 개
戒	jiè	戒	경계할 계
界	jiè	界	지경 계
借	jiè	借	빌 차
届	jīn	届	이를 계
巾	jīn	巾	수건 건
斤	jīn	斤	도끼 근
筋	jīn	筋	힘줄 근
今	jīn	今	이제 금
金	jīn	金	쇠 금
津	jīn, jìn	津	나루 진
禁	jǐn, jìn	禁	금할 금
仅	jǐn, jìn	僅	겨우 근
尽	jǐn	盡	다할 진
紧		緊	굳게 얽을 긴

JIE

JIN

병음	간체	번체	뜻
jǐn	谨	謹	삼갈 근
jǐn	锦	錦	비단 금
jìng	境	境	지경 경
jìn	近	近	가까울 근
jìn	浸	浸	담글 침
jìn, jìng	劲	勁	굳셀 경

JING

병음	간체	번체	뜻
jīng	惊	驚	놀랄 경
jīng	鲸	鯨	고래 경
jīng	睛	睛	눈동자 정
jīng	晶	晶	밝을 정
jīng	精	精	쓿은 쌀 정
jīng, jìng	经	經	날 경
jǐng	警	警	경계할 경
jǐng	景	景	볕 경
jǐng	井	井	우물 정
jìng	敬	敬	공경할 경
jìng	竟	竟	다할
jìn	进	進	나아갈 진
jìng	净	淨	깨끗할 정
jìng	径	徑	지름길 경
jìng	镜	鏡	거울 경
jìng	静	靜	고요할 정

JIU

병음	간체	번체	뜻
jiū	究	究	궁구할 구
jiū	纠	糾	꼴 규
jiū	啾	啾	소리 추
jiū	揪	揪	摰와 同字
jiǔ	九	九	아홉 구
jiǔ	久	久	오랠 구
jiǔ	酒	酒	술 주
jiù	就	就	이룰 취
jiù	救	救	건질 구
jiù	舅	舅	시아비 구
jiù	旧	舊	예 구

JU

병음	간체	번체	뜻
jū, qiě	且	且	또 차
jū	居	居	있을 거
jū, jù	据	據	의거할 거
jū	拘	拘	잡을 구

局	jú	局	판 국
橘	jú	橘	귤나무 귤
矩	jǔ	矩	곱자 구
举	jǔ	舉	들 거
距	jù	距	떨어질 거
拒	jù	拒	막을 거
巨	jù	巨	클 거
具	jù	具	갖출 구
剧	jù	劇	심할 극
聚	jù	聚	모일 취
惧	jù	懼	두려워할 구
JUAN 圈	juān, quān	圈	우리 권
卷	juǎn, juàn	卷	쇠뇌 권
倦	juàn	倦	게으를 권
JUE 决	jué	决	터질 결
绝	jué	絶	끊을 절
JUN 君	jūn	君	임금 군
军	jūn	軍	군사 군
菌	jūn, jùn	菌	버섯 균
均	jùn, yùn	均	고를 균
峻	jùn	峻	높을 준

Ⓚ

KA 卡	kǎ, qiǎ	卡	기침할 가
KAI 开	kāi	開	열 개
慨	kǎi	慨	분개할 개
KAN 刊	kān	刊	책 펴낼 간
看	kān, kàn	看	볼 간
堪	kān	堪	견딜 감
砍	kǎn	砍	벨 감
KANG 康	kāng	康	편안할 강
抗	kàng	抗	막을 항
炕	kàng	炕	말릴 항
KAO 考	kǎo	考	상고할 고
烤	kǎo	烤	불에 말릴 고
靠	kào	靠	기댈 고

	科呵顆壳可渴客克刻课肯恳坑空孔恐控口扣枯哭苦酷库裤夸垮跨快块筷宽款框筐狂况		科呵顆殼可渴客克刻課肯懇坑空孔恐控口扣枯哭苦酷庫褲誇垮跨快塊筷寬款框筐狂況	
KE		kē		과정 과
		kē		꾸짖을 가
		kē		낟알 과
		ké, qiào		껍질 각
		kě		옳을 가
		kě		목마를 갈
		kè		손 객
		kè		이길 극
		kè, kē		새길 각
		kè		매길 과
KEN		kěn		옳이 여길 긍
		kěn		정성 간
KENG		kēng		구덩이 갱
KONG		kōng, kòng		빌 공
		kǒng		구멍 공
		kǒng		두려울 공
		kòng		당길 공
KOU		kǒu		입 구
		kòu		두드릴 구
KU		kū		마를 고
		kū		울 곡
		kǔ		쓸 고
		kù		독할 혹
		kù		곳집 고
		kù		绔와 同字
KUA		kuā		자랑할 과
		kuǎ		무너질 과
		kuà		타넘을 과
KUAI		kuài		쾌할 쾌
		kuài		흙덩이 괴
		kuài		젓가락 쾌
KUAN		kuān		너그러울 관
		kuǎn		정성 관
KUANG		kuāng, kuàng		문테 광
		kuāng		광주리 광
		kuáng		미칠 광
		kuàng		하물며 황

	简体	拼音	繁体	뜻·음
KUI	亏	kuī	虧	이지러질 휴
	愧	kuì	愧	부끄러워 할 괴
KUN	昆	kūn	昆	형 곤
	捆	kǔn	捆	두드릴 곤
	困	kùn	困	괴로울 곤
KUO	扩	kuò	擴	넓힐 확
	阔	kuò	闊	트일 활

Ⓛ

	简体	拼音	繁体	뜻·음
LA	垃	lā	垃	쓰레기 랍
	拉	lā, lá, lǎ, là	拉	끌 랍
	啦	lā, la	啦	어조사 라
	喇	lā, lá, lǎ, là	喇	나팔 라
	落	là, luō, luò	落	떨어질 락
	辣	là	辣	매울 랄
	蜡	là	蠟	밀 랍
LAI	来	lái	來	올 래
	赖	lài	賴	힘입을 뢰
LAN	拦	lán	攔	막을 란
	栏	lán	欄	난간 란
	蓝	lán	藍	쪽 람
	览	lǎn	覽	볼 람
	懒	lǎn	懶	게으를 라
	滥	làn	濫	퍼질 람
	烂	làn	爛	문드러질 란
LANG	廊	láng	廊	복도 랑
	狼	láng	狼	이리 랑
	朗	lǎng	朗	밝을 랑
	浪	làng	浪	물결 랑
LAO	捞	lāo	撈	잡을 로
	牢	láo	牢	우리 뢰
	劳	láo	勞	일할 로
	老	lǎo	老	늙은이 로
	络	lào, luò	絡	그물 락
LE	了	le, liǎo	了	마칠 료
LEI	累	léi, lěi, lèi	累	묶을 루 / 벌거벗을 라

	Simplified	Pinyin	Traditional	Korean
	雷	léi	雷	우뢰 뢰
	垒	lěi	壘	진 루 / 끌밋할 뢰
	泪	lèi	淚	눈물 루
	类	lèi	類	무리 류
LENG	冷	lěng	冷	찰 랭
	愣	lèng	愣	멍청할 릉
LI	哩	lī, lǐ, li	哩	어조사 리
	丽	lí, lì	麗	고울 려
	黎	lí	黎	검을 려
	厘	lí	釐	다스릴 리
	离	lí	離	떼놓을 리
	璃	lí	璃	유리 리
	理	lǐ	理	다스릴 리
	里	lǐ	裏	속 리
	李	lǐ	李	오얏 리
	礼	lǐ	禮	예도 례
	立	lì	立	설 립
	力	lì	力	힘 력
	例	lì	例	법식 례
	利	lì	利	날카로울 리
	粒	lì	粒	알 립
	隶	lì	隸	붙을 례
	励	lì	勵	힘쓸 려
	历	lì	歷	지날 력
	厉	lì	厲	엄할 려
LIA	俩	liǎ	倆	재주 량
LIAN	帘	lián	簾	발 렴
	联	lián	聯	나란히 할 련
LIAN	脸	liǎn	臉	뺨 검
	莲	lián	蓮	연꽃 련
	连	lián	連	잇닿을 련
	怜	lián	憐	불쌍히여길 련
	恋	liàn	戀	사모할 련
	炼	liàn	煉	불릴 련
	练	liàn	練	익힐 련
LIANG	粮	liáng	糧	양식 량
	凉	liáng, liàng	凉	서늘할 량

	简体	拼音	繁体	뜻
	量	liáng, liàng	量	헤아릴 량
	亮	liáng, liàng	亮	밝을 량
	谅	liáng, liàng	諒	믿을 량
	梁	liáng	梁	들보 량
	良	liáng	良	좋을 량
	两	liǎng	兩	두 량
	辆	liàng	輛	수레 량
LIAO	聊	liáo	聊	애오라지 료
	僚	liáo	僚	동료 료
	料	liào	料	되질할 료
	疗	liáo	療	병 고칠 료
	辽	liáo	遼	멀 료
LIE	咧	liē, liě, lie	咧	새소리 렬
	裂	liě, liè	裂	찢을 렬
	劣	liè	劣	못할 렬
	列	liè	列	벌일 렬
	烈	liè	烈	세찰 렬
	猎	liè	獵	사냥 렵
LIN	林	lín	林	수풀 림
	淋	lín, lìn	淋	물뿌릴 림
	临	lín	臨	임할 림
	邻	lín	鄰	이웃 린
	磷	lín, lìn	磷	번쩍번쩍할 린
LING	陵	líng	陵	큰 언덕 릉
	灵	líng	靈	신령 령
	铃	líng	鈴	방울 령
	龄	líng	齡	나이 령
	零	líng, lián	零	조용히오는비 령
	令	lǐng, lìng	令	영 령
	岭	lǐng	嶺	재 령
	领	lǐng	領	옷깃 령
	另	lìng	另	헤어질 령
LIU	溜	liū, liù	溜	흐를 류
	留	liú	留	머무를 류
	榴	liú	榴	석류나무 류
	硫	liú	硫	유황 류
	流	liú	流	흐를 류

	简体	拼音	繁體	한국어
	柳	liǔ	柳	버들 류
	碌	liù, lù	碌	돌 모양 록
	六	liù, lù	六	여섯 륙
	陆	liù, lù	陸	뭍 륙
LONG	隆	lōng, lóng	隆	클 륭
	龙	lóng	龍	용 룡
	笼	lóng, lǒng	籠	대그릇 롱
	拢	lóng	攏	누를 롱
	胧	lóng	朧	흐릿할 롱
	垄	lǒng	壟	언덕 롱
	弄	lòng, nòng	弄	희롱할 롱
LOU	楼	lóu	樓	다락 루
	喽	lóu, lou	嘍	시끄러울 루
	露	lòu, lù	露	이슬 로
	漏	lòu	漏	샐 루
LU	芦	lú, lǔ	蘆	갈대 로
	炉	lú	爐	화로 로
	噜	lǔ	嚕	아까워할 로
	虏	lǔ	虜	포로 로
	录	lù	錄	기록할 록
	路	lù	路	길 로
	绿	lù, lǜ	綠	초록빛 록
	驴	lú	驢	나귀 려
	缕	lǔ, lóu	縷	실 루
	旅	lǔ	旅	나그네 려
	铝	lǔ	鋁	줄 려
	虑	lǜ	慮	생각할 려
	律	lǜ	律	법 률
	率	lǜ, shuài	率	거느릴 솔
LUAN	卵	luǎn	卵	알 란
	乱	luàn	亂	어지러울 란
LUE	掠	lüě, lüè	掠	노략질할 략
	略	lüè	略	다스릴 략
LUN	纶	lún, guān	綸	낚싯줄 륜
	论	lún, lùn	論	말할 론
	轮	lún	輪	바퀴 륜
LUO	罗	luó	羅	새그물 라

	萝	luó	蘿 여라 라
	螺	luó	螺 소라 라
	锣	lúo	鑼 징 라
	骆	luò	駱 낙타 락

Ⓜ

MA	吗	mā, mǎ, ma	嗎	꾸짖을 마
	蚂	mā, mǎ, mà	螞	말거머리 마
	麻	mā, má	麻	삼 마
	摩	mā, mó	摩	갈 마
	抹	mā, mǒ, mò	抹	바를 말
	妈	mā	媽	어미 마
	嘛	má, ma	嘛	나마 마
	么	má, ma, me, mó	**麼**	잘 마
	码	mǎ	碼	마노 마
	马	mǎ	馬	말 마
	骂	mà	罵	욕할 매
MAI	埋	mái, mán	埋	묻을 매
	买	mǎi	買	살 매
	卖	mài	賣	팔 매
	迈	mài	邁	갈 매
	脉	mài, mò	脉	맥 맥
	麦	mài	麥	보리 맥
MAN	馒	mán	饅	만두 만
	满	mǎn	滿	찰 만
	慢	màn	慢	게으를 만
	漫	màn	漫	질펀할 만
	瞒	mán	瞞	속일 만
MANG	忙	máng	忙	바쁠 망
	茫	máng	茫	아득할 망
	芒	máng, wáng	芒	까끄라기 망
	盲	máng	盲	소경 맹
MAO	猫	māo, máo	猫	고양이 묘
	茅	máo	茅	창 모
	毛	máo	毛	털 모
	茆	máo	茆	띠 모

	简体	拼音	繁體	뜻
	茂	mào	茂	우거질 무
	冒	mào, mò	冒	무릅쓸 모
	帽	mào	帽	모자 모
	貌	mào	貌	얼굴 모
	贸	mào	貿	바꿀 무
MEI	没	méi, mò	沒	가라앉을 몰
	煤	méi	煤	그을음 매
	霉	méi	霉	곰팡이 미
	梅	méi	梅	매화나무 매
	眉	méi	眉	눈썹 미
	美	měi	美	아름다울 미
	每	měi	每	매양 매
	妹	mèi	妹	누이 매
	昧	mèi	昧	새벽 매
	眯	mèi, mí	眯	눈에 티 들 미
MEN	们	men	們	들 문
	闷	mēn, mèn	悶	번민할 민
	门	mén	門	문 문
MENG	蒙	mēng, méng	蒙	입을 몽
	盟	méng	盟	맹세할 맹
	朦	méng	朦	풍부할 몽
	勐	měng	勐	사나울 맹
	梦	mèng	夢	꿈 몽
MI	弥	mí	彌	두루 미
	迷	mí	迷	미혹할 미
	米	mǐ	米	쌀 미
	蜜	mì	蜜	꿀 밀
	密	mì	密	빽빽할 밀
MIAN	棉	mián	棉	목화 면
	眠	mián	眠	잠잘 면
	绵	mián	綿	이어질 면
	免	miǎn	免	면할 면
	勉	miǎn	勉	힘쓸 면
	面	miàn	面	낮 면
MIAO	苗	miáo	苗	모 묘
	描	miáo	描	그릴 묘
	渺	miǎo	渺	아득할 묘

	简体	pinyin	繁体	한국어
	秒	miǎo	秒	초 초 / 까끄라기 묘
	妙	miào	妙	묘할 묘
	庙	miào	廟	사당 묘
MIE	蔑	miè	蔑	업신여길 멸
	灭	miè	滅	멸망할 멸
MIN	民	mín	民	백성 민
	敏	mǐn	敏	재빠를 민
MING	明	míng	明	밝을 명
	名	míng	名	이름 명
	鸣	míng	鳴	울 명
	命	mìng	命	목숨 명
MO	摸	mō, mó	摸	찾을 모
	魔	mó	魔	마귀 마
	膜	mó	膜	막 막
	磨	mó, mò	磨	갈 마
	模	mó, mú	模	법 모
	无	mó, wú	無	없을 무
	漠	mò	漠	사막 막
	莫	mò	莫	없을 막 / 저물 모
	沫	mò	沫	거품 말
	陌	mò	陌	두렁 맥
	墨	mò	墨	먹 묵
	默	mò	默	묵묵할 묵
	袜	mò, wà	襪	버선 말
	末	mò	末	끝 말
MOU	谋	móu	謀	꾀할 모
	某	mǒu	某	아무 모
MU	母	mǔ	母	어미 모
	亩	mǔ	畝	이랑 무(묘)
	木	mù	木	나무 목
	目	mù	目	눈 목
	幕	mù	幕	막 막
	慕	mù	慕	그리워할 모
	牧	mù	牧	칠 목
	墓	mù	墓	무덤 묘

	简体	拼音	繁体	뜻
NA	那	nā, nǎ, nà	那	어찌 나
	拿	ná	拿	붙잡을 나
	哪	nǎ, na, nǎi, né, něi	哪	역귀쫓는 소리 나
	纳	nà	納	바칠 납
NAI	乃	nǎi	乃	이에 내
	奶	nǎi	奶	젖 내
	耐	nài	耐	견딜 내
NAN	南	nán	南	남녘 남
	男	nán	男	사내 남
	难	nán, nàn, nuó	難	어려울 난
NAO	恼	nǎo	惱	괴로워할 뇌
	脑	nǎo	腦	뇌 뇌
	扰	nǎo, ráo, rǎo	擾	어지러울 뇨
	闹	nào	鬧	시끄러울 료
NE	呢	ne, ní	呢	소곤거릴 니
NEI	内	nèi	內	안 내
NEN	嫩	nèn	嫩	어릴 눈
NENG	能	néng	能	능할 능
NG	嗯	ńg	嗯	대답할 은
NI	泥	ní, nì	泥	진흙 니
	你	nǐ	你	너 니
	拟	nǐ	擬	헤아릴 의
NIAN	黏	niān	黏	찰질 점
	年	nián	年	해 년
	念	niàn	念	생각할 념
	埝	niàn	埝	빠질 점
NIANG	娘	niáng	孃	계집애 양
NIAO	尿	niào, suī	尿	오줌 뇨
NIE	捏	niē	捏	이길 날
NIN	您	nín	您	너 이
NING	宁	níng, nìng	寧	편안할 녕
	拧	níng, nǐng, nìng	擰	어지러워질 녕
	凝	níng	凝	엉길 응
NIU	牛	niú	牛	소 우

NONG	扭	niǔ	扭	묶을 뉴
	农	nóng	農	농사 농
	浓	nóng	濃	짙을 농
NU	奴	nú	奴	종 노
	努	nǔ	努	힘쓸 노
	怒	nù	怒	성낼 노
NǙ	女	nǚ	女	계집 녀
NUAN	暖	nuǎn	暖	따뜻할 난

Ⓞ

O	噢	ō	噢	슬퍼할 오 / 욱
OU	区	ōu, qū	區	지경 구
	偶	ǒu	偶	짝 우

Ⓟ

PA	趴	pā	趴	엎드릴 파
	派	pā, pai	派	물갈래 파
	啪	pā	啪	부딪치는 소리 박
	爬	pá	爬	긁을 파
	怕	pà	怕	두려워할 파
PAI	拍	pāi, pò	拍	칠 박
	排	pái, pǎi	排	밀칠 배
	牌	pái	牌	패 패
	迫	pǎi, pò	迫	닥칠 박
PAN	攀	pān	攀	더위잡을 반
	盘	pán	盤	소반 반
	胖	pán, pàng	胖	희생 반 쪽 반
	盼	pàn	盼	눈 예쁠 반
	叛	pàn	叛	배반할 반
	判	pàn	判	판가름할 판
PANG	乓	pāng	乓	풍 소리 병
	旁	páng	旁	두루 방
	庞	páng	龐	클 방
PAO	泡	pāo, pào	泡	거품 포
	抛	pāo	抛	던질 포
	袍	páo	袍	웃옷 포

	한자	병음	뜻·음
PEI	跑	páo, pǎo	허빌 포
	呸	pēi	다투는 소리 비
	培	péi	북돋울 배
	陪	péi	쌓아올릴 배
	賠	péi	물어줄 배
	配	pèi	아내 배
	佩	pèi	찰 패
PEN	噴	pēn, pèn	뿜을 분
	盆	pén	동이 분
PENG	棚	pēng, péng	시렁 붕
	朋	péng	벗 붕
	蓬	péng	쑥 봉
	膨	péng	부풀 팽
	篷	péng	뜸 봉
	捧	pěng	받들 봉
	碰	pèng	부딪칠 병
PI	坯	pī	굽지않은 질그릇 비
	批	pī	칠 비
	披	pī	나눌 피
	噼	pī, pǐ	쪼갤 벽
	脾	pí	지라 비
	皮	pí	가죽 피
	疲	pí	지칠 피
	匹	pǐ	필 필
	屁	pì	방귀 비
	譬	pì	비유할 비
PIAN	片	piān, piàn	조각 편
	篇	piān	책 편
	偏	piān	치우칠 편
	騙	piàn	속일 편
PIAO	漂	piāo, piǎo	떠돌 표
	飄	piāo	회오리바람 표
	樸	piáo, pō, pǔ	후박나무 박
	票	piào	쪽지 표
PIN	拼	pīn	물리칠 병
	貧	pín	가난할 빈
	品	pǐn	물건 품

	简体	拼音	繁體	뜻
	频	pín	頻	자주 빈
PING	乒	pīng	乒	물건부딪치는소리 병
	苹	píng	蘋	개구리밥 평
	平	píng	平	평평할 평
	瓶	píng	瓶	병 병
	评	píng	評	평할 평
	凭	píng	憑	기댈 빙
PO	坡	pō	坡	고개 파
	泼	pō	潑	뿌릴 발
	颇	pō	頗	자못 파
	婆	pó	婆	할미 파
	破	pò	破	깨뜨릴 파
	剖	pōu	剖	쪼갤 부
POU	扑	pū	撲	칠 박
PU	铺	pū, pù	鋪	펼 포
	葡	pú	葡	포도 포
	普	pǔ	普	널리 보
	谱	pǔ	譜	계보 보

Q

	简体	拼音	繁體	뜻
QI	七	qī	七	일곱 칠
	欺	qī	欺	속일 기
	戚	qī	戚	겨레 척
	漆	qī	漆	옻 칠
	骑	qí	騎	말탈 기
	妻	qī, qì	妻	아내 처
	凄	qī, qiàn	凄	쓸쓸할 처
	栖	qī, xī	捿	깃들일 서
	枝	qí, zhī	枝	가지 지
	旗	qí	旗	기 기
	棋	qí	棋	바둑 기
	企	qǐ	企	꾀할 기
	起	qǐ	起	일어날 기
	岂	qǐ, kǎi	豈	어찌 개 / 개가 기
	启	qǐ	啓	열 계
	气	qì	氣	기운 기

	简体	拼音	繁体	뜻
	器	qì	器	그릇 기
	汽	qì	汽	김 기
	弃	qì	棄	버릴 기
	泣	qì	泣	울 읍
QIA	恰	qià	恰	마치 흡
QIAN	千	qiān	千	일천 천
	铅	qiān, yán	鉛	납 연
	牵	qiān	牽	끌 견
	签	qiān	簽	농 첨
	谦	qiān	謙	겸손할 겸
	迁	qiān	遷	옮길 천
	钱	qián	錢	돈 전
	前	qián	前	앞 전
	潜	qián	潛	자맥질 할 잠
	遣	qiǎn	遣	보낼 견
	纤	qiàn, xiān	纖	가늘 섬
	欠	qiàn	欠	하품 흠
QIANG	抢	qiāng, qiǎng, qiàng	搶	닿을 창
	腔	qiāng	腔	빈 속 강
	枪	qiāng	槍	창 창
	墙	qiáng	墻	담 장
QIAO	雀	qiāo, qiǎo, què	雀	참새 작
	悄	qiāo, qiǎo	悄	근심할 초
	翘	qiáo, qiào	翹	꼬리긴 깃털 교
	敲	qiāo	敲	두드릴 고
	桥	qiáo	橋	다리 교
	瞧	qiáo	瞧	몰래볼 초
	巧	qiǎo	巧	공교할 교
QIE	切	qiē, qiè	切	끊을 절
	怯	qiè	怯	겁낼 겁
	窃	qiè	竊	훔칠 절
QIN	亲	qīn, qìng	親	친할 친
	侵	qīn	侵	침노할 침
	勤	qín	勤	부지런할 근
	琴	qín	琴	거문고 금
QING	倾	qīng	傾	기울 경
	氢	qīng	氫	수소 경

	简	拼音	繁	訓音
	清	qīng	清	맑을 청
	轻	qīng	輕	가벼울 경
	青	qīng	青	푸를 청
	情	qíng	情	뜻 정
	晴	qíng	晴	갤 청
	请	qǐng	請	청할 청
	顷	qǐng	頃	밭 넓이 단위 경
	庆	qìng	慶	경사 경
QIONG	穷	qióng	窮	다할 궁
QIU	丘	qiū	丘	언덕 구
	球	qiú	球	공 구
	求	qiú	求	구할 구
	秋	qiū	秋	가을 추
QU	曲	qū, qǔ	曲	굽을 곡
	屈	qū	屈	굽을 굴
	趋	qū	趨	달릴 추
	驱	qū	驅	몰 구
	渠	qú	渠	도랑 거
	取	qǔ	取	취할 취
	娶	qǔ	娶	장가들 취
	趣	qù	趣	달릴 취
	去	qù	去	갈 거
QUAN	全	quán	全	온전할 전
	泉	quán	泉	샘 천
	权	quán	權	저울추 권
	拳	quán	拳	주먹 권
	劝	quàn	勸	권할 권
QUE	缺	quě	缺	이지러질 결
	却	què	却	물리칠 각
	确	què	確	굳을 확
QUN	群	qún	群	무리 군
	裙	qún	裙	치마 군

R

	简	拼音	繁	訓音
RAN	染	rǎn	染	물들일 염
	然	rán	然	그러할 연

	简体	拼音	繁體	한국어
	燃	rán	燃	사를 연
RANG	嚷	rāng, ráng	嚷	외칠 양
	壤	rǎng	壤	흙 양
	让	ràng	讓	사양할 양
RAO	饶	ráo	饒	넉넉할 요
	绕	rào	繞	두를 요
RE	若	rě, ruò	若	같을 약
	惹	rě	惹	이끌 야
	热	rè	熱	더울 열
REN	人	rén	人	사람 인
	任	rén, rèn	任	맡길 임
	忍	rěn	忍	참을 인
	认	rèn	認	알 인
RENG	扔	rēng	扔	당길 잉
	仍	réng	仍	인할 잉
RI	日	rì	日	해 일
RONG	容	róng	容	얼굴 용
	溶	róng	溶	질펀히 흐를 용
	熔	róng	熔	녹일 용
	融	róng	融	화할 융
	绒	róng	絨	융 융
	荣	róng	榮	영화 영
	茸	róng, rǒng	茸	무성할 용
ROU	揉	róu, rǒu	揉	주무를 유
	柔	róu	柔	부드러울 유
	肉	ròu	肉	고기 육
RU	如	rú	如	같을 여
	辱	rǔ	辱	욕되게 할 욕
	乳	rǔ	乳	젖 유
	入	rù	入	들 입
RUAN	软	ruǎn	軟	연할 연
RUI	锐	ruì	銳	날카로울 예
RUN	润	rùn	潤	젖을 윤
RUO	弱	ruò	弱	약할 약

	한자	발음	한자	뜻·음
SA	撒	sā, sǎ	撒	뿌릴 살
SAI	思	sāi, sī	思	생각할 사
	塞	sāi, sài, sè	塞	막힐 색 / 변방 새
	赛	sài	賽	굿할 새
SAN	叁	sān	參	석 삼
	伞	sǎn	傘	우산 산
	散	sǎn, sàn	散	흩을 산
SANG	丧	sāng, sàng	喪	죽을 상
	桑	sāng	桑	뽕나무 상
	嗓	sǎng	嗓	목구멍 상
SAO	扫	sǎo, sào	掃	쓸 소
	嫂	sǎo	嫂	형수 수
	梢	saò, shaō	梢	나무끝 초
SE	色	sè, shǎi	色	빛 색
SEN	森	sēn	森	나무 빽빽할 삼
SHA	杀	shā, shài	殺	죽일 살
	沙	shā, shà	沙	모래 사
	砂	shā	砂	모래 사
	纱	shā	紗	깁 사
	啥	shá	啥	무엇 사
	傻	shǎ	傻	어리석을 사
	晒	shà, shì, shài	曬	쬘 쇄
	霎	shà	霎	잠시 삽
SHAN	山	shān	山	뫼 산
	扇	shān, shàn	扇	사립문 선
	衫	shān	衫	적삼 삼
	闪	shǎn	閃	번쩍할 섬
	善	shàn	善	착할 선
SHANG	商	shāng	商	헤아릴 상
	伤	shāng	傷	상처 상
	上	shǎng, shàng	上	위 상
	赏	shǎng	賞	상줄 상
	尚	shàng	尚	오히려 상
SHAO	稍	shāo, shào	稍	벼 줄기 끝 초

	少	shǎo, shào	少	적을 소
	哨	shào	哨	망볼 초
	绍	shào	紹	이을 소
SHE	折	shé, zhē, zhé	折	꺾을 절
	舌	shé	舌	혀 설
	蛇	shé, yí	蛇	뱀 사
	舍	shě, shè	捨	집 사
	拾	shě, shè	拾	주울 습
	社	shè	社	토지의 신 사
	涉	shè	涉	건널 섭
	摄	shè	攝	당길 섭
	设	shè	設	베풀 설
SHEI	谁	shéi, shuí	誰	누구 수
SHEN	申	shēn	申	아홉째지지 신
	伸	shēn	伸	펼 신
	婶	shēn	嬸	숙모 심
	绅	shēn	紳	큰 띠 신
	身	shēn, yuán	身	몸 신
	深	shēn	深	깊을 심
	沈	shén, shěn	沈	가라앉을 침
	甚	shén, shí	甚	심할 심
	神	shén	神	귀신 신
	渗	shèn	滲	스밀 삼
	慎	shèn	愼	삼갈 신
	审	shěn	審	살필 심
SHENG	生	shēng	生	날 생
	牲	shēng	牲	희생 생
	升	shēng	升	되 승
	声	shēng	聲	소리 성
	绳	shéng	繩	줄 승
	省	shěng, xǐng	省	살필 성
	胜	shèng	勝	이길 승
	剩	shèng	剩	남을 잉
	圣	shèng	聖	성스러울 성
SHI	尸	shī	尸	주검 시
	失	shī	失	잃을 실
	诗	shī	詩	시 시

师	shī	師	스승 사
施	shī	施	베풀 시
湿	shī	濕	축축할 습
射	shí	射	쏠 사
十	shí	十	열 십
石	shí, dàn	石	돌 석
食	shí, sì, yì	食	밥 식
识	shí, zhì	識	알 식
实	shí	實	열매 실
时	shí	時	때 시
蚀	shí	蝕	좀먹을 식
史	shǐ	史	역사 사
使	shǐ	使	하여금 사
始	shǐ	始	처음 시
驶	shǐ	駛	달릴 사
士	shì	士	선비 사
氏	shì, zhī	氏	각시 씨
事	shì	事	일 사
逝	shì	逝	갈 서
誓	shì	誓	맹세할 서
世	shì	世	인간 세
侍	shì	侍	모실 시
示	shì	示	보일 시
是	shì	是	옳을 시
市	shì	市	저자 시
式	shì	式	법 식
室	shì	室	집 실
势	shì	勢	기세 세
视	shì	視	볼 시
适	shì	適	갈 적
试	shì	試	시험할 시
释	shì	釋	풀 석
饰	shì	飾	꾸밀 식
SHOU			
收	shōu	收	거둘 수
熟	shóu, shú	熟	익을 숙
手	shǒu	手	손 수
首	shǒu	首	머리 수

	守	shǒu	守 지킬 수
	受	shòu	受 받을 수
	授	shòu	授 줄 수
	瘦	shòu	瘦 파리할 수
	售	shòu	售 팔 수
	兽	shòu	獸 짐승 수
	寿	shòu	壽 목숨 수
SHU	舒	shū	舒 펼 서
	梳	shū	梳 빗 소
	疏	shū	疏 트일 소
	蔬	shū	蔬 푸성귀 소
	束	shù	束 묶을 속
	殊	shū	殊 죽일 수
	叔	shū	叔 아재비 숙
	书	shū	書 쓸 서
	输	shū	輸 나를 수
	署	shǔ	署 관청 서
	数	shǔ, shù, shuò	數 셀 수
	属	shǔ, zhǔ	屬 엮을 속 / 이을 촉
	鼠	shǔ	鼠 쥐 서
	术	shù, zhú	術 꾀 술
	述	shù	述 지을 술
	树	shù	樹 나무 수
	竖	shù	竪 더벅머리 수
SHUA	刷	shuā, shuà	刷 쓸 쇄
	耍	shuǎ	耍 희롱할 사
SHUAI	衰	shuāi, cuī	衰 쇠할 쇠
	摔	shuāi	摔 땅에 버릴 솔
	甩	shuǎi	甩 던질 솔
SHUAN	拴	shuān	拴 맬 전
SHUANG	霜	shuāng	霜 서리 상
	双	shuāng	雙 쌍 쌍
	爽	shuǎng	爽 시원할 상
SHUI	水	shuǐ	水 물 수
	睡	shuì	睡 잘 수
	税	shuì	稅 구실 세
	说	shuì, shuō, yuè	說 말씀 설

SHUN	順	shùn	順	순할 순
SI	司	sī	司	맡을 사
	私	sī	私	사사로울 사
	斯	sī	斯	이 사
	撕	sī	撕	쪼갤 시 / 훈계할 서
	嘶	sī	嘶	울 시
	丝	sī	絲	실 사
	死	sǐ	死	죽을 사
	四	sì	四	넉 사
	饲	sì	飼	먹일 사
	似	sì, shì	似	같을 사
SONG	松	sōng	鬆	소나무 송
	耸	sǒng	聳	솟을 용
	送	sòng	送	보낼 송
	颂	sòng	頌	기릴 송
SOU	搜	sōu	搜	찾을 수
	嗽	sòu	嗽	기침할 수
SU	苏	sū	蘇	차조기 소
	俗	sú	俗	풍속 속
	素	sù	素	흴 소
	速	sù	速	빠를 속
	肃	sù	肅	엄숙할 숙
	诉	sù	訴	하소연 할 소
	塑	sù	塑	토우 소
	缩	sù, suō	縮	다스릴 축
	宿	sù, xiǔ, xiù	宿	묵을 숙
SUAN	酸	suān	酸	초 산
	算	suàn	算	셀 산
SUI	虽	suī	雖	비록 수
	穗	suī	穗	이삭 수
	随	suí	隨	따를 수
	碎	suì	碎	부술 쇄
	岁	suì	歲	해 세
SUN	孙	sūn	孫	손자 손
	损	sǔn	損	덜 손
SUO	嗦	suō	嗦	핥을 색
	所	suǒ	所	바 소

	索	suò	索	찾을 색 / 동아줄 삭

T

TA	他	tā	他	다를 타
	它	tā	它	다를 타 / 뱀 사
	踏	tā, tà	踏	밟을 답
	塌	tā	塌	떨어질 탑
	她	tā	她	그녀 타
TAI	胎	tāi	胎	아이 밸 태
	台	tái, tāi	臺	돈대 대
	抬	tái	擡	들 대
	太	tài	太	클 태
	态	tài	態	모양 태
TAN	摊	tān	攤	펼 탄
	滩	tān	灘	여울 탄
	贪	tān	貪	탐할 탐
	谈	tán	談	말씀 담
	潭	tán	潭	깊을 담
	毯	tǎn	毯	담요 담
	坦	tǎn	坦	평평할 탄
	叹	tàn	嘆	탄식할 탄
	炭	tàn	炭	숯 탄
	探	tàn	探	찾을 탐
	碳	tàn	碳	탄소 탄
TANG	趟	tāng, tàng	趟	뛸 쟁(창) / 물건널 당
	汤	tāng	湯	끓인물 탕
	堂	táng	堂	집 당
	塘	táng	塘	못 당
	糖	táng	糖	사탕 당
	膛	táng	膛	뚱뚱할 당
	躺	tǎng	躺	누울 당
	烫	tàng	燙	데울 탕
TAO	滔	tāo	滔	물 넘칠 도
	掏	tāo, táo	掏	가릴 도
	涛	tāo	濤	큰 물결 도
	讨	tǎo	討	칠 토

	简	拼音	繁	훈음
	逃	táo	逃	달아날 도
	桃	táo	桃	복숭아나무 도
	淘	táo	淘	일 도
	陶	táo, yáo	陶	질그릇 도
	萄	táo	萄	포도 도
	套	tào	套	덮개 투
TE	特	tè	特	수컷 특
TENG	疼	téng	疼	아플 동
	腾	téng	騰	오를 등
TI	体	tī, tǐ	體	몸 체
	梯	tī	梯	사다리 제
	踢	tī	踢	찰 척
	题	tí	題	표제 제
	替	tì	替	바꿀 체
TIAN	天	tiān	天	하늘 천
	添	tiān	添	더할 첨
	甜	tiān	恬	달 첨
	田	tián	田	밭 전
	填	tián	塡	메울 전
TIAO	挑	tiāo, tiǎo	挑	어깨에 맬 조
	条	tiáo	條	가지 조
	跳	tiǎo	跳	뛸 도
TIE	贴	tiē	貼	붙을 첩
	铁	tiě	鐵	쇠 철
TING	听	tīng	聽	들을 청
	厅	tīng	廳	관청 청
	庭	tíng	庭	뜰 정
	停	tíng	停	머무를 정
	亭	tíng	亭	정자 정
	艇	tǐng	艇	거룻배 정
	挺	tǐng	挺	뺄 정
TONG	通	tōng, tǒng	通	통할 통
	同	tóng, tòng	同	한가지 동
	铜	tóng	銅	구리 동
	童	tóng	童	아이 동
	筒	tǒng	筒	대롱 통
	桶	tǒng	桶	통 통

	痛	tòng	痛	아플 통
	统	tǒng	統	큰 줄기 통
TOU	偷	tōu	偷	훔칠 투
	投	tóu	投	던질 투
	头	tóu, tou	頭	머리 두
	透	tòu	透	통할 투
TU	凸	tū	凸	볼록할 철
	秃	tū	禿	대머리 독
	突	tū	突	갑자기 돌
	涂	tú	塗	도랑 도
	徒	tú	徒	무리 도
	途	tú	途	길 도
	图	tú	圖	그림 도
	土	tǔ	土	흙 토
	吐	tǔ	吐	토할 토
	兔	tù	兔	토끼 토
TUAN	团	tuán	團	둥글 단
TUI	推	tuī	推	옮을 추
	腿	tuǐ	腿	넓적다리 퇴
	退	tuì	退	물러날 퇴
TUN	吞	tūn	吞	삼킬 탄
TUO	拖	tuō	拖	끌 타
	托	tuō	托	밀 탁
	脱	tuō	脱	벗을 탈
	驼	tuó	駝	낙타 타
	妥	tuǒ	妥	온당할 타

W

WA	蛙	wā	蛙	개구리 와
	哇	wā, wa	哇	음란한소리 왜 / 토할 와
	挖	wā	挖	후벼낼 알
	娃	wá	娃	예쁠 왜
	瓦	wǎ, wà	瓦	기와 와
WAI	歪	wāi, wǎi	歪	비뚤 왜 / 외
	外	wài	外	밖 외
WAN	弯	wān	彎	굽을 만

拼音	简体	繁體	새김·음
wán	完	完	완전할 완
wán	玩	玩	희롱할 완
wán	顽	頑	완고할 완
wǎn	挽	挽	당길 만
wǎn	碗	碗	주발 완
wǎn	晚	晚	저물 만
wàn, mò	万	萬	일만 만
WANG wāng	汪	汪	넓을 왕
wáng	亡	亡	망할 망
wáng, wàng	忘	忘	잊을 망
wáng, wàng	王	王	임금 왕
wǎng	往	往	갈 왕
wǎng	枉	枉	굽을 왕
wǎng	网	網	그물 망
wàng	望	望	바랄 망
wàng	妄	妄	허망할 망
wàng	旺	旺	성할 왕
WEI wēi	微	微	작을 미
wēi	威	威	위엄 위
wēi, wěi	委	委	맡길 위
wēi	危	危	위태할 위
wéi, wèi	为	爲	할 위
wéi	惟	惟	생각할 유
wéi	唯	唯	오직 유
wéi	围	圍	둘레 위
wéi	维	維	바 유
wéi	违	違	어길 위
wěi, yǐ	尾	尾	꼬리 미
wěi	伟	偉	훌륭할 위
wěi	伪	僞	거짓 위
wěi	纬	緯	씨 위
wěi	苇	葦	갈대 위
wèi	卫	衛	지킬 위
wèi, yí	遗	遺	끼칠 유
wèi	位	位	자리 위
wèi	喂	喂	부르는 소리 위
wèi	谓	謂	이를 위

	简体	拼音	繁體	한국어
	味	wèi	味	맛 미
	未	wèi	未	아닐 미
	畏	wèi	畏	두려워할 외
	胃	wèi	胃	밥통 위
	慰	wèi	慰	위로할 위
WEN	温	wēn	溫	따뜻할 온
	闻	wén	聞	들을 문
	纹	wén	紋	무늬 문
	蚊	wén	蚊	모기 문
	稳	wěn	穩	평온할 온
	文	wèn	文	글월 문
	问	wèn	問	물을 문
WENG	翁	wēng	翁	늙은이 옹
	嗡	wēng	嗡	소 울음 옹
WO	涡	wō, guō	渦	소용돌이 와
	窝	wō	窩	움집 와
	我	wǒ	我	나 아
	握	wò	握	쥘 악
	卧	wò	臥	엎드릴 와
WU	屋	wū	屋	집 옥
	乌	wū, wù	烏	까마귀 오
	呜	wū	嗚	탄식소리 오
	诬	wū	誣	무고할 무
	污	wú	污	더러울 오
	五	wǔ	五	다섯 오
	侮	wǔ	侮	업신여길 모
	武	wǔ	武	굳셀 무
	舞	wǔ	舞	춤출 무
	伍	wǔ	伍	대오 오
	午	wǔ	午	일곱째지지 오
	物	wù	物	만물 물
	悟	wù	悟	깨달을 오
	务	wù	務	일 무
	误	wù	誤	그릇할 오
	雾	wù	霧	안개 무

X

	西	xī	西	서녁 서
XI	析	xī	析	가를 석
	惜	xī	惜	아낄 석
	夕	xī	夕	저녁 석
	息	xī	息	숨쉴 식
	熄	xī	熄	꺼질 식
	悉	xī	悉	다 실
	希	xī	希	바랄 희
	稀	xī	稀	드물 희
	牺	xī	犠	희생 희
	溪	xī	溪	시내 계
	膝	xī	膝	무릎 슬
	嘻	xī	嘻	웃을 희
	吸	xī	吸	숨 들이쉴 흡
	皙	xí	皙	살결흴 석
	席	xí	席	자리 석
	媳	xí	媳	며느리 식
	习	xí	習	익힐 습
	袭	xí	襲	엄습할 습
	喜	xǐ	喜	기쁠 희
	洗	xǐ, xiǎn	洗	씻을 세
	系	xì	系	이을 계
	隙	xì	隙	틈 극
	细	xì	細	가늘 세
	戏	xì, hū	戲	놀 희
XIA	呀	xiā, yā, ya	呀	입 벌릴 하
	瞎	xiā	瞎	애꾸눈 할
	峡	xiá	峽	골짜기 협
	狭	xiá	狹	좁을 협
	霞	xiá	霞	놀 하
	下	xià	下	아래 하
	夏	xià	夏	여름 하
XIAN	先	xiān	先	먼저 선
	仙	xiān	仙	신선 선

掀	xiān	掀	치켜들 흔
鲜	xiān, xiǎn	鮮	고울 선
闲	xián	閑	막을 한
嫌	xián	嫌	싫어할 혐
显	xiǎn	顯	나타날 현
险	xiǎn	險	험할 험
现	xiàn	現	나타날 현
腺	xiàn	腺	샘 선
县	xiàn	縣	매달 현
限	xiàn	限	한계 한
陷	xiàn	陷	빠질 함
宪	xiàn	憲	법 헌
献	xiàn	獻	바칠 헌
线	xiàn	線	줄 선
XIANG			
相	xiāng, xiàng	相	서로 상
箱	xiāng	箱	상자 상
乡	xiāng	鄉	시골 향
香	xiāng	香	향기 향
详	xiáng	詳	자세할 상
想	xiǎng	想	생각할 상
响	xiǎng	響	울림 향
象	xiàng	象	코끼리 상
橡	xiàng	橡	상수리나무 상
像	xiàng	像	형상 상
向	xiàng	向	향할 향
项	xiàng	項	목 항
XIAO			
肖	xiāo, xiào	肖	닮을 초
消	xiāo	消	사라질 소
削	xiāo, xuē	削	깎을 삭
宵	xiāo	宵	밤 소
硝	xiāo	硝	초석 초
销	xiāo	銷	녹일 소
哓	xiāo	嘵	두려워할 효
效	xiào	效	본받을 효
小	xiǎo	小	작을 소
晓	xiǎo	曉	새벽 효
笑	xiào	笑	웃을 소

	漢字	拼音	訓音
XIE	歇	xiē	쉴 헐
	些	xiē, suò	적을 사
	斜	xié	비낄 사
	协 協	xié	맞을 협
	鞋	xié	신 혜
	胁 脅	xié	옆구리 협
	携	xié	끌 휴
	血	xiě, xuè	피 혈
	写 寫	xiě	베낄 사
	械	xiè	형틀 계
	卸	xiè	풀 사
	泄	xiè	샐 설
	谢 謝	xiè	사례할 사
XIN	辛	xīn	매울 신
	新	xīn	새 신
	心	xīn	마음 심
	欣	xīn	기뻐할 흔
	信	xìn	믿을 신
XING	星	xīng	별 성
	腥	xīng	비릴 성
	猩	xīng	성성이 성
	兴 興	xīng, xìng	일 흥
	型	xíng	거푸집 형
	形	xíng	모양 형
	刑	xíng	형벌 형
	醒	xǐng	깰 성
	性	xìng	성품 성
	幸	xìng	다행 행
	姓	xìng	성 성
XIONG	兄	xiōng	맏 형
	凶	xiōng	흉할 흉
	胸	xiōng	가슴 흉
	汹	xiōng	물살 세찰 흉
	熊	xióng	곰 웅
	雄	xióng	수컷 웅
XIU	休	xiū	쉴 휴
	修	xiū	닦을 수

	简体	拼音	繁體	한글
	羞	xiū	羞	부끄러워할 수
	朽	xiǔ	朽	썩을 후
	秀	xiù	秀	빼어날 수
	绣	xiù	繡	수놓을 수
	锈	xiù	銹	녹슬 수
	袖	xiù	袖	소매 수
XU	需	xū	需	구할 수
	虚	xū	虛	빌 허
	须	xū	須	모름지기 수
	吁	xū, yū, yù	吁	탄식할 우
	许	xǔ	許	허락할 허
	序	xù	序	차례 서
	蓄	xù	蓄	쌓을 축
	叙	xù	敍	차례 서
	绪	xù	緒	실마리 서
XUAN	宣	xuān	宣	베풀 선
	旋	xuán, xuàn	旋	돌 선
	悬	xuán	懸	매달 현
	选	xuǎn	選	가릴 선
XUE	学	xué	學	배울 학
	穴	xué	穴	구멍 혈
	雪	xuě,	雪	눈 설
XUN	巡	xún	巡	돌 순
	循	xún	循	좇을 순
	询	xún	詢	물을 순
	寻	xún	尋	찾을 심
	训	xùn	訓	가르칠 훈
	讯	xùn	訊	물을 신
	迅	xùn	迅	빠를 신

Y

	简体	拼音	繁體	한글
YA	丫	yā	丫	가장귀 아
	压	yā, yà	壓	누를 압
	哑	yā, yǎ	啞	벙어리 아
	鸦	yā	鴉	갈까마귀 아
	鸭	yā	鴨	오리 압

简体	拼音	繁體	훈·음
押	yā	押	누를 압
芽	yá	芽	싹 아
牙	yá	牙	어금니 아
崖	yá, ái	崖	벼랑 애
YAN 亚	yà	亞	버금 아
讶	yà	訝	맞을 아
淹	yān	淹	담글 엄
咽	yān, yàn, yè	咽	목멜 열 / 목구멍 인
烟	yān, yīn	烟	연기 연
燕	yān, yàn	燕	제비 연
癌	yán	癌	암 암
岩	yán	巖	바위 암
言	yán	言	말씀 언
延	yán	延	끌 연
沿	yán	沿	따를 연
炎	yán	炎	불탈 염
严	yán	嚴	엄할 엄
檐	yán	詹	처마 첨
盐	yán	鹽	소금 염
颜	yán	顔	얼굴 안
研	yán, yàn	研	갈 연
眼	yǎn	眼	눈 안
掩	yǎn	掩	가릴 엄
演	yǎn	演	펼 연
宴	yàn	宴	잔치 연
焰	yàn	燄	불당길 염
艳	yàn	艶	고울 염
厌	yàn	厭	싫을 염
验	yàn	驗	증험할 험
YANG 央	yāng	央	가운데 앙
秧	yāng	秧	모 앙
阳	yáng	陽	볕 양
洋	yáng	洋	바다 양
羊	yáng	羊	양 양
扬	yáng	揚	오를 양
杨	yáng	楊	버들 양
仰	yǎng	仰	우러를 앙

痒	yǎng	癢	가려울 양
养	yǎng	養	기를 양
氧	yǎng	氧	불 양
样	yàng	樣	모양 양
YAO 要	yāo, yào	要	구할 요
腰	yāo	腰	허리 요
约	yāo, yuē	約	묶을 약
吆	yāo	吆	애통하는 소리 요
邀	yāo	邀	맞을 료
谣	yáo	謠	노래 요
遥	yáo	遙	멀 요
摇	yáo	搖	흔들릴 요
窑	yáo	窰	기와굽는가마 요
咬	yǎo	咬	새소리 교
乐	yào, yuè	樂	즐길 락/풍류 악/음악 악
药	yào	藥	약 약
耀	yào	耀	빛날 요
YE 爷	yé	爺	아비 야
野	yě	野	들 야
夜	yè	夜	밤 야
冶	yě	冶	불릴 야
也	yě	也	어조사 야
业	yè	業	업 업
液	yè	液	진 액
YI 一	yī	一	한 일
衣	yī	衣	옷 의
医	yī	醫	의원 의
依	yī	依	의지할 의
椅	yī, yǐ	椅	의나무 의
宜	yí	宜	마땅할 의
疑	yí	疑	의심할 의
移	yí	移	옮길 이
姨	yí	姨	이모 이
仪	yí	儀	거동 의
咦	yí	咦	크게 부를 이
已	yǐ	已	이미 이
乙	yǐ	乙	새 을

簡	拼音	繁	訓音
倚	yǐ	倚	의지할 의
以	yǐ	以	써 이
蚁	yǐ	蟻	개미 의
抑	yì	抑	누를 억
亦	yì	亦	또 역
易	yì	易	바꿀 역
役	yì	役	부릴 역
毅	yì	毅	굳셀 의
意	yì	意	뜻 의
翼	yì	翼	날개 익
益	yì	益	더할 익
义	yì	義	옳을 의
亿	yì	億	억 억
异	yì	異	다를 이
艺	yì	藝	심을 예
议	yì	議	의논할 의
译	yì	譯	통변할 역
谊	yì	誼	옳을 의
YE			
叶	yé, yè	葉	잎 엽
YIN			
音	yīn	音	소리 음
因	yīn	因	인할 인
阴	yīn	陰	응달 음
吟	yín	吟	읊을 음
银	yín	銀	은 은
引	yǐn	引	끌 인
隐	yǐn	隱	숨길 은
饮	yǐn	飲	마실 음
印	yìn	印	도장 인
YING			
英	yīng	英	꽃부리 영
应	yīng	應	응할 응
鹰	yīng	鷹	매 응
婴	yīng	嬰	갓난아이 영
迎	yíng	迎	맞이할 영
营	yíng	營	경영할 영
蝇	yíng	蠅	파리 승
影	yǐng	影	그림자 영
硬	yìng	硬	굳을 경

	映	yìng	映	비출 영
YO	哟	yō, yo	哟	감탄어조사 약
	育	yò, yù	育	기를 육
YONG	拥	yōng	擁	안을 옹
	永	yǒng	永	길 영
	勇	yǒng	勇	날쌜 용
	涌	yǒng, chōng	涌	솟아날 용
	用	yòng	用	쓸 용
YOU	幽	yōu	幽	그윽할 유
	优	yōu	優	넉넉할 우
	忧	yōu	憂	근심할 우
	悠	yōu	悠	멀 유
	尤	yóu	尤	더욱 우
	由	yóu	由	말미암을 유
	油	yóu	油	기름 유
	邮	yóu	郵	역참 우
	游	yóu	游	헤엄칠 유
	犹	yóu	猶	오히려 유
	有	yǒu, yòu	有	있을 유
	友	yǒu	友	벗 우
	又	yòu	又	또 우
	右	yòu	右	오른쪽 우
	幼	yòu	幼	어릴 유
	诱	yòu	誘	꾈 유
YU	余	yú	餘	나 여
	于	yú	于	어조사 우
	愉	yú	愉	즐거울 유
	渔	yú	漁	고기 잡을 어
	与	yú, yǔ, yù	與	줄 여
	予	yú, yǔ	予	나 여
	鱼	yú	魚	고기 어
	雨	yǔ, yù	雨	비 우
	语	yǔ, yù	語	말씀 어
	宇	yǔ	宇	집 우
	御	yù	御	어거할 어
	域	yù	域	지경 역
	豫	yù	豫	미리 예

	简체	拼音	繁체	뜻·음
	玉	yù	玉	옥 옥
	欲	yù	欲	하고자할 욕
	遇	yù	遇	만날 우
	郁	yù	鬱	성할 울
	愈	yù	愈	나을 유
	粥	yù, zhōu	粥	팥 육 / 죽 죽
	狱	yù	獄	옥 옥
	誉	yù	譽	기릴 예
	预	yù	預	미리 예
YUAN	冤	yuān	冤	원통할 원
	援	yuán	援	당길 원
	猿	yuán	猿	원숭이 원
	元	yuán	元	으뜸 원
	园	yuán	園	동산 원
	圆	yuán	圓	둥글 원
	源	yuán	源	근원 원
	塬	yuán	塬	근원 원
	员	yuán, yún, yùn	員	수효 원
	远	yuǎn	遠	멀 원
	院	yuàn	院	담 원
	愿	yuàn	願	바랄 원
	怨	yuàn	怨	원망할 원
YUE	月	yuè	月	달 월
	悦	yuè	悦	기쁠 열
	越	yuè	越	넘을 월
	跃	yuè	躍	뛸 약
	阅	yuè	閱	검열할 열
YUN	晕	yūn, yùn	暈	무리 운(훈)
	云	yún	雲	구름 운
	匀	yún	勻	적을 균
	允	yǔn	允	진실로 윤
	运	yùn	運	돌 운

Z

	简체	拼音	繁체	뜻·음
ZA	杂	zá	雜	섞일 잡
	砸	zá	砸	칠 잡

	简体	Pinyin	繁體	韓
	咱	zá, zán, zan	咱	나 찰
ZAI	栽	zāi	栽	심을 재
	灾	zāi	災	재앙 재
	载	zǎi, zài	載	실을 재
	仔	zǎi, zī, zǐ	仔	자세할 자
	在	zài	在	있을 재
	再	zài	再	두 재
ZAN	暫	zàn	暫	잠시 잠
	赞	zàn	贊	도울 찬
ZANG	藏	zàng, cáng	藏	장롱 장
	葬	zàng	葬	장사지낼 장
ZAO	遭	zāo	遭	만날 조
	糟	zāo	糟	전국 조
	凿	záo	鑿	뚫을 착
	早	zǎo	早	새벽 조
	燥	zào	燥	마를 조
	躁	zào	躁	성급할 조
	造	zào	造	지을 조
	灶	zào	竈	부엌 조
	皂	zào	皂	검을 조
ZE	则	zé	則	법칙 칙/곧 즉
	责	zé	責	꾸짖을 책
ZEI	贼	zéi	賊	도둑 적
ZEN	怎	zěn	怎	어찌 즘
ZENG	增	zēng	增	불을 증
	综	zèng, zōng	綜	모을 종
ZHA	渣	zhā	渣	찌끼 사
	扎	zhá	扎	감을 찰
	闸	zhá	閘	물문 갑
	炸	zhá, zhà	炸	터질 작
	眨	zhǎ	眨	눈깜작일 잡(자)
ZHAI	摘	zhāi	摘	딸 적
	宅	zhái	宅	집 택
	窄	zhǎi	窄	좁을 착
	债	zhài	債	빚 채
	择	zhái, zé	擇	가릴 택
ZHAN	占	zhān, zhàn	占	차지할 점

	简	Pinyin	繁	뜻
	沾	zhān	沾	더할 첨
	展	zhǎn	展	펼 전
	嵋	zhǎn	嶄	높을 참
	盏	zhǎn	盞	잔 잔
	战	zhàn	戰	싸울 전
	站	zhàn	站	우두커니 설 참
ZHANG	章	zhāng	章	글 장
	张	zhāng	張	베풀 장
	掌	zhǎng	掌	손바닥 장
	涨	zhǎng	漲	불을 창
	障	zhàng	障	가로막을 장
	仗	zhàng	仗	무기 장
	丈	zhàng	丈	어른 장
	帐	zhàng	帳	휘장 장
	胀	zhàng	脹	배부를 창
ZHAO	招	zhāo	招	부를 초
	爪	zhǎo, zhuǎ	爪	손톱 조
	找	zhǎo	找	채울 조
	照	zhào	照	비출 조
	召	zhào, shào	召	부를 소
	罩	zhào	罩	보쌈 조
ZHE	遮	zhē	遮	막을 차
	哲	zhé	哲	밝을 철
	者	zhě	者	놈 자
	这	zhè	這	이 저
ZHEN	真	zhēn	真	참 진
	针	zhēn	針	바늘 침
	珍	zhēn	珍	보배 진
	侦	zhēn	偵	정탐할 정
	枕	zhěn	枕	베개 침
	诊	zhěn	診	볼 진
	振	zhèn	振	떨칠 진
	震	zhèn	震	벼락 진
	镇	zhèn	鎮	진압할 진
	阵	zhèn	陣	줄 진
ZHENG	争	zhēng	爭	다툴 쟁
	睁	zhēng	睁	싫어하는 눈빛 정

简체	병음	번체	훈음
蒸	zhēng	蒸	찔 증
正	zhēng, zhèng	正	바를 정
症	zhēng, zhèng	癥	증세 증
征	zhēng	徵	부를 징
整	zhěng	整	가지런할 정
政	zhèng	政	정사 정
证	zhèng	證	증거 증

ZHI

简체	병음	번체	훈음
支	zhī	支	가를 지
之	zhī	之	갈 지
汁	zhī	汁	즙 즙
只	zhī, zhǐ	祇	다만 지
织	zhī	織	짤 직
吱	zhī, zī	吱	가는 소리 지
蜘	zhī	蜘	거미 지
脂	zhī	脂	기름 지
肢	zhī	肢	사지 지
直	zhí	直	곧을 직
值	zhí	值	값 치
植	zhí	植	심을 식
殖	zhí, shi	殖	번성할 식
执	zhí	執	잡을 집
职	zhí	職	벼슬 직
止	zhǐ	止	그칠 지
指	zhǐ	指	손가락 지
址	zhǐ	址	터 지
纸	zhǐ	紙	종이 지
制	zhì	制	마를 제
志	zhì	志	뜻 지
智	zhì	智	슬기 지
知	zhī	知	알 지
至	zhì	至	이를 지
秩	zhì	秩	차례 질
治	zhì	治	다스릴 치
置	zhì	置	둘 치
致	zhì	致	보낼 치
帧	zhì	幟	기 치
质	zhì	質	바탕 질

	简	拼音	繁	뜻
ZHONG	终	zhōng	終	끝날 종
	众	zhōng, zhòng	衆	무리 중
	中	zhōng, zhòng	中	가운데 중
	忠	zhōng	忠	충성 충
	肿	zhǒng	腫	부스럼 종
	种	zhǒng, zhòng	種	씨 종
ZHOU	州	zhōu	州	고을 주
	洲	zhōu	洲	섬 주
	周	zhōu	周	두루 주
	轴	zhóu, zhòu	軸	굴대 축
	宙	zhòu	宙	집 주
	昼	zhòu	晝	낮 주
	皱	zhòu	皺	주름 추
	骤	zhòu	驟	달릴 취
ZHU	珠	zhū	珠	구슬 주
	株	zhū	株	그루 주
	蛛	zhū	蛛	거미 주
	诸	zhū	諸	모든 제
	猪	zhū	猪	돼지 저
	竹	zhú	竹	대 죽
	逐	zhú	逐	쫓을 축
	烛	zhú	燭	촛불 촉
	主	zhǔ	主	주인 주
	煮	zhǔ	煮	삶을 자
	嘱	zhǔ	囑	부탁할 촉
	助	zhù	助	도울 조
	柱	zhù	柱	기둥 주
	注	zhù	注	물댈 주
	住	zhù	住	살 주
	祝	zhù	祝	빌 축
	筑	zhù	築	쌓을 축
	铸	zhù	鑄	쇠 부어 만들 주
	驻	zhù	駐	머무를 주
	着	zhù, zhuó	着	분명할 저, 붙을 착
ZHUA	抓	zhuā	抓	긁을 조
ZHUAN	专	zhuān	專	오로지 전
	砖	zhuān	磚	벽돌 전

	简体	拼音	繁体	訓音
	转	zhuǎn, zhuàn	轉	구를 전
ZHUANG	装	zhuāng	裝	꾸밀 장
	庄	zhuāng	莊	풀 성할 장
	桩	zhuāng	樁	말뚝 장
	撞	zhuàng	撞	칠 당
	壮	zhuàng	壯	씩씩할 장
	状	zhuàng	狀	형상 상
ZHUI	追	zhuī	追	쫓을 추
ZHUN	准	zhǔn	準	법도 준
ZHUO	桌	zhuō	桌	탁자 탁
	捉	zhuō	捉	잡을 착
ZI	姿	zī	姿	맵시 자
	滋	zī	滋	불을 자
	资	zī	資	재물 자
	子	zǐ, zi	子	아들 자
	紫	zǐ	紫	자주빛 자
	自	zì	自	스스로 자
	字	zì	字	글자 자
ZONG	宗	zōng	宗	마루 종
	踪	zōng	踪	자취 종
	总	zǒng	總	거느릴 총
	纵	zòng	縱	늘어질 종
ZOU	走	zǒu	走	달릴 주
	奏	zòu	奏	아뢸 주
ZU	租	zū	租	구실 조
	族	zú	族	겨레 족
	足	zú	足	발 족
	祖	zǔ	祖	조상 조
	阻	zǔ	阻	험할 조
	组	zǔ	組	끈 조
ZUAN	钻	zuān, zuàn	鑽	끌 찬
ZUI	嘴	zuǐ	嘴	부리 취
	罪	zuì	罪	허물 죄
	最	zuì	最	가장 최
	醉	zuì	醉	취할 취
ZUN	尊	zūn	尊	높을 존
	遵	zūn	遵	좇을 준

ZUO	作	zuō, zuó, zuò	作	지을 작
	昨	zuó	昨	어제 작
	左	zuǒ	左	왼 좌
	坐	zuò	坐	앉을 좌
	座	zuò	座	자리 좌
	做	zuò	做	지을 주